经济学研究年评

中国问题与国际前沿

主编 钱颖一 姚洋　执行主编 钟笑寒 张丹丹

中信出版集团|北京

图书在版编目（CIP）数据

经济学研究年评.第一卷/钱颖一，姚洋主编.
北京：中信出版社，2024.12. -- ISBN 978-7-5217-7006-3

I.F12

中国国家版本馆CIP数据核字第2024PN4276号

经济学研究年评（第一卷）
主编： 钱颖一 姚洋
出版发行：中信出版集团股份有限公司
（北京市朝阳区东三环北路27号嘉铭中心 邮编 100020）
承印者： 北京通州皇家印刷厂

开本：787mm×1092mm 1/16　　印张：20.25　　字数：343千字
版次：2024年12月第1版　　　　　印次：2024年12月第1次印刷
书号：ISBN 978-7-5217-7006-3
定价：88.00元

版权所有·侵权必究
如有印刷、装订问题，本公司负责调换。
服务热线：400-600-8099
投稿邮箱：author@citicpub.com

序 一
新常态下的经济学研究创新

钱颖一

一、学术研究新常态与经济学创新

经过这些年来学习和借鉴现代经济学的视角、方法、工具和学术规范，目前中国的经济学学术研究也进入了一种"新常态"。在这种新常态下，经济学创新变得更加重要。我在这里提出经济学创新在中国特别需要平衡以下三种关系：思想性与学术性的关系，聚焦重大问题与追求技术严谨的关系，以及研究一般经济问题与研究中国相关问题的关系。这三种关系可以表现为一种"得失交换"关系（Trade-off），或一种"矛盾"关系，也就是说容易顾此失彼。但是，经济学创新往往发生在这些关系的平衡中。

第一是思想性与学术性的关系。思想是对问题的深刻洞见，而学术则强调研究的规范。在以市场为取向的改革初期，中国的经济研究更多的是学习和研究市场经济的基本思想以及由计划向市场转型的根本思路。那个时候的经济研究很具有思想性，但是学术性不够强。现在的情况不同了，学术规范大大提高，但是同时似乎思想性显得不够了。没有学术性和学术规范就不可能有科学性，学问就没有坚实的基础。但是如果思想性不强，尽管研究符合学术规范，

---

* 钱颖一，清华大学文科资深教授，清华大学经济管理学院院长（2006—2018）。

** 本文原题为《〈经济研究〉60周年：新常态下的经济学创新》，原载于《经济研究》2015年第12期，转载于《理解现代经济学》（钱颖一著，东方出版中心，2021年版），有删节。

研究成果的影响力也不会太大。我们渴望的经济研究是"有思想的学术"和"有学术的思想"。这并不容易做到。

第二是聚焦重大问题与追求技术严谨的关系。伴随中国改革开放成长起来的一代经济学者，他们能够提出并研究重大问题，那些关系到中国经济改革开放和发展大局的根本性问题，尽管他们当时掌握的研究工具并不精致，方法也不是很严谨。新一代经济学者的经济学技术功底要比上一代强很多。但是目前的倾向是多从文献出发和从工具出发，再去寻找问题；而不是从问题出发，特别是从重大问题出发，去寻找工具以回答问题。基于文献和工具的研究方法并不错，科学研究也都需要运用已有的文献和工具，特别是前沿工具。但是如果从技术工具出发，从手头有的数据出发，去研究不是很有意思的小问题，那就有问题了。我们希望的是研究重大问题，同时能够使用最先进的方法和技术，并得到有创见的结果。

第三是研究一般经济问题与研究中国相关问题的关系。研究中国相关的经济问题不仅是我们最为关心的——因为它直接有助于中国经济发展，同时也是我们最具比较优势的——因为我们熟悉中国经济运行的细节，掌握较多的案例和数据。但是，研究中国相关问题容易过度强调中国特色而使研究结果失去一般性，这无疑会减弱其研究结果的力量。如果能把在研究中国相关问题中发现的道理上升到一般规律，这不仅能对经济学的一般理论有所贡献，反过来还能加深对中国相关问题的解释力和说服力。在研究中国相关问题的同时，我们也应该关注发现和发展新的研究方法和新的分析工具。诺贝尔经济学奖更多的是授予用新的科学方法研究一般性经济问题取得的突破，包括在研究工具和方法论方面的突破。这种一般性的突破反过来对研究中国相关问题也会极有帮助。

二、中国经济新常态与经济学创新

认真思考和平衡以上三种关系是取得经济学创新的一个重要方面。在中国经济和世界经济进入"新常态"之时，中国和世界经济面临一系列新的重大问题。这些问题提供了新的研究课题，这是经济学创新的另一个重要方面。

中国经济进入的"新常态"是经济发展从低收入阶段进入中等收入阶段，进而向高收入阶段迈进的一个长时期的状态。伴随这种新常态的是经济结构调整，发展目标多元化，经济增长更多地依赖创新驱动。不过，一个国家进入中等收入并从中等收入走向高收入本身并不是新问题，之前的德国、日本、亚洲四小龙早就做到了。在我看来，中国经济新常态带来的两个不同于以往例子的新元素是中国的规模和中国的制度。中国经济新常态中的这两个新元素会引发新的值得研究的重大问题，并且有可能产生具有思想性和一般性的研究结果。

第一是中国的规模导致的中国作为崛起的经济大国与世界经济的相互影响。中国进入人均中等收入与之前的国家进入中等收入（比如韩国）都不一样的原因是中国的总量：14亿人口使得中国在只有接近美国人均GDP（国内生产总值）的1/4（购买力平价）之时就已经同美国的GDP总量相当（购买力平价），占全球GDP总量的16%。尽管中国经济增速下降，但是由于发达经济体以及受其影响的全球经济都有可能出现"长期停滞"（Secular Stagnation）的状况，中国相对较高的增速使得中国经济增量部分占全球经济增量部分1/3左右或以上的时间有可能并不短。

中国的规模会引发一系列新的重大问题。中国经济发展对全球商品市场和贸易的影响，中国改革和市场变化对全球货币、资本和人才市场的影响，中国经济的崛起引发全球游戏规则的改变，都是新的具有全球意义的大问题。中国的市场规模和人才规模也有可能改变技术创新和商业创新模式。在经济全球化和技术进步的背景下，中国14亿人口的巨大规模和中等收入水平不仅提供了巨大的市场需求，也提供了巨大的创新供给，这类情况在过去是没有的。回顾历史，美国经济在20世纪初超越英国经济的时候全国人口只有7 000多万。

第二是中国的制度引发的转型过程中的政治经济学。中国经济制度中的最大特点或最显著的"中国特色"就反映在政治与经济的关系、政府与市场的关系、政与商的关系中。在过去三十多年中，世界上没有任何一个国家和地区（包括东亚高速增长的国家和地区）像中国这样，政府如此热衷于经济发展，政府如此紧密地与经济发展相融合，政府有如此强烈的激励去实现经济增长。一方面，这种政商关系成就了三十多年的中国经济高速发展，政府成为推动经济发展的"帮助之手"。另一方面，这种政商关系也造成了一些政府官员以权谋私的腐败。如果经济"新常态"意味着这种政商关系的终结，那么未来政商关系的变化将如何影响政府官员的激励，如何影响企业和企业家，如何影响政府和市场的关系，都是经济新常态中的新的重要问题。

政商关系对经济的影响是政治经济学的一个方面。政治经济学的另一方面则是反过来的关系，即经济发展对政治和政府的影响。这是现代化理论的核心问题。而中国的制度演变，特别是经济发展与制度发展的互动，提供了验证已有理论假说和发展新理论的机会。从实证的角度，用比较的方法研究中国新常态下经济和市场的发展对政治和政府的影响会引发经济学的创新。因此，很有可能比较经济学和比较政治经济学将会由此出现新的生机。

对于以上这两类由中国的规模和中国的制度引发的新常态下的经济研究，中国经济学者有一定的优势。不过，要使得研究兼得思想性和学术性，既抓住重大问题又符合技术严谨性，同时又达到一般性，非有创新不可。

世界经济学家对中国相关问题的兴趣从来没有像现在这样高。随着中国经济更加开放，经济研究也应该更加开放。我们应该以开放的心态和方式，让世界经济学家与中国经济学家一起研究那些由新常态引发的新问题，共同驱动经济学的创新。我们期待中国经济学家在这个历史的机会中，对重大问题做出既有思想性又有一般性的经济学创新。

序 二
深入中国现实，做对中国有用的研究

姚 洋

呈现在读者面前的《经济学研究年评（第一卷）——中国问题与国际前沿》，是北京大学和清华大学两个中国经济研究中心合作编写的《经济学研究年评》（以下简称《年评》）的第一本。编辑出版这样一份系列出版物，最初是清华大学中国经济研究中心主任钟笑寒教授的主意。在他的提议下，两个中心组建了编委会，由每个中心出十位同事组成。成员都是在科研一线从事前沿研究工作的年轻教师，非常了解学科前沿。经过多次商讨打磨，编委会决定每年编辑出版一卷经济学研究综述，由编委会成员或外部专家就自己的研究领域写作比较详尽的综述文章，内容是介绍国际学术前沿和国内重要经济学议题，总结国内学者在国际学术前沿上对中国问题的最新研究成果，并对国内经济学学术研究的方向、方法和议题提出思考建议。本书是第一卷，今后要持续地出下去，希望成为中国经济学学术研究的重要参考书和研究指南。

出版这样的年度综述辑刊在国内外都有先例。国外最为知名的是阿罗等人发起的《经济学年评》（*Annual Review of Economics*），自2009年以来已经出版了15辑，在国际经济学界产生了较大影响（影响因子为5.6）。国内也有相似的出版物，最著名的是由张曙光老师主编的《中国经济学》系列，从1984年到2013年，每年出版一辑，每辑收录20篇左右国内期刊发表的优秀论文，主编为这些论文写一篇综述。在近三十年的时间里，《中国经济学》收录的文章

---

* 姚洋，北京大学博雅特聘教授、北京大学国家发展研究院教授，北京大学中国经济研究中心主任。

成为中国经济学研究的风向标。在很大程度上,《经济学研究年评》是《中国经济学》的延续,但在风格和内容上有很大的不同。《年评》不直接收录论文,而是发表一线学者撰写的综述性文章,覆盖面广、针对性强,易于让读者了解一个领域的研究全貌和最新进展。

我一向主张,衡量中国经济学研究好坏的标准是"两个有用":一个是对中国有用,另一个是对经济学有用。中国正处在一个伟大的转型期,社会科学工作者不能置身事外。事实上,伟大的理论都来自对现实重大问题的回应。斯密的《国富论》为被启蒙运动解放的人性找到了一个私利和公利相结合的出口,奠定了经济学的基础;凯恩斯的《就业、利息与货币通论》产生于对大萧条的思考,创造了宏观经济学;科斯的《企业的性质》来自他对福特式生产体系的观察,确立了交易成本在制度分析中的核心地位;等等。中国经济学家要想发明新的理论,就必须深入中国现实,做对中国有用的研究。伟大的经济学家从来不把从事经济学研究仅仅作为一种职业,而是如韦伯所说的那样,把经济学研究当作自己的志业,即参与到研究对象之中,用理论指导实践,并在实践中修正理论或发现新理论。凯恩斯是这方面的典范。他的理论不是坐在办公室里凭空想象出来的,而是他在参与政府工作、自己下场交易以及参与公众讨论的过程中不断总结和升华的结果。今天的中国为学者提供了广泛的参与机会,经济学更是显学,经济学家在中国的现代化进程中大有作为。浪费这样的机会就是对学术生涯的浪费,而把握住机会就可能有新的发现、创立新的理论。

要做对中国有用的研究,就必须构建中国自己的研究议题。不可否认,当代国际经济学界仍然被欧美学者主导;在国际期刊上发表论文,也仍然是判定中国经济学者研究质量的重要标志。然而,欧美是成熟经济体,欧美经济学家关注的问题,未必是中国的紧迫问题,急于在国际期刊上发表论文就有可能写出投欧美经济学家所好但对中国现实没有多大意义的文章。《年评》的一个重要目标,就是发现和总结中国经济的重要议题,并呈现在这些议题上中国经济学者所做的一流研究成果。中国的经济崛起过程波澜壮阔,每个经济学研究领域都有值得研究的议题,一些交叉领域更是可能产生新的议题。比如,各级政府在经济中扮演着很重要的角色,因而,把政治经济学和宏观经济学结合起来就会产生许多新的研究议题。

但是,只研究对中国有用的学问是不够的,对专业的经济学家而言,自己的研究还要对经济学的发展有所贡献。每个国家都是特殊的,中国也不例外。如汪晖所言,中国学者的任务就是从中国的特殊性中发现普遍性的东西。经济学发展到今天，似乎已经穷尽了所有经济发展的规律，但回顾第二次世界大战之后世界的经济发展史，我们就会发现，能够实现经济赶超的经济体寥寥无几，说明多数国家都还没有找到一条快速赶超的路径。中国是过去四十多年里世界经济发展的奇迹，研究这个奇迹是如何发生的，可以帮助我们发现经济赶超的一般规律。

一方面，经济学是社会科学里在方法方面最严谨的学科，经济学的发现和理论必须经得起方法的检验；另一方面，新的方法也有助于我们获得新的发现和理论。因此，掌握方法是一个合格的经济学者的必备的条件。《年评》重视对研究方法的介绍，并展示方法在研究中国问题方面的应用。相信这样的取向将推动中国经济学在规范化和科学化方面的进步。

《年评》第一卷收录了五篇综述文章，主要作者都是编委会成员。五篇文章涵盖的领域涉及劳动经济学、劳动和金融交叉学科、市场设计、国际贸易和宏观经济学。它们之间没有必然的联系，主要视作者的领域而定。这种编辑策略有利于提高《年评》的可持续性。《年评》对每篇综述文章提出了很高的标准，要求作者详尽地描述一个领域的前沿问题和前沿方法，因而需要作者付出很大的努力。找到愿意如此付出的作者是《年评》面临的最大挑战。本卷五篇文章的作者做出了表率。他们都是领域内的一流学者，给出的综述覆盖面广、论述详尽，尽显学者严谨治学的态度和对社会负责任的情怀。他们为《年评》确定了标杆，《年评》今后的综述要达到甚至超越他们的水平。有了第一卷这样的精品，相信《年评》将会成为中国经济学研究的新的风向标。

2024 年 4 月 6 日

目 录
Contents

001　匹配理论与大学录取：对中国高考制度改革的研究　　　　钟笑寒

092　经济机会、代际流动性和共同富裕：一个文献综述

　　　　　　　　　　　陈雅坤　张皓辰　杨汝岱　易君健

146　贸易保护的复兴与中美贸易的未来：中美贸易冲突6周年回顾

　　　　　　　　　　　　　　　　　　　　　马弘　宁静馨

207　劳动经济学和金融学的交叉研究及其在中国的应用

　　　　　　　　　　　　　　　　　　　　　施新政　彭章

273　结构转型路径上的宏观稳定政策　　　　　　罗文澜　姚雯

匹配理论与大学录取
对中国高考制度改革的研究

钟笑寒

摘要：匹配理论是居于微观经济学核心的市场理论的重要发展，同时作为市场设计的基础理论之一，也是经济学走向工程化应用的前沿领域。本文在介绍匹配理论的核心知识的基础上，重点介绍与中国大学录取制度（即高考制度）相关的一些重要理论与实证研究，以说明这一理论及分析方法对于解释已有的高考制度改革和指导未来的改革方向具有的潜在重大意义，并指出未来该理论用于中国大学录取及其他更广泛问题研究的可能方向。

关键词：匹配理论；大学录取；高等教育；中国

1962 年，戴维·盖尔（David Gale）和罗伊德·沙普利（Lloyd S. Shapley）在《美国数学月刊》（*American Mathematical Monthly*）发表论文《大学录取和

---

* 钟笑寒，清华大学经济管理学院经济系教授，清华大学中国经济研究中心主任，研究聚焦匹配机制的理论与实证研究，并涉及劳动经济学、教育经济学和应用微观经济学等多个领域。论文发表在 *Journal of Econometrics*、*Games and Economic Behavior*、*Experimental Economics*、《中国社会科学》、《经济学（季刊）》、《世界经济》、《经济学报》、《数量经济技术经济研究》、《统计研究》、《中国工业经济》等国内外学术期刊，学术著作包括《中国农民故事》、《文物保护与旅游业发展》，讲授经济学原理、博弈论等课程。

** 作者感谢胡钰老师的详细评论。感谢易君健、马弘、李力行、张丹丹以及《经济学研究年评》编委会其他老师的评论和建议。国家自然科学基金（项目号：71173127、71874095）长期支持了我关于中国高考录取制度的研究，在此也深表感谢。

婚姻的稳定性》(College Admissions and the Stability of Marriage)，从此拉开了匹配理论的序幕。1990年，阿尔文·罗斯（Alvin E. Roth）和他的合作者马里尔达·奥利维拉·索托马约尔（Marilda A. Oliveira Sotomayor）发表著作《双边匹配：博弈论建模与分析研究》(Two-Sided Matching: A Study in Game-Theoretic Modeling and Analysis)，对截至当时的匹配理论的发展进行了系统性的科学阐述。这本教科书式的著作，奠定了匹配理论在经济学特别是微观经济学中的重要地位，并在此后获得了经济学界的广泛关注和研究。可以毫不夸张地说，这一理论已经成长为核心市场理论最重要的修正和补充之一。沙普利和罗斯获得了2012年诺贝尔经济学奖，以表彰他们在"稳定配置理论和市场设计实践"中的贡献（此时盖尔已故去）。

匹配理论是研究经济学的基本问题，即稀缺资源如何配置的一种新思考框架。说它"新"，是因为它既有别于经典市场理论基于连续与完整商品空间上的均衡价格体系来研究资源配置，也和拍卖理论与机制设计等针对个别离散商品和基于转移支付的资源配置理论存在显著差异。它针对没有转移支付的、异质性却有相互替代的交易机会的配置问题进行研究。这一理论目前已广泛应用于大学录取、中学择校、住院医生匹配、劳动力雇佣、宿舍分配、肾交换等一系列问题的研究，具有广阔的应用前景。

匹配理论的引入对大学录取的研究起到了极大的推动作用。大学录取作为一种匹配机制，或者更宽泛地讲，作为一种教育资源的配置机制，其重要性可以从个人的生命周期向前和向后两个角度来加以理解。向前，大学录取直接决定了什么样的学生上什么样的大学，这里的"什么样的学生"，包括学生的不同能力（一维）和不同兴趣（多维），而"什么样的大学"则包括大学的教学质量（包括师资设备）、专业构成、地理区位、大学文化乃至学生群体的构成等。不同的录取结果不仅影响教育公平，如社会经济地位较低的学生是否可以进入高质量大学，同时，由于不同学生上不同大学可能影响其人力资本积累，这种"适配性"也影响教育的产出或效率。最终，大学教育的差别会反映在个人进入劳动力市场后的工资差别，影响经济的整体生产率和收入不平等。向后，大学录取对进入大学前的人力资本积累产生重要影响。在中国，一直有"高考指挥棒"这一形象的说法，以此表达大学录取对中学乃至小学学习的巨大影响。① 大学录取除了对个人的学习行为产生影响，也对中学教育的提供者——地方政府和中学——产生了影响。高质量大学的竞争，一定程度上催生了超级中学的出现和高质量中学及学生向大城市集中的趋势。

在下文中，我们首先以婚姻问题导入匹配理论的基本思想、概念和分析方法。婚姻问题是"一对一"的最简单的匹配问题，可以说是匹配理论的"元模型"。我们将提出作为匹配问题解的稳定匹配的概念，并围绕这一概念讨论达成稳定匹配的算法、稳定匹配的结构与性质、稳定匹配机制下参与者的策略性行为等核心理论问题。大学录取问题一直是匹配理论的经典问题之一，这从盖尔和沙普利1962年的论文中就可以看出。大学录取问题属于"多对一"的匹配问题。我们将着重关注其不同于婚姻匹配的一些特点，特别是如何界定大学对学生的偏好，并在此基础上讨论稳定匹配的存在性与性质。

中国的高考制度是大学录取中一个极为典型的实例。它不仅具有无可置疑的实践重要性，同时在匹配理论的理论、实验和实证研究中也提出不少有意义的重要课题。本文接下来系统阐述匹配理论应用于中国高考制度改革取得的研究成果。这里特别加上"改革"二字，是试图从比较的视角，研究大学录取和高考的若干制度改革。中国的高考制度从1977年恢复以来，经历了多次系统性改革，至今仍在改革的路上。比较研究是一种重要的经济学研究方法论，于20世纪末在世界范围内从计划经济到市场经济的改革与转型研究中彰显了价值。本文也是基于这一方法论，利用匹配理论对中国高考制度改革前后的不同制度进行比较研究，以期对改革的效果做出评价。

本文第1节介绍匹配理论的基本思想。第2节介绍高考制度的基本特征和改革历程。接下来的几个部分分别介绍不同的制度改革：第3节分析引入"平行志愿"的改革，第4节分析从"考前填报"到"考后填报"的改革。这些是高考制度改革的重要维度，我们借助匹配理论研究这些改革对考生志愿填报行为和大学录取结果的影响。第5节讨论从统一高考科目到可选科目的改革。

---

① 举我和合作者的一个研究（吴斌珍和钟笑寒，2014）为例。我们发现，在2004—2014年，女性的大学录取比例（即女性录取人数除以总录取人数）和录取率越来越高，两项指标均已超过男性，而大学录取制度的变化在其中起到了一定的作用，特别是考后知分填报这一制度的引入。这可能是因为女性相对于男性的风险回避程度更高，而考后知分填报志愿（相对于考前填报）极大减弱了大学录取的风险。随着女性大学录取率的上升，其高中入学率也显著上升。因为中国实行的是九年义务教育制度，青少年必须接受初中教育，但高中教育是可以选择的。这一结果说明大学录取的成功反向激励学生更多地进入高中学习。

大学录取的一个特殊之处在于学生不仅需要选择学校，还要选择专业，但专业通常在学校的控制之下，并非独立的录取单元，由此产生的大学与专业录取如何协调的问题在第6节讨论。第7节采用一个类似于市场分析（或产业组织）的方法来讨论大学录取和高考制度中的匹配问题。以上各部分重在理论分析。第8节补充对高考改革实证研究的一些成果介绍，阐述实证研究存在的一些核心识别问题。第9节是结论，提出对未来若干研究方向的展望。

1. 匹配理论的基本思想

匹配问题研究的是如何将两类完全互斥的行为主体中的个体相互结合。这要求：第一，结合必须发生在两类不同的主体之间，而不是某一类主体的内部；第二，每一类主体内个体相互之间有差别（即异质性），每一个行为主体对于另一类行为主体中的每一个个体存在严格的偏好。

1.1 元模型：婚姻匹配

婚姻是最典型的匹配问题。婚姻的结合发生在男性群体和女性群体的个体之间，而且男性个体和女性个体是千差万别的，每一个男性对女性都有一个严格的偏好顺序，反之亦然。

我们通过下面的例子来说明。

例1.1。在一个婚姻市场上有两男两女。两位男性分别被称为"虎爸""猫爸"，两位女性分别被称为"虎妈""猫妈"。男性和女性分属不同的群体，每位男性或女性寻找与另一个群体中的一位相结合，即匹配。每一个个体对对方个体的偏好如表1所示：

表1 婚姻市场中的个体偏好

个体	偏好
虎妈	猫爸＞虎爸＞单身
猫妈	虎爸＞猫爸＞单身
虎爸	猫妈＞虎妈＞单身
猫爸	虎妈＞猫妈＞单身

直观来看，每一种性格类型的个体都偏向于与之互补性格的异性。此外，还要注意到每个个体保持单身依然是一种选择。

1.1.1 稳定匹配

匹配问题的分析目标，或者说合理的解，就是达成稳定匹配（Stable Matching）。我们定义稳定匹配是这样一种匹配结果：（1）没有任何一个群体中的任何一个已经得到匹配的个体选择不匹配会更好，（2）没有任何分属两个群体的两个个体重新匹配会使得两个个体更好。也就是说，一旦达成稳定匹配结果，就不会有任何一个男性或任何一个女性愿意改变现有的匹配结果（包括单身）。与此同时，我们把使得上述条件不成立从而使得匹配不稳定的男女配对称为阻遏对（Blocking Pairs）。广义来说，阻遏对的一边可以是异性，也可以是单身（即空集）。通常所称的阻遏对则是指某个男女配对。

在上述例子中，是否存在稳定匹配呢？我们来简单分析一下。不难看出，任何包括单身的匹配结果都不是稳定的。这样就只剩下了两种匹配结果，分别是：

第一种：（虎妈，虎爸），（猫妈，猫爸）
第二种：（虎妈，猫爸），（猫妈，虎爸）

很容易验证，只有第二种结果是稳定匹配。在第一种结果下，所有的匹配对（即夫妻）都愿意和另一对夫妻中的异性重新匹配，导致100%的离婚率（和再婚率）。而第二种情况，找不到任何一对异性愿意重新组成家庭，也没有任何一个人愿意进入单身行列。

一个最核心的理论问题是：稳定匹配是否一定存在？如果存在的话，是否有简单的办法能找到？盖尔和沙普利（1962）的文章给出了肯定的回答：稳定均衡一定存在。他们提出了一种被称为延迟接受（Deferred Acceptance）的算法来找到稳定均衡，该算法又被称为盖尔–沙普利（GS）算法，以下我们称之为 DA-GS 算法。

我们以婚姻问题为例来解释这个算法。该算法本身又分为两种：男性提议的 DA-GS 算法、女性提议的 DA-GS 算法。我们以男性为例，算法为：

第一步：每一个男性向其最心仪的女性提出邀约。
第二步：收到邀约的女性选择其中最心仪的男性予以暂时接受。
第三步：被拒绝的男性向其第二心仪的女性提出邀约。
第四步：收到邀约的女性选择迄今所有邀约中最心仪的男性予以暂时接受。
……

直到市场上没有新的邀约发出，这发生在所有男性的邀约都被接受，或者虽然某些男性的邀约没有被接受，但他们提出的所有邀约都已被拒绝。此时每个女性持有的邀约成为最终匹配对象。

不难想象，这个算法一定会有一个终点。因为男性和女性群体的人数是有限的。盖尔和沙普利（1962）证明这个算法导致的匹配结果一定是稳定的。

将该算法用在上述例子上。

第一步：虎（猫）爸向猫（虎）妈提出邀约。
第二步：猫（虎）妈暂时接受虎（猫）爸的邀约。
没有新的邀约。算法结束。
即得到稳定匹配方式：（虎妈，猫爸），（猫妈，虎爸）。

有趣的是，他们还证明，这个算法导致的匹配结果，在所有可能的稳定匹配中，是对所有男性最有利的。相反，如果考虑一个让女性提议的 DA-GS 算法，则会得到一个对女性最有利的稳定匹配。在我们上面这个例子里，只有一个稳定匹配，因此无法呈现这一点。为此，我们稍微改变上面的例子。

例 1.2。个体偏好修改如表 2，其余同例 1.1。

表 2　婚姻市场修改后的个体偏好

个体	偏好
虎妈	**虎爸**＞猫爸＞单身
猫妈	猫爸＞**虎爸**＞单身
虎爸	猫妈＞虎妈＞单身
猫爸	虎妈＞猫妈＞单身

我们用加粗的字体表示和上一个例子不同的偏好。现在，男性个体依然喜欢互补（或相反）性格的女性，但女性更加喜欢相同性格的男性。不难得出，此时男性提议的 DA-GS 算法的匹配结果是：｛（虎妈，猫爸），（猫妈，虎爸）｝。女性提议的 DA-GS 算法的匹配结果是：｛（虎妈，虎爸），（猫妈，猫爸）｝。容易看到：第一，两个匹配结果都是稳定的；第二，第一个匹配结果是稳定匹配中对男性最有利的，第二个匹配结果是稳定匹配中对女性最有利的（一共只有两个稳定匹配结果）。

在有更多男性和女性的婚姻匹配问题中，可能存在更多的稳定匹配。因此，稳定匹配构成了一个稳定匹配集合。接下来的问题是，这些稳定匹配相互之间是什么关系？或者说，稳定匹配存在什么样的结构？罗斯和索托马约尔（Roth and Sotomayor，1990）的著作对这个结构做了描述：所有的稳定匹配构成了一个数学上称为格（Lattice）的结构。格可以看作一个"扩展"的一维结构。在其中一端，是对所有男性最不利同时也是对所有女性最有利的稳定匹配，可以通过女性提议的 DA-GS 算法得到；在另一端，是对所有女性最不利同时也是对所有男性最有利的稳定匹配，可以通过男性提议的 DA-GS 算法得到。所有的稳定匹配都处于这两个"端点"之间，构成在一维空间的一个排序。不过，这个排序是不完全的：并不是所有的稳定匹配都完美地落在这个一维空间上，有一些稳定匹配相互之间不存在所有男性或女性都一致偏好某一个的情形。

可见，婚姻问题（一对一匹配问题）具有非常精巧的解的结构。为了进一步说明这一点，我们再来阐述这个解的结构带来的一个有意思的结论。再次修改例 1.2 如下。

例 1.3。增加男性和女性各 1 人。个体偏好修改如表 3，其余同例 1.1。

表 3　婚姻市场有更多参与者的个体偏好

个体	偏好
虎妈	虎爸＞猫爸＞**挑剔猫爸**＞单身
猫妈	猫爸＞**挑剔猫爸**＞虎爸＞单身
挑剔虎妈	虎爸＞单身＞猫爸＞**挑剔猫爸**
虎爸	猫妈＞虎妈＞**挑剔虎妈**＞单身
猫爸	虎妈＞**挑剔虎妈**＞猫妈＞单身
挑剔猫爸	虎妈＞**挑剔虎妈**＞单身＞猫妈

在这个例子中，加入了两位新人：挑剔虎妈和挑剔猫爸。挑剔虎妈只愿意和自己性格相同的人结婚，挑剔猫爸只愿意和自己性格相反的人结婚。此外，每一个男性和女性在同一种性格类型中，更青睐不挑剔的异性。在例 1.3 中，稳定匹配有哪些呢？

首先，我们注意到挑剔虎妈唯一能接受的对象是虎爸。因此，如果存在一个挑剔虎妈不为单身的稳定匹配，必定有（挑剔虎妈，虎爸）这样的匹配。

但是，这样的匹配必定被如下的匹配阻遏（虎妈，虎爸）。因为虎妈最喜欢的就是虎爸，而虎爸得到虎妈至少比得到挑剔虎妈更好。由此说明，在任何稳定匹配中，挑剔虎妈必定单身。如此，我们可以把挑剔虎妈从"市场"中去掉，得到如下简化的偏好表4：

表4 表1.3的化简

个体	偏好
虎妈	虎爸＞猫爸＞**挑剔猫爸**＞单身
猫妈	猫爸＞**挑剔猫爸**＞虎爸＞单身
虎爸	猫妈＞虎妈＞挑剔虎妈＞单身
猫爸	虎妈＞猫妈＞单身
挑剔猫爸	虎妈＞单身＞猫妈

再来看挑剔猫爸。如果在稳定匹配中他不是单身，则必然有（虎妈，挑剔猫爸）这样的配对。不难发现，（虎妈，猫爸）会阻遏上述配对。这是因为虎妈更喜欢猫爸胜过挑剔猫爸，而猫爸最喜欢的就是虎妈。由此，在任何稳定匹配中，挑剔猫爸黯然退出市场。

据此进一步简化偏好表4，就回到了前面只有虎妈、猫妈、虎爸、猫爸"四人世界"的例子（即表2）。因此最终有两个稳定匹配：稳定匹配1为{（虎妈，猫爸），（猫妈，虎爸），（挑剔虎妈），（挑剔猫爸）}；稳定匹配2为{（虎妈，虎爸），（猫妈，猫爸），（挑剔虎妈），（挑剔猫爸）}。在任何一个稳定匹配中，挑剔虎妈和挑剔猫爸都是单身。

罗斯和索托马约尔（1990）证明，在任何一个稳定匹配中，单身的个体永远单身（也就意味着，结婚的个体永远结婚）。这是一个令人惊讶的结论。这一结论引申到多对一匹配，就是著名的"乡村医院定理"（Rural Hospital Theorem）。②

婚姻匹配还有一些有趣的性质，这里不再一一论述，仅再举一列。如果我

---

② 在罗斯研究美国住院医生匹配制度时，发现乡村医院总是招不满医生。我们也许要问，是不是我们使用的匹配制度不好，以至于没有找到能让乡村医院得到更多医生的稳定匹配？乡村医院定理表明，答案是否定的：只要匹配是稳定的，那么就永远不能解决乡村医生太少的问题。

们增加男性的人数，即市场中涌入更多的男性，可以证明，在给定的对男性最优或者对女性最优的稳定匹配下，女性普遍会变好，而男性普遍会变坏。类似于市场供求理论，某一方供给增加，则供给者整体受损，而另一方（需求者）受益。

稳定匹配的福利性质。根据研究方法的不同，经济学可分为实证经济学和规范经济学。比如，市场均衡是一个实证经济学的概念，论证其存在性是一个实证经济学问题。而效率是一个规范经济学的概念，论证市场均衡实现了帕累托最优是一个规范问题，也被称为福利经济学问题。在匹配理论中，这种区分并不是很明显。一方面，我们看到，稳定匹配更像是一个规范概念，它是从界定匹配结果是否具有某种福利性质开始的。另一方面，正如盖尔和沙普利（1962）的文章论证的，这一结果也是 DA-GS 算法得到的一个"实证"结果。不过总体来看，稳定匹配还是更偏向于一个规范的结果，因为在现实中，并不是所有算法都会导致这一结果。

本文不打算对稳定匹配的（其他）福利结果进行过多讨论。罗斯和索托马约尔（1990）证明了，在婚姻匹配中，稳定匹配和其他福利概念，例如帕累托最优、核（Core）的概念是完全一致的。当然，在更加复杂的匹配中，这种一致性可能不能完全实现。③

1.1.2 策略性行为

以上分析说明稳定的婚姻匹配一定存在，并可以通过 DA-GS 实现。这似乎是一个一劳永逸的答案。不过，当一个婚姻市场的设计者想要采用这一算法来实现稳定匹配时（对男性或者女性最优），我们有理由询问，男女双方有真实报告自己偏好的激励吗？机制设计是希望人们说实话的，即所谓的激励相容（Incentive Compatibility，以下简称 IC）。如果参与者在给定机制下没有真实报

---

③ 这些讨论也涉及如何认识合作博弈和非合作博弈理论。我们知道，诸如核这样的概念正是在合作博弈理论中提出来的，而稳定匹配的概念也类似于核，可以看成一个合作博弈的概念。罗斯和索托马约尔（1990）多次讨论如何平衡地看待这两类博弈。非合作博弈基于对博弈规则的明确描述来更深入刻画个人的行为，但其缺点也来自如下两点：太依赖于对人的理性假设（包括完备信息假设），太依赖于对制度细节的规定。而合作博弈却是在非常简单的理性假设（例如就是对个人偏好的假定）和不依赖于制度细节下，给出了一个问题分析框架。虽然这个结果不一定是实际中能够达到的、过于理想化的结果，但它的简明性是其优势；在很多情况下，这个规范结果也很好地预测了实证结果，例如纳什议价解。匹配理论一定意义上意味着合作博弈研究的复兴。

告自己偏好的激励，那么上文论述的稳定匹配可能会被破坏。或者说，稳定匹配只针对报告出来的偏好是稳定的，对于隐藏的真实偏好可能并非如此。此外，相对于存在"谎报"的机制而言，真实报告的机制还有其他优点：它可以极大地节省人们为了自身利益而采取策略性行为付出的努力，以及由于未能正确选择合理的策略性行为而导致不尽如人意的匹配。

我们首先说明，在一个男性提议的 DA-GS 算法中，女性可能没有报告真实偏好的激励。重新考虑例 1.2。我们已经知道，在所有人都报告真实偏好时，男性提议的 DA-GS 算法的匹配结果（也就是男性最优的稳定匹配结果）是：{（虎妈，猫爸），（猫妈，虎爸）}。显然，在这个结果下，女性没有得到自己最满意的选择（见表2）。现在考虑女性谎报自己的偏好如下：

　　虎妈的假偏好：虎爸＞单身＞猫爸。
　　猫妈的假偏好：猫爸＞单身＞虎爸。

再次使用男性提议的 DA-GS 算法，此时的匹配结果为：{（虎妈，虎爸），（猫妈，猫爸）}。女性通过谎报自己的偏好，使自己获得了更为满意的结果。罗斯和索托马约尔（1990）通过举出反例证明，不存在一个导致稳定匹配的机制，使得所有人都真实报告其偏好。

这似乎是一个悲剧性的结论。但值得庆幸的是，在男性提议的 DA-GS 机制中，男性真实报告其偏好是他的弱占优策略，即有真实报告偏好的激励。这一结论依然有重要意义，因为在某些匹配中，我们可以通过其他制度保证一方不会谎报，比如在大学录取中，大学的录取标准是透明的，同时也受到监督，我们只需要担心学生一方是否有谎报的激励。此时，单边激励相容的机制（此处即学生提议的 DA-GS 机制）就可以很好地保证参与者的利益最大化。

1.2 大学录取

我们接下来讨论大学录取这一典型的"多对一"匹配问题。它包括两个完全互斥的行为主体：大学和学生。学生对不同的大学有偏好。大学对不同的学生也有偏好，大学的偏好可能来自自身，也可能来自政策规定。一个大学可以录取多个学生，但一个学生最多只能上一所大学，即多对一匹配。此外，大学录取不存在可以谈判的货币转移：虽然有学费，但金额是固定的，它不能自由调节以改变学校和学生的匹配效用。

1.2.1 大学的响应性偏好

大学录取和更为一般的多对一匹配的关键假设是刻画大学的偏好。我们需要刻画大学对所有学生群体的偏好，而不仅仅是对学生个体的偏好。我们首先考虑简单的情况，即大学基于对个别学生的偏好，以某种方式来决定录取。为此，我们假定大学对单个学生存在一个确定的、理性的偏好排序。此外，为了反映资源的稀缺性，我们同时假定每个大学有确定的录取名额，即最多可以录取的学生人数。在这一描述中，我们只刻画了大学对个别学生的偏好和它能够录取的最大学生数。为此，我们做出一个关键假设：大学对任何两个学生的偏好，不受大学是否录取其他学生的影响。罗斯和索托马约尔（1990）将这样的大学偏好称为对个别学生偏好"做出响应"的偏好，简称为响应性偏好。

我们用下面的例子来具体说明响应性偏好。假定一共有 3 名学生 1、2、3。同时假定大学有 3 个录取名额。大学对他们的偏好为 1>2>3>∅。这里 ∅ 代表大学一个空缺的席位，大学对于任何一个学生都是"可以接受"的，即好于空缺。首先，响应性偏好认为：{1}>{2}>{3}，即大学可以比较单个学生组成的"学生群体"。接下来，我们来考虑 {1, 2} 和 {3} 这两个学生群体的比较。我们的结论是：{1, 2}>{3}。这只需要注意到 {1, 2}>{1}>{3}。其中，前半部分由响应性偏好的定义保证，即两个学生集合如果不相同的部分可以比较"优劣"，则两个集合整体可以比较。这里 {1, 2} 和 {1} 不相同的部分是 2>∅。我们也有：{1, 3}>{2}，因为 {1, 3}>{1}>{2}。值得注意的是，响应性偏好并未完整刻画大学对学生群体的偏好。考虑有 4 个学生 1、2、3、4。大学偏好为 1>2>3>4，则 {1, 4} 和 {2, 3} 不能根据响应性偏好推出比较结果。

虽然响应性偏好未能完整刻画大学对全部学生群体的偏好，但这一刻画却足够细致，以至于可以判断某一个匹配结果是否稳定。

我们下面的分析将基于上述对大学偏好的假设，即响应性偏好。由于大学和学生的非对称性，我们先分别讨论对学生最优的稳定匹配和对大学最优的稳定匹配，我们将会看到他们有一些重要的差别。然后再来一般性地讨论所有稳定匹配的性质及其相互关系。

1.2.2 对学生最优的稳定匹配

与婚姻匹配类似，我们可以构造一个学生提议的 DA-GS 算法：

第一步：所有学生向其最心仪的学校发出邀约。

第二步：所有学校在向其提出邀约的学生中，在不多于其名额的前提下，选择最喜欢的、可接受的、尽可能多的学生予以暂时接受。

第三步：在第二步中被拒绝的学生，选择向第二心仪的学校发出邀约。

第四步：所有学校在向其提出邀约的学生中，在不多于其名额的前提下，选择最喜欢的、可接受的、尽可能多的学生予以暂时接受；其余学生予以拒绝。

第五步：在第四步中被拒绝的学生，选择向第三心仪的学校发出邀约。

……

如果所有学生的邀约都已被接受，或者那些邀约被拒绝的学生已经向所有可接受的学校都已经发出了邀约（且被拒绝），则算法结束。

罗斯和索托马约尔（1990）说明了，学生提议的DA-GS算法必定导致对学生最优的稳定匹配。同时在这个机制下，学生能够真实报告自己的偏好。这些结论和婚姻匹配的结论可以完美对照。

1.2.3　对大学最优的稳定匹配

考虑由学校提议的DA-GS机制，算法如下：

第一步：所有学校向其最心仪的、可接受的、在其名额范围内尽可能多的学生发出邀约。

第二步：每个接受邀约的学生选择可接受的邀约予以暂时接受。

第三步：所有学校在保留被接受的所有邀约的前提下，向其最心仪的、可接受的、在其（剩余）名额范围内尽可能多的学生发出邀约。

第四步：每个收到新邀约的学生选择可接受的、心仪的邀约予以暂时接受，并拒绝其他邀约。

第五步：重复第三步。

第六步：重复第四步。

……

如果所有学校的所有邀约都已经被接受，或者存在邀约被拒绝的情况的学校已经对其可接受的所有学生发送过邀约，则算法结束。

学校提议的 DA-GS 机制一定会得到稳定匹配，且在所有稳定匹配中是对学校最好的。令人惊讶的是，学校在此机制中并不总是说实话。这是和婚姻匹配（或一对一匹配）不同的。罗斯和索托马约尔（1990）通过反例说明了这一点。这里的关键是，对于学校而言，它拥有了向多个学生同时提出邀约的权利。这给予了它更大的"操纵"空间，从而有更大的激励（包括更多的方式）说谎，比如，它现在可以通过少于其剩余名额的方式提出邀约。

1.2.4 所有的稳定匹配

除了上述讨论的对学生最优和对大学最优的稳定匹配，大学录取问题还可能存在其他的稳定匹配。类似于婚姻问题，所有的稳定匹配也构成了一个格的结构。格的一端是对学生最优的稳定匹配，同时也是对大学最差（或者说最不偏好）的稳定匹配，另一端是对大学最优的稳定匹配。中间的稳定匹配可以从对学生更有利到更不利进行排序（并非所有稳定匹配都可以比较，但总是能将稳定匹配分组，使得组内不能比较，组间可以比较，这也是格的定义），同时这一排序也对应着从对大学更不利到更有利的排序。注意，我们刻画的大学的偏好并不能对所有的学生群体排序，但在稳定匹配之间，仅仅根据响应性偏好也是可以排序的。

我们在婚姻问题中证明了"乡村医院定理"。在大学录取中，该定理依然成立，即在所有的稳定匹配中，被大学录取的学生群体是相同的（但录取的学校可能不同）。同时，大学录取的学生人数也是相同的，也就是说，录满（即用完全部配额）的大学总是录满，未录满的也总是未录满，且未录取的"空额"也是相同的。更有甚者，罗斯和索托马约尔（1990）的研究表明，对于未录满的大学而言，在所有的稳定匹配中，它们录取的学生群体（不仅仅是人数）是完全相同的。中国有些冷门大学经常有录不满人的情况，按照这一结论，无论如何改变算法，只要还是稳定匹配，不仅这些大学永远录不满，甚至想提高录取学生的质量都是不可能的。

同样，我们也可以证明，类似市场供求理论，如果在大学录取市场上有更多的大学进入，则在对学生最优的稳定匹配下，学生的福利总是提高的，而大学的福利总是下降的。反之，如果有更多的学生进入，则在对大学最优的稳定匹配下，大学的福利总是提高的，而学生的福利总是下降的。

1.2.5 更为一般的大学（或机构）偏好

在上述论证中，对大学偏好的假设起到了非常关键的作用。我们在一开始就提到，像大学录取这样的多对一匹配问题，区别于婚姻问题的关键就是大学（或机构）这一方。由于大学匹配的对象是多个人的集合，因此其偏好更为复杂。上述分析表明，如果大学的偏好满足响应性条件，关于婚姻匹配的大部分结论对大学来说也是成立的，当然也存在一些重大区别。比如，在对大学最优的稳定匹配（即大学提议的 DA-GS 机制）下，大学不再说实话。

显然，大学的响应性偏好是一个比较特殊的条件。很多时候，机构（包括大学或者公司）并没有固定的需要录取或雇佣的人数，有时候录取对象不是逐个比较的。考虑这样一个简单的例子。一个大学有两个名额，有四个学生申请，大学对各个学生的偏好为：计算机专业学生1>计算机专业学生2>社科专业学生1>社科专业学生2。按照响应性偏好，必然有 {计算机专业学生1，计算机专业学生2}>{计算机专业学生1，社科专业学生1}。但如果学校偏好专业多样性，即它不愿意同时录取两个相同专业的学生，那么，它的偏好很可能反过来，即 {计算机专业学生1，社科专业学生1}>{计算机专业学生1，计算机专业学生2}。这就违背了响应性偏好。

那么，接下来我们要问：假定大学的偏好不再是响应性偏好，会在多大程度上影响我们的结论呢？哈特菲尔德和米尔格罗姆（Hatfield and Milgrom, 2005）的研究深入思考了这个问题，在更一般的带有合同的匹配（Matching with Contracts）框架下，他们提出了两个包含响应性偏好的更一般的大学偏好性质，即可替代性和总需求定律，我们来逐一说明这两个性质。

可替代性。假定学校面对两个学生群体 X 和 X'，后一个群体包含前一个群体，即 $X \subseteq X'$。我们定义大学对学生群体的偏好满足可替代性，如果在前一个（小）群体未被大学录取的学生，在后一个（大）群体中也不能被录取，即 $R(X) \subseteq R(X')$。这里 $R(X)$ 表示在学生集合 X 中被大学拒绝的学生子集。显然，$R(X) = X - C(X)$。这里 $C(X)$ 表示在 X 中被大学录取的学生子集。直观地说，在可替代性条件下，如果某个学生被拒绝，则增加一些"同伴"并不能使得该学生被留下。

我们举两个简单的例子来帮助读者更好地理解这个概念。在第一个例子中，我们来观察一个消费者的偏好是否符合可替代性。有两个消费者：张三和李四。张三考虑在三种水果之间的偏好，而李四考虑对咖啡+糖和茶之间的偏好。

张三：苹果＞梨＞橘子，且不喜欢混着吃。

李四：咖啡＋糖＞茶＞咖啡。

显然，张三的偏好满足可替代性。实际上，张三的偏好和婚姻匹配中人们的偏好是一致的，在此类情景中，我们不允许同时选择两种"商品"。来看李四的偏好。我们有：{咖啡，茶} ⊂ {咖啡，茶，糖}，而 R（{咖啡，茶}）＝ {咖啡} ⊄ R（{咖啡，茶，糖}）＝ {茶}。因此李四的偏好不满足可替代性。直观地说，咖啡和糖是互补性商品。因此咖啡是否被拒绝，依赖于选择集合中是否有糖。

再来看下面的例子。梁山泊公司对仅有的两条好汉张顺、李逵有如下偏好，而清风寨公司对仅有的两条好汉张青、孙二娘有如下偏好：

梁山泊：{张顺，李逵}＞{张顺}＞{李逵}＞不雇人。

清风寨：{张青，孙二娘}＞不雇人＞{孙二娘}＞{张青}。

显然，梁山泊公司的偏好具有可替代性，而清风寨公司的偏好不具有可替代性。

值得注意的是，婚姻匹配中每个人的偏好都被限制在只能在单个对象间进行比较，而大学录取中我们假定了响应性偏好，即在给定名额下对录取对象逐个进行比较，这些偏好都符合可替代性。

哈特菲尔德和米尔格罗姆（2005）证明了，在大学对学生的偏好具有可替代性时，稳定匹配一定存在。同时，学生提议的 DA-GS 算法可以实现对学生最优的稳定匹配，大学提议的 DA-GS 算法可以实现对大学最优的稳定匹配。有趣的是，可替代性条件不能保证在学生提议的 DA-GS 下，学生是说实话的。为此，我们还需要一个总需求定律的条件。

总需求定律。仍然考虑两个学生群体 X 和 X'，$X \subseteq X'$。大学对学生的偏好满足总需求定律的条件：$|C(X)| \leq |C(X')|$。直观地说，随着学生群体的扩大，被接受的学生人数是增加的，至少不是下降的。

注意，总需求定律不等于可替代性。考虑如下的"三人"大学偏好：

"三人"大学：{学生3}＞{学生1，学生2}＞{学生1}＞{学生2}＞∅＞{学生1，学生3}＞{学生2，学生3}＞{学生1，学生2，学生3}。

容易验证这一偏好满足可替代性，但并不满足总需求定律，因为：｜C（{学生1，学生2}）={学生1，学生2}｜=2>｜C（{学生1，学生2，学生3}）={学生3}｜=1。反过来，满足总需求定律也可能不满足可替代性。例如，从上述清风寨公司的偏好，我们知道是不满足可替代性的，但｜C（{张青或孙二娘}）=∅｜=0<｜C（{张青，孙二娘}）={张青，孙二娘}｜=2，满足总需求定律。

哈特菲尔德和米尔格罗姆（2005）证明，只有在可替代性和总需求定律同时满足时，在对学生最优的 DA-GS 算法下，学生才是说实话的。证明中关键的一点是，只有在这两个条件下，"乡村医院定理"才能满足。而在我们对婚姻匹配的分析中已经看到，这个定理对于保证参与者（男性和女性是完全对称的）说实话是至关重要的。

总需求定律和可替代性是两个互相区别但又有联系的概念。在哈特菲尔德和米尔格罗姆（2005）的研究中，他们也发现，在一些特殊情形下，二者具有某种等价关系。如果我们仔细来思考这两个条件，会发现"可替代性"更类似于排除了"正向的"互补关系。例如，在上述张青和孙二娘（或咖啡和茶）的例子中，对象之间都存在正向的互补关系，从而不具有可替代性——当增加他们的"搭档"之后，他们更加有吸引力，因而其结果会从被拒绝变成不被拒绝。而总需求定律更类似于排除了"负向的"互补关系。

为此，考虑下面的例子。在新梁山泊公司里，李逵是一个非常能干却无法和同事共处的人。因此有：

新梁山泊：{李逵}>{阮小二，小五}>{阮小二}>{阮小五}>∅>{阮小二，李逵}>{阮小五，李逵}>{阮小二，阮小五，李逵}。

不难发现这个例子和上述"三人"大学的例子是完全同构的。根据刚才的分析，它不满足总需求定律，因为：｜C（{阮小二，阮小五}）={阮小二，阮小五}｜=2>｜C（{阮小二，阮小五，李逵}）={李逵}｜=1。直观地说，随着"上山"人数的增加，山寨本来有更多的人才可用，因此选择人数必定增加，至少不减少（注意，这里不要求原来选择的人员必定还能留下，只要求人数不减少。道理也很简单，假定山寨容量有限，仍然可以裁掉过去的一些人员）。但由于李逵和其他人水火不容，即存在负向的互补性，所以存在一种可能，山寨留下李逵（因为他十分能干）而裁掉其余两人。从而违反总需求定律。

1.3 匹配问题的边界

刚才讨论了两个重要的匹配问题：婚姻问题和大学录取问题。我们已经发现，这两个问题既有联系，又有区别。那么一个自然的问题是，还有哪些问题属于匹配问题呢？它们相互之间又有哪些不同的特征呢？匹配理论的极大发展，带来的一个问题就是匹配问题的边界变得越来越模糊。因此，澄清哪些问题属于匹配问题，哪些不属于，即划出一个匹配问题的边界（尽管可能仍然是模糊的），也许是必要的。

我们把婚姻问题作为匹配问题的元模型（或者说参照系），可以归纳出匹配问题的三个特征：

特征1：匹配问题必然涉及两个完全互斥的行为主体集合。

特征2：这两个行为主体都对对方（或者说，与对方达成的交易）存在一个主观评价。

特征3：匹配双方不存在货币转移，或者说，匹配双方只有一个固定的（隐含）合同。

特征1和特征2是我们一直强调的。特征3意味着，匹配双方除是否匹配之外，不存在其他谈判空间，匹配对象本身是决定交易效用的唯一因素。例如，在婚姻匹配中，我们认为不能通过嫁妆或彩礼来改变匹配的效用。

值得注意的是，如果严格按照这三个特征来界定匹配问题，那么，几乎只有婚姻问题属于匹配问题。但很多问题在不同程度上可以转换为匹配问题来分析。表5归纳了与匹配理论相关的若干典型问题，从上至下根据转换的"容易程度"排列。我们逐一加以说明，这里略过已经讨论的婚姻匹配和大学录取问题。

美国住院医生市场（NIMP）。这是一个典型的多对一匹配问题。医生只能选择一家医院，而医院可以选择多个医生。NIMP问题和大学录取问题是极其类似的。这个问题满足匹配问题的三个特征（双边性、主体性、无转移支付）。值得注意的是医院实际上是一个机构，其偏好可能来自医院自身决策者的个人或集体偏好，也可能来自某些政策限制。

表5 匹配问题的边界

问题	是否存在截然分开的双边（特征1）？	单边还是双边存在内在偏好（特征2）？	是否合同固定即没有货币转移（特征3）？	一般来说，是否作为匹配问题加以研究？	可以归入的其他问题
婚姻	是	双边	是	是	
NIMP	是	双边	是	是	
大学录取	是	学生对于大学有偏好，大学对学生的偏好并根据大学自身偏好和政策规定来形成	是	是	
择校问题	是	学生对于中学有偏好，中学对学生的偏好并根据自身偏好和政策来形成	是	是	
劳动力雇佣	是	双边	否	是，但作为一类特殊的有合同的匹配	
住房分配问题	是（一边为物）	单边	是	否，但若宿舍看成学生的偏好，抽签顺序看成有合同的随机可以进行某些研究	分配问题
选课问题	是（一边为物）	单边	是	否	分配问题
拍卖（含多物品和多个卖者）	是	双边，但一方的偏好完全取决于转移支付	否	一般不作为匹配问题，也可以看成带有合同的匹配加以研究	拍卖
肾交换	否	（问题不成立）	是	否，除非特殊情况（完全区分捐赠者和受捐赠者）	
室友问题	否	（问题不成立）	是	否	

择校问题（School Choice）。阿布杜尔卡迪罗格鲁和森梅兹（Abdulkadiroglu and Sonmez，2003）将美国公立中小学的择校问题引入匹配理论的研究视野之中。这个问题也是一个多对一问题。但与 NIMP 和大学录取问题略有不同的是，学校对学生的偏好很大程度上由政策规定。一般来说，住在学校所在社区的学生或已有兄弟姐妹在此读书的学生享有优先权。这个偏好序是比较"粗糙"的，很多学生有相同的优先权，必须采用某种随机抽签的方式来"打破平局"。如何更好地解决这一问题成为研究的一个重点，感兴趣的读者可参考埃德里尔和埃尔金（Edril and Ergin，2013）的综述文章。

劳动力雇佣。凯尔索和克劳福德（Kelso and Crawford，1982）开创了用匹配理论研究劳动力市场雇佣问题的先河。该问题依然是一个多对一的匹配问题。但有两个不同于其他模型的特点。第一，雇主对雇员的偏好比大学录取、择校或者 NIMP 更加复杂。一般来说，雇主对雇佣人数没有硬性限制，但为了稳定匹配的存在，要求雇主对雇员群体的偏好具有某种可替代性（参见第 1.2.5 节的讨论）。第二，雇主和雇员的偏好不仅受到对方是谁的影响，还受到工资的影响。雇员可能对给出高工资但"令人讨厌的"雇主更加青睐；而雇主也可能愿意花费低工资雇用一个生产率较低的员工。虽然模型假定工资只能离散取值，比如最小单位为 1 元，以便构建算法，但这里的关键是，工资本身仍然是可以调节的，以平衡匹配结果。

凯尔索和克劳福德构造了一个巧妙的算法以得到稳定的匹配。该算法类似于 DA-GS 算法，但将上述两个特殊之处考虑在内。也就是说，第一，解决雇主对雇员的偏好存在可替代性时，雇主如何提出邀约；第二，解决工资如何在邀约和反邀约的过程中得到确定。第一个问题的解决要求雇主每次对他最喜欢的"所有"雇员都提出邀约，但不能对已接受其上一次邀约的雇员"毁约"，这和大学录取中大学提议的 DA-GS 机制是完全类似的。第二个问题采取了类似拍卖中的升价拍卖机制。这篇文章巧妙地将拍卖问题和匹配问题的研究方法结合，极具启发性。有兴趣的读者可以阅读他们的文章，或者罗斯和索托马约尔（1990）第 6 章的介绍。不过，由于劳动力雇佣问题涉及了货币转移支付，我们把它看作一种处于"中间状态的"匹配问题。

住房分配（House Allocation）**问题**。住房分配问题以及后面要介绍的选课（Course Allocation）问题经常被称为单边匹配（One-sided Matching）问题，也被称为分配问题（Assignment Problem）。经典的住房分配问题考虑将（无主的）房屋分给房客居住，最典型的例子就是将（单身）宿舍分配给学生。由于匹配的一边为物品，住房分配问题虽然具备双边性（特征1），但不具备双边的"主体性"：只有匹配的一边即学生对宿舍有偏好，宿舍对学生没有偏好，即不完全满足特征2，这就和大学录取、NIMP、择校等问题有较大区别。不过，阿布杜尔卡迪罗格鲁和森梅兹（1998）的经典文章仍然试图将住房分配问题和匹配问题联系起来。他们提出采用一种随机序列独裁机制（Random Series Dictatorship，简称RSD）的算法来分配宿舍：首先赋予所有宿舍对所有学生相同的偏好序——由统一的随机抽签决定，然后由排序第一的学生选定宿舍，接着由排序第二的学生来选，以此类推。不难发现，这相当于赋予宿舍由统一的随机抽签决定的学生偏好序，然后依据学生提议的DA-GS算法进行匹配。

从批判的立场来看，将住房分配问题转化为匹配问题实际上是比较勉强的。不仅"住房"对房客的偏好完全是随机导入的，而且所有房屋都有相同的偏好。而匹配问题的有趣之处恰恰在于双方都具有某种异质性偏好。在表5中，我们仍然把它视作一个处于中间的"模糊"匹配问题。

选课问题。在一所大学中，如何设计一个选课机制，达到让学生尽可能满意的课程分配效果？这就是选课问题。和住房分配问题类似，选课问题具有双边性，但只有一边是有偏好的"主体"。在学生和课程的双边选择中，学生对课程（更准确地说，课程组合或课表）有偏好，但课程对学生没有偏好。虽然一些课程赋予某些学生优先权，但这个偏好通常是"粗糙"的。与住房分配问题不同的是，它是一个多对多匹配问题（如果看成匹配问题的话）：一个学生可以选多门课，一门课可以容纳多个学生。

一种简单的解决办法仍然是随机序列独裁机制：通过随机抽签，排名第一的学生优先选择其需要的所有课程，然后排名第二的学生来选（这里没有考虑课程有优先级，但包含了某些课程完全禁止某些学生来选）。这样得到的匹配结果虽然实现了事后的帕累托最优，但显然非常不公平，因而在实际中是难以接受的。

布迪什（Budish，2011）提出使用一种所谓"同等收入的近似竞争均衡"（Approximate Competitive Equilibrium from Equal Income，简称A-CEEI）来解决选课问题。其思路是：由学生报告对课表的偏好，然后匹配系统赋予每个学生近似的相等收入，进而计算出在给定学生课表偏好序下近似的市场均衡。该均衡包含每门课程的价格,并决定了每个学生得到的课程组合。布迪什证明这个算法具有很好的效率和公平性质。值得注意的是,这个算法"回到"了传统经济学的市场均衡概念,和匹配理论已相去甚远。

拍卖。拍卖是经济学中得到深入研究的一类问题。某种意义上市场机制也可以看成是一种拍卖机制。无论是单一物品拍卖,还是多物品拍卖,都有和匹配问题相似的特征。拍卖是双边的:买者和卖者。通过转移支付,即价格,买者和卖者也都形成了对对方的"主观"评价:买者愿意选择带给他最高净收益(支付意愿减去价格)的卖者,而卖者愿意选择出价最高的买者。在这里,转移支付或者说价格是不可或缺的,这是拍卖问题与经典匹配问题的最大不同。此外,卖者对买者本身(除去价格)没有评价,这又不同于劳动力雇佣问题。拍卖问题和劳动力雇佣都可以看成是"带有合同的匹配"问题。哈特菲尔德和米尔格罗姆(2005)的论文提出了这一概念。带有合同的匹配几乎涵盖了所有上述的多对一匹配问题,只排除了选课和住房分配这样的分配问题。

像拍卖这一类带有转移支付的匹配问题是否应该作为匹配问题来研究?一方面,允许转移支付可能会对匹配结果产生很大的影响。"丑女嫁靓仔"(或者相反)变得可能。原有匹配理论的一些性质可能被改变。另一方面,带有转移支付的匹配问题确实具有一定的实用性,例如研究劳动力市场。从尽可能简化的问题出发,本文不将拍卖视作匹配问题(如表5)。这与纪尧姆·海宁格(Haeringer,2017)在其所著的《市场设计:拍卖与匹配》一书的处理是一致的,在该书中,匹配问题和拍卖问题被看作是市场设计的两类主要问题,但互不包含。

肾交换机制(Kidney Exchange)。器官捐献是一类非常特殊的"资源配置"问题。器官买卖通常是被禁止的,但器官的"市场"机会始终存在。肾的器官捐献最为典型。从最简单的意义来看,肾交换是一个纯交换市场:每个肾病患者都有一个亲属捐献者,但他们二者的器官可能由于血型或器官配型不兼容,通过与其他类似的肾病患者-亲属捐献者互换可捐献的肾,无论是两两互换还是链式交换,都可能实现对双方或多方有利的交易。纯交换问题不具有匹配问题的双边属性,也不是所谓的单边匹配或分配问题,因为肾本身是有明确所有权的。因此我们不视之为匹配问题。但是,一些肾交换机制有可能转换为匹配问题。比如,某些肾是由死者甚至生者无偿捐献的,这一问题就更类于单边匹配。还有一种情况，某些捐献者捐出肾的同时不能立即得到合适的肾，但可以得到一个优先排队权，类似于宿舍分配问题。有兴趣的读者可以参考森梅兹和云韦尔（Sonmez and Ünver, 2013）对肾交换的综述文章。

室友问题（Roommate Problem）。一个学校有若干间宿舍，每间宿舍有两个床位，需要分配给住校生（一人一间不被允许）。每个住校生对和谁成为室友具有严格的偏好序，这就是室友问题。这个问题通常都是作为匹配问题的反例提出的。因为在这个问题中，明显不存在双边性，而只有一类主体——学生（注意这里的宿舍都是同质的，人们只在乎和谁同宿舍）。有趣的是，某种稳定匹配的概念（更类似于合作博弈的核概念，此处不要求双边性）依然存在，即在某一个分配方案下，不存在未被配对的室友，他们愿意匹配在一起。不过遗憾的是，在室友问题中，稳定匹配不一定存在，可参考罗斯和索托马约尔（1990）的研究。

室友问题的特殊之处在于，任何一对学生的配对（可以理解为一次交易）都会对其他学生产生外部性，即改变其他学生的效用。在之前的所有问题中，交易不直接改变未参与交易的其他人的效用，即没有外部性。合作博弈理论发现，当存在外部性时，核可能不存在，例如在经典的"垃圾博弈"（Garbage Game）中。这也解释了为什么室友问题可能不存在稳定匹配。

2. 中国的大学录取制度

2.1 概述

中国的高考制度是世界上最大规模的集中式大学录取制度。图1显示了1977—2021年历年高考报考人数、录取本专科学生数和录取本科学生数。除了1980年之前由于在十年"文革"（1966—1976年）期间中断高考带来的"报复性"反弹，改革开放以来高考的人数由低到高呈现快速增长的趋势，尤其是进入21世纪以来人数呈现大幅度增加。20世纪八九十年代考生数基本维持在200万~300万，而2011—2021年每年在900万~1000万。与此同时，无论是本科还是专科（统称为"大学"）录取人数也呈现快速上升的趋势，世纪之交国家的大学扩招政策更是带来了大学录取人数的跨越式增长。以本专科招生人数除以报考人数衡量的"大学录取率"从20世纪70年代末的不足10%，到2021年已超过90%，其增长速度令人惊叹。大学教育中时间更长、质量更高的本科教育也呈现快速上升趋势，单独的统计仅从2003年开始，此时"本科录取率"已经达到了38%，远高于1977年总体的大学录取率（6%），到2021年已达到41%。高等教育毛入学率在2021年达到了57.8%，远高于1990年的3.4%。④ 正如教育部长怀进鹏所言，中国的高等教育已进入国际社会公认的普及化阶段。

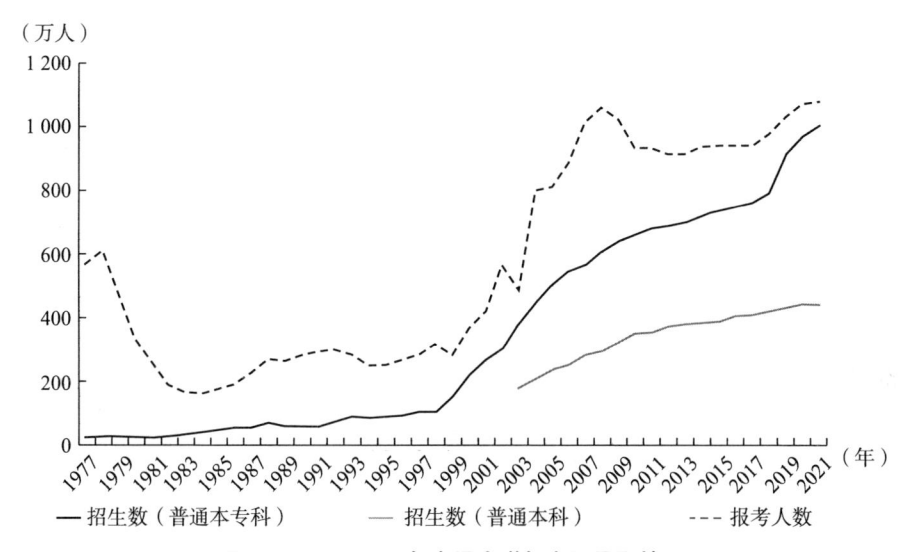

图1 1977—2021年中国大学报考及录取情况

数据来源：历年《中国教育统计年鉴》、教育部网站。

虽然进入大学的录取率大幅度上升，但进入高质量大学的机会并没有显著增加。一般认为，39所"985"高校是中国最好的一批大学，116所"211"高校（包含全部39所"985"大学）是更为宽泛的好大学。⑤ 全国可以招收本科生的高等院校在1 000所以上，本专科院校数之和在2 000所以上，因此进

---

④ 大学毛入学率定义为大学在校生人数除以18～22岁青年人数，其数值低于大学录取率，可能存在如下原因：第一，18～22岁青年中，部分已经完成学业，特别是专科生；第二，可能有少量录取学生未进入大学学习。但也存在使得大学毛入学率高估的因素，比如在读大学生中可能有少量年龄大于22岁或小于18岁的学生。

⑤ 一个可能的批评是985和211大学都是在世纪之交评出的高质量学校，近10年以来不再进行更新，有可能不能反映最近的高质量大学群体。教育部在2017年公布了"双一流"大学名单，可以看作是新的一批高质量大学建设的入选者。这个名单包括了一流大学建设高校42所，一流学科建设高校95所，其规模和211大学基本相当，名单高度重合。如果以此来衡量如今的高质量大学，仍然是极少数量。

入这两类好大学的比例之低不难想见。根据资料统计（Diao、Liu and Zhong，2023），2009年时"985"大学的录取率（即"985"大学录取学生数占当年高考学生总数的比例）为1.69%，到2022年时为1.62%。2009年时"211"大学的录取率为5.07%，2022年仅为5.01%。虽然这些统计并非来自官方的权威数据，但仍然可以看到进入这些好大学的比例一直维持在较低的水平。

2.2 高考制度改革历程

中国的高考除了在极为特殊的历史时期，均是高度统一的集中式录取制度。这里的统一和集中，包括考试内容、录取标准和录取方式。虽然考试命题各省有所区别，但考试科目的设置和相应科目的内容都是大同小异。而录取也都是基于考试取得的总成绩为基本标准，录取方式也都是依据学生统一填报的志愿并基于考试成绩的高低来进行。尽管如此，高考制度自1978年以来也有多次较为重大的改革，且在各省之间存在一定的时间差异性。这些改革也一直是人民群众极为关注的话题。

本文将重点关注如下几项大学录取制度的改革。第一，志愿填报从考前填报改为考后填报。第二，志愿填报中平行志愿的引入。第三，高考科目改革，特别是近些年开始推广的科目选考制度。第四，我们还将探讨学生在给定目前的大学填报制度下在大学和专业之间的权衡取舍。还有许多改革由于篇幅所限或者研究较少，本文不予论述，例如：（1）提前录取制度，包括保送生（竞赛保送等）、自主招生等；（2）近年出现的"书院制"，类似于一种专业"捆绑"（Bundling）制度；（3）分批次录取，即将学校事先分成若干档次（例如"一本""二本""专科"），学生按批次填报，学校按批次录取；（4）一些特殊的志愿填报方式，如征集志愿、实时填报等。最后一种改革可参考龚冰琳和合作者的论文（Gong and Liang，2022）。

从考前填报改为考后填报是志愿填报时间的改变，引入平行志愿是志愿填报方式的改变。表6表示了这两项改革在全国各省的推广情况。从可以搜集到数据的1996—2021年，各省均完成了从考前填报和考后估分填报到考后知分填报的转变。所谓考后估分填报，一般来说是在完成高考后，对照公布的高考试卷答案，在不知道自己和其他人分数的情况下，估计出一个自己的分数，然后进行志愿填报——即按照志愿填报的要求按顺序填写自己愿意考虑的学校（和专业）。而考前填报则是在完成高考前填报志愿，考后知分填报是高考成绩公布之后，一般来说也知道个人在本省的排序这一大学录取的关键信息后，再进行志愿填报。在1996年时，在所有数据可得的29个省份中，只有2个省份实行了考后知分填报。但到2015年时，所有省份都已实行了考后知分填报。我们后续将展开对这一志愿填报时序变化的经济学分析。

平行志愿是指在志愿填报中的某一个"批次"（即在某一个填报阶段某一些可选学校的集合中），填报规则使得这些学校相互之间是"平行"的。其含义是：当考生进入到这一批次的录取时，（未被录取的）考生会按照分数进行排序，高分的学生优先在其列出的平行志愿的学校中，按照其填报的顺序依次考虑录取。

这里的若干限定十分重要。首先，并不是所有批次都采取平行志愿，在改革早期，一些学校只对于较低质量的学校（例如"二本"）采取了平行志愿。对于那些分数很高、预期会进入高质量学校的考生，他们实际上面对的是"非平行志愿"。其次，允许填报的学校个数一般来说极为有限，并不能填报该批次涵盖的所有学校，当然更不允许填报非该批次的学校。最后，还要注意平行志愿这个词具有一定的误导性，其含义并不意味着学生对于平行志愿的学校没有偏好序，而实际上指的是大学如何看待学生填报这些学校的方式：在非平行志愿下，大学录取实行"志愿优先"，哪位学生把自己（大学）排在前面，就享有绝对的优先录取权，在此前提下才看分数。而在平行志愿下，一个学生无论把某大学排在其平行志愿中的第几所学校，只要他（她）分数高于其他人，在该大学都享有更高的被考虑的优先权利。这才是平行志愿的确切含义。

表6以某个省份将第一批次学校实行平行志愿（无论允许填报几所学校，超过2所即可）作为实行平行志愿的标志，通常来说，这也意味着在所有批次都实行了一定程度的平行志愿。这一制度在2003年开始在湖南实施，到2018年除内蒙古实施实时填报的方式之外，其余表6中的省份完成了填报志愿的改革。

表6 志愿填报方式的改革（省份数）

年份	考前填报	考后估分填报	考后知分填报	平行志愿
1996	13	14	2	0
1997	12	15	3	0
1998	12	15	3	0
1999	5	18	5	0
2000	6	17	5	0
2001	7	16	5	0
2002	6	17	6	0
2003	3	18	10	1
2004	5	14	12	1
2005	5	11	15	2
2006	4	11	16	2
2007	4	9	18	4
2008	2	7	22	7
2009	2	6	23	17
2010	2	5	24	22
2011	2	4	25	24
2012	2	3	26	25
2013	2	2	27	27
2014	2	1	28	28
2015	0	0	31	29
2016	0	0	31	29
2017	0	0	31	29
2018	0	0	31	30
2019	0	0	31	30
2020	0	0	31	30
2021	0	0	31	30

注：1996—2002年考前填报、考后估分填报和考后知分填报的省份总数小于31是因为一些省份的相关信息缺失。

数据来源：作者根据网上资料整理所得。

最后，我们简单讨论一下高考科目设置方面的改革。高考内容的改革一直是高考制度改革的重要内容。自1977年恢复高考以来至1995年，高考科目按文理科分设，文科和理科的考试科目是固定的，文科包括语文、数学、外语、历史、地理、政治六门，理科包括语文、数学、外语、政治以及物理、化学和生物七门。1995—2002年，大部分省份改为"3+2"，文理科仍然分设，但除语数外之外，文科考察政史，理科考察物化，即减少了考试科目。2002—2016年，大部分省份改为"3+X"，"3"仍为语数外，"X"的本意原为文科生在政史地中任选1门，理科生在物化生中任选一门，但大部分省份在执行中采取的是文科生考察一门"文科综合"，理科生考察一门"理科综合"，这一科目总分为其他单一科目的2倍（即300分，其他单一科目150分）。从2017年开始，全国各个省份录取陆续采取了高考科目"选考"制度，所有学生均在除语数外之外的科目中任选3门考试，即"3+3"。部分省份在执行中采用了"3+1+2"，即在任选3门中，进一步指定其中一门必须为历史或物理，另外2门在剩余科目中自由选择。值得注意的是，2017年开始的高考科目改革是一项具有实质意义的改革，之前虽然也曾经试图尝试科目选考，但执行中都最终变成了固定科目。只有最近这一次改革，真正留给了考生一定范围的科目选考余地。其实施效果的理论分析我们将在本文加以叙述，而其实证效果由于实施时间不长（部分省份仍在转轨过程中），尚未见系统分析。

3. 平行志愿与非平行志愿

我们对高考制度改革的具体分析从非平行志愿到平行志愿的改革说起。从非平行志愿（有时被称为顺序志愿）到平行志愿的改革是高考制度改革的一个重要方面。在匹配理论上，这一改革可以看成是从所谓的立即录取（Immediate Acceptance，简称IA）或波士顿机制（IA-BOS机制）到DA-GS机制的转变。我们接下来会介绍IA-BOS机制的运作方法和匹配性质。相对于DA-GS机制而言，IA-BOS不是稳定的机制，在该机制下，学生也不会选择如实报告偏好。因此，从理论上讲，平行志愿的引入可以使大学录取的结果更稳定（或者说更公平），并减少了学生在志愿填报中的策略性行为（或者说增加如实填报的可能性）。

不过，针对中国高考制度的特点，只是简单地引用理论并不会给出完美的答案。我们即将看到，中国高考制度的某些特点作为理论的特例出现，因此可能出现比经典理论更强的一些结论。与此同时，又有一些特点违背了经典理论的某些假设，从而使我们的讨论复杂化。而上述两种特征（即简单化和复杂化的特征）同时出现，又会对我们的讨论产生更加复杂的影响，使我们必须更加仔细地修正原有模型的结论。

我们不妨先从一个极其重要的特征开始，中国的大学录取是所有大学按照统一标准即高考总分录取的。虽然不同省份的考卷不同，而且在相当一段时间内的文理分科制度下，文科和理科的考试科目和试卷内容也不同，但这不影响我们对这一特征的界定。这是因为不同省份和文理科的考生并不需要跨省份或跨文理比较。中国的大学录取预先分配了各个省份和文理分科的名额。由此，我们可以把不同省份和文理科考生分别视作不同的"匹配系统"。因此，中国 31 个省、市、自治区的文理分科合在一起可以被看成 $31 \times 2 = 62$ 个（甚至更多）匹配系统。每个系统包括了所有大学（针对这个省份和文理科生分配的名额）和某一个省份的全部文理科生。

这就意味着，在同一个匹配系统内，大学对所有学生的偏好或者优先序是完全相同的，即具有一种同质的偏好。此外，如果遇有总分相同的学生，我们可以再按照某种统一标准排序（即"打破平分"），比如在总分相等前提下按既定科目进行字典排序。因此，大学对学生的偏好不仅是同质的而且是严格的。在文献中，这属于非循环（Acyclic）偏好的情况（可参考 Ergin, 2002；Haeringer and Klijn, 2009）。所谓非循环，就是不同学校的偏好如果串接起来，不会构成循环，即不存在类似公共选择理论中的投票悖论（又称"孔多塞悖论"）的情况。值得强调的是，文献中定义了各种类型的非循环偏好（后续我们将谈到），但同质偏好是最强的一种非循环偏好，即满足文献中定义的所有非循环偏好特征。集中化的大学录取机制和采取单一维度的录取标准，可以说是中国高考制度非常显著的一个特征。我们下面先来讨论在这一特征下，原有的 DA-GS 机制会有怎样的特殊结论。

3.1 DA-GS 或序列独裁机制

根据前面第 1.2 节的分析，我们已经知道，如果采取学生提议的 DA-GS 机制，可以实现对学生最优的稳定匹配结果，而且学生是说实话的。实际上，我们可以有进一步的结论：在上述大学的偏好完全相同的前提下，比如都以高考总分对学生排序，我们可以证明，稳定匹配是唯一的，且是帕累托（事后）

有效率的。我们还发现，这一稳定匹配结果可以通过所谓的序列独裁机制来实现。这同时也意味着序列独裁机制和 DA-GS 机制在这里是等价的。

序列独裁机制的算法如下。

  第一步：由分数最高的学生挑选其最喜欢的学校。
  第二步：由分数次高的学生在仍然有空余名额的学校中挑选其最喜欢的。
  ……
  最后一步：由分数最低的学生在仍然有空余名额的学校中挑选其最喜欢的。

不难看到，现实中的平行志愿更接近于序列独裁机制，而不是经典意义下的 DA-GS 机制。这也是我们把平行志愿称作"分数优先"的原因。不过，由于两种机制的等价性，为我们借助匹配理论进行探讨铺平了道路。既然 DA-GS 机制（或者说序列独裁机制）实现了学生最优的稳定匹配，同时还是帕累托最优的，那么，是不是将中国的高考志愿填报机制彻底改变为这一理想机制就解决问题了呢？答案并非如此。

这里的问题是，在经典的 DA-GS 机制或序列独裁机制下，所有学生需要对他（她）可以接受的全部学校（和专业）进行排序。这带来了两个额外的难题。第一，这为录取制度带来了较高的行政负担。虽然高考制度是按分数录取的，但在实际运作中，存在在学校内选取专业等问题，录取过程不太可能在瞬间完成。当一个学生的"档案"进入某个待考察的学校时，可能需要停留一段时间。如果一个学生最终会被志愿表中靠后的学校录取，这个等待时间可能较为漫长。当然，随着信息技术的发展，这个问题也许可以得到很好的解决。

第二，也许更重要的是，每个学生填报他（她）可接受的所有学校（和专业）也是不可实现的任务。对大致 2 000 所大学进行精确排序，考虑到信息获取成本或者认知负担，几乎是不可能的。而实际上，有很多学校是学生几乎不需要考虑的大学。比如，一个高考分数处于所有考生中段的人填报"985"大学几乎毫无意义，要求一个高分考生考虑他（她）对专科学校的排序也是如此。我们可以把一个考生在任何稳定均衡下都无法得到的学校称为他不可企及的范围。所谓不可企及，比字面意义有所扩展，涵盖了学生认为比稳定匹配的大学更好和更差的（可接受的）大学。由于这里的稳定匹配是唯一的，可以说除一所学校之外的学校都是不可企及的。因此，对于偏好序中他（她）明确（或者以很大的概率）不可企及的学校进行了解，并据此对所有大学排出一个完备的顺序，并不是理性的选择。

实际上，不少实验和实证的研究都发现，即使在DA-GS机制下，在世界各国以考试方式进行录取的大学甚至中学中，不少学生都不会按照真实偏好填报，他们通常仅选择填报少量学校，甚至少于填报机制允许填报的学校数量。这样的填报方式并没有对学生造成实质性的伤害。关于这方面的研究可参考我们的工作论文（Li、Wang and Zhong，2023）及其中引用的文献。因此，一个理想的DA-GS机制似乎既不可行，也不必要。在现实中，中国的高考录取机制采取的正是一种只允许学生填报少量学校（一般来说10~20所）的机制。这就已经不是经典意义下的DA-GS机制或序列独裁机制了，我们将在讨论完IA-BOS机制之后，专辟一节来讨论这种填报志愿个数受限制的机制，以及其他一些DA-GS机制的变种。

3.2 立即录取（IA-BOS）机制

在实行平行志愿改革之前，中国的高考志愿填报一直采取的是非平行志愿机制，也被称为顺序志愿制度。相对于DA-GS机制这一"分数优先"制度而言，它是一种"志愿优先"制度。这一制度在匹配理论中被称为波士顿机制或者立即录取机制，前一个名称的来历是因为美国波士顿地区的中学采取了这样的录取机制，后一个名称则是根据其性质命名的。

IA-BOS机制的算法如下。

第一步：每个学生向其最偏好的大学发出邀约。

第二步：每个大学接受向其发出邀约的学生中最偏爱（或优先级、分数最高）的学生，拒绝超过其名额限制的那些学生（如果有的话）。

第三步：在上一步中被拒绝的学生向其第二偏好的大学发出邀约。

第四步：每个仍然有剩余名额的大学在其剩余名额中接受向其发出邀约的学生中最偏爱的学生，拒绝超过其剩余名额限制的学生。

……

如果所有学生的邀约都被接受，或者（某些）学生所有的邀约都已经被拒绝，则算法结束。

这里的关键是：当大学在某一个轮次接受了学生的邀约之后，不能再毁约，即不能再拒绝已录取的学生。这也是名称中"立即录取"的来历。而在 DA-GS 机制下，在录取正式结束前，学校可以随时毁约。

IA-BOS 机制不是说实话的机制，如例 3.1 所示。

例 3.1。有三个学生：张三、李四和王五，有三所大学：A、B 和 C。每个大学只有 1 个录取名额。学生和大学的偏好如表 7 所示。

表 7 大学录取市场中的偏好

行为主体	偏好
张三	A＞B＞C
李四	A＞B＞C
王五	A＞B＞C
大学 A	张三＞李四＞王五
大学 B	张三＞李四＞王五
大学 C	张三＞李四＞王五

即所有学生都有相同的大学偏好，而所有学校也有相同的学生偏好。可以想见，学生对学校和学校对学生的竞争都是白热化的。

在 DA-GS 或序列独裁机制下，学生如实报告偏好，得到这个匹配问题的唯一稳定结果（因为大学偏好同质），为：{（张三，A），（李四，B），（王五，C）}。我们下面说明，在 IA-BOS 机制下，所有学生说实话不构成纳什均衡。假定张三和李四说实话，而王五报告偏好如下：

王五的（假）偏好：B＞A＞C。

我们根据算法来分析。

第一步：张三、李四都申请学校 A，王五申请学校 B。张三被学校 A 录取，李四被学校 A 拒绝。王五被学校 B 录取。注意这些录取都是最终结果。

第二步：李四申请学校 B。学校 B 因已录取王五而名额已满，拒绝李四。

第三步：李四申请学校 C，被录取。算法结束。

因此，在 IA-BOS 机制下，匹配结果为：{（张三，A），（李四，C），（王五，B）}。这一结果使得王五比如实报告偏好下得到的学校 C 更好，因此他有激励偏离真实报告偏好，即所有人真实报告偏好不是纳什均衡。

我们下面来分析该博弈的纳什均衡。首先，张三必须将 A 学校放在第一志愿，否则必然会有人把 A 放在第一志愿，从而抢走 A。而一旦张三把 A 放在第一志愿，他必然得到 A，后面两个志愿如何填（甚至不填）都无关紧要，我们称他的纳什均衡策略为（A，＊，＊），"＊"表示任意其他学校。其次，对李四来说，如果他的第一志愿也为 A，则王五必然会把第一志愿写为 B，从而抢走 B，留给李四 C。因此，李四的第一志愿只能为 B。后续志愿也是无所谓的，即李四的纳什均衡策略为（B，＊，＊）。剩下的王五则只要在任何一个志愿中写入 C 即可，从而得到 C。均衡的匹配结果仍然是：{（张三，A），（李四，B），（王五，C）}。

在纳什均衡策略中，只有张三是如实报告偏好的（如果忽略他的第二和第三志愿），其他两位都没有如此行事。从上面的分析中，我们还发现，虽然纳什均衡策略组合不是唯一的（由于存在许多"＊"），而纳什均衡的匹配结果却是唯一的，且是稳定匹配。这一结论是否具有一般性呢？答案是肯定的，在埃尔金和森梅兹（2006）的论文中，他们证明了 IA-BOS 机制下纳什均衡集合等价于稳定匹配集合。注意到在中国高考制度下，由于大学采取的是"分数优先"的同质性偏好，稳定匹配集合是一个"单点集"，则只有一个稳定匹配和一个纳什均衡结果。

他们还证明了，在极为一般的大学偏好下，给定任何一个稳定匹配（不一定是唯一的），所有学生把他们在该稳定匹配下的大学作为第一志愿必定构成纳什均衡，同时必定被第一志愿录取。为了说明这一结论，我们不妨考虑如下：给定其他学生都选择了在某一个稳定匹配（记为 μ）下的学校作为第一志愿，考虑某学生甲以及比其稳定匹配更偏好的某个学校 A。则 A 学校必定在该稳定匹配下录满（A 不可能有空位，否则 μ 不是稳定的），也就是说，被其他学生占满。注意到其他学生都是第一志愿填报了该稳定匹配学校，则 A 学校必定在第一轮就录满。因此，对学生甲来说，唯一可能的有利偏离必定是把 A 学校作为第一志愿来争取。但这样一来，A 学校必定无法录取他，即这样的偏离必定没有好处。

更进一步，我和吴斌珍（Wu and Zhong，2020）的一项研究表明，当稳定匹配是唯一的，且大学的名额具有"过度需求"时，在IA-BOS机制的纳什均衡下，学生必定会把稳定匹配下的具有过度需求的学校作为第一志愿填报。这里，只要满足：（1）稳定匹配属于这个大学集合的学生总数等于这个集合中大学总的录取名额数；（2）有至少一个学生，其稳定匹配学校不属于该集合，但他偏爱这个大学集合中的任何一所学校胜过其稳定匹配的学校，则该大学集合中任何一所大学我们都可以称之为录取名额"稀缺"的大学，也即具有过度需求的大学。这一性质对中国的某些大学来说是容易满足的，比如"985"大学以及"211"大学的集合。

这些结论说明，在IA-BOS机制下，在志愿填报时提供给学生多个学校的选项实际上并没有太大意义。学生只需要"找准"自己的稳定匹配学校，将其放到第一志愿就万事大吉了。这和DA-GS机制恰好形成了有趣的对比，DA-GS机制推崇的是说实话，即学生报告一个对所有学校的完整偏好。不过，IA-BOS机制的信息负担也同样是不可克服的：要找准自己的稳定匹配学校，需要完备信息，即知道同一匹配系统中（也就是同一省份相同文理科）所有考生对所有大学的偏好、他们的考分和所有大学的名额。这何其之难！也就是说，就现实问题而言，采取完全的DA-GS机制和完全的IA-BOS机制几乎是不现实的。前者要求的完全偏好显示和后者要求的"一发破的"都需要很高的信息成本和认知能力。为此，我们不得不考虑一种既不要求（或者说没有必要）填报所有学校同时又不仅限于填报一所学校的机制。我们接下来就考虑这样一种有限制的大学录取机制。

3.3 有限制的择校机制

讨论对志愿填报机制的一种普遍存在的限制，即对于学生填报的学校个数的限制，是非常有现实意义的。在中国的大学录取机制中，对于学生填报的大学个数（更不要说专业个数）都存在这样的限制。中国的大学有2 000多所，但学生志愿填报表中允许填报的学校通常只有20多所。那么，对学生填报志愿个数的限制是否会影响填报志愿的行为？是否对匹配结果产生影响？

海宁格和克里金（Haeringer and Klijn，2009）的论文系统地研究了这一问题，他们把这一类问题称为有限制的择校问题。显然，这一限制的引入使得学生无法按照真实偏好填报。相反，在有限的学校填报个数这一"稀缺资源"下，他们必须合理使用有限的填报"空间"，一方面冲刺尽可能好的学校（其至超过自己能力所及），另一方面又需要使自己不至于落榜，即建立一定的保险机制。显然，这种限制对不同的机制可能有不同的影响。文章讨论了有限制的填报对 IA-BOS、DA-GS（文章称为对学生最优的稳定机制，简称 SOSM）和另一种机制即顶端交易循环（Top Trading Cycles，简称 TTC）的影响。下面我们集中讨论前两种机制受到的影响。

3.3.1 有限制的 IA-BOS 机制

我们可以预见在 IA-BOS 机制下，填报志愿个数的限制影响是很小的。为什么呢？首先，IA-BOS 本身就不是说实话的机制，学生本身需要进行策略性思考，只不过现在需要在有限的志愿个数下填报。其次，我们在上一节（3.2节）的分析中已经看到，学生将（任何一个）稳定匹配下的学校作为第一志愿本身都构成了纳什均衡，并实现了稳定匹配。此时，学生从第二志愿开始的填报实际上无参考意义。这就提示我们，即使只允许填报一个学校的 IA-BOS机制，也完全没有妨碍到在纳什均衡下实现任何一个可能的稳定匹配。

实际上，在海宁格和克里金（2009）的文章中，他们说明，在 IA-BOS 机制下，均衡结果根本不受填报志愿个数的限制，即在任何填报志愿个数的限制下，均衡结果的集合都相同。同时，所有的均衡结果都对应着某一个稳定匹配，但均衡策略会受到影响。可能的是，在填报志愿个数限制越宽松（即填报个数越多）的情况下，均衡策略更多（即存在更多的多重均衡），而这实际上有可能增加了填报的难度。当然，这一讨论的前提是信息是完全的，在任何志愿个数的限制下，所有学生都能推导出相应"博弈"下的全部均衡策略组合，"苦恼"的只是不知道应该选择哪个均衡，即存在所谓的"协调"问题。不过，当学生面对信息不对称时，填报志愿个数增加是不是也有一定好处呢？比如提供了某种保险机制。这个问题文章没有回答，目前文献也几乎没有涉及，有待后续的研究予以回答。

3.3.2 有限制的 DA-GS 机制

有限制的 DA-GS 机制分析起来比较复杂。在不受限制的 DA-GS 机制下，我们知道学生说实话是弱占优策略，但我们尚未讨论是否还有其他的均衡策略。在有限制的 DA-GS 机制下，"说实话"策略自动消失了，我们不得不挖掘其他均衡策略。海宁格和克里金（2009）首先证明了一个均衡策略的性质，即均衡策略随着填报个数限制的放宽而逐级嵌套：在允许填报个数较小情况下的均衡策略，随着志愿填报个数限制的放宽，仍然是均衡策略。类似于 IA-

BOS 机制，在 DA-GS 机制下，无论填报个数限制是多少（包括完全没有限制），都存在一个"第一志愿"均衡，即每个学生填写的第一个志愿就是最终的录取结果。注意，在限制填报志愿个数为 1 这种最极端的情况下，IA-BOS 和 DA-GS 机制完全等价。根据上述关于 IA-BOS 机制的论述，第一志愿（纳什）均衡结果集合与稳定匹配集合是完全重合的。这也就意味着，限制填报志愿个数为 1 的 DA-GS 机制下的纳什均衡结果也必然和稳定匹配结果重合。

那么，当志愿填报数大于 1 时，有限制的 DA-GS 机制下的所有均衡结果是否都稳定呢？并非如此。海宁格和克里金（2009）的研究表明，当且仅当学校的偏好序满足埃尔金非循环性质（来自 Ergin, 2002）时，DA-GS 机制在均衡结果时才能确定地实现稳定匹配。这里，埃尔金非循环性质是一种特殊的非循环性质，它保证了"没有学生可以在不改变其匹配结果的前提下，阻止任何其他两个学生潜在的改进"。在这一非循环性质不满足时，他们的文章举例说明了，无论是有限制（填报数大于 1）还是无限制的 DA-GS 机制，都可能存在不稳定的纳什均衡结果。

从上述论述中可以得到一个重要推论：在埃尔金非循环性质满足的前提下，DA-GS 机制的均衡结果也和填报个数限制无关。这是因为当限制填报个数为 1 时，所有的稳定匹配都可以被（"第一志愿"）纳什均衡实现。而我们知道不同填报个数限制下的均衡又是嵌套的，且所有均衡又都是稳定匹配的。因此，无论填报多少个学校，均衡的结果都是相同的——都是所有稳定匹配的集合。

由于中国高考制度下的大学偏好的同质性（"分数优先"）是最强的非循环性质，因此也必然满足埃尔金非循环性质。也就是说，在中国的高考制度下，无论是有限制的 IA-BOS 机制或 DA-GS 机制，纳什均衡结果都和有无限制、限制多少无关，且均衡结果都是（唯一的）稳定匹配。

3.4 平行志愿机制：最后的逼近？

以上我们从两个角度接近了平行志愿的真相：第一，它类似于一种 DA-GS 机制，而过去的非平行志愿类似于 IA-BOS 机制；第二，它并非一种完美的 DA-GS 机制，而是一种受限制的机制。不过，中国高考制度中的"中国特色"还有一点我们没有挖掘，即它是一种分批次录取的机制。在中国的大学录取中，国家将大学分为若干批次（如"一本""二本""专科"等）。学生的志愿填报也相应归入不同批次，在规定的批次中，学生只能在规定的大学内选择有限个大学（例如3~5个）进行填报。当上一个批次的录取结束后，下一个批次的录取方可开始。与这种分批次录取机制相对应，平行志愿机制也是按批次的"平行"，即在同一批次内，根据学生填报的该批次内的大学志愿，按照分数优先的原则进行录取。只有当某一批次录取结束之后，学生才能进入下一批次的录取，在这一批次中再按平行志愿进行考察，以此类推。

3.4.1 有限期的申请-拒绝机制

陈岩和凯斯滕（Chen and Kesten, 2017）提出一种有限期的申请-拒绝机制，并认为该机制最好地刻画了中国实行的平行志愿机制。他们提出的机制实际上是一"族"机制，其中每个机制对应一个特定的参数 e，e 表示录取结束的期限，他们把它称为具有执行期 e 的申请-拒绝机制（Application-rejection Algorithm with Permanency-execution Period e）。我们这里简称为有限期的申请-拒绝机制。

该机制运行如下。

第一轮录取开始。

第1.1步：每个学生申请第一志愿的学校。每个学校暂时录取优先级最高的学生，直到用完录取名额。

第1.2步：在上一步被拒绝的学生，（i）若上一步未到达其第 e 志愿，继续申请其下一个志愿；（ii）若上一步已到达其第 e 志愿，不能再申请。每个学校暂时录取所有申请中优先级最高的学生，直到用完录取名额。

……

第一轮结束在所有学生的第 e 志愿都已被考虑。此时的预录取全部确定为永久性录取。被录取的学生和已经使用的录取名额退出后续的录取过程（使用完所有名额的学校则完全退出录取）。

第二轮录取开始。

第2.1步：每个（剩下的）学生申请第 $e+1$ 志愿的学校。每个仍有录取名额的学校暂时录取优先级最高的学生，直到用完录取名额。

第2.2步：在上一步被拒绝的学生，（i）若上一步未到达其第 $2e$ 志愿，继续申请其下一个志愿。（ii）若上一步已到达其第 $2e$ 志愿，不能再申请。每个学校暂时录取所有申请中优先级最高的学生，直到用完录取名额。

第二轮结束在所有学生的第 $2e$ 志愿都已被考虑。此时的预录取全部确定为永久性录取。被录取的学生和已经使用的录取名额退出后续的录取过程（使用完所有名额的学校则完全退出录取）。

第三轮录取开始。

……

如果发生以下两种情况之一，则整个录取过程结束。

情况一：每个学生都永久性或暂时性得到一个学校，对其中暂时性得到学校的学生将其暂时性得到的学校确认为永久录取他的学校。

情况二：所有学生的所有志愿均已考察完毕。

不难看出，这一录取机制在 $e=1$ 时，即为 IA-BOS 机制。此时，上述机制在每一轮均只有 1 步，每一步录取都是永久性的。而在 $e=\infty$ 时，即为 DA-GS 机制，此时只有一轮录取。作者认为，$e\in[2,\infty]$ 下即刻画了某种平行志愿机制。

我们来讨论这一机制的性质。首先，不难发现，有限期的申请–拒绝机制并非稳定机制。这里的稳定，是指在所有学生都真实填报志愿的前提下，录取结果是稳定匹配。显然，由于录取被强制限定在每个学生考虑每 e 个志愿后就进行一次录取的"永久化"，阻止了学校选择延迟录取，也"加速"了学生被录取的进程，因而并不是稳定的。陈岩和凯斯滕（2017）证明了，随着 e（即暂时接受的期限）的延长，如果新的期限 e' 是原来期限的倍数，即 $e'=ke$，k 为大于 1 的整数，则更长期限下的机制稳定性更高，这里，A 机制比 B 机制稳定性更高定义为"在所有问题（即参数）下，如果 B 机制是稳定的（即如果所有学生都说实话带来稳定匹配），则 A 机制也一定是稳定的。反之则未必成立"。按照这一原理，DA-GS 机制是所有机制中最稳定的，而 IA-BOS 机制则是所有机制中最不稳定的。注意这一结论并没有保证对于任意的 $e'>e$，e' 下的有限期申请–拒绝机制比 e 下的更稳定。

上述结论只说明了在所有学生都说实话的前提下，DA-GS 是最稳定的机制，IA-BOS 最不稳定。但是，在该族机制中，除了 DA-GS 机制，其他机制都不是学生说实话的机制。因此只是比较在学生说实话前提下的机制性质可能没有太大意义。我们通过下面的例 3.2 来进一步说明。

例 3.2（来自 Chen and Kesten, 2017）。有四个学生：张三、李四、王五和刘六，有四所大学：A、B、C 和 D。每个大学只有一个录取名额。学生和大学的偏好如表 8 所示：

表8 大学录取市场中的偏好（之一）

行为主体	偏好
张三	A＞C＞B＞D
李四	A＞B＞D＞C（B＞D＞A＞C）
王五	C＞A＞B＞D
刘六	D＞A＞B＞C
大学 A	王五＞李四＞张三＞刘六
大学 B	张三＞王五＞李四＞刘六
大学 C	李四＞张三＞王五＞刘六
大学 D	李四＞刘六＞张三＞王五

在所有学生都说实话的 DA-GS 机制（即 $e=\infty$）下，匹配结果为：{（张三，大学 C），（李四，大学 B），（王五，大学 A），（刘六，大学 D）}。可以证明，这是唯一的稳定匹配。⑥

考虑 IA-BOS 机制（即 $e=1$）。根据埃尔金和森梅兹（2006）的研究，所有纳什均衡都是稳定匹配，且任何一个稳定匹配都可以为一个纳什均衡所实现。不难发现，至少存在如下纳什均衡（但不一定唯一）。

张三：（C，*，*）
李四：（B，*，*）
王五：（A，*，*）
刘六：（D，*，*）

显然，此时的机制不是说实话的，但匹配结果是稳定匹配。那么，在任意的 e 下，有限期的申请－拒绝机制会导致所有的纳什均衡结果都是稳定的吗？陈岩和凯斯滕（2017）的结论是不一定。他们证明，只有在 $e=1$（即 IA-BOS 机制）下，纳什均衡才必定是稳定匹配。

为此，考虑如下学生策略。

李四：B＞D＞A＞C。其余三人仍然真实填报。

按此策略组合得到的匹配结果为：{（张三，A），（李四，B），（王五，C），

---

⑥ 我们计算大学提议的 DA-GS 算法结果，可以发现和上述稳定匹配是完全相同的，则必然只有唯一的匹配（即整个匹配的格的两个端点重合）。

(刘六，D)}。该结果不是稳定的，但帕累托优于唯一的稳定匹配。[7] 令人惊讶的是，只要$e \geq 2$，即有限期申请-拒绝机制不是IA-BOS，这一策略组合都构成纳什均衡，甚至包括DA-GS（$e = \infty$）。只是在$e = \infty$下，学生没有出弱占优策略而已。

为证明该策略组合为纳什均衡，只需要注意在上述策略组合下，唯有李四有激励改变策略。假定他将第一志愿改为A。虽然在第1.1轮录取结束后可以得到A，但这只是预录取。容易发现，他在第1.3轮会被王五从学校A挤走（此时王五为第$2 \leq e$志愿），则最好的结果仍然为B。如果他将第一志愿改为C或者D。他在第1.1轮录取结束后得到C或者D，且永远不会被赶走（因为优先级最高）。而如果他的第一志愿为B，所有学生都在第1.1轮得到录取，他得到B。由此，上述策略组合为纳什均衡。

上面我们说明了，除了DA-GS（$e = \infty$），其他机制都可能不是说实话的机制。那么，是否可以在这些机制之间做出某种比较，表明一些机制比其他机制更不容易说实话，或者说更容易被操纵。陈岩和凯斯滕（2017）定义了，某一个机制A比另外一个机制B更容易被操纵，满足"对于任何问题（即参数），B是可以被操纵的，那么A一定也是可以被操纵的。反之未必成立"。那么，一个机制可以被操纵是什么意思呢？按照他们的定义，这意味着，如果其他人都说实话，至少存在一个学生选择不说实话是更好的，即存在偏离。换句话说，说实话不是纳什均衡。

我们已经发现，DA-GS是说实话的机制，即存在说实话的纳什均衡，或者也可以说，DA-GS机制（$e = \infty$）是抗操纵的（Strategy-proof）。我们也发现，IA-BOS机制（$e = 1$）不是抗操纵的。按照这一观察，应该是e越大的机制，越有可能存在说实话的纳什均衡，即越抗操纵。的确如此，陈岩和凯斯滕（2017）表明，随着e的增加，存在说实话均衡的可能性确实在增加，即更大的e对应的有限期申请-拒绝机制更抗操纵。

不过，我们也注意到，在IA-BOS机制下，不说实话的纳什均衡，即每个学生都把某一个稳定匹配下的学校作为第一志愿，在其他机制下也是纳什均衡。但反过来，在$e \geq 2$下不说实话的纳什均衡，如我们给出的那样，却不是IA-BOS下的纳什均衡。这就暗示我们，随着e的增加，不说实话的纳什均衡

---

[7] 注意到在李四这一策略下，他在不改变自己匹配结果的前提下，改变了A和C的结果——他放弃了申报自己喜欢的学校A，但最终帮助了张三和王五，自己也没有更坏，这说明大学的偏好不是埃尔金非循环的。

的数量可能在增加。这个观察也被证明是正确的。陈岩和凯斯滕（2017）也证明了，在更小的 e 机制下的纳什均衡，在更大的 e 机制下也必定是纳什均衡。因为说实话的均衡始终只有一个，因此当 e 增加时，增加的纳什均衡几乎都是不说实话的纳什均衡（除非增加的就是说实话均衡，而这只在 $e=\infty$ 下才总是正确的），这在我们例子中已经显现出来了。

这一结论与上面认为 e 越大越抗操纵的结论看似有些矛盾。关键在于如何定义抗操纵。如果我们只关注说实话是否为纳什均衡的话，那么 e 越大的机制越抗操纵。但如果我们关注"多重均衡"的个数，特别是不说实话的多重均衡的个数，则 e 越大这样的均衡可能越多，至少不减少，即 e 越大有可能越不是抗操纵的。

更有意思的是，在 IA-BOS 机制下，即使只存在不说实话的均衡，他们也都实现了稳定的匹配。但当 $e \geq 2$ 时，纳什均衡反而有可能带来不稳定的结果。因此，从这个意义上讲，e 越大的机制可能越不稳定。这和我们上面阐述的 e 越大且更大的 e 是更小的 e 的倍数时，更大的 e 意味着更稳定的机制又有所矛盾。这里的问题同样是来自定义上的差别。如果我们只看是否在说实话的情况下（无论说实话是否为均衡）达到稳定匹配的可能性，则 e 越大有可能是越好的，直观地说，更小的 e，即更快地使得录取"永久化"阻碍了寻找新的匹配机会，从而阻止了稳定匹配的实现。但如果考虑学生存在不说实话的可能性，则更大的 e 使这种可能性增加了，从而带来了更不稳定的结果。这些看似矛盾的结果也提醒我们，需要准确理解文章的前提和定义，否则在实际运用中可能带来困惑或者错误的政策。

有限期的申请–拒绝机制与有约束的择校机制。在这一节，我们关注以上研究过的两种机制的关系。一种是有约束的 DA-GS 机制，在这一机制下，每个学生只允许填报有限个学校，不妨定义这个个数为 e。当这些学校被考虑后，匹配自动中止，已有的录取永久化。有意思的是，有限期的申请–拒绝机制，在其第一阶段，和有约束的 DA-GS 机制是完全一致的，即只考虑学生提交的前 e 个志愿，并在考虑完学生的所有这些志愿后，永久化已有的录取，没有被录取的学生允许进入第二个阶段继续填报和录取。这两种机制是否存在某种等价关系呢？

我们证明了如下结论：在有约束的 DA-GS 机制下的纳什均衡策略，必定是在有限期的申请–拒绝机制下的纳什均衡策略。具体来说，我们对有约束的 DA-GS 机制下的纳什均衡策略进行扩充，在学生填报的 e 个学校志愿之后加上任意的可接受的所有学校排序，使之成为完整的学校偏好。这一策略（不妨称为扩充的有约束的 DA-GS 机制的均衡策略）必定在有限期的申请–拒绝机制下也是纳什均衡策略，证明如下。

我们只需要证明，在有限期的申请-拒绝机制下，对于某个学生甲，在其他学生都提交上述扩充的有约束的 DA-GS 机制的策略下，他提交扩充的有约束的 DA-GS 机制下的策略（以下简称"扩充均衡策略"）是最优的。

给定其他人的扩充均衡策略。如果学生甲在有限期的申请-拒绝机制的第一阶段（即第 1 到第 e 志愿）已经被录取了。设录取他的是学校 A。我们证明无论他如何修改策略（即志愿填报顺序），都不能得到更好的学校。首先，对于排列在第 1 到第 e 志愿的学校，显然任何修改都不能使之更好，因为这是有约束的 DA-GS 机制下的最优策略。其次，考虑其扩充志愿表中第 $e+1$ 到最后的（可接受的）学校。如果存在一个志愿表，使他能得到好于 A 的学校 B，则学校 B 满足：（1）学生甲可接受；（2）学校 B 在第一阶段结束时，要么名额未录满，要么名额已满，但录取的学生优先级低于学生甲，否则后续无法录取学生甲，则学生甲将学校 B 作为第 e 志愿一定会被录取。这说明原来的策略不是有约束的 DA-GS 机制下的均衡策略。推出矛盾。

现在假定在第一阶段结束时，学生甲未被录取。由于这一策略在有约束的 DA-GS 机制下是最优策略，则任何策略调整都不能使学生甲在第一阶段结束时得到更好的学校。考虑它在后续阶段可能得到的学校，我们可以证明，对于这一步结束后所有可接受的学校，要么已经用完名额且录取了优先级高于他的学生，要么将学生甲视作不可接受的。若非如此，学生甲可以将一所他可以接受、没有录满人数或用完名额但录取了优先级低于他的学生且愿意接收他的学校作为第 e 志愿并被录取，比未被录取更好。这与调整前策略为有约束的 DA-GS 机制下的均衡（最优）策略矛盾。[⑧]

3.4.2 中国的平行志愿机制

上述有限期的申请-拒绝机制是否最完美地逼近了中国高考制度下的平行

[⑧] 未来的研究可以进一步考虑两种机制下的纳什均衡结果的关系。现在的结论已经告诉我们，在有约束的 DA-GS 机制下的任何纳什均衡结果，必定为有限期的申请-拒绝机制的纳什均衡结果。但反过来，任何的有限期的申请-拒绝机制下的纳什均衡结果，是否一定存在一个有约束的 DA-GS 机制下的纳什均衡结果与之对应呢？我的猜测是否定的。这是因为，假定某一些同学在第 k 轮结束后未得到录取，但在第 $k+1$ 轮结束后得到录取，那么这些同学将在第 $k+1$ 轮录取后得到的学校直接作为第 ke 个（即第 k 轮最后一个）志愿来填报，则未必构成均衡策略。因为这样的均衡可能不是稳定的（如例 3.2 所示）。但如果他们修改第 $(k-1)e+1$ 到第 ke 个志愿呢？这可能又会影响其他在第 $k-1$ 轮被录取的学生，结论并不明显。如果能举出反例，就可以否定这个结论。

41

志愿机制呢？表面上看，这一机制和我们谈论的平行志愿机制的运行仍然存在差别。这是因为，中国的平行志愿机制是一种序列独裁机制。它把学生根据分数由高到低进行排序，逐一进行录取，每个学生考虑完毕即录取，不存在预录取。而上述有限期的申请-拒绝机制则根本不要求学校对学生有相同的优先序，并且在一定期限内仅为预录取。不过，它们有一点相似，即都是分批次录取：将学生的每 e 个志愿看成一个批次，每一批次录取结束后，即永久化录取结果。

为此，我们先引入分批次的序列独裁机制，将它作为对分批次的平行志愿机制的完美刻画。我们引入与它们类似的参数 e，该参数刻画了在每一轮（即批次），学生允许填报的学校个数。我们不妨直接称之为中国的平行志愿机制。

该机制刻画如下，假定学生总人数为 N。

第一轮（批）录取开始。

第一步：分数最高的学生的第 1 到第 e 志愿被依次考虑。他将被有剩余名额的学校中处于其最高志愿的学校录取。

第二步：分数次高的学生的第 1 到第 e 志愿被依次考虑。他将被有剩余名额的学校中处于其最高志愿的学校录取。

……

第 N 步：分数第 N 高（即最低）的学生的第 1 到第 e 志愿被依次考虑。他将被有剩余名额的学校中处于其最高志愿的学校录取。

第一轮录取结束。被录取的学生和被使用的名额从系统移除（使用完所有名额的学校整体移除）。假定被录取学生人数为 $N_1 < N$（否则录取结束）。

第二轮（批）录取开始。

第一步：在第一轮未被录取的学生中，分数最高的学生的第 $e+1$ 到第 $2e$ 志愿被依次考虑。他将被有剩余名额的学校中处于其最高志愿的学校录取。

第二步：在第一轮未被录取的学生中，分数次高的学生的第 $e+1$ 到第 $2e$ 志愿被依次考虑。他将被有剩余名额的学校中处于其最高志愿的学校录取。

……

第 $(N-N_1)$ 步：在第一轮未被录取的学生中，分数第 $(N-N_1)$ 高（即剩余学生中分数最低）的学生的第 $e+1$ 到第 $2e$ 志愿被依次考虑。他将被有剩余名额的学校中处于其最高志愿的学校录取。

第二轮录取结束。第三轮录取开始。

……

录取完全结束，当所有学生均被录取，或者所有学生的所有志愿均已被考虑。

可以证明，有限期的申请－拒绝机制和平行志愿机制（或分批次的序列独裁机制）是等价的。也就是说，给定学生填报的完整志愿（包括每一轮的每一个志愿），其录取结果必然是相同的。证明如下：

首先考虑第一轮录取。我们（机制设计者）对学生的偏好做如下加工，去掉学生所填的第 $e+1$ 个学校直到其最后一个学校，即"假装"这些学校是学生不可接受的。注意，这样的处理完全不影响学生在两种机制下的任意一种的第一轮录取结果。给定这一被加工的偏好，两种机制的录取结果就分别对应于没有任何限制的 DA-GS 机制和序列独裁机制的录取结果。我们知道，这两种机制实现的都是唯一的稳定匹配结果（因为大学的偏好是同质的，都是"分数优先"），因此其录取结果是相同的。这就证明了第一轮结束时，二者录取结果相同。接下来，我们考虑第二轮录取，仅考虑未被第一轮录取的学生填报的第 $e+1$ 到第 $2e$ 个志愿，仍然按照上述方式进行志愿加工。同时注意到第一轮录取后剩下的学生和学校名额在两种机制下都是完全相同的。不难得出，第二轮结束后，二者的录取结果仍然是相同的。以此类推，两种机制在所有轮次结束后的录取结果必然相同。

得到这一等价关系后，我们至少可以认为，中国的平行志愿机制不能违背有限期的申请－拒绝机制的任何性质。但与此同时，由于中国的大学录取有其特殊性，即大学的偏好是同质的，而不是有限期的申请－拒绝机制假定的一般的大学偏好，因此又使得它具有了更一般的有限期的申请－拒绝机制不具备的特殊性质。所以，仍然有必要对照有限期的申请－拒绝机制，来讨论中国的分批次平行志愿机制。

我们结合下面的例子来说明。

例 3.3。中国的平行志愿机制。有四个学生：张三、李四、王五和刘六，有四所大学：A、B、C和D。每个大学只有一个录取名额。学生和大学的偏好如表9所示：

表9 大学录取市场中的偏好（之二）

行为主体	偏好
张三	A＞B＞C＞D
李四	A＞B＞C＞D
王五	A＞B＞C＞D
刘六	C＞D＞A＞B
大学 A	张三＞李四＞王五＞刘六
大学 B	张三＞李四＞王五＞刘六
大学 C	张三＞李四＞王五＞刘六
大学 D	张三＞李四＞王五＞刘六

注意，在这个例子里，所有学校对学生的偏好完全相同，符合"分数优先"。

首先，当 $e<\infty$ 时机制不稳定的结论依然成立，学生如实填报可能带来不稳定匹配。设 $e=2$，若所有学生真实填报志愿，则匹配结果为：{（张三，A），（李四，B），（王五，D），（刘六，C）}。王五和学校 C 构成阻遏匹配（读者还可以验证有限期的申请－拒绝算法和中国的平行志愿算法得到相同的匹配结果）。

其次，也可以证明若 $e'=ke$，k 为大于 1 的正整数。则 e' 机制比 e 机制更稳定。只需要考虑增加两所学校：E 和 F。学生在上述偏好基础上，增加 E 和 F 为第 5 和第 6 偏好的学校。增加的学校仍然满足"分数优先"的排序，则 $e'=2e=4$，学生说实话为稳定匹配，但 $e=2$ 则不是。

更进一步，在上述例子中，若 $e=2$，则学生说实话不是纳什均衡：如果其他人说实话，王五有激励偏离说实话，他说实话只能得到 D，而偏离到以 C 为第一志愿可能得到 C，好于 D。这说明在有限期的申请－拒绝机制下的下列结论依然正确：随着 e 的增加，存在说实话均衡的可能性确实在（严格地）增加，即更大的 e 对应的有限期的申请－拒绝机制更抗操纵。实际上，在上述例子中，当 $e \geq 3$ 时，所有人说实话就是纳什均衡。

在有限期的申请–拒绝机制下，我们发现随着 e 的增加，更有可能出现不稳定的纳什均衡。不过，在中国的平行机制下，我们却可以证明：无论 e 为多少，所有的纳什均衡都是稳定匹配。⑨

证明如下。假定纳什均衡不是稳定匹配，则必然存在一个学生（例如张三）和一个学校 A，构成阻遏匹配。首先，我们说明，学校 A 在纳什均衡下必须是录满的。这是因为，在中国的平行志愿（即分批次的序列独裁）机制下，因为不存在预录取，任何一个学校在任何一步一旦录满，就退出系统。如果大学 A 在纳什均衡下未被录满，则在所有录取轮次和步骤中，它从未出现过录满学生的情况。那么，张三将大学 A 作为第一批（轮）的第一志愿，必然会被大学 A（在第一轮结束后）录取。

其次，假定学校 A 是录满的，则它必然最终录取了一个学生李四，其分数（或者说，所有学校共同的偏好）低于张三。学校 A 在某一步收到李四的邀约前，要么（i）录取了分数低于李四的学生，要么（ii）仍有空余名额。如果是（i），则它在第一轮（即考虑学生第 1 到第 e 志愿的完整轮次）结束时，必然有空余名额。如果是（ii），则它在第一轮录取结束时，要么有空余名额（ii–a），要么必然录取了李四或者比李四分数还低的学生（ii–b）。在上述所有（i）、（ii–a）、（ii–b）的情况下，张三将学校 A 作为第一轮的第一志愿都能被录取。以上分析证明了，如果纳什均衡结果不是稳定匹配，必定存在一个学生（张三），将与他构成阻遏匹配的学校作为第一批次的第一志愿，且必定会被录取。⑩

以上分析表明，中国的平行志愿机制等价于有限期的申请–拒绝机制。它是一族机制，从一端的 IA-BOS 机制到另一端的 DA-GS 机制，即随着预录取的周期延长，机制会变得越来越稳定，这既是指在说实话前提下，机制更容易实现稳定匹配，也是指机制更抗操纵，即说实话更容易构成均衡。

3.4.3 实证证据

陈岩和凯斯滕（2017）的文章提供了一些实证证据证明他们的理论结果。由于并不能观察到学生的偏好，所以难以判断学生是否提交了真实的偏好，也

---

⑨ 这里依然存在一个问题，随着 e 的增加，纳什均衡的个数可能会增加。这增加了系统的协调问题，即更难协调到同一个纳什均衡以实现稳定匹配。

⑩ 一个可能的扩展是将学校完全同质的偏好（分数优先）扩展为更为一般的非循环偏好，如埃尔金非循环偏好。这有待未来进行探讨。

无法直接判断匹配结果是否稳定。他们不得不依赖于一些更间接的观察。

第一，他们将四川从 2008 年的非平行志愿（即 IA-BOS 机制，$e=1$）到 2009 年的平行志愿（$e=5$）作为自然实验进行检验，结果发现，四川在 2009 年于第一批次引入平行志愿（即从 $e=1$ 到 $e=5$），使得学生提交的偏好序的长度平均增加了一个学校，将本地学校（本地学校可能优先录取本地学生）作为第一志愿的概率下降了 4 个百分点，同时第一志愿学校的质量上升了 5 个百分点（他们将学校质量从 0 到 1 排序）。此外，第一志愿录取率却显著下降了 24 个百分点。这被作为抗操纵上升的证据。

第二，利用上海从 2007 年的 IA-BOS 机制到 2008 年的平行志愿机制（$e=4$），他们发现学生拒绝上录取他们的大学的概率显著下降 40.6%。四川、湖南（2009—2013 年）的证据显示"合理的嫉妒"（Justified Envy）有所下降或至少没有上升。湖北（2010—2011 年）的证据显示有更高比例的高分学生被第一层级的高质量大学录取。这被作为匹配结果更稳定的证据。

陈岩和凯斯滕（2019）的文章进一步用实验方法检验了三种机制 IA（-BOS）、DA（-GS）和 PA（即平行志愿机制）的匹配性质。他们发现，参与者最有可能在 DA 下如实报告他们的偏好，其次是 PA，然后是 IA。虽然稳定性比较也遵循相同的顺序，但效率比较因环境而异。无论指标如何，PA 的性能都稳健地处于 IA 和 DA 之间。此外，53% 的受试者在 PA 下采用了保险策略（即在 IA 机制下填报均衡结果中的学校作为安全选项，也是在靠前的偏好中更理想的选项），使他们至少与 IA 下可以保证的结果一样好。

3.5 结论

无论是陈岩和凯斯滕描述的有限期的申请－拒绝机制，还是本文描述的中国平行志愿机制，都仍然有一个方面和现实中的平行志愿机制不同：在上述两种机制下，学生填报的全部志愿（即从第一志愿到最后一个可能的志愿）是完全没有限制的，学生可以把他能接受的学校按任意顺序排列，但在中国高考制度下，我们一般实行的是"批次志愿"。虽然每个批次可能类似这里的"轮次"，但"批次志愿"并不允许在每个批次中填报任意学校，而是规定了在每个批次可以填报的学校范围。极端地说，一个认为自己只能上"二本"学校的人，并不能在第一批次中填写"二本"的某个学校。他要么干脆不填任何学校，等待第一批次录取结束后加入第二批次，要么就填写一些一本学校，虽然大概率无法被录取。这样一种有限制的批次录取相对于作者提出的无限制的批次录取，也许对高分考生是有利的，因为他们不用担心在第一批次落榜之后，第二批次（即"二本"）的学校已经被占据。对于这种有限制的批次录取，目前还没有见到系统性的研究。

这再次表明理论和现实存在差距。尽管如此，通过提炼现实制度的某些最为重要的特征，深入的理论分析至少为我们提供了解释现实、认识现实制度的若干参照系，为我们理解和评价现有机制，以及后续设计更好的解决方案提供了指导。

4. 从考前填报到考后填报

至少在1977年恢复高考之初，中国的高考生需要在参加统一高考之前填报学校和专业的志愿表。表6显示，在1996年时，至少还有13个省份依然采取考前填报的方式。到2015年，这一考前填报志愿的方式才正式退出历史舞台。

直观地看，考前填报志愿相对于考后填报似乎并没有优势。在考试尚未进行之前填报志愿，甚至曾经一度实行的在考试之后但成绩公布之前填报志愿（即考后估分填报），使考生面临很大的录取风险。需要指出的是，从无平行志愿到平行志愿的改革晚于从考前填报到考后填报的改革。如果一个考生高考成绩不理想，则他不仅无法考取他志愿中选择的第一志愿学校，而且在无平行志愿的填报制度下，根据志愿优先的原则，他选择的第二或者更靠后志愿的学校，由于已经录取了大量第一志愿填报的考生，很可能也无法录取他，导致他名落孙山。

那么，是否考前填报就一无是处呢？如果是这样，当时是怎样的考虑使我们采取了这样的志愿填报时间点呢？现有文献中已很难查到当初实行考前填报的政策初衷。从一些教育学者在考前填报到考后填报的改革过程中的一些争论来看，考前填报在照顾考生兴趣、废除"唯分数论"方面被认为具有一定优势。一种合理的猜测是，在恢复高考之初，学生的条件差别较大，愿意报考大学的人数还不是很多，竞争性不是很强，在这样的背景下，在考试之前根据自己的兴趣和能力先报考大学，再参加考试，对照顾考生的兴趣确实能起作用（至少不是副作用），同时未被录取的风险并不是很大。换句话说，在当时，上大学的兴趣和意愿，可能比上大学的能力或资格更重要。不过，随着经济与社会的发展，上大学和好大学变成了大众的共同意愿，竞争性也越来越强，因此，上大学的资格变得越来越关键。

4.1 考前填报与事前公平

4.1.1 考前填报 IA-BOS 机制与事前公平

我们先通过一个例子来引入讨论。

例 4.1。有三个学生：张三、李四和王五，有三个学校：A、B、C。每个学校有一个录取名额。每个学生对三个学校有完全相同的基数效用如表 10 所示：

表 10 考前填报下的学生效用

	A	B	C
张三、李四、王五	100	67	25

在这个例子中，所有学生都偏好学校 A 胜过 B，B 胜过 C。我们不妨把学校 A 看作最高质量的学校，B 其次，C 最后。在以下分析中，除非特别说明，我们维持大学对学生的偏好相同（即分数优先）和学生对大学的偏好相同（即质量优先）。学生对大学的偏好相同，意味着学生之间存在很强的竞争性。

在正式参加高考前，三个学生的事前高考成绩分布如下（满分 100 分）：

表 11 考前填报下学生分数分布

	考好（概率 =1/2）	考砸（概率 =1/2）
张三	95	90
李四	94	89
王五	88	84

在这个例子中，以平均成绩来看，张三是成绩最好的学生，李四其次，王五第三。实际上，这个例子给出的高考成绩分布呈现一阶随机占优（Stochastic Dominance）的特性：在任何给定的分数下，小于这个分数的概率张三最低、李四次之、王五最高。我们不妨把张三视作能力最高的学生，李四其次，王五第三。

如果允许以多次考试的平均成绩来录取，所有大学都会将张三排第一，李四排第二，王五排第三。则稳定的匹配只有一个：张三上学校 A，李四上学校

B，王五上学校 C，即高能力的学生上高质量的大学。我们把这样的匹配称作事前公平的匹配结果。如果大学能够观察到学生能力，则可以通过一个 DA-GS 机制或者简单的序列独裁机制来实现事前公平的匹配。即使采用 IA-BOS 机制，在纳什均衡下依然可以实现这唯一的稳定匹配结果。

不过，当我们考虑每个学生只能参加一次考试，并且只能以这一次考试结果作为录取依据，情况就有了变化，区分考前填报和考后填报就很有必要。有趣的是，如果采取的是 DA-GS 机制，无论是考前填报还是考后填报，因为如实填报志愿是弱占优策略，都存在如实填报这一均衡，其匹配结果为：最高分的同学（不一定是张三）得到最好的学校 A，次高分的同学得到次好的学校 B，最低分的学生得到学校 C。⑪ 此外，在考后填报的 IA-BOS 机制下，由于学生将根据已经观察到的分数进行填报，唯一的纳什均衡结果依然是这一结果。我们把高分的学生上高质量大学的结果称为事后公平的匹配结果。总结起来，考前填报 DA-GS 机制、考后填报 DA-GS 机制和考后填报 IA-BOS 机制都可以实现事后公平的匹配结果。⑫

现在考虑考前填报的 IA-BOS 机制。我们知道，这一机制不是如实填报的机制。在考前填报机制下，学生实际上无法知道自己的准确分数。因此只能根据包括自己在内的所有考生的考分概率分布来进行填报。在这个例子中，不难求得纳什均衡为：

张三：（A，*，*）
李四：（B，*，*）
王五：（B，*，*）（但包含 C）

---

⑪ 实际上，考前填报的 DA-GS 在任一纳什均衡下必然实现事后公平的匹配结果。假定不是，考虑某位学生甲在纳什均衡下采取非如实填报的策略 S 得到了不是其事后公平的学校 A。因为如实填报志愿是学生甲的弱占优策略，则该生选择如实填报照样可以得到学校 A，否则学生 A 采取策略 S 不是纳什均衡策略。我们可以修改学生甲的均衡策略为如实填报。注意到在序列独裁机制下，每个人如果不改变自己所得的学校，他也就无法改变其他人所得的学校。因此当学生甲将策略改为如实填报，而其他人的均衡策略不变，则均衡的匹配结果不变。以此类推，将每个人的策略逐一改变为如实填报，均衡结果不变，则只有事后公平一种均衡匹配结果。

⑫ 实际上，考后填报的 DA-GS 机制的所有纳什均衡结果也都是稳定匹配，因为学校的偏好满足非循环性质（实际上完全同质）。根据前面的分析，IA-BOS 机制所有的纳什均衡结果都是稳定匹配。

注意到这个纳什均衡结果实现了事前公平的匹配结果：张三确定得到 A，李四得到 B，王五得到 C。而在我们讨论的其他机制下，都无法做到这一点。因为总是分数高的人获得最好的学校，则张三获得 A 的概率为 3/4，李四为 1/4。

为什么在上面的例子中，考前填报的 IA-BOS 机制可以实现事前公平呢？不难证明，在考前填报 IA-BOS 机制的纳什均衡下，如果想要实现事前公平的匹配，则每个学生（除能力最低的那一个之外）的第一志愿一定是其事前公平匹配下得到的学校。在上述例子中，张三和李四都分别把事前公平的学校 A 和 B 放在了第一志愿，只有能力最低的王五不这么做。

不过，上述这个例子是一个极其特殊的特例：能力最低的王五本来没有严格的正激励选择 B 作为第一志愿，因为他的分数确定低于 A 和 B。一旦他只是选择他"命中注定"的学校 C 为第一志愿，上述均衡即被打破，李四将选择 A 为第一志愿并有可能被录取。

假定现在所有学生都将事前公平的学校作为第一志愿来填报。谁会有激励偏离呢？实际上，几乎所有的学生都有激励！考虑任何一个学生甲，其事前公平的学校为 A，如果存在一个学生乙，乙的事前公平学校 B 好于 A，且乙的分数有可能低于甲，我们称学生甲和乙有竞争关系。现在考虑学生甲偏离到如下策略：他将学校 B 作为第一志愿，然后将学校 A 作为第二志愿。则当他考分高于学生乙时，必定得到学校 B，当他考分低于学生乙时，必定得到学校 A。后者是因为除他之外的学生（包括学生乙）都在第一志愿被其事前公平的学校录取了，他是唯一一个需要考虑第二志愿的人。

这一分析意味着，所有人将事前公平的学校作为第一志愿很可能不是纳什均衡，而要实现事前公平的结果，根据刚才的论述，又必须要求达到这样的均衡。因此，除非所有学生之间完全没有竞争关系，否则事前公平几乎完全不可能实现。[13] 不过，所有学生之间都不存在竞争关系相当于即使在考前，所有人的考分虽然不确定，但考试成绩排名是确定的。则所有机制（考前填报或考后填报的 DA-GS

---

[13] 理论上还存在一种情形，即学生甲和学生乙是唯一一对存在竞争关系的学生，且他们都不是能力最低的学生。我们"要求"能力最低的学生（即学生丙）将他们中能力更低的一位（学生甲）的事前公平学校填为第一志愿，则学生甲的第一志愿此时偏离到学生乙的公平学校后，一旦"失败"只能得到最差的学校。学生甲如果得到学生乙的事前公平学校和最差学校的概率加权期望收益小于确定得到自己的事前公平学校时，就实现了事前公平。注意到学生丙只能阻止一对存在竞争关系的学生，则整个学生群体只允许出现一对竞争关系。注意到例 4.1 刚好满足这一情形。

或 IA-BOS 机制）实现的结果都是一样的。也就是说，我们想要在一个完全基于分数而分数又不能完美刻画能力的机制下，实现完全基于能力的公平匹配，几乎是不可能的。

但是，例 4.1 仍然给予我们一些启示。直观地看，因为考前填报使得考生在不能基于其分数时就必须填报志愿，而 IA-BOS 机制恰好又是一个高度依赖分数的匹配机制——在纳什均衡下，考生的自我选择倾向于将基于某种分数的稳定匹配学校作为第一志愿，则考前填报志愿的 IA-BOS 机制理论上可以更好地实现基于预期分数（即能力）的事前公平匹配。现在的结论之所以悲观，可能是因为我们的要求过于苛刻，即我们要求实现完全的事前公平匹配。如果我们要求的只是程度更高的事前公平匹配，也许 IA-BOS 机制能够被证明仍然具有一些优势。

4.1.2 实现事前公平的最优机制设计

佩雷拉和斯利瓦（Pereyra and Sliva，2023）利用机制设计的方法研究最优分配学校席位的方案。机制设计的方法是考虑有一个机制设计者，他并不知道每个机制参与者的私人信息，他需要设计一个博弈规则，让参与者的博弈结果尽可能达到机制设计者设定的最优目标。匹配理论从某种意义上就是一种机制设计理论。例如，如果机制设计者的目标是得到学生最优的稳定匹配，并且假定学校充分掌握决定其偏好的学生特征的信息，那么，DA-GS 机制就是最优机制。注意这个机制并不要求机制设计者掌握全部信息，比如学生对学校的偏好，它可以通过该机制"自动"得到披露。

不过，当决定学校偏好的学生能力是私人信息而学校不能观察时，机制设计者面临的问题更加复杂，因为一般来说学生没有激励真实报告自己的能力（虽然有激励真实报告自己的偏好）。佩雷拉和斯利瓦（2023）假定机制设计者的目标是最大化参与者（这里仅指学生）的期望效用之和。因为此时学校只能根据观察到的学生能力的不完美信号（例如高考成绩）来决定录取结果，在考前填报的情况下，学生在填报志愿的时候，匹配结果对他们来说具有一定的不确定性。为此，首先需要定义参与者（学生）的基数效用函数。定义学生的效用函数为 $u(\theta,q)$，其中 θ 为学生能力，q 为学校质量。假定学校质量只有两种：$q = h$ 或 l。以下假设是重要的：

(i) $u(\theta,h) > u(\theta,l) > u(\theta,\varnothing) = 0, \forall \theta$；

(ii) $\dfrac{u(\theta,h)}{u(\theta,l)}$ 对于 θ 是弱单调递增的；

(iii) $u(\theta,l) - u(\theta,\emptyset)$ 和 $u(\theta,h) - u(\theta,l)$ 对于 θ 均是严格单调递增的。

假设（i）如果用可导的形式来表达，即为 $\frac{\partial u}{\partial q} > 0$。意味着，对于任何（能力）的学生来说，都是更偏好上高质量大学，这里认为不上大学（$\emptyset$）是最差的选择。这是一个自然的假设，意味着为了学生总效用（即社会福利）最大，在给定不同质量大学的资源约束下，应该让尽可能多的学生上更好的学校，尽可能少的学生失学。

假设（ii）是一个关于预期效用函数的假设。它意味着，随着学生能力的提升，在获得好学校的入学机会和保留差学校的机会之间，他更加倾向于前者。具体来说，假定存在概率 $P = (P_h, P_l, 1 - P_h - P_l)$ 和 $P' = (P'_h, P'_l, 1 - P'_h - P'_l)$，满足 $P_h > P'_h$，则：

$$P_h \times u(\theta,h) + P_l \times u(\theta,l) \geq P'_h \times u(\theta,h) + P'_l \times u(\theta,l)$$
$$\Rightarrow P_h \times u(\theta',h) + P_l \times u(\theta',l) \geq P'_h \times u(\theta',h) + P'_l \times u(\theta',l), \forall \theta' > \theta$$

即当低能力的学生更喜欢上好大学概率更高的随机结果时，高能力学生也必定如此。如果假设（ii）严格成立（即 $\frac{u(\theta,h)}{u(\theta,l)}$ 对于 θ 是严格单调递增的），则我们的结论也是严格成立的（即第二个 $\geq$ 变为 $>$）。这一假设可以表述为在概率空间上不同能力学生无差异曲线的一个单交叉（Single-crossing）条件（如图2）。低能力学生的边际替代率 MRS（即牺牲1单位概率的好学校需要用多少概率单位的差学校来弥补）低于高能力学生。

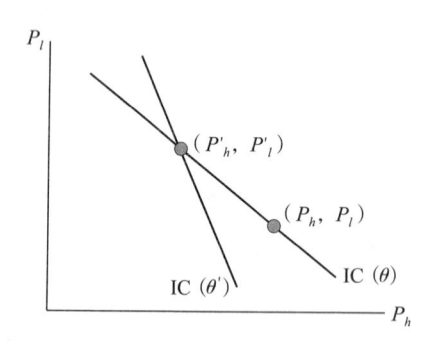

图2 不同能力学生的无差异曲线（$\theta' > \theta$）

假设（iii）如果用可导形式来表示，即为 $\frac{\partial^2 u}{\partial q \partial \theta} > 0$。这假设了学生能力与学校质量之间的互补性：学校质量提高带来的边际效用随着学生能力的增加而增加。也就是说，在好学校资源稀缺时，让更高能力的学生上更好的学校，方可使得社会福利最大。这使得机制设计者的目标函数和我们在上一节定义的"事前公平"相一致：最大化学生总效用在某种意义上等价于最大化事前公平。

另一个关键性假设涉及高能力和低能力学生在一次性考试中的成绩分布。我们假设对于任意两个能力为 θ 和 θ'（$\theta' > \theta$）的考生，考虑他们可能取得的任意两个分数 s 和 s'（$s' > s$），我们有：

$$\frac{p(s'|\theta')}{p(s|\theta')} > \frac{p(s'|\theta)}{p(s|\theta)}$$

即能力更高的学生取得高分和取得低分的概率之比要高于能力更低的学生。这一条件通常称为单调似然比性质（Monotone Likelihood Ratio Property，简称 MLRP）。后续分析中我们对成绩进行标准化，使得 $s,s' \in [0,1]$。

一个典型的机制设计问题是在给定激励相容约束（即任何能力的人愿意真实报告自己的能力）和大学资源约束（即录取席位）条件下，设计一个博弈规则或者录取办法，使得目标函数（即学生总效用）最大化。注意，这个录取办法只能依赖于可以观察的分数。

在假设（iii）下，学生效用之和最大要求高能力学生尽可能上好大学，与此同时，席位数不浪费，即尽量不要有学生失学。显然，完全实现这一目标是不可能的。这是因为，在较为一般的条件下，高能力学生可能取得低分，低能力学生可能取得高分，一个依赖分数的录取系统，难以保证总是让高能力学生上好学校，让低能力学生上差学校。那么，一个满足激励相容约束和资源约束的最优录取机制（也可以简称为次优录取机制）是怎样的？

我们首先注意到，高能力学生更有可能考高分（给定 MLRP），同时，根据假设（ii），他们也更乐意为了上更好大学的机会放弃上更差大学的机会。这给了我们设计的灵感。我们设计这样一组分数线，针对每一个不同能力 θ 的学生都提供一组独特的分数线，记为 $(\bar{s}_\theta, \underline{s}_\theta)$：当能力 θ 的学生取得的分数 $s > \bar{s}_\theta$ 时，他可以上高质量大学（h），当其分数满足 $\bar{s}_\theta > s > \underline{s}_\theta$ 时，他可以上低质量大学（l），否则不上任何大学。在这样的分数线下，只有分数足够高才能上大学或好大学，这样的分数线系统被称为有序配置规则（Ordered Allocation Rule）。

这里的关键是，为每一种能力的学生设计的分数线，需要使他们自选择到这一组分数线上，而不选择到为其他能力的学生设计的分数线上。那么，什么样的分数线系统是自选择（即激励相容）的呢？佩雷拉和斯利瓦（2023）证明，为了满足激励相容约束，对于任何两种能力的学生：θ', θ，满足 $\theta' > \theta$，针对他们的分数线需要满足：$\overline{s}_\theta > \overline{s}_{\theta'} > \underline{s}_{\theta'} > \underline{s}_\theta$（如图3）。通俗地讲，对更高能力学生设计的分数线，将使得他们更容易上好学校，但必须放弃更多上差学校的机会。这样一来，能力较低的学生将倾向于做出相反的选择：选择更容易上差学校但放弃一些上好学校的可能性，达到自选择的效果。

为此，我们只需要证明，如果低能力（θ）学生认为这两组分数线无差异的话，高能力学生一定更喜欢针对自己（θ'）的分数线（"高轨"分数线）。相对于针对低能力的分数线（"低轨"分数线），"高轨"分数线的差异在于：在学生考分位于 $(\overline{s}_{\theta'}, \overline{s}_\theta)$ 时（图3中A段），他得到好学校而非差学校，而在分数位于 $(\underline{s}_\theta, \underline{s}_{\theta'})$ 时（图3中B段），他损失了差学校而只能落榜。低能力学生上大学的机会正好与之相反，则低能力学生在两组分数线之间的效用差等于零意味着：

$$Prob[s \in (\overline{s}_{\theta'}, \overline{s}_\theta)] \times (u(\theta, h) - u(\theta, l)) - Prob[s \in (\underline{s}_\theta, \underline{s}_{\theta'})] \times u(\theta, l) = 0$$

整理为：

$$\frac{Prob[s \in (\overline{s}_{\theta'}, \overline{s}_\theta)]}{Prob[s \in (\underline{s}_\theta, \underline{s}_{\theta'})]} = \frac{u(\theta, l)}{u(\theta, h) - u(\theta, l)} \tag{4.1}$$

其中用 s 代表低能力考生的分数。根据 MLRP，我们有：

$$\frac{Prob[s' \in (\overline{s}_{\theta'}, \overline{s}_\theta)]}{Prob[s' \in (\underline{s}_\theta, \underline{s}_{\theta'})]} > \frac{Prob[s \in (\overline{s}_{\theta'}, \overline{s}_\theta)]}{Prob[s \in (\underline{s}_\theta, \underline{s}_{\theta'})]} \tag{4.2}$$

其中用 s' 代表高能力考生的分数。根据假设（ii），我们有：

$$\frac{u(\theta, l)}{u(\theta, h) - u(\theta, l)} > \frac{u(\theta', l)}{u(\theta', h) - u(\theta', l)} \tag{4.3}$$

根据式（4.1）-（4.3），我们有：

$$\frac{Prob[s' \in (\overline{s}_{\theta'}, \overline{s}_\theta)]}{Prob[s' \in (\underline{s}_\theta, \underline{s}_{\theta'})]} > \frac{u(\theta', l)}{u(\theta', h) - u(\theta', l)}$$

即：

$$Prob[s' \in (\overline{s}_{\theta'}, \overline{s}_\theta)] \times (u(\theta', h) - u(\theta', l)) - Prob[s' \in (\underline{s}_\theta, \underline{s}_{\theta'})] \times u(\theta', l) > 0$$

即高能力学生更愿意选择"高轨"。

佩雷拉和斯利瓦（2023）证明，最优的机制设计就是满足上述特征的一组分数线，其中针对每一种能力的学生都有单独的一组分数线，能力越高的学生，两个分数线的"距离"越小（如图3所示）。此外，任何能力的学生都在针对自己的一组分数线和针对能力比自己仅高一个档次的学生的分数线之间无差异，即激励相容约束是紧的，这也符合一般机制设计理论的结论。遗憾的是，这样的最优机制并不总是无浪费的，即存在大学席位未招满的情形。

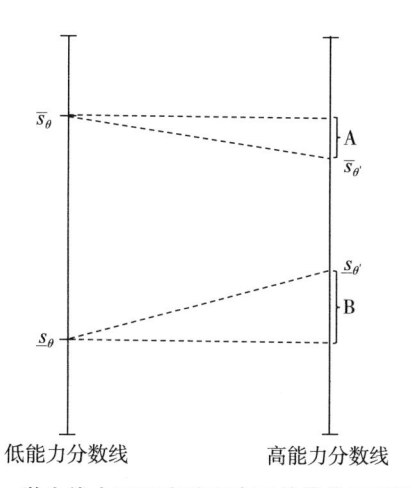

图3 学生能力不可完美观察下的最优机制设计

4.1.3 考前填报的 IA-BOS 机制

佩雷拉和斯利瓦（2023）提出的次优机制虽然不要求机制设计者知道每个学生的能力，但它对信息的要求非常高，需要知道一共有几种能力的学生，每种能力的学生在给定能力下的分数分布，以及他们的效用函数。那么，是否存在一些潜在的机制可以较好"逼近"这一次优机制但没有那么高的信息要求呢？

在考前填报的 DA-GS 机制下，所有人都真实填报志愿，导致高分学生一定优先被好大学录取，低分学生一定被差大学录取或被淘汰，因此考前填报的 DA-GS 机制是一个"单轨"机制，即所有能力的学生都面对同一组分数线。不过，考前填报的 IA-BOS 机制却是一个"多轨"机制，因为当学生填报志愿时，他的策略性行为不同，可能导致他面对的分数线不同。具体来说，一个将高质量大学作为第一志愿的学生，如果他未能被高质量大学录取，则他只能排在第一志愿为低质量大学的学生之后被低质量大学考虑。也就是说，他的低质量大学的分数线必然高于那些将低质量大学作为第一志愿的人。一般来说，将某个大学排在较低志愿的学生，相当于选择了一个该大学的较高分数线。

因此，我们有必要来分析考前填报的 IA-BOS 机制达成次优结果的可能性。为便于和上一节的次优机制对比，仍然假定大学质量只有高和低两种[14]，并维持上一节关于学生效用函数的三个关键性假设。我和盛大林、吴星晔合作的工作论文（Sheng、Wu and Zhong，2023）试图对考前填报的 IA-BOS 机制实现次优结果或者至少好于 DA-GS 的结果进行分析。由于只有两种质量的大学，在考前填报的 IA-BOS 机制下未被占优的策略只有两种，即：

激进策略（Aggressive Strategy），将高质量大学作为第一志愿，低质量大学作为第二志愿。

保守策略（Conservative Strategy），将低质量大学作为第一志愿，高质量大学作为第二志愿。

我们证明了，在所有的纳什均衡中，总是能力更高的学生选择激进策略，能力更低的学生选择保守策略。更技术性地说，存在某一个能力 $\hat{\theta}, \theta_{min} \leq \hat{\theta} \leq \theta_{max}$，凡是能力高于 $\hat{\theta}$ 的都选择激进策略，凡是能力低于 $\hat{\theta}$ 的都选择保守策略。而能力为 $\hat{\theta}$ 的学生可以选择二者之一或者二者混合策略。我们假定每一类学生都是有无限不可数的数量，则混合策略也意味着一部分能力为 $\hat{\theta}$ 的选择激进策略，另一部分选择保守策略。接下来为了方便说明，我们都认为每一种能力的学生有无限不可数的数量，而把混合策略都解释为同一能力的一部分学生选择一种策略，另一部分选择另一种策略，其比例等于混合策略对应的概率。

具体来看，我们定义纳什均衡：$\{\sigma_j^* | \sigma_j^* \in [0, 1], j = 1, \cdots, J\}$。其中 σ_j^* 是能力为 θ_j 的学生冲高激进的比例。不失一般性，设学生能力满足 $\theta_j < \theta_{j+1}, \forall j$。记 $S_{a,c}$ 为冲高（激进）和保低（保守）两种纯策略。根据上述结论，我们知道纳什均衡满足：$\sigma_{j-1}^* = 0$，如果 $\sigma_j^* < 1, \forall j$。定义 $\sigma^* = \sum_j \sigma_j^*$，则 $\sigma^* \in [0, J]$ 可以完整地刻画纳什均衡。例如 $\sigma^* = 1.5$ 意味着能力为 θ_J 的学生全部冲高（即 S_a），能力为 θ_{J-1} 的人有一半冲高，其余更低能力的学生全部选择保低（即 S_c），等等。

---

[14] 佩雷拉和斯利瓦（2023）承认，超过两种学校质量的问题暂时还没有找到求解方法。他们只分析了当学校质量超过两种时，从单轨变为双轨可能带来的总福利上升。

记 $q(\theta_j)$ 为能力为 θ_j 的学生人数。$\sum_j q(\theta_j) = 1$。此外，记 $\alpha_{H,L}$ 为高质量（H）大学和低质量（L）大学席位数，$\alpha_H + \alpha_L < 1$，即大学席位总体上是稀缺的。则在任何均衡下，选择冲高策略的学生人数为：$Q_a(\sigma^*) \equiv \sum_j \sigma_j^* q(\theta_j)$，则选择保低策略的学生人数为 $Q_c(\sigma^*) = 1 - Q_a(\sigma^*)$。显然在均衡下必然有：$Q_a(\sigma^*) > \alpha_H$，即选择冲高的学生人数必然大于高质量大学的席位数，这也意味着高质量大学在第一轮录取（即考虑所有学生第一志愿的录取）结束后，必然没有剩余席位。因此，选择保低策略的学生人数决定了在 IA-BOS 机制下，录取是在一轮就全部结束（即所有人都被第一志愿录取），还是两轮结束（即部分学生被第二志愿录取）。如果 $Q_c(\sigma^*) \geq \alpha_L$，即低质量大学第一轮的填报学生人数都超过其席位数，录取必然一轮结束。反之，如果 $Q_c(\sigma^*) < \alpha_L$，低质量大学在第一轮录取结束后仍然有席位，则全部录取需要两轮才能结束。同时注意到，给定学生人数 $q(\theta)$ 和席位数 α，随着均衡的冲高比例 σ^* 的上升，均衡单调地从录取一轮结束转换到两轮结束。

不难发现，冲高和保低两种策略在均衡下相当于面对着各自的一组分数线。我们绘制出录取在一轮或两轮结束这两种情形下，冲高策略和保低策略各自面对的"分数线"，如图 4 所示。在录取一轮结束时，保低策略（S_c）面对的分数线为 $1 = \overline{s}_c > \underline{s}_c > 0$，即保低必然不能上高质量大学，也仅以小于 1 的概率上低质量大学。而冲高（S_a）面对的分数线为 $1 > \overline{s}_a = \underline{s}_a > 0$，即只能以小于 1 的正概率上高质量大学，以零概率上低质量大学。在录取两轮结束时，保低策略（S_c）面对的分数线为 $(\overline{s}_c = 1, \underline{s}_c = 0)$，即保低一定上低质量大学；而冲高（$S_a$）面对的分数线为 $1 > \overline{s}_a > \underline{s}_a > 0$，即以小于 1 的正概率上高质量大学和上低质量大学（上低质量大学的话，会在第二轮被录取）。

对比图 3 和图 4，可以直观看到它们的相似性。具体来说，次优机制要求的分数线"距离"随学生能力变窄（即"收口"）的性质，在两种机制下都满足。只不过对 IA-BOS 机制来说，分数线选择是依据学生选择填报的策略，它还不是一种直接显示机制，即根据学生报告的能力来选择分数线。不过，根据我们刚才的论述，高能力学生总是倾向于选择冲高策略，而低能力的学生总是倾向于选择保低策略。这样也近似地满足次优机制所要求性质，即高能力学生赋予了一个高分数线更低、低分数线更高的分数线。但考前填报的 IA-BOS 机制究竟在多大程度上复刻了次优机制呢？

一个显而易见的结论是，当学生能力的种类 $J>2$ 时，IA-BOS 机制几乎不能实现次优结果。因为 IA-BOS 机制下最多只有两个分数线轨道（"冲高"轨道和"保低"轨道）可供学生选择，而次优机制要求 J 个轨道，这些轨道一般来说也是不同的。为了让 IA-BOS 机制尽可能贴近次优机制，我们假定学生只有两种能力（$J=2$）。在这一情况下，次优机制和 IA-BOS 机制都是双轨机制。

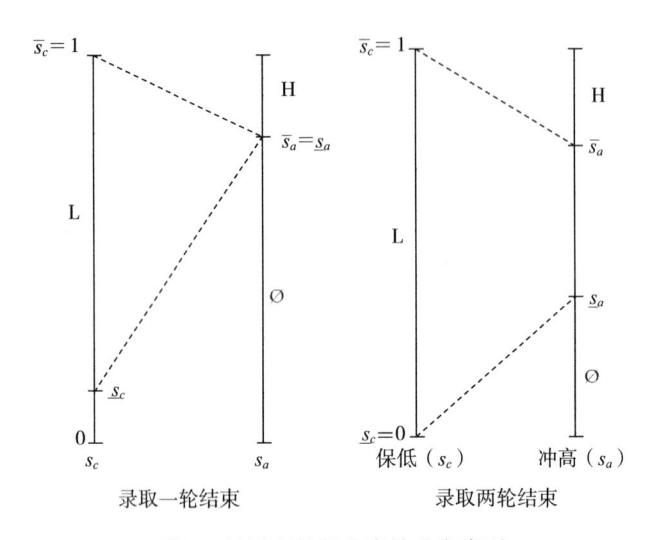

图 4　按录取轮数分类的均衡类型

首先，分离均衡（即 $\sigma^*=1$）和高能力学生部分冲高、部分保低（则低能力学生全部保低）的半分离均衡（即 $\sigma^*<1$）显然都不可能是次优的。这是因为次优机制要求低能力学生对保低和冲高是无差异的，即 IC₁ 是紧约束（IC 代表激励相容，1 代表低能力），而这两种机制下，IC₁ 都是松弛的。唯一有可能实现次优的，是低能力学生部分冲高、部分保低（高能力全部冲高）的半分离均衡，即 $\sigma^*>1$。因此，我们集中关注这一类半分离均衡，不妨称为"高冲高比例下的半分离均衡"。

可以证明，在这一半分离均衡下，录取两轮结束的机制必定不是次优机制，如图 5 所示。考虑低能力即 θ_1 的学生在纳什均衡下选择部分冲高、部分保低，即 $\sigma_1^* \in (0,1)$。此类学生在两种纯策略上无差异。考虑分数线（$\overline{s}_m$，$\underline{s}_m$），使之满足：

$$Prob[\overline{s}_m \leq s(\theta_1) \leq 1] = \sigma_1^* \times Prob[\overline{s}_a \leq s(\theta_1) \leq 1]$$

$$Prob[\underline{s}_m \leq s(\theta_1) \leq \overline{s}_m] = \sigma_1^* \times Prob[\underline{s}_a \leq s(\theta_1) \leq \overline{s}_a] + (1 - \sigma_1^*)$$

也就是说，分数线$(\overline{s}_m, \underline{s}_m)$使得低能力学生上高质量大学和低质量大学的概率或比例保持和均衡时相比不变。不难得出：

$$0 < \underline{s}_m < \underline{s}_a < \overline{s}_a < \overline{s}_m < 1$$

此外，由于该能力学生在保低和冲高无差异，则有：

$$u(\theta_1, h) \times Prob[\overline{s}_a \leq s(\theta_1) \leq 1] + u(\theta_1, l) \times Prob[\underline{s}_a \leq s(\theta_1) \leq \overline{s}_a] = u(\theta_1, l)$$

由此得到：

$$u(\theta_1, h) \times Prob[\overline{s}_m \leq s(\theta_1) \leq 1] + u(\theta_1, l) \times Prob[\underline{s}_m \leq s(\theta_1) \leq \overline{s}_m] = u(\theta_1, l)$$

因此，我们可以用新建立的分数线$(\overline{s}_m, \underline{s}_m)$来"替换"原来低能力学生对应的两种分数线，使得低能力学生效用不发生变化，且两所大学录取的人数也不变。我们接下来集中分析$(\underline{s}_m, \overline{s}_m)$和$(\underline{s}_a, \overline{s}_a)$这两组分数线，它们分别对应低能力和高能力学生的选择。

根据佩雷拉和斯利瓦（2003）的研究，在这组新的分数线下，我们少量地改变分数线，使得$\overline{s}_m$上移，$\underline{s}_m$下移，与此同时，使得$\overline{s}_a$下移，$\underline{s}_a$上移，并保持低能力学生在这两个轨道之间依然无差异，以及高质量大学和低质量大学录取人数不变。可以证明，这样的移动使得社会福利（即两类学生的效用之和）上升，且显然是激励相容的。这说明，原来的均衡并非次优。直观地看，它使得低能力学生以过高的概率上高质量大学，而以过低的概率上低质量大学，即他们"过度注册"了高质量大学。[15]

不过可以证明，当录取在一轮结束时，高冲高比例下的半分离均衡实现了次优的录取结果。为此，我们首先考虑分布约束（Distributional Constraints，简称DCs）为紧，即全部学校的席位都用完的分配机制，也就是没有浪费的分配机制。这是因为，如果次优机制是有浪费的，它可以等价于一个减少该机制的席位数为该次优机制实际利用席位数的、没有浪费的机制。可以证明，满足分布约束的次优机制必定是如图6所示的三种情况之一（即除图5之外的三种情形之一）。

考虑到IC_l（即低能力的激励相容约束）、DC_l和DC_h均满足，给定上述三

---

[15] 值得注意的是，我们的分析表明，在这个均衡状态下，如果有极少的低能力学生从冲高策略偏离到保低策略，保低的收益会大于冲高，引起更多的学生偏离。也就是说，该均衡是一个不稳定的均衡，它可能偏离到其他（稳定的）均衡。

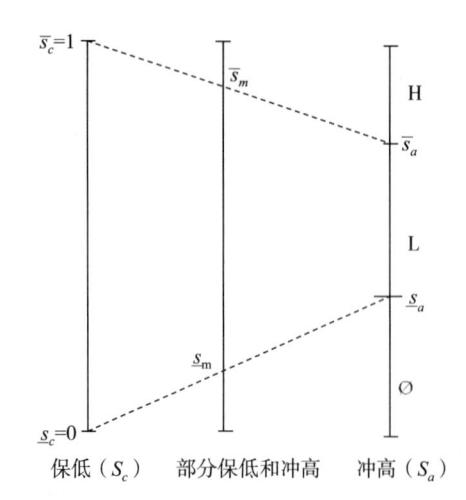

图 5　录取两轮结束的高冲高比例的半分离均衡

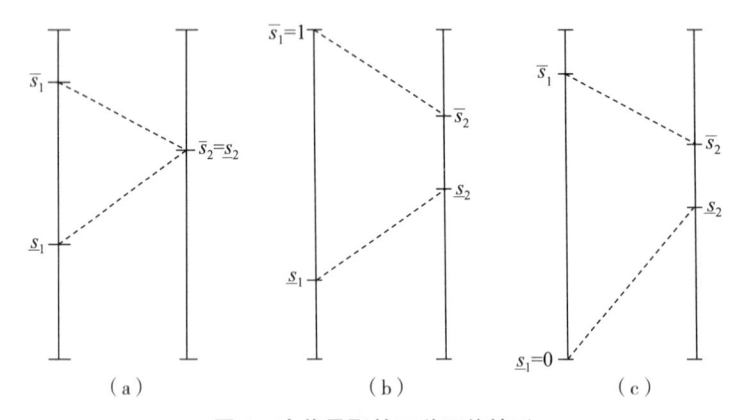

图 6　次优录取的三种可能情形

注：左边的线为低能力分数线，右边的线为高能力分数线。

个图形的任何一个，其对应的分数线都是唯一的。⑯ 根据佩雷拉和斯利瓦（2023），在次优机制下，IC_l 和 DC_h 是必然满足的。假定在要求没有浪费（即 DC_l 满足）前提下得到的次优机制的分配是图 6（a）和（b）两种情形，不难

---

⑯ 可以这样来思考：我们从 DA 机制出发，DA 是满足 IC_l、DC_h 和 DC_l 的机制。我们在满足这三种约束前提下，增加低能力轨道获得低质量大学的比例，减少其获得高质量大学的比例，即提高 $\bar{s}_1$，降低 $\underline{s}_1$，同时提高高能力轨道获得高质量大学的概率，减少其获得低质量大学的概率，即降低 $\bar{s}_2$，提高 $\underline{s}_2$，根据上面的分析，这可以提高总福利，直到达到图 6 所示的三种情形之一。

发现，此时减少 DC_l 并不能提高总福利。因为，对于（b）来说，给定一个减少的 DC_l，新的最优机制只能提高 $\underline{s}_{1,2}$，但不改变 $\overline{s}_{1,2}$，总福利必然下降。对于（a）来说，假定 $\underline{s}_1$ 上移，根据 IC_1，这引起"高轨"的分数线（$\underline{s}_2 = \overline{s}_2$）也上移，高能力学生福利都减少，而低能力学生在高轨和低轨之间无差异，则其福利也减少，总福利依然下降。[17] 这说明，如果 DC_l 为紧约束下的最优录取的图形为（a）和（b），则它必然也是原问题（即不要求 DC_l 为紧）的最优录取机制。注意到，IA-BOS 机制达到的"高冲高比例下的半分离均衡"恰好就是图 6（a）的情形，由于对应该形状的满足 DCs 和 IC_1 的分数线是唯一的，则它就是最优分配机制。

以上说明了在学生能力只有两种时，IA-BOS 机制在录取一轮结束且低能力学生在保低和冲高之间无差异时达到的均衡实现了最优机制设计（即次优）的效果。在这一情况下，它自然也优于 DA-GS 机制。那么，在其他情况下，它和 DA-GS 孰优孰劣？不难发现，在录取两轮结束且低能力学生在保低和冲高之间无差异时，IA-BOS 机制仍然优于 DA-GS 机制。这是因为相对于 DA-GS 机制而言，IA-BOS 机制向最优机制的方向进行了调整：在保持 IC_1、DC_l 和 DC_h 紧的前提下，它使得低能力的学生更容易上低质量大学，高能力学生更容易上高质量大学。

但是，当 IA-BOS 机制达到的均衡是高能力学生在保低和冲高之间无差异，即 IC_2 紧而 IC_1 是松弛的，这背离了最优机制的基本要求，此时 DA-GS 机制依然保持了 IC_1 是紧的。实际上，我们证明了，此时 IA-BOS 机制实现的均衡结果在社会总福利上可能低于 DA-GS 机制。[18]

我们对于考前填报的 IA-BOS 机制的理论讨论到此结束。一方面，我们发现，考前填报的 IA-BOS 机制作为一种"分轨"机制，在一定条件下，可以帮助高能力和低能力的考生进行社会合意的自我选择，以达到高能力学生（尽

---

[17] 对于图 6（c）的情形而言，减少 DC_l 可能是有利的。这是因为减少低质量大学席位数在维持 IC_1 的情况下可以提高 $\underline{s}_{1,2}$。这样就形成了类似于图 6 存在局部改进的图形。通过扩大"敞口"（降低 $\overline{s}_2$）可以提高总福利。如果减少 DC_l 后通过这种局部改进得到的总福利上升大于一开始减少 DC_l 带来的总福利下降，最终的总福利可能上升。

[18] 一种可能的推广是，当学生能力的种类大于 2（即 $J > 2$）时，某种中间能力的学生在保低和冲高之间无差异的 IA-BOS 均衡（无论录取一轮还是二轮结束）都有可能在社会福利上好于 DA-GS 机制的结果。遗憾的是，我们的初步推导结果证明并非如此。

可能地）上高质量大学的正向匹配结果，这和学生能力不可观察但存在不完美信号下的最优机制类似。另一方面，这种"分轨"机制并不总是好于"单轨"（即 DA-GS）机制，不恰当的"分轨"（或者说某一些 IA-BOS 机制的均衡）甚至还不如 DA-GS 机制，正所谓"差之毫厘，谬以千里"。

4.2 实验与实证证据

以上的理论分析对考前填报的 IA-BOS 机制给予了一定的支持：在克服"一考定终身"或者"唯分数论"的高考制度的固有弊端中，采取考前填报的这类机制在一定条件下能够纠正一次性考分的随机性，使得高能力学生能够相对不依赖于一次考试，而通过志愿填报就可以把自己区分出来。但与此同时，这些条件有时候也是苛刻的。基于上述分析，我们还很难得到从考前填报到考后填报的改革好或者不好的结论。

我们也可以通过一些实验或者实证分析进一步评估这一改革的效果。实验研究的优势在于，我们总是可以设计使理论条件得到满足的实验条件，来观察在现实中人们的行为是不是足够理性到可以实现理论预测的结果。这里的理性，不仅仅是简单的行为经济学意义上的理性，比如风险或损失厌恶、公平感等，也包括了对于机制运作的理解是否到位等。

我和连暐虹、郑捷（Lien、Zheng and Zhong，2016）的文章用实验方法检验了考前填报的 IA-BOS 机制是否更好地实现了事前公平。[19] 在文章中，我们设计了一个三个学生录取到三所大学的情景，设计使得在考前填报的 IA-BOS 机制下理论上更容易实现事前公平（但并非总能实现事前公平，而只是依概率）。实验的参与者是清华大学的本科生。我们将考前填报的 IA-BOS 机制与其他三种机制进行了对比。遗憾的是，我们并没有发现考前填报的 IA-BOS 机制比其他三种机制显著地提升了达到事前公平结果的可能性。我们随后进行了三组补充实验，分别是：（1）改变三所大学的收益，使得被最低质量大学录

---

[19] 需要说明的是，这篇文章同时检验了考前填报的 IA-BOS 机制的事前公平和事前效率。所谓事前效率，指的是所有学生的能力相同（即分数的分布相同），不同学生对不同大学的序数偏好（即偏好序）相同，但基数偏好（即偏好强度）不同。在我们对最优机制的分析（第4.1.2 节）和随后对 IA-BOS 机制的再思考中（第4.1.3 节），我们的假设同时包含了学生的不同能力和不同效用，并认为高能力学生对高质量大学的"评价"更高。在这篇文章中，我们区分了学生能力的差异和偏好的差异，实际上是分解了学生能力和学生偏好这两种可能影响匹配结果的渠道。

取的收益显著下降；（2）通过多轮实验（但改变同组受试者）更清楚地了解机制运行规则；（3）通过小测验而不是直接赋予学生考试成绩。我们发现，只是在第二组补充实验（即学习情景）下，考前填报的 IA-BOS 机制的事前公平得到显著但幅度不大的提升。这一结果说明，现实中考生在考前填报的 IA-BOS 机制下要实现事前公平也许比理论预测的更难。一个可能的原因是对自身分数的估计存在偏误（即使面对客观存在的概率分布），比如过度自信（Pan，2019）。

我和学生童昊奇的文章（Tong and Zhong，2022）考察了考前填报情形下有限制的 IA-BOS 机制在实现事前公平上的表现。正如前面分析的（第 3.3.1 节），在考后填报的前提下，限制填报个数的有限制的 IA-BOS 机制和无限制的 IA-BOS 机制实现的纳什均衡匹配结果是完全相同的。而在考前填报的前提下，有无限制的 IA-BOS 机制的纳什均衡匹配结果却是不同的，有限制的 IA-BOS 机制有可能实现更多的事前公平。这是因为在限制学生填报的大学数量后，成绩靠后的学生可能不再有激励去冒险填报高于自己稳定匹配下的大学，因为再也没有第二或第三志愿的大学提供一个保险机制。文章采用实验方法进行了验证，主要有两个发现：首先，有限制的 IA-BOS 机制在考前填报下确实比没有限制的或者事后填报的任何机制（IA-BOS 或者 DA-GS）实现了更多的事前公平结果；其次，不幸的是，减少学生填报志愿个数也增加了他们落榜的风险。整体来说，有限制的考前填报的 IA-BOS 机制不一定比其他机制更好。

我和吴斌珍（2014）基于观察数据的研究，分析了不同填报机制下某顶级大学顶级学院录取的学生在大学的学习表现。这些大学生来自不同省份，分属不同年级，而不同地区在不同年份实行的高考志愿填报制度有所差别。此外，相对来说，高考生对这所顶级大学顶级学院的偏好是相对固定的，且通常来说是靠前的，因此该学院录取的学生群体的质量变化可以从局部反映整体匹配结果的变化，而大学的学习表现也反映了入学学生群体的质量变化。我们的发现是，在考前填报的 IA-BOS 机制下录取的学生，虽然其高考成绩相对于其他录取机制（考后填报的 IA-BOS、考前填报和考后填报的 DA-GS）明显偏低，但他们的大学表现是相似的，甚至在某些衡量指标上更好。从最直接的角度看，至少证明从考前填报到考后填报的改革并没有显著提高顶级大学的录取质量。进一步引申这一结论，可以认为从考前填报到考后填报的改革并没有提高事前公平，虽然看起来提高了事后公平。这一结论还有赖于用更多学校的更多匹配数据来证实或证伪。另外，我们的结论也没有考虑考后填报的其他优势，比如减少了学生采取策略性填报需要付出的更多时间和心理成本，也没有考虑学生结构的某种变化（比如女性考生表现更加优秀）。

5. 从统一科目到可选科目

以上两部分分析了高考制度在志愿填报方面的两项改革：从考前填报到考后填报、从非平行志愿到平行志愿。有意思的是，高考志愿填报制度上的改革很少得到教育学者的系统研究，也没有在大众舆论中产生较大争议，这可能有几方面原因。第一，这些改革并没有改变高考制度的本质，即按分数录取。第二，这些改革的推进也是渐进的，政策制定者通过自身的经验掌握改革的节奏，所谓"摸着石头过河"。当然，这并不说明对这些改革展开系统的经济学研究不重要。如果没有理论和实证研究，一些问题也许不容易被揭示，比如从考前填报到考后填报的改革，表面上看，高考成绩更高的学生会录取到更好的学校，这似乎是一种改进，但这里没有考虑到平时成绩更好（或者能力更高）的学生也许未能受益。由于这一部分学生的数据很难被观察到，这个问题有可能被忽视。这种"唯分数论"的弊端其实已经被一些政策制定者和参与者观察到，中国高考制度中一度实施的保送生和自主招生等制度，某种程度上就是对这种偏误的纠正。无论如何，由于教育的长期影响通常是难以观察到的，对这些问题进行理论和实证分析不仅十分必要，甚至比在一些经济后果显著可见的领域来得更为重要。这些研究至少指出了潜在问题，在理论指导下，一些研究也给出了有针对性的经验性证据。这为政策制定者更好地了解改革的效果提供了更深入的洞察，对下一步如何改革提供了可能的方向。

我们接下来讨论高考制度改革中一个更受关注的话题，即高考科目的选择。从最早的文理分科、科目固定，经过反复尝试后，我国目前采取的是科目选考制度，允许考生在一定范围内选择科目。从改革的初衷看，科目选考制度旨在鼓励学生按照自己的特长和兴趣自由发展，不用牺牲时间为了高考去学习那些自己相对不太擅长或不喜欢的科目。但也必须注意到，在高考仍然以总分为主要标准的前提下，学生为了上更好的大学而"牺牲"兴趣也并非不可能。虽然一些专业规定了必须选考的科目，但毕竟高质量大学的数量极其有限，而大学专业相对众多，这种规定对学生填报志愿的影响也许仍然是有限的。这里，我们暂时假定不存在专业对选考科目可能施加的限制，大学（和专业）

录取仅考虑高考总分。由于不同学生选考了不同科目，而不同科目的考试成绩横向不可比，一般来说，都会根据考生在所考科目中取得成绩的百分位数对单门考试成绩进行"标准化"处理，再行加总。为此，我们假定学生的高考总分即等于他在选考科目中的百分位数之和。

我们用一个简单的例子来说明科目选考制度带来的问题。假设高考只涉及两个科目：科目1和科目2。对于一位典型考生，定义x_1为他在科目1上的能力（即假设所有考生都选考科目1，则该考生在科目1上的原始分数在考生总体中的分位数）。类似地，定义x_2为他在科目2上的能力。假设总共有质量为1的无穷多名考生，他们的能力(x_1,x_2)服从$[0,1]^2$上的均匀分布，考生在两个科目上的能力是独立的。每位考生需要在这两个科目中选择一科参加考试，高考成绩取决于该考生选考科目上的能力在所有选考该科目考生中的分位数。每位考生清楚自己的能力，并最大化其高考成绩。

该博弈的一个正常纳什均衡是：所有$x_1 > x_2$的考生选择科目1，所有$x_1 < x_2$的考生选择科目2，所有$x_1 = x_2$的考生随机地从科目1和科目2中选一科。也就是说，每一名考生都选择自己相对擅长的科目。这也是政策制定者的初衷。

然而，实际上可能的纳什均衡远不止于此。可以证明，对于任意$r \in (0, 1)$，以下策略组合构成一个纳什均衡：所有$x_1^{1/r} > x_2^{1/(1-r)}$的考生选择科目1，所有$x_1^{1/r} < x_2^{1/(1-r)}$的考生选择科目2，所有$x_1^{1/r} = x_2^{1/(1-r)}$的考生随机地从科目1和科目2中选一科。选考科目1的比例为r，由于r可以任意取值，因此均衡的个数为无穷多个。特别是，当$r \to 0$或∞时，在均衡下几乎所有人都选考科目2或科目1。由此造成科目选择的极大不平衡，很有可能背离了政策设计者的初衷。

这一结论可以用图7来演示，其中（a）为刚才所述的"正常"均衡，（b）所示是更一般的均衡。在这两个图中，浅灰色和深灰色均为选考科目2的学生，浅黑色和深黑色为选考科目1的学生。对于边际学生A，浅灰色（浅黑色）和深灰色（深黑色）分别对应在科目2（科目1）上的能力低于和高于自己的考生。从中可以看出，他在科目2和科目1上的选考学生中的能力分位数（即高考分数）是相同的，这只需要证明两种灰色的面积之比等于两种黑色的面积之比。与之相对照，在选考学生中，学生B在科目1上有"比较优势"，这只需要注意到他在科目1上的能力强于学生A，而在科目2上的能力等于学生A，而学生C在科目2上有"比较优势"。这里的关键是，如图7

(b) 这样的图形有很多个，因此，存在无穷多个多重均衡。

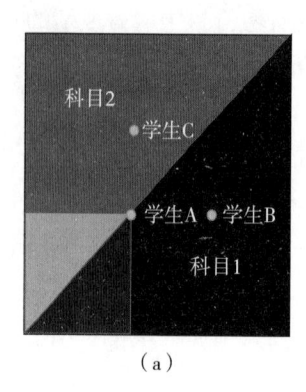

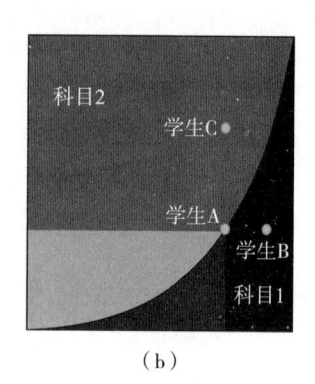

图7 科目选考机制：二选一的简单情形

为了防止出现科目选考极不平衡的均衡出现，一种办法是采取"科目选考保障机制"。这一机制设定了一个保障比例，当该科目实考人数占当年高考总实考人数的比例低于该保障比例时，则启动保障机制。具体操作是：人为添加分数低于实考最低分的"虚拟"考生，使总人数达到保障比例，以此提高原有实考考生的排名。在刚才的例子中，假定对某一个科目实施保障比例为 r。容易证明，此时纳什均衡下该科目的选考人数必然大于保障比例（从而使得保障机制并不会被使用）。

我们的文章（盛大林、吴星晔和钟笑寒，2024）进一步证明，当在超过2门科目中选择1门（即多选一）时，在关于分数的分布满足有界性的相对不太强的假设下，结论依然成立，即任何选考比例都可以成为纳什均衡。在选考科目为多门，即学生可以在 $n > m$ 门中选择 m 门时，结论稍微复杂一些。并非所有的选考比例都能成为纳什均衡，且分数分布要求更强的假设（"对称性"）。尽管如此，存在无穷多个纳什均衡的结论依然是成立的。此外，在有科目选考保障机制时，任何纳什均衡下都满足保障比例。

多重均衡的存在使得科目选考机制存在一些社会不合意的性质。科目选考机制并不尊重特长，即使考生甲在其最擅长的数门科目上的能力比乙在其最擅长的数门科目上的能力都更优，其高考分数也不一定高于乙。科目选考机制也不尊重改进，如果某复读考生在所有科目中的能力都提高了，其高考分数也不一定高于他在第一次考试中的分数。

我们的结论如下：科目选考机制的初衷是希望考生在中学阶段选择自己擅

长或感兴趣的科目进行学习，并参与相应科目的考试，而不必在自己不擅长或者不感兴趣的科目上花费太多时间。但由于一个学生在某一门科目上的成绩取决于他在这门科目上的排名，科目选择变成了一个博弈问题。如果学生预期某一门科目选考人数会很少，且集中在高能力的学生上，他可能就不愿意选择这门科目。这就导致了一种激励扭曲，使得各门科目的选考人数不平衡，或者说，不能反映每门科目真正擅长的学生的比例，导致最终的结果可能是社会不合意的。[20]

6. 学校与专业录取的协调机制

以上分析主要是针对大学而非专业录取，或者说，只考虑匹配对象是单一的大学或专业，没有考虑存在"双层"匹配对象。实际上，大学录取包含了大学和专业两个层次，大学中专业的选择也十分重要。现有的中国大学录取制度，一般来说是先选大学再选专业。也就是说，在大学录取过程中，仅看学生填报的大学，按既定的录取机制（如 IA-BOS 机制或 DA-GS 机制）先被大学录取，然后再根据该学生在该大学中选择的专业予以录取。为了防止学生所选专业均无法录取，学生可以选择在所选专业均被拒绝后，是否愿意被调剂到其他任何专业。

如果我们假定学生的偏好是基于（大学，专业）配对，这种大学先于专业的录取机制显然并不是对学生最优的稳定匹配机制，对学生最优的稳定匹配机制应该允许学生以（大学，专业）为单位来填报。例如志愿填报按其真实偏好填报为（清华物理，北大物理，清华经管，北大经管）。而在大学先于专业的录取机制下，只能填报为（清华物理，清华经管，北大物理，北大经管）。考生如果愿意为了能上北大物理进行一些策略性选择（当然带有赌博性质），他也可以填写为（清华物理，北大物理，北大经管）。这样的填报机制不一定是稳定的。在这个例子里，一个被清华经管录取的考生可能和北大物理专业构成阻遏匹配。只需要考虑有另一位考生，他的真实偏好为（北大经管，清华经管，北大物理，清华物理），但被北大物理录取。

---

[20] 现有分析假定了考生在能力既定相关下对考试科目"选考"，而现实中，竞争可能提前到高中生一进入高中就进行"选学"。这种提前选择有可能限制了多重均衡。考生可能在一开始（不得不）选学自己擅长的科目，而这样的选择又反过来限制了他在考试时的"投机"行为，这相当于启动了一种"承诺"机制。未来的研究需关注到这一点。

这个问题最显而易见的解决方法就是允许考生以（大学，专业）为最小单位进行填报，以改进考生的福利。然而，在现实中，这样的录取机制也存在一些弊病。首先，大学的质量是考生更为关心的，大学毕竟构成了学生大学学习的重要环境，专业的影响很可能是退居次位的。因此先大学后专业的录取机制大体上和考生偏好是一致的，尤其考虑到学生还可以在大学期间转换专业或者选修第二学位。其次，这样的灵活填报机制很可能形成大学内部不同专业之间学生质量的较大差别。这种大学内部的学生"不平等"可能对大学的公共教学和大学文化产生重大影响。再次，在以（大学，专业）为最小单位的录取机制下，大学必须要把录取名额分配到专业上，否则录取标准会变得不透明。而在以大学为单位的录取下，大学有比较大的余地在不同专业之间调剂录取名额，以便在保证总录取人数不变的前提下，照顾考生在不同专业之间的需求变动而调剂不同专业名额。

更一般地说，以专业为最小单位的录取和以大学为最小单位的录取有一些差别，这些差别在纯粹的匹配理论中可能会隐匿不发。很多时候，大学而非专业是大学录取市场上的参与者或博弈者。一方面，大学可以建立一定的协调机制在不同专业之间调整录取名额，而这在不同大学之间很难做到，将大学录取名额看成给定的比将专业录取名额看成给定的更为合理。另一方面，大学在最大化整体利益的时候，通常需要考虑在不同专业之间的名额配置，这种配置可能并不一定最大化各专业自己的效用。

我和盛大林、吴星晔（2019）合作的另一篇工作论文就分析了一种灵活配置专业名额的机制。该机制以（大学，专业）为最小的志愿填报单位，并基于经典的 DA-GS 机制进行录取，特殊之处在于允许大学根据学生填报的专业志愿在各专业间调整专业名额。

该机制运作如下。

第一步：随机选择一个在市场上的学生，该学生填报他最为偏好的、尚未提交过的大学 - 专业志愿。

第二步：如果该生填报的大学 - 专业认为该生不可接受，回到第一步。否则，该大学 - 专业"预录取"该生。

第三步：如果该大学 - 专业超过了最大可录取的人数，立即被认为"过度录取"（Oversized）。否则，大学根据自己既定的标准（可称为过度录取函数）判断哪个专业"过度录取"。被判断为过度录取的专业，从其预录取的学生中选择优先序最低的学生予以拒绝。如果没有专业过度录取，暂时不拒绝任何学生。回到第一步。

......

如果所有学生都被预录取，或者（某些）学生填报了所有可接受的大学－专业，则算法结束。

我们把这一算法称为具有过度录取函数的 DA-GS 算法，简称 DAO（即 Deferred Acceptance with Oversized Functions）。算法的关键是第三步，或者说是过度录取函数的设定。过度录取函数实际上体现了大学的"意志"（即偏好）。在传统的 DA-GS 算法下，每个专业录取名额固定，则当学生填报某个大学－专业时，除了他填报的专业，不会有其他专业的学生会被拒绝。但这个过度录取函数具有了从任何其他专业拒绝学生的权力。我们设定过度录取函数具有如下性质。

性质 1（总名额限制原则）：过度录取函数选择不为空，当且仅当学校持有的学生志愿个数大于学校的容量（即学校在没有达到容量限制时，不存在过度录取）。

性质 2（专业保留原则）：如果某个存在的专业尚未预录取任何学生，不认为其过度录取（否则相当于该专业不存在或已关闭）。

性质 3（有限可替代原则）：假定某个专业在大学持有的某个大学－专业学生预录取集合时被认为过度录取了。现在考虑在这个集合中，又有一个专业（可以是该专业或其他专业）接受了一个学生，则过度录取的专业必然是这两个专业之一。

首先，请注意，既然我们将它称为过度录取函数，则意味着该函数对于一个给定的大学－专业录取学生集合，它最多只能认定一个专业过度录取（即函数的"单值性"）。当然，如果从该过度录取专业中减少一名学生，在余下的大学－专业学生集合中，仍然可以存在过度录取的专业。因此，过度录取函数指出的是最应该或最优先被认定为过度录取的专业。其次，请注意，过度录取函数并不考虑每个专业录取的学生具体是谁，它的输入变量只是各个专业录取的人数。当某个专业被认定为过度录取时，拒绝哪个学生由专业自行决定。

在上述三个性质中，前两个性质都非常容易理解。第三个性质说明，当某个专业录取人数增加时，可能将其他专业优先认定为过度录取的专业，即存在不同专业之间名额调剂的可能。但这种名额调剂也是有限制的，我们只能在"曾经"被认定为过度录取的专业中进行选择。

例 6.1。考虑学校有 M 个专业 $\{m_i | i = 1,2\cdots,M\}$。每个专业有相同的录取上限 $k_i = k$，学校有总的名额限制 $K < M \times k$。

判断过度录取规则如下，当各专业录取人数之和大于 K 时：

（1）当各专业录取人数不相等时，录取人数最多的为过度录取。

（2）当根据第（1）条不能判断唯一的过度录取专业时，按如下顺序在录取人数最多的若干专业中判断过度录取专业，当且仅当 $j > i$，m_j 优先于 m_i 被认定为过度录取专业。

可以分析得出，这个录取规则满足上述三个性质。性质 1 自然满足，性质 2 也很容易被证明是满足的，这里着重考虑性质 3。假定某个专业 m_i 被认定为过度录取了，它要么是录取人数最多的专业，要么是录取人数最多的专业中编号 i 最大的。

现在考虑某一个专业 m_j 增加一个学生，若 $i = j$，即增加的学生来自同一个专业，则过度录取专业必然为该专业，因为它现在是唯一的人数最多的专业。若 $i \neq j$，则分以下几种情况。

情况 1：若 m_i 是上一轮中录取人数最多的专业，而 m_j 在上一轮也属于录取人数最多的专业（和 m_i 录取了同样多人），则在此轮中，m_j 被判定为过度录取专业，因为它是唯一的录取人数最多的专业。

情况 2：若 m_i 是上一轮中录取人数最多的专业，m_j 在上一轮不属于录取人数最多的专业，但只比 m_i 少录取了 1 人，则在此轮中，（1）若 $i < j$，则 m_j 被判定为过度录取专业；（2）若 $i > j$，则 m_i 被判定为过度录取专业。

情况 3：若 m_i 是上一轮中录取人数最多的专业，m_j 在上一轮不属于录取人数最多的专业，且比 m_i 少录取了至少 2 人，则在此轮中，m_i 被判定为过度录取专业。

当我们使用过度录取函数并使用 DA-GS 机制进行录取（即 DAO 机制）时，过度录取函数相当于按如下方法"分解"专业的席位数：每个专业有一些计划席位（Planned Seats）和一些剩余席位（Spare Seats）。计划席位数是某个专业永远不会被认定为过度录取的最大可录取学生人数，而该专业最终可以录取的超过计划席位数（但不超过其最大容量）的人数称为剩余席位数。

在使用 DA-GS 机制进行录取时，一旦出现所有专业录取人数大于大学录取名额限制时，需要考虑从哪个专业开始拒绝学生。此时，过度录取函数等价于为每个专业的剩余席位逐个进行排序，直至达到该专业的最大容量。例如，剩余席位中最优先的是物理的 2 个席位，其次是经管的 1 个席位，然后是数学的 1 个席位，再然后是物理的 1 个席位，等等。学校将从占据剩余席位的专业按剩余席位优先序选择最靠后的专业，要求该专业拒绝 1 名学生。

例 6.1（重新考察）。令 $p = \left[\dfrac{K}{M}\right]$。其中 $[\cdot]$ 表示取整。

则各专业的计划席位数为：若 $i \leqslant K - p \times M$，则计划席位数为 $p + 1$；否则为 p。

设 $i' = K - p \times M$，则剩余席位数按优先级从高到低排序为：

$(m_{i'+1}, p+1), \cdots, (m_M, p+1), (m_1, p+2), \cdots, (m_M, p+2), (m_1, p+3), \cdots$

也就是说，按照专业的优先序（即编号从小到大）排序，且每个专业每次只能占据一个优先序，以此循环直到达到该专业的最大录取人数。

可以证明，带有过度录取函数的 DA-GS 机制（DAO），或者说，每个专业规定有计划席位和剩余席位下的 DA-GS 机制，导致的匹配结果是稳定的。这里的稳定匹配定义为不存在"合理的嫉妒"。而"合理的嫉妒"定义为：存在一个学生 s 喜欢另一个大学专业组合 (c, m)，且学生 s 是 (c, m) 可以接受的学生，要么（1）存在另一个学生 s'，对 (c, m) 来说，优先序低于 s，但被 (c, m) 录取，要么（2）大学 c 的录取名额虽然已满，但对 m 来说，如果再录取一个学生，不会被认定为过度录取。

不仅如此，带有过度录取函数的 DA-GS 机制（DAO）还是对学生最优的稳定匹配。为了证明这一点，我们可以定义大学的选择函数（Choice Function）。这个选择函数的输入是一所大学和专业即 (s, m) 的集合，其中任何一个学生填报该大学的一个专业，即 (s, m)，都可以被称为一份合同，输出是大学选择的合同子集。

大学选择合同的规则如下：

（1）每个专业考虑与之相关的合同，对于可接受的学生，按照专业优先序进行选择，直到所有的计划席位都被用完。

（2）如果大学还有未用完的计划席位数（从而大学总体配额未用完），让剩余席位根据其优先序依次从剩余合同中进行选择，直到大学总体配额用完。

可以证明，这个选择函数符合可替代性和总需求定律（定义见本文第1.2.5节）。根据已有文献的研究结果（例如 Hatfield and Milgrom，2005），在满足这两个性质的选择函数下，可以证明，学生提议的 DAO 机制是对学生最优的匹配机制。更进一步，可以证明这一机制带来的匹配结果还满足无浪费（Non-wastefulness）、集体抗操纵（Group Strategy-proof）、尊重学生优先序提高等性质。最重要的是，我们可以证明，这个机制一定比仅有固定专业名额的 DA-GS 机制对所有学生都更好。

7. 一个有趣的视角：用市场观点研究大学录取

虽然"匹配市场"（Matching Market）这一用语在不严格的意义上被广泛使用，但实际上，经济学家很难用通常分析市场的方法来分析匹配问题。表面上看，我们在上文的分析基本上和市场分析方法"风马牛不相及"，但仔细思考一下，两类问题不无相似之处，它们都是在寻求需求者（例如学生）和供给者（例如大学）的合理"匹配"。这里的关键区别有两点：第一，匹配理论一般假定参与者交易的"合同"都是离散可数的（最少可以只有一个），可以采用"离散"算法（即每个需求者和每个供给者之间就每一份合同进行"试探"性谈判）来寻求稳定或均衡，而经典的市场模型都是基于连续的消费数量。第二，市场交易赖以进行的价格在匹配理论中很难找到对应物（注意不是价格本身，因为匹配不存在货币转移支付），这大致是因为，匹配理论对应的消费者和供给者都是高度异质化的。

但这种区别不是绝对的。如果能够建立二者之间的桥梁，对我们分析问题也是有帮助的。例如，我们可以采取传统的基于价格的一些理论和方法，例如产业组织理论，对匹配问题进行研究。阿塞韦多和合作者（Azevedo and Leshino，2016）在发表于《政治经济学》杂志的文章和其他一系列文章中，探索了打通匹配理论与市场理论的一个分析框架。在他们的模型中，假定大学仍然是有限可数的，但学生是一个连续统。每个学生只能上一所大学，但大学可以录取一定"质量"（即连续数量）的学生。更进一步，也很关键的是，假定大学对学生的偏好序是基于学生的"指标"（Index），例如高考成绩。但与高考制度不同的一点是，虽然同一所大学只能采取单一指标，但不同的大学可以采取不同的指标。比如理工科大学和文科大学可以考察学生不同考试科目组合的成绩。

我们假定每个大学设立了一条"分数线",即被录取学生必须达到的指标值,那么对某一所大学的需求就可以定义为一个学生群体的数量,其中每一个学生都满足:(1)达到了该大学的分数线;(2)在该学生的分数达到其分数线的所有大学(即"够格"的大学)中,该大学是他们最喜欢的。这个定义类似于经典市场理论中强调的需求量是消费者愿意且能够购买的数量。市场均衡被定义为一组分数线,每所大学对应其中一个分数线,使得对每个学校的需求等于每个大学的供给(即录取名额)。可以证明,在极为一般的条件下,这一组分数线是唯一的,同时对应着唯一的稳定匹配均衡。[21]

这一分析框架建立了匹配理论和(不完全竞争)市场的联系:市场上有"海量"消费者,消费者基于自身偏好和禀赋约束进行最优选择。这里的禀赋约束就是其指标或考试分数。企业有一定的垄断力量,通过数量竞争(即确定录取名额)来决定市场均衡结果。在均衡下,每个企业确定的供给都等于需求。请注意,这个分析框架并未对大学如何确定其录取名额进行明确建模。对此需要根据具体问题,在特定的假设下进行建模。

我与(前)同事白亚苹(Alexander White),两位(前)学生高欣弘、黄云昊(Gao et al., 2023)合作完成的一篇工作论文利用阿塞韦多及其合作者的框架研究了北京大学和清华大学在高考录取中的"双头"竞争。我们假定两校处于一个相对封闭的市场,通过在不同专业和地区之间配置录取名额以最大化学校的整体利益。这一想法和我们在本文第6节提到的大学在不同专业之间协调录取名额的想法是一脉相承的。我们设定大学的录取目标是最大化利润,即收益和成本之差,其中收益定义为录取学生的总质量(或高考总分),成本被设定为每增加一名学生学校增加的固定边际成本。此外,这里每所大学的录取指标是一致的,即都是同一次高考的总分。

该模型产生了一些有趣的预测结果。首先,当某所大学(或专业、地区)的录取名额增加时,所有大学(或专业、地区)的录取分数线都会下降。这是因为每个学生只能上一所大学,总需求相对固定,而每所大学又都是替代

---

[21] 稳定匹配的唯一性证明如下:首先,经典的匹配理论表明存在一组最低(即对学生最有利)和最高(即对学生最不利)的稳定匹配。其次,乡村医院定理表明,在所有稳定匹配中被录取的学生是同一个群体,即所有学校总需求量不变。最后,需求曲线必定是向下倾斜的(即分数线越低,需求量必定上升)。这就意味着最低和最高分数线必定相等,否则总需求量不会不变。

品，任何一所大学的分数线（价格）下降都会减少其他大学的需求，进而推动其他大学的分数线下降。

其次，大学倾向于把录取名额分配给更流行（在学生偏好序中靠前）的专业，以及相对更喜欢的地区。显然，这样的专业有助于大学吸引高质量学生，提高大学收益。

再次，根据这两个分析，我们还能够证明一个有趣的统计上可检验的结论，即大学倾向于把录取名额在不同专业和地区之间配置，以至于同一所大学内部不同地区和不同专业之间的分数线趋于相等。

我们利用手动采集的两所大学不同地区和专业 2011—2015 年录取的面板数据，检验了上述结论。我们发现，任何一所大学录取总名额的增加，都显著降低了全部两所大学的分数线，其中北京大学减少录取名额对清华大学分数线的影响更大。这可能是因为北京大学在和清华大学有竞争关系的专业中处于更"上游"（即学生更偏好）的位置。我们发现，两所大学跨专业和地区的录取名额变异系数（衡量录取名额在不同地区和专业的分散度）显著大于跨地区和专业的录取分数线分散度。以专业录取名额和分数线为例，图 8 显示了两所大学在若干专业大类的录取名额，图 9 显示了两所大学在这些专业上的分数线。对比这两个图，不难看出大学似乎在竭尽全力调整专业之间的录取名额，以平均化不同专业的分数线。

我们还发现，如果某一地区上一年的分数线上升，则该地区当年的录取名额会增加。这可能意味着大学通过观察上一年的分数线来判断（可能变化的）地区偏好。分数线上升被解读为大学在该地区更受欢迎。此外，给定其他条件不变，如果对方大学上一年某地区的分数线上升，则本大学在该地区的录取名额下降。但在专业名额分配上，我们没有发现类似的明显特征。这可能是因为专业名额在当年甚至在录取过程中就可以灵活调整，因此对过去一年的分数线的决策依赖度已经很低。这些结论都和理论模型的预测是一致的。

8. 高考制度的匹配效果如何？更多的实证研究

匹配理论对实证研究提出了可以探讨的新问题，也对解决这些问题提出了新的计量方法挑战。传统的微观计量经济学通常以个体（消费者或企业）为研究对象，探究个体行为如何受到外在因素（包括政策因素）的影响。而匹配理论的研究对象是"双主体"，即匹配对，匹配结果的改变可能受到双方行

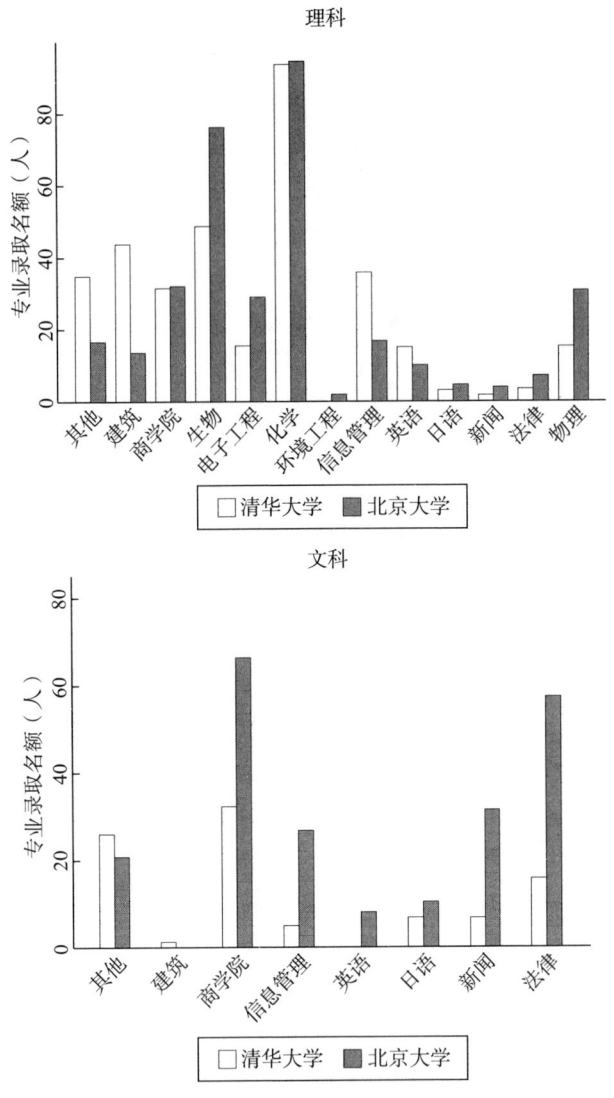

图8　清华大学与北京大学的专业录取名额（2011—2015年平均）

为改变的影响。此外，研究者除了关注个体的匹配结果，还关心整个"市场"的匹配结果，这有点类似于产业组织经济学中对行业特征或市场福利的关注，比如关注产业集中度、产品多样性等，但匹配关注的稳定性特征提出了一个有待解决的特殊问题。

这里，有必要提到应用计量方法中常常用到的简约式（Reduced Form）估计和结构式（Structural Form）估计两种方法。所谓简约式，就是直接验证政

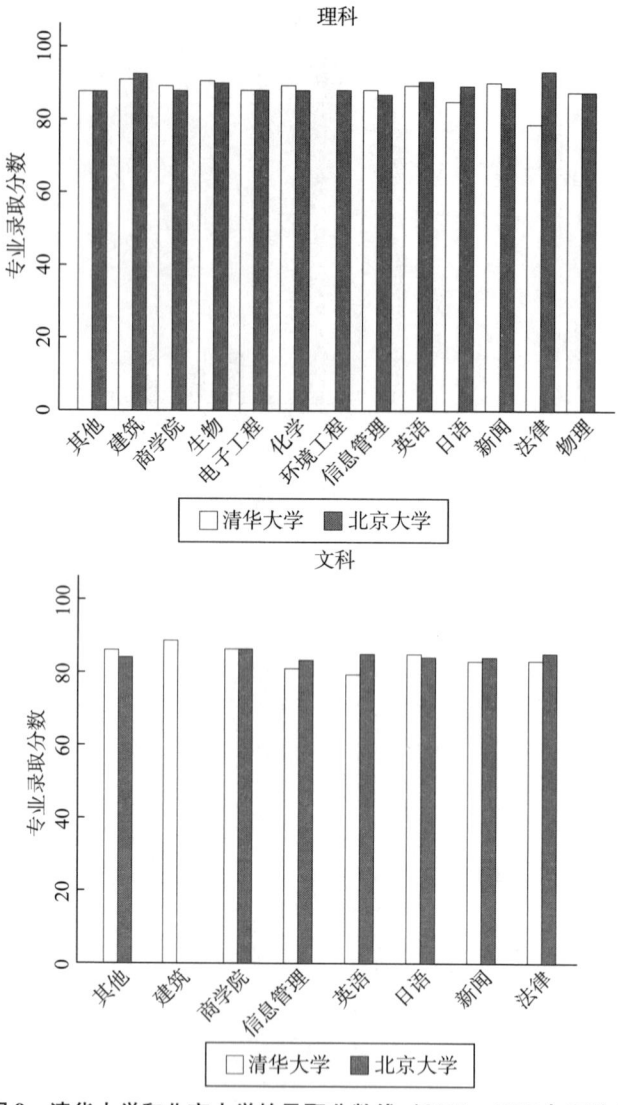

图9 清华大学和北京大学的录取分数线（2011—2015年平均）

策对可观察的行为影响，并不关注行为背后更根本的动机。在大学录取中，我们观察到许多政策变化，比如从考前填报到考后填报、从无平行志愿到平行志愿、从统一科目到可选科目等一系列改革，我们可以通过一些自然实验的方法（比如工具变量法、固定效应模型、倍差法、断点回归法、倾向得分匹配法等）研究这些政策对学生志愿填报行为以及匹配结果的影响。本文之前提到的我和吴斌珍的两项研究（Wu and Zhong，2014；吴斌珍和钟笑寒，2014）就属于此类方法。这一方法的特点是简单明了，不需要借助太多的假设，依据数据构造出满足自然实验条件的识别策略并构造相应的计量模型，就可以得出结论。比如，考前填报相对于考后填报而言，是否高能力考生更容易上好大学，女性是不是在考后填报机制下能上更好的大学，等等。

这一类方法的缺陷是，由于没有识别出行为背后的动机（例如偏好），研究者对这些政策的理解是十分有限的。这个缺陷对匹配问题的研究来说可能是致命的。这是因为匹配结果的稳定性要求我们对学生的偏好有所了解，否则我们就无从知晓匹配结果是否稳定（或者更一般的情况，匹配的公平性或匹配质量）。很多时候，在简约式计量回归中，我们不能不依赖于一些间接的指标来判断匹配的稳定性。比如，在我和吴斌珍（2014）的研究中，我们选取了一所顶级大学顶级学院的录取结果来推断整体匹配的稳定性，隐含的假设是几乎所有考生都最偏好这样的学院，如果这所学校录取质量下降，就认为是出现了低能力学生的高就。在第3.4.3节中，陈岩和凯斯滕（2017）为了分析平行志愿的影响，也不得不借助于第一志愿录取率、本地大学录取率、提交志愿表长度等间接衡量指标，推断匹配的稳定性是否提高。简约式分析还有一个缺陷，我们只能分析观察到的政策对行为者的影响，而如果政策有变化甚至仅有微小的改变（即在"反事实"情形），我们都难以推断行为者将如何行事。举例来说，我们可能会观察到实行"第一志愿平行、平行学校为3所"的政策后果，但很难据此来推断"所有志愿平行、平行学校为5所"的政策后果，因为简单的线性外推未必是正确的，也许前一项政策（"小平行"）已经足够好到接近于完美的稳定匹配。

因此，在很多情况下就有必要使用结构式估计方法。结构式估计方法通过观察到的数据推断行为者（包括学校和学生）的偏好，从而更透彻地了解行为者不变的动机。这样，就可以构造任意"反事实"的匹配机制，让行为者在"假想"的机制下进行选择，从而观察各种政策的匹配后果。其优势在于，一旦估计出偏好，理论上可以进行任何政策实验。当然，这个方法也并非没有缺陷，为了估计基本参数，需要做出一些更为特殊的假定，一些假定也许对结果较为敏感。这是使用中需要特别注意的。

以下我结合自己的另外三个研究实例来阐述匹配理论对大学录取的实证研究都提出了什么问题，我们采用了什么方法，又有什么样的缺陷，方便读者更为深入地理解。

8.1 IA-BOS 机制下的策略性填报行为及其后果

我和吴斌珍（2020）发表的一篇论文研究了在中国大学录取中长期实行的 IA-BOS 机制。我们分析了不同学生群体的填报行为和相应的匹配结果，重点关注了他们第一志愿的填报大学。主要发现是：女生比男生更倾向于"低报"第一志愿，即更可能填报比自己能够上的最好大学更差的大学，从而导致"低就"（被这些更差的大学录取），但好处是，她们的录取率高于男生，即通过选择更容易上的大学换取了更高的录取可能性，这可以用文献中论及的女性更高的风险回避程度来解释。与城市学生相比，农村学生更倾向于"低报"第一志愿，但并未能获得更高的录取率，并且更容易"低就"，这可以用他们的信息劣势来解释。最后，少数民族学生享受到了更高的第一志愿录取率，被录取到了更好的大学，不过，他们并不像女生那样通过低报第一志愿来做到这一点，这可以用少数民族享受的优惠政策来解释。

这是一篇采取简约式估计方法的论文。为了判断匹配结果的稳定性，即不同个体是否匹配到了稳定匹配下对应的大学，我们采取了一个变通办法。因为中国的大学质量有明显差异，我们假定所有学生对大学质量的判断都遵循同样的标准，并基于此确定自己的偏好。我们采取了三种大学排序的方法：第一，按录取批次把大学分为三档（本科第一批、本科第二批、专科批），越靠前的档次越受学生偏好；第二，按照公认的大学质量排序标准（C9、985、211 等）把大学分为七档；第三，考虑大学录取分数线的高低，分数线越高就认为大学质量更高。在三种排序方法中，越靠后的方法可以得到颗粒度更小的度量，但未必是更好的度量，这里的关键是，并非所有学生都认同上述三个标准代表了自己的偏好，而越精确的度量反而更有可能得出更有偏的偏好估计。

我们采取 DA-GS 算法，根据每个学生的高考成绩和排名，模拟稳定匹配下他（她）能上的大学档次，然后和其实际上的大学档次对比，据此判断其是否得到了稳定匹配，以及如果没有得到，是"高就"还是"低就"。采用类似的方法，我们也可以判断他（她）填报的第一志愿的大学是否是稳定匹配下的大学，从而判断他（她）是"低报"还是"高报"。[22] 通过将这些指标作

---

[22] 该文章的理论分析表明，在纳什均衡下，所有学生都应将其稳定匹配下的大学填报为第一志愿，只要大学是"稀缺"（或称过度需求）的。参见本文第 3.2 节。

为被解释变量，和他们的群体特征（性别、城乡、民族）进行回归，并得出结论。这一研究从极其微观的层面分析了在 IA-BOS 机制下学生的现实行为，提出风险偏好、信息和政策本身都可以影响到匹配结果，使之偏离均衡，或者实现并不完全社会合意的结果。

8.2 不稳定匹配的效率后果

我和祝林（Zhong and Zhu，2021）的一项研究分析了大学录取中不稳定匹配的后果。虽然一般来说，人们笃信学习能力越好的学生应该上越好的大学，尤其是在中国，但这样的匹配是否一定是有效率的，仍有待实证检验。在这项研究中，我们把效率简单看成是全体学生大学回报率的总和（或者说，给定大学生数量下的平均回报率），平均回报率越高则匹配越有效率。我们选取了一个"外生给定"的学生偏好。我们简单地将所有大学通过是否为 985 或 211 进行划分，且认为学生总是偏好 985 大学或 211 大学。我们仍然采取 DA-GS 算法对所有学生"重新排序"，区分出四类学生：应该上 985（或 211）大学且也上了的，即稳定（或公平）匹配的"好"学生，应该上 985 大学但没有上的"低就"的"好"学生，以及稳定匹配的"差"学生、"高就"的"差"学生。其中第 2 类、第 4 类学生即错误配置的学生。我们试图回答的问题是：相对于稳定匹配，观察到的存在错误匹配的结果整体上是提高了还是降低了大学生接受大学教育的回报率？

这个问题的答案取决于大学质量和学生能力是互补的还是替代的。如果是互补的，则更高能力的学生应该上更好的大学，错误匹配降低了大学教育的整体回报率。反之，则更高能力的学生应该上更差的大学，至少边际上如此。采用清华大学中国社会经济数据中心收集的大学生就业追踪调查（CCSS）数据，我们可以观察到有代表性抽样的学生大学毕业后起薪以及大学期间的表现。为了检验大学质量和学生能力是否互补，我们在工资的回归方程中引入大学质量（即是否为 985 或 211 大学）和学生能力（即高考分数是否能够上 985 或 211 大学）的交叉项。

为了提高识别的精度，除了采取普通最小二乘法（OLS），我们还采取了断点回归的方法，识别在 985 大学或 211 大学断点附近重新配置学生（即从错误匹配修正为稳定匹配）带来的局部效果。相对于 OLS，断点回归的方法虽然只能识别在断点附近重新配置学生的局部效果。但解决了 OLS 方法仅把大学区分为985大学或211大学而认为组内都是同质大学可能忽略的大学异质性问题。我们惊讶地发现，无论采取OLS或断点回归的方法，错误匹配相对于公平匹配而言，都提高了大学的平均工资回报率。

我们进一步通过分析学生在大学期间的表现，探讨了出现这一结果可能的渠道。错误匹配提高了大学生在英语技能、领导力（即担任学生干部）、学习双学位方面的人力资本积累，但没有提高平均的学分绩。这意味着错误配置有可能通过鼓励学生在大学期间从事多样化的人力资本投资而不是同质化竞争来提高了他们的人力资本积累，学生做出这样的选择，是因为错误配置使得同一所大学录取的学生更加异质化，学生在单纯的学业能力上差距更大，反而鼓励他们规避学业上的竞争，按照个人特长进行发展。但请注意，在我们的回归中，无论是OLS还是断点回归，出现错误配置的学生都不是多数（大约为全体学生的12%～14%），且一般来说都是靠近断点附近的学生，因此将这个结果解释为靠近断点的少量学生重新配置的结果更加可靠，而不应该解释为将全体学生都进行重新配置。

8.3　提升大学录取的公平性：偏好估计与政策干预

中国大学录取机制的公平性得到了广泛认可，考生都要通过全国统一考试，按分数高低予以录取。同时，高能力（一般体现为高分）考生上更好的大学，也是一个普遍接受的标准。我和刁成蕾、刘晨源的一篇工作论文（Diao、Liu and Zhong，2023）探讨了这一制度下不公平性的可能来源和政策干预效果。

这是一篇采取结构化估计方法的论文。我们依据阿塞韦多及合作者的模型，通过可观察到的各个大学的分数线识别学生的偏好。在匹配结果稳定的假定下，每个学生都在"够格"的大学中选择了他最偏好的；而每个学生够格的大学，即其选择集合，可以通过对比他取得的高考分数和各个大学的分数线得到，凡是分数线低于该生高考分数的大学就是其选择集合中的学校。通过使用离散选择模型，我们可以估计学生对大学的不同特征即大学质量（用大学排名衡量）、地理位置（是否本地大学、离家距离）和学费等的偏好。

我们着重探讨了两类因素对匹配结果的影响。一是学生对于大学的异质性偏好，即除大学质量之外，学生对大学其他特征的偏好。这些偏好很有可能依据学生的社会经济特征不同而不同，从而迫使学生偏离对高质量大学的偏好，选择离家近或者学费低的大学。二是目前大学录取制度中实施的分省配额制。一些研究发现，在大学给不同省份分配名额时，通常倾向于给本省或者发达地区分配更多名额。

我们发现，确实有足够的证据说明，并非高能力（高分数）学生一定上了高质量的大学，即存在对人们普遍认同的公平性的偏离。这种偏离可能来自上述两种原因，即学生的异质性偏好和大学分配的地区名额。为了区分这两种原因的影响，我们采取了反事实检验的方法，即考虑如下两种情形下匹配结果对正向匹配（即高能力学生上高质量大学）的偏离。情形 1 是假定学生只偏好高质量大学，即去掉非大学质量的大学特征对偏好的影响；情形 2 是假定大学名额可在地区间自由调剂，大学总是选择录取（按照一定办法调整后的跨地区可比的）高考成绩更高的学生。我们发现，在情形 2 下的匹配结果更接近完美正向匹配。情形 1（即偏好异质性）虽然也有不可忽视的影响，但影响程度小于地区名额。这就表明，地区名额限制是导致当前中国大学录取制度偏离正向匹配结果较大的一个因素。

当然，落实到具体政策层面，我们需要相当慎重。地区名额的长期实施，无论是大学为了平衡地方利益，还是地方政府为了通过大学来吸引人才，都存在既得利益问题，也有一定的合理性。也许更好的办法是，采取本文在第 6 节提出的固定名额（计划席位）加调剂名额（剩余席位）的方式，在保证地方利益基本不受损失的基础上，试行少量的灵活地区名额制度。

9. 结论与未来研究展望

9.1 认识市场与政府作用的新视角

经济学是一门研究稀缺资源如何配置的学问。传统的经济学认为，市场是资源配置的基本方式，同时政府可以改进市场的结果。匹配理论在我们重新认识政府和市场两个方面都给予经济学研究者和政策制定者以重要的启示。

在传统经济学中，市场是一个以价格为调节机制的买卖双方交易的制度安排。这一理论以竞争性市场为分析的前提条件，以保证市场中的行为者都是价格接受者，从而得到市场有效率的结论。其政策含义也是相当清晰的，即努力使市场运行的结果接近于竞争性市场。政府的作用，例如保护产权、征收污染税、反垄断政策、强制性信息披露等只不过是为了尽可能恢复经济的完全竞争市场特性。

这一理论至少存在两个被忽视的问题。第一，竞争性市场的假设过于严苛，甚至可以说是自我矛盾的。该理论要求经济中每个市场（即每一类物品的买者和卖者）都是完全竞争的，这又提出了两个要求：一是该市场上交易的物品是同质的，二是有无数的买者和卖者。而在现实中，如果我们将物品限制在完全相同的极为细致的分类之下，甚至交易的时间和地点都不能有差异，显然无法保证这个市场有无数的买者和卖者；或者相反，我们要求市场足够"厚"，有无穷多的买者和卖者，这也就意味着物品之间至少存在一定的异质性（在可替代的范围内）。

而匹配理论恰好是基于物品的异质性提出的一系列理论。我们在文中一开始的婚姻匹配中就明确指出，婚姻市场上男性和女性的异质性是这一理论的重要前提。可以说，在这一点上，匹配理论与竞争性市场理论是"反其道而行之"。匹配理论证明，在一定条件下（例如可替代性），在异质性物品的市场上，照样可以定义社会合意的交易结果，例如稳定性，甚至帕累托最优、核等，并且通过合适的算法找到这样的结果。值得注意的是，虽然匹配理论有时候不允许价格机制的存在（并非总是如此，参见本文第1.3节），但它仍然是一种以交易者自愿谈判并达成交易为基础的市场机制。因此，可以说匹配理论一方面极大意义上扩展了传统的微观经济学理论，同时也继续支撑了市场是解决稀缺资源配置的好方式这一核心的经济学思想。

匹配理论也有其自身局限性。匹配理论本质上是一种局部均衡的模型。离开了普遍的价格机制，市场之间的关联难以打通，整个经济系统达到帕累托最优几乎是不可能的。换句话说，我们不能期待一个完全脱离价格机制的经济体（更不用说计划经济）能够解决全社会的资源配置问题。价格机制和传统的市场理论依然是更基本的理论基石，而匹配理论对解决局部市场的、非价格机制的、具有一定异质性的资源配置问题可以发挥作用，它构成对传统价格机制的重要补充。

传统市场理论忽视的第二个问题就是经济中存在一些非价格的资源配置机制。经济中为什么需要一些非价格机制？为什么金钱不能买到所有东西？其中很重要的一点就是为了解决市场机制带来的一些分配不公正的问题。试想，如果世界上所有东西都能够且只能用金钱购买，例如，一个上好大学的机会、一个保证温饱的生活状态、一个基本健康的身体，甚至一个安全或清洁的环境，那么这个社会是否有公正可言？正因为公正是人类社会追求的目标之一，我们会在公平或公正特别被看重的至少一些领域避免受到"金钱"的干扰，宁可采取相对隔绝的非价格机制。[23] 而匹配机制就是非价格机制中强有力的一个。

教育就是这样一个领域。一方面，大学教育市场上的学生和大学都具有典型的异质性。如果说中学教育多少还有同质性的话，大学教育由于主要是职业教育，并且以培养社会的高技能人才为目的，因此不同天赋和才能的学生与不同质量和特色的大学的匹配，就是一个典型的匹配问题。另一方面，教育和大学教育的目的之一是促进社会公平，大学是不能用金钱来购买的。因此国家普遍实行义务教育，并在上大学这个阶段，通过考试这种"优绩主义"的方法来配置资源。总的来说，人们在接受教育的潜力上的差异，远远低于人们在财富上的差异。教育有助于纠正财富不平等带来的人的不平等，甚至有可能提高效率，因为人的能力和财富水平可能不是完全正相关的。

匹配理论也为经济学走向工程化提供了用武之地。现在，经济学作为一门科学的想法已经逐渐被人们接受。但对于经济学是否可以"工程化"，经济学家也存在疑虑。实际上，从经济学的立论基础来看，它本质上是反对工程化的。因为它的核心思想是强调市场的自发调节，政府的作用被限定在有限的范围内，政策更多时候是基于市场的政策，例如污染税与污染许可证、对垄断者的规制、强制性信息披露等。对于政府直接介入资源的分配，或者说"市场设计"，经济学持一种天然的怀疑态度。

匹配理论或者说更为广泛的市场设计理论（一般来说包含匹配理论、拍卖理论，也包括双边平台和电子商务的一些理论），进一步强调了对市场进行建构的重要性。正如阿尔文·罗斯（2002）在其名为《作为工程师的经济学家》的文章中，针对传统经济学研究的弊端指出的："最大的教训是，（市场）设计是重要的，因为市场不总是像野草一样（自由）生长，有时候它们更像温室里的花朵。"作为公共品的"唯一"提供者和亚当·斯密提出的市场的"守夜人"，政府对确保和改进市场的良好运行都负有不可推卸的

---

[23] 传统的市场理论还在一定意义上忽视了市场交易的复杂性，例如在无限频谱的交易，以及市场短暂的不均衡可能带来的致命后果，例如在电力市场、股票市场。因此，价格机制必须辅以必要的数量调节或其他协调机制，并需要政府的监管。这些分析因为与大学录取问题关联不大，本文不加以讨论。可参见米尔格罗姆的著作《价格的发现》（Milgrom, 2017）。

责任。只不过，市场的定义被扩大了，既包括价格机制，也包括非价格机制和数量调节机制，既包括传统意义上的产业经济，也不得不涉及教育、医疗、环境等关系公民广泛利益的社会公共事业。典型的例子包括：电力市场设计、高考制度设计、医疗保险制度的设计、碳税和碳交易市场的设计，以及对平台经济交易规则的干预，对股票市场（例如量化交易）规则的干预等。

总的来看，匹配或市场设计理论一方面为政府干预经济提供了新的理论支撑；另一方面也要求政府在产业政策和市场规制政策制定等方面，更加科学，更加依赖经济学和其他学科提供的科学化和工程化方法。我们常说，改革进入了"深水区"，这个"深"字，意味着我们单纯依靠经济学理念或者借鉴一些现成的经验，已经无法解决所有的问题，而必须在改革的理论基础上、方法基础上、实证检验上更加借助于经济学和其他学科，具体问题具体分析，用一种工程师的严谨、中立和细致来解决改革中不断出现的难题。仍然引用罗斯在那篇著名文章中的一句话："市场设计涉及对细节的关注，这对于处理市场所有的复杂性提出了要求，而不仅仅是关注其原理性特征……市场设计要求一种工程化方法。"正是基于这样的思考，我在一篇题为《为什么我们仍然需要经济学家》的演讲中，提出了经济学家依然发挥作用的三个方面：作为思想家，作为科学家，最后，作为工程师。

9.2 未来研究展望

利用匹配理论研究大学录取制度（特别是中国的高考制度）未来可以在多个方面展开。

首先，是更好地理解对不同匹配机制和高考制度下人的行为。这又分为两个方面，一是学生的行为。从我们的分析中已经看出，在高考志愿填报这一存在无数学生、大学和专业的巨大匹配系统下，无论是 DA-GS 机制（第 3.1 节）还是 IA-BOS 机制，在实践中都缺乏现实可操作性：我们不能像 DA-GS 机制那样要求学生对所有的大学和专业完整排序，也不能像 IA-BOS 机制那样要求学生准确知道自己稳定匹配的大学并采取"均衡"策略。而对于这些机制的一些变通，比如限制志愿填报个数、分批次录取，由于多重均衡的存在，并非完美机制甚至也未必改进了匹配。由于人的认知局限和其他非理性因素，以及信息获取成本乃至申请成本（包括金钱和非金钱成本），对什么机制最优的回答很大程度上依赖于实验和实证数据的检验[24]，这也是罗斯强调的经济学家作为工程师的一面。实证和实验检验有助于回答如下这些问题：志愿填报分为几个批次（包括单一批次）、每个批次包括多少所大学以及总体上要求学生填报多少所大学可能是比较合意的结果？是否以及如何划分不同批次包括的大学？政府应该如何向考生提供志愿填报方面的信息以纠正信息方面的不公平，同时不造成过度竞争？高考志愿填报咨询机构是否以及如何能改进考生福利（包括更准确地填报和节约信息成本）？

人的行为的第二个方面是大学的行为。虽然大学在中国的高考制度下必须按照分数高低来录取，但它们绝不是完全被动的。最直接的调控手段就是改变专业和地区录取名额（当然是在政府政策规制范围内，见本文第 7 节），也包括 "自主招生"等提前录取的手段，以及增加或减少专业、"书院制"（即多个专业捆绑式销售）等对专业种类的操控，乃至更极端的大学合并等。这些问题无论在理论上还是实证上都有待进一步研究。

其次，是对机制的理解，或者说更好的制度与机制设计。当然，这里面一部分问题是与对人的理解和分析分不开的，但另一部分仍然可以从经典的"理性人"假设为基础来开展分析。从理论上看，本文（第 3.5 节）提到的限制学校范围的分批次录取仍然有待深入研究。再比如，在考前填报的机制设计下，我们只考虑了两所大学，扩展到三所及以上大学该如何分析？在科目选考制度下，我们只考虑了学生给定能力下的科目选考策略，如果考虑在高一时学生就需要选定科目并付出努力，这种包含努力的均衡是否与现有的静态均衡不同？在实证上，科目选考制度如何影响高考的志愿填报行为和高中的学习行为，还需要通过制度改革后更长时间的数据收集来回答。

从更宽广的视角来看，大学录取制度既是一个社会配置人力资本的静态机制，更是影响人力资本投资行为的动态机制，由此引出两个研究角度。一个是研究大学录取制度的"后续"影响，基于对特定大学录取制度及其匹配后果的理论与实证分析，我们可以考察现有的或者反事实的大学录取制度

---

[24] 已有不少研究针对非理性或者其他申请成本来研究学生的行为和机制的表现，可参考我的一项研究（Li、Wang and Zhong, 2023）及其中的参考文献。在最新的研究中，关于信息获取和信息提供方面的实验研究可见 Chen and He（2021），关于申请成本的研究可参见 He and Magnac（2022）。

对人力资本积累和人力资本总量、对人才的地区分布和地区经济发展、对实现收入平等等方面的影响。另一个是研究大学录取制度的"前导性"影响。即给定大学录取制度、大学的质量和数量分布以及地区配额等，分析在进入大学前的人力资本积累过程。一个有趣的问题是其中多少大学前的努力真正形成了长期有效的人力资本积累，而多少努力只是为了上更好的大学，类似于一种"租值消散"。从这些研究出发，我们可以思考更宏大的政策问题，特别是一些大学教育供给侧改革的问题。比如中国应该有多少所大学？应该有更多高质量大学吗？大学之间的质量差别应该更大还是更小？大学是否应该有更多自己的特色（即水平化差异）？是否应该鼓励地方发展更多大学？等等。

  对于大学录取制度的研究也是匹配理论的重要组成部分，对理论和与之相关的实证方法都提出了挑战。试举一例。现有的匹配文献对不对称信息下的匹配研究还不是很多[25]，考前填报机制的研究为此提供了一个有趣的应用场景。此外，在实证方法上对是通过匹配行为（如填报志愿行为）还是匹配结果（依赖于稳定性假设）识别参与者偏好提出了新的方法论问题，这也有待于通过具体的实证研究来探索。更广泛地看，大学录取为经济学家作为工程师解决现实中更多的市场设计问题提供了经验积累和大展身手的机会。

  本文综述了利用匹配理论对中国的大学录取制度进行理论、实验和实证研究的文献，其中不少是本人粗浅的研究。我从2004年发表在《经济学（季刊）》上的文章（钟笑寒、程娜和何云帆，2004）开始进入这个领域，已近20年。学海无涯，本文仅是我对从事这一领域研究的一个阶段性思考，难免挂一漏万。作为一名经济学者，经济学家具有的科学家的冷静与社会学家的激情这一"天赋的罕见组合"，是我毕生追求的目标。我相信，本文始终充满了科学和理性，因此在最后，我希望让激情暂时地占据一点上风。我愿意以路遥在《平凡的世界》一书中的题跋作为本文的结束语：谨以此书（文）献给我生活过的土地和岁月。

---

[25] 其中一个较为重要的研究是 Liu et al.（2014），以及作者后续的一些研究。

推荐阅读

盖尔和沙普利（1962）的研究作为匹配理论的开山之作，具有令人惊讶的简洁性和趣味性，非常值得一读。罗斯和索托马约尔（1990）的《双边匹配：博弈论建模与分析研究》仍然是匹配理论最经典的读物。这本书从一对一匹配（婚姻模型）讲起，再到多对一匹配（大学录取、医科实习生劳动力市场、公司－雇员模型），最后涉及带有转移支付的匹配问题。全书围绕匹配理论的核心概念即稳定匹配展开，对稳定匹配的存在性和结构有精彩的论述，同时，对匹配机制中参与者的策略性行动问题进行了详细讨论，对论及的不同匹配模型（例如婚姻和大学录取模型）进行了富有启发性的比较。该书囊括了到那时为止的匹配理论的主要文献，但绝不是简单的文献综述，而是对匹配理论的系统性和理论化的深思熟虑的总结。此外，书中对匹配理论的重要命题都有精确表述和详细证明，读者无须再参考其他文献即可窥得匹配理论的基本面貌。书中每一章末尾附文献指南，方便读者特别是学术研究者深入研究。该书对于深入理解匹配理论的概念、分析方法乃至应用领域都是无可替代的。此书有中文译本。

哈特菲尔德和米尔格罗姆（2005）将匹配理论扩展到带有合同的匹配，也就是说，匹配除了考虑匹配双方的固定特征，还可以通过双方之间可变的合同来影响匹配双方的效用并改变匹配结果。这就使得匹配理论对带有转移支付的匹配（包括公司－雇员模型、拍卖理论等）具有了兼容性，同时也为带有专业的大学录取提供了分析框架，大学和学生可以看成匹配对象，而专业可以看成是"合同"。这篇文章可以视作自罗斯和索托马约尔（1990）以来最大的理论进展。

当经典的DA-GS机制发生某种微小改变时，匹配系统的特征如何发生变化？对这一类问题的研究一直是匹配理论的研究重点之一。埃尔金和森梅兹（2006）对IA-BOS机制进行了系统分析。海宁格和克里金（2009）对有约束的择校机制，即填报大学个数受到限制的大学录取机制进行了系统研究。实际上，这篇文章的重要性超过了对这一特定机制的研究。它深入分析了在DA-GS、IA-BOS、TTC机制下的稳定匹配与策略性行动下的纳什均衡结果之间的关系，阐述了大学偏好的非循环条件在这一关系中所起的作用。陈岩和凯斯滕（2017）对中国的平行志愿机制（即有限期的申请-拒绝机制）进行了系统性的理论研究，在一定意义上，也是海宁格和克里金（2009）机制的延伸。

连暯虹、郑捷和钟笑寒（2017）对中国的考前填报机制进行了分析。这一分析涉及不对称信息下的匹配问题，即匹配一方对自己的某些特征比对方更为了解，例如学生对自己的能力更了解，而学校则不够了解，只能通过考试分数等不完美度量来粗略了解。刘庆民等人（2014）首次较为正式地分析了不对称信息下匹配的稳定概念及其福利性质（如效率）。读者也可以关注刘庆民老师的后续研究。

阿塞韦多及其合作者（2016）首次将匹配模型和市场供求分析框架联系起来，开拓了用类似于产业组织理论的方法来分析匹配问题的新方向，这篇文章也可以视作对大型市场中的匹配问题研究的一个典范。

匹配理论引出了大量实验经济学研究，力求探究不同匹配机制在实际决策者面临的环境下的表现。陈岩和森梅兹（2006）发表了第一篇关于匹配理论的实验经济学论文。陈岩还有大量后续的相关实验经济学论文和综述文章可供读者参阅，不再赘述。

使用匹配理论进行实证分析的文献目前也呈现增长之势。最重要的一类文献涉及利用匹配结果来识别匹配双方的偏好。最新的综述文章可见阿加瓦尔和索马伊尼（Agarwal and Somaini, 2020）。早期一些基于大学录取的结构性估计的论文，虽然没有明确使用匹配理论，但隐含的识别框架（通常称为某种均衡条件）仍然是一致的（如 Arcidiacono, 2005; Epple、Romano and Sieg, 2006; Fu, 2014 等）。

本文综述的主要是适合大学录取的一类匹配文献，即不具有转移支付的匹配问题（Matching without Transfers），也称为不具有可转移效用的匹配问题（Matching with Non-transferable-utility, 即 Matching with NTU）。关于具有可转移效用的匹配问题，读者可以参考基亚波里（Chiappori, 2017）的著作，以及他的一系列研究论文。正如他本人在书中所说："（在本书中）我将不会涉及不具有可转移效用的匹配，有以下几个原因。第一个原因是，这两个不同类型的模型，是否具有可转移效用，在很多方面都很不一样。许多来自不可转移效用框架下的直觉都不能延伸到引入转移支付的情况。第二个原因是我主要的研究兴趣是家庭经济学，在这一背景下，转移支付通常很关键。在分析家庭决策时，如果坚持这样的假设，即丈夫和妻子不能相互之间转移效用，虽然技术上是可行的，但实际上不合情理。"

匹配理论是市场设计理论的一个重要领域。这里不打算介绍市场设计理论涉及的其他领域文献（例如拍卖、分配问题等）。关于市场设计的相对全面的教科书是海宁格（2017）的著作。此外，罗斯（2002）以市场设计为例，系统阐述了作为工程师的经济学家的使命和挑战。

参考文献

[1] Agarwal, N., Somaini, P. (2020). Revealed Preference Analysis of School Choice Model [J]. Annual Review of Economics, 12: 471-501.

[2] Abdulkadiroglu, A., Sonmez, T. (1998). Random Serial Dictatorship and the Core from Random Endowments in House Allocation Problems [J]. Econometrica, 66 (3): 689-701.

[3] Abdulkadiroglu, A., Sonmez, T. (2003). School Choice: A Mechanism Design Approach [J]. American Economic Review, 93 (3): 729-747.

[4] Arcidiacono, P. (2005). Affirmative Action in Higher Education: How Do Admission and Financial Aid Rules Affect Future Earnings? [J]. Econometrica, 73 (5): 1477-1524.

[5] Azevedo, E. M., Leshno, J. D. (2016). A Supply and Demand Framework for Two-Sided Matching Markets [J]. Journal of Political Economy, 124 (5): 1235-1268.

[6] Budish, E. (2011). The Combinatorial Assignment Problem: Approximate Competitive Equilibrium from Equal Income [J]. Journal of Political Economy, 119 (6): 1061-1103.

[7] Chen, Y., He, Y. (2021). Information Acquisition and Provision in School Choice: An Experimental Study [J]. Journal of Economic Theory, 197: 105345.

[8] Chen, Y., Kesten, O. (2017). Chinese College Admissions and School Choice Reforms: A Theoretical Analysis [J]. Journal of Political Economy, 125 (1): 99-139.

[9] Chen Y., Kesten, O. (2019). Chinese College Admissions and School Choice Reforms: An Experimental Study [J]. Games and Economic Behavior, 115: 83-100.

[10] Chen, Y., Sonmez, T. (2006). School Choice: An Experimental Study [J]. Journal of Economic Theory, 127: 202-231.

[11] Chiappori, P. (2017). Matching with Transfers: The Economics of Love and Marriage [M]. Princeton: Princeton University Press.

[12] Diao, C. L., Liu, C. Y., & Zhong X. H. (2023). Improving Equality in China's College Admissions: Estimation and Policy Interventions [R]. Tsinghua University, Working Paper.

[13] Edril, A., Ergin H. (2013). Improving Efficiency in School Choice [M] //The Handbook of Market Design. London: Oxford University Press, Chapter 5: 170-188.

[14] Epple, D., Romano, R., & Sieg, H. (2006). Admission, Tuition, and Financial Aid Polices

in the Market for Higher Education [J]. Econometrica, 74 (4): 885 – 928.

[15] Ergin, H. (2002). Efficient Resource Allocation on the Basis of Priorities [J]. Econometrica, 70 (6): 2489 – 2497.

[16] Ergin, H., Sonmez, T. (2006). Games of School Choice under the Boston Mechanism [J]. Journal of Public Economics, 90: 215 – 237.

[17] Fu, C. (2014). Equilibrium Tuition, Applications, Admissions, and Enrollment in the College Market [J]. Journal of Political Economy, 122 (2): 225 – 281.

[18] Gale, D., Shapley, L. S. (1962). College Admissions and the Stability of Marriage [J]. American Mathematical Monthly, 69 (1): 9 – 15.

[19] Gao, X. H., Huang, Y. H., White, A., et al. (2023). Competition in Matching Markets: Evidence from College Admissions in China's Top Two Universities [R]. Tsinghua University, Working Paper.

[20] Gong, B. L., Liang, Y. Z. (2022). A Dynamic Matching Mechanism for College Admissions: Theory and Experiment [R]. Tsinghua University, Working Paper.

[21] Haeringer, G. (2017). Market Design: Auctions and Matching [M]. Cambridge: MIT Press.

[22] Haeringer, G., Klijn, F. (2009). Constrained School Choice [J]. Journal of Economic Theory, 144: 1921 – 1947.

[23] Hatfield, J., & Milgrom, P. (2005). Matching with Contracts [J]. American Economic Review, 95 (4): 913 – 935.

[24] He, Y., Magnac, T. (2022). Application Costs and Congestion in Matching Markets [J]. Economic Journal, 132 (648): 2918 – 2950.

[25] Kelso, A., Crawford, V. (1982). Job Matching, Coalition Formation, and Gross Substitutes [J]. Econometrica, 50 (6): 1483 – 1504.

[26] Li, B., Wang, S., & Zhong, X. H. (2023). Sorting Behavior and Matching Mechanisms: An Experimental Investigation [R]. Tsinghua University, Working Paper.

[27] Lien, J. W., Zheng J., & Zhong X. H. (2016). Preference Submission Timing in School Choice Matching: Testing Fairness and Efficiency in the Laboratory [J]. Experimental Economics, 19 (1): 116 – 150.

[28] Lien, J. W., Zheng J., & Zhong X. H. (2017). Ex-ante Fairness in the Boston and Serial Dictatorship Mechanisms under Pre-exam and Post-exam Preference Submission [J]. Games and Economic Behavior, 101: 98 – 120.

[29] Liu, Q, George J. M., Postlewaite A., et al. (2014). Stable Matching with Incomplete Information [J]. Econometrica, 82 (2): 541 – 587.

[30] Milgrom, P. (2017). Discovering Prices: Auction Design in Markets with Complex Constraints [M]. New York: Columbia University Press.

[31] Pan, S. (2019). The Instability of Matching with Overconfident Agents [J]. Games and Economic Behavior, 113: 396 – 415.

[32] Pereyra, J. S., Silva, F. (2023). Optimal Assignment Mechanisms with Imperfect Verification [J]. Theoretical Economics, 18: 793 – 836.

[33] Roth, A. E. (2002). The Economists as Engineer: Game Theory, Experimentation, and Computation as Tools for Design Economics [J]. Econometrica, 70 (4): 1341 – 1378.

[34] Roth, A. E., Sotomayor, M. O. (1990). Two-Sided Matching: A Study in Game-Theoretic Modelling and Analysis [M]. New York: Cambridge University Press.

[35] Sheng, D. L., Wu, X. Y, & Zhong, X. H. (2019). College Admissions with Flexible Major Quotas [R]. Tsinghua University, Working Paper.

[36] Sheng, D. L., Wu, X. Y, & Zhong, X. H. (2023). Immediate Acceptance Mechanism with Imperfectly Observed Student Ability [R]. Tsinghua University, Working Paper.

[37] Sonmez, T., Unver, M. (2013). Market Design for Kidney Exchange [M] // The Handbook of Market Design. London: Oxford University Press, Chapter 4: 93-137.

[38] Tong, H. Q., Zhong, X. H. (2022). Ex-ante Fairness under Constrained School Choice: An Experimental Approach [J]. China Economic Quarterly International, 2 (4): 304-333.

[39] Wu, B. Z., Zhong, X. H. (2014). Matching Mechanisms and Matching Quality: Evidence from a Top University in China [J]. Games and Economic Behavior, 84: 196-215.

[40] Wu, B. Z., Zhong, X. H. (2020). Matching Inequality and Strategic Behavior under the Boston Mechanism: Evidence from China's College Admissions [J]. Games and Economic Behavior, 123: 1-21.

[41] Zhong, X. H., Zhu, L. (2021). The Medium-Run Efficiency Consequences of Unfair School Matching: Evidence from Chinese College Admissions [J]. Journal of Econometrics, 224 (2): 271-285.

[42] 怀进鹏. 加快建设教育强国 [M] //本书编写组. 党的二十大报告辅导读本. 北京：人民出版社，2022.

[43] 盛大林，吴星晔，钟笑寒. 新高考改革中的科目选考机制——一个博弈论分析 [J]. 经济学（季刊），2024，24（01）：17-29.

[44] 吴斌珍，钟笑寒. 高考制度与大学录取率的性别差异 [J]. 清华大学学报（哲学社会科学版），2014，29（132）：140-156.

[45] 钟笑寒，程娜，何云帆. 花落谁家：高考志愿填报机制的博弈模型 [J]. 经济学（季刊），2004，3（03）：763-778.

经济机会、代际流动性和共同富裕
一个文献综述

陈雅坤　张皓辰　杨汝岱　易君健

摘要： 经济机会平等和代际流动性提高是实现人的自由平等发展、推进共同富裕的重要方面。近十年来，关于代际流动性的研究迅速发展，这与行政大数据的广泛应用有关。本文从理论和实证两个方面综述代际流动性的国内外文献，总结代际流动研究中的数据来源、度量指标、常见偏误，梳理前沿文献的结果，并评述我国的相关研究进展。在此基础上，本文还讨论了代际流动性实证分析的最新进展、未来研究趋势以及政策含义。

---

* 陈雅坤，北京大学经济学院博士研究生，在《经济学（季刊）》、Economics Letters 等期刊发表论文多篇。张皓辰，浙江大学经济学院劳动经济学系百人计划研究员、博士生导师，主要研究领域为劳动经济学、发展经济学、公共经济学，重点关注的研究话题为产业结构与产业政策、人力资本与性别平等、文化与经济发展等，论文发表于 Journal of Economic Geography、《经济学（季刊）》等期刊。杨汝岱，北京大学经济学院教授，长江学者，主持国家自然科学基金"十四五"发展规划专项项目、国家社科基金重大项目等，论文发表在《经济研究》、《管理世界》、World Development 等期刊，担任《经济科学》副主编、《经济学（季刊）》副主编、中国世界经济学会副会长等，成果获得教育部人文社科优秀成果奖、孙尚清奖、安子介奖等奖励。易君健，北京大学博雅特聘教授、北京大学国家发展研究院经济学教授，同时担任《经济学（季刊）》执行主编和 Journal of Comparative Economics 副主编，研究兴趣主要集中于医疗与健康经济学、医疗与健康大数据分析、人工智能经济学、人力资本理论、劳动和人口经济学、发展经济学、计量经济学和行为经济学，科研成果发表于经济学、管理学、人口学、公共卫生等领域的学术期刊，包括 Journal of Political Economy、Review of Economic Studies、Management Science、Demography、Lancet 和 Proceedings of the National Academy of Science 等。

关键词：机会平等；代际流动性；人力资本；共同富裕

1. 引言

代际流动性（Intergenerational Mobility）是反映社会不平等程度的重要经济变量。它通常由父代与子代之间的社会经济特征（收入、教育、职业等）的相关性来刻画。这种代际相关性越强，则意味着代际流动性越低。在这种情况下，社会经济地位（Socioeconomic Status，简称 SES）较低的家庭的子女和那些 SES 较高的家庭的子女之间存在更严重的经济机会不平等，这会对经济和社会发展产生深刻影响。代际流动性低会导致个体的家庭背景在决定成年表现等方面发挥更大的作用，而个人努力的作用相对较弱。这会导致有才华、勤奋的个体更难获得应得的回报，抑制个人努力的激励，进而进一步加剧收入分配不平等，阶层固化问题更加严重，导致恶性循环（OECD，2011）。防止社会阶层固化，畅通向上流动通道，让人们更平等地共享经济发展带来的机会，是扎实推进共同富裕的应有之义。科学评估代际流动性水平，深入分析其决定因素和影响，具有重要的理论和政策价值。

扎实推进共同富裕，不仅要"做大蛋糕"，还要"分好蛋糕"，也就是降低收入分配不平等。现有文献普遍认为，个体之间的收入不平等由两个方面构成：一是由个体不可控因素决定的发展机会不平等（比如性别、种族、天赋、家庭背景等），二是个人努力程度决定的不平等（比如职业选择、工作时长等）。前者遏制社会整体经济增长，后者则可以在一定程度上为经济增长提供动力（Aiyar and Ebeke，2020；Forbes，2000；Marrero and Rodríguez，2013）。[①] 本文关注的代际流动性是机会平等这一大框架中的一个重要且具有代表性的方面（Roemer，2004）。在跨国比较中，代际收入相关性更高的经济体通常表现出更高的收入不平等水平，这种关系被称为"了不起的盖茨比曲线"（Great Gatsby

---

① 在不同收入阶层个体发展机会更加平等的社会中，个体有通过个人努力实现阶层跃迁的激励，所以收入不平等可以拉动经济增长；相反，发展机会不平等的社会中，收入不平等会限制低收入个体获取教育资源、工作机会和融资机会，从而不利于社会总体的经济发展。关于机会平等的话题，已经有一支较为成熟和丰富的文献。Roemer and Trannoy（2016）较为系统地梳理经济机会平等的政治哲学含义、理论模型刻画、实证度量指标和有关特征事实。受篇幅所限，本文将集中讨论机会平等这一大框架中有关代际流动的话题，不再专门展开关于机会平等的其他方面文献的讨论。

Curve），它体现了代际流动性作为经济机会平等的一个重要方面与总体的收入不平等之间的关联（Corak，2013）。

代际收入不平等问题的加剧，即代际收入流动性的下降，是我国乃至世界各国在当今面临的重要挑战。在发达国家，以美国为例，切蒂等人（Chetty et al.，2017）发现，20世纪80年代出生的人中，只有大约一半在成年时期的真实收入能够超过他们的父辈；而20世纪40年代出生的美国人的这一比例则高达90%。这反映了美国在经济增长过程中财富分配问题的恶化和社会阶层固化的加剧。在我国，根据樊漪等人（Fan et al.，2021）的估计，相比于1970—1980年出生的个体，1981—1988年出生的人的收入与其父代收入的相关性显著上升。这种趋势值得引起学界和政策界的高度关注。

从加里·贝克尔和托姆斯（Becker and Tomes，1979，1986）建立了关于代际流动性的理论框架以来，在此话题上不断有理论和实证的研究进展。秦雪征（2014）、吕炜等人（2016）较为系统地综述了此前研究代际流动性的国内外文献。然而，最近十年来，关于代际流动性的实证研究在国际上出现了爆炸性增长，这一定程度上得益于行政大数据在美国、北欧等发达国家和地区的广泛应用。应用行政大数据能够较好地克服基于住户调查或人口普查数据的研究带来的估计偏误，也有助于依靠足够大的样本量，深入挖掘时间和空间上丰富的异质性，识别出代际流动性的决定因素及其社会经济影响的因果机制。鉴于代际流动性问题日益重要的现实意义，以及研究前沿的快速发展，我们认为有必要较为详细地梳理代际流动性问题的研究现状。

本文围绕代际流动性的主题，按照从理论到实证，从数据、方法到估计结果，从国际到国内，从经典理论到前沿进展的逻辑次序，对相关文献展开评述。本文首先用一个理论框架阐释代际收入关联的形成机制，介绍理论层面的最新进展；进而介绍实证研究中的数据和方法，包括文献中常见的数据来源和度量指标等，其中重点介绍代际流动性实证研究中面临的可能挑战，以及行政大数据的应用如何在一定程度上克服了这些潜在挑战，促进了代际流动性实证研究的蓬勃发展。本文还总结了国际上关于代际流动性的研究结果，回顾和评述关于我国代际流动性问题的研究，并结合前沿文献的最新进展，指出代际流动性问题未来有前景的研究方向。我们希望，本文的分析能够帮助读者更好地把握当今代际流动性研究的发展方向，并在我国积极挖掘和运用更丰富的数据资源，将我国代际流动性的理论和实证研究推向一个新的高度。

本文其余部分安排如下：第 2 节介绍代际收入传导机制的基本框架及理论发展；第 3 节介绍实证研究的数据来源、测度指标和常见的计量偏误，并讨论行政大数据应用带来的影响；第 4 节对跨国的研究结果进行比较；第 5 节对我国的现有研究进行简述；第 6 节指出若干最新的研究方向；第 7 节为结论和政策讨论。

2. 代际收入传导机制的理论发展

这部分内容基于文献中已有的理论框架，在理论层面对代际收入传导机制进行简要梳理（Becker and Tomes，1979，1986；Solon，2004）。厘清收入不平等的代际关联背后的理论机制，对于分析和研判代际流动性的水平和变动趋势，把握其背后的影响因素并得出相应的政策含义，具有基础性的意义。从总体上看，代际收入关联性的影响因素大致包括如下几个方面：代际禀赋继承的程度、私人和政府对人力资本投资的效率、劳动力市场对人力资本投资的回报率，以及政府公共支出的倾向性。接下来，本文通过理论模型对这几个方面给出解释。

2.1 基本框架

之所以会产生收入的代际关联，父母对下一代的人力资本投资决策是其关键过程。具体来说，父母的效用来自自身的消费和下一代的收入：

$$U = (1-\alpha)\log(C_0) + \alpha\log(Y_1) \tag{1}$$

其中，α 代表了父母的利他主义倾向，即父母对子女的重视程度；C_0 代表父母的消费，Y_1 代表子女的收入。子女的收入则取决于其人力资本水平 h_1 和一个随机成分 μ，μ 代表除人力资本之外的影响收入的因素，比如劳动力市场上的运气[2]：

$$\log(Y_1) = \mu + ph_1 \tag{2}$$

其中 p 表示劳动力市场上的人力资本回报率；若 h_1 为个体的受教育水平，则 p

---

[2] 由于个体收入包含随机的运气成分，所以在实证分析中，子代收入的度量包含随机扰动项，与取决于人力资本水平的个体终生收入之间存在偏差，这会导致代际收入的相关性被低估（Solon，1989，1992）。详见本文第 3 节关于计量偏误的讨论。

为技能溢价。技能溢价通常用来度量劳动力市场上收入不平等程度。[③] 进一步地,个体的人力资本水平 h_1 取决于人力资本投资和个体的禀赋(用 e_1 表示),其中人力资本投资来自两个方面:家庭内部(I_0)和公共部门(G_0)。简化起见,假定二者之间是完全替代的:

$$h_1 = \theta \log(I_0 + G_0) + e_1 \tag{3}$$

其中,θ 代表人力资本投资的效率(例如学校的质量)。对数的函数形式意味着人力资本投资是边际产出递减的。

父母影响子代人力资本的途径,除了人力资本投资(I_0)之外,还包括禀赋继承,即禀赋在不同代之间存在相关性。假定其服从一阶自回归过程:

$$e_1 = \delta + \lambda e_0 + v_1 \tag{4}$$

其中,$\lambda \in (0,1)$ 代表禀赋的可继承性,v_1 代表子代禀赋中随机的运气成分。禀赋不仅包括种族、能力、健康状况等特征的基因遗传,也包括家庭拥有的社会网络、人际关系、家庭文化(比如偏好、价值观等)。

此外,父母的预算约束为:

$$(1 - \tau) Y_0 = C_0 + I_0 \tag{5}$$

其中 τ 为税率,等式左边为父母的税后收入,该收入可以用于父母自身的消费(C_0)和给子女的投资(I_0)。

结合以上条件,父母对子女的人力资本投资决策可以被刻画为这样一个最优化问题:其目标函数为方程(1);决策变量为 C_0 和 I_0,即在自身消费和对下一代投资之间权衡取舍;面临的约束条件为父母的预算约束,即方程(5);子代人力资本生产函数,即方程(3);禀赋的代际继承性,即方程(4);以及子代的收入决定式,即方程(2)。求解该优化问题,可以得到父母对子女的最优人力资本投资水平为:

$$I_0^* = \left[\frac{\alpha \theta p}{1 - \alpha(1 - \theta p)}\right](1 - \tau) Y_0 - \left[\frac{1 - \alpha}{1 - \alpha(1 - \theta p)}\right] G_0 \tag{6}$$

其中,G_0 前面的系数为负,说明公共投资会挤出部分私人投资。同时,在公共投资和税率一定的情况下,父母对子代的人力资本投资随着父母收入(Y_0)、父母对子女效用的重视程度(α)和人力资本投资对成年收入的边际贡献率

[③] 这里的人力资本 h_1 不局限于个体的受教育水平,还包括人力资本的其他维度,比如健康、认知能力和非认知能力等。细化和拓展对人力资本不同维度的考察,也是人力资本代际传递文献的发展方向之一。

(θp)递增。

在上述模型框架的基础上,我们进一步考虑政府再分配政策的作用,引入公共投资的偏向性。假设在子代获得的人力资本投资中,政府公共投资(G_0)在父母税后收入$[(1-\tau)Y_0]$中所占的比重随着收入增加而下降,也就是说,政府向收入更低的家庭提供了(相对于家庭收入)更高的人力资本投资:

$$\frac{G_0}{[(1-\tau)Y_0]} = \varphi - \gamma\log(Y_0) \tag{7}$$

其中,$\gamma > 0$代表政府支出对低收入家庭子女的倾向程度,数值越大说明政府支出越倾向于低收入家庭子女。

综合上述条件,可以得到,子代收入与父代收入的关系式为:

$$\log(Y_1) = \mu^* + [(1-\gamma)\theta p]\log(Y_0) + pe_1 \tag{8}$$

其中,$\mu^* = \mu + \varphi\theta p + \theta p\log\left[\frac{\alpha\theta p(1-\tau)}{1-\alpha(1-\theta p)}\right]$是一个常数。如果把方程(8)看作一个估计代际对数收入弹性的回归方程,而把pe_1看作回归中的误差项,得到的对代际收入弹性的估计是有偏的,这是因为孩子的禀赋e_1和父母的收入Y_0都受到父母的禀赋e_0的影响,从而e_1与$\log(Y_0)$存在相关性。事实上,方程(8)可以看作变量$\log(Y_t)$在代际的一阶自回归,而误差项也存在代际自相关,即禀赋的代际继承。在这种情况下,根据格林尼(Greene,2000)的研究,处于稳态时,$\log(Y_0)$与$\log(Y_1)$方差相同④,这时用$\log(Y_1)$对$\log(Y_0)$回归的斜率,即代际收入弹性(Intergenerational Elasticity of Income,简称IGE)可以表示为:

$$\beta = \frac{(1-\gamma)\theta p + \lambda}{1+(1-\gamma)\theta p\lambda} \tag{9}$$

由此,IGE取决于如下几个方面:

(1)禀赋的继承程度λ,即代际禀赋的相关性越大,IGE越大。这说明基因、文化、社会网络等因素在家庭内部更强的代际传承意味着更弱的代际流

---

④ Becker and Tomes(1986)指出,家庭间的收入不平等(即Y的方差)与同一家庭代际收入弹性紧密相关。如果同一家庭的代际收入表现出偏离均值的趋势($[(1-\gamma)\theta p] \geqslant 1$),则家庭间收入不平等程度会逐渐扩大;相反,代际收入表现出向均值回归的趋势($[(1-\gamma)\theta p] < 1$),则家庭间收入不平等程度会逐渐缩小直至相对稳定的状态,即$Var(Y_t) = Var(Y_{t-1})$。

动性。

（2）人力资本投资效率 θ，即私人和公共投资对人力资本积累的效率越高，IGE 越大。这是因为更高的人力资本投资效率会强化家庭进行人力资本投资的激励，使得在给定收入条件下，家庭倾向于把更多资源投给下一代，从而强化了父母收入和子代收入之间的相关性。

（3）人力资本的边际收入回报 p，即人力资本转化为收入的效率越高，IGE 越大。与（2）的逻辑一致，更高的 p 也会强化父母人力资本投资的激励。同时，如前文所述，p 可以代表技能溢价，即在一个时间截面上，不同技能水平的劳动者之间的工资差距，是对收入不平等程度的刻画。方程（9）表明，IGE 与 p 正相关，这与"了不起的盖茨比曲线"给出的预测相一致，即截面上收入差距更大的国家和地区，往往也具有更低的代际收入流动性。

（4）政府支出对低收入家庭子女的倾向程度 γ，即政府支出的再分配力度越小，IGE 越大。同时，方程（9）表明，政府支出的倾向程度 γ 对 IGE 的影响程度，取决于人力资本投资在子代收入上的边际回报率（θp）的大小，如果人力资本投资效率更高，或者人力资本在劳动力市场上的边际回报率更高，这时政府再分配力度的加大对提高代际流动性具有更强的作用。

基于上述模型和讨论，禀赋继承和人力资本投资是塑造代际收入相关性的两条最主要的途径。图 1 对此进行了总结，具体来说：

第一，父母收入与父母自身的个人禀赋正相关，所以父母收入高意味着子代通过禀赋继承获得的初始禀赋高，从而可以实现相对较高的成年收入。

第二，收入更高的家庭中，父母用于子代人力资本投资的资源更多。在不存在借贷约束的情况下，家庭效用最大化决策下的子代的人力资本投资仅取决于个体禀赋。即使低收入的父母也可以通过借贷方式以市场利率获得投资本金，所以子代的人力资本积累以及收入与父母收入无关。但是，在存在借贷约束的情况下，低收入的父母不能通过透支未来消费从市场上获得人力资本投资所需的资金，只能通过减少自己的消费来进行人力资本投资，这会使得父母自身消费的边际效用上升，即人力资本投资的边际成本上升，从而导致子代获得的人力资本投资受限，限制其收入提高。

2.2 理论机制的扩充

对于上述基准理论框架，已有文献从若干不同方向进行了丰富和扩充。这

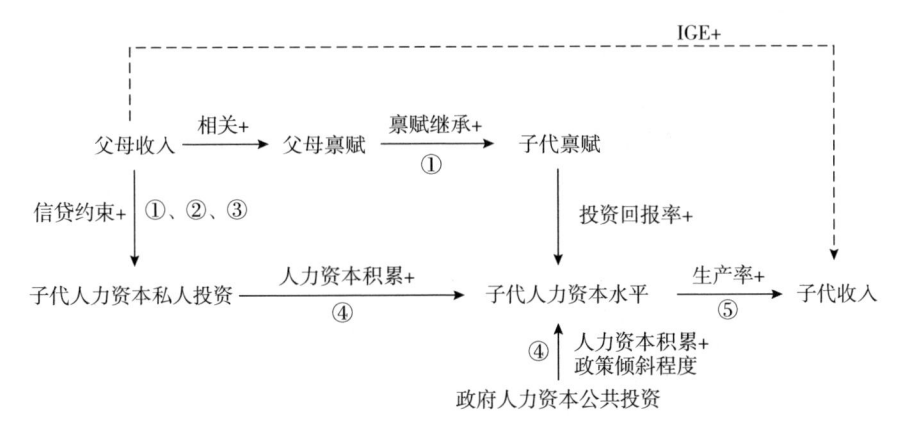

图 1 收入的代际传递机制

注：上图中的"+"号表示箭头两端的两个变量之间正相关，箭头上方或两侧的内容表示箭头两端的两个变量之间产生关联的作用机制。带圆圈的数字表示本文第 2.2 节提到的关于代际流动性理论机制的扩充方向，具体含义为：①婚姻配偶选择机制通过收入和禀赋方面的正向匹配，一方面可以缓解信贷约束，另一方面也有利于提高子代禀赋水平。②家庭生育决策（减少子女数量）可以增加子代单个人的人力资本投资。③物质财富直接转移帮助缓解人力资本投资中的信贷约束。④政府转移支付和公共财政支出如果表现为生育补贴、带薪休假等形式，则可以通过向低收入家庭倾斜的方式以公共投资弥补家庭私人投资；如果表现为提高婴幼儿抚育机构、初等教育或者基本医疗质量等形式，则可以通过提高投资转化为人力资本水平的效率，从而部分弥补子代禀赋较低的先天劣势。⑤预期寿命的不平等水平意味着更高的人力资本投资回报率。

些拓展仍然围绕禀赋继承和人力资本投资这两个核心影响渠道，将这两个渠道的作用机制进行深入和细化，将一些经济过程（如婚姻和生育决策）内生化，挖掘更丰富的异质性。为了在逻辑上更直观地展示，在图 1 中，我们标注了这些丰富和扩充所对应的基准理论框架中的环节。具体来说，这些丰富和扩充包括如下几个方面：

2.2.1 婚姻配偶选择机制

选择性婚配（Assortative Mating）是指婚姻双方的匹配不是随机的，而是基于某些个体特征的。加里·贝克尔（1973，1974，1981）在此问题上做出了开创性的理论贡献。在理论上，婚姻带来的收益包括若干方面，包括夫妻二人生产上的互补性（比较优势和专业化分工）、消费上的互补性（家庭内部的公共品消费）、风险分担、缓解预算约束等。婚姻的不同方面的功能意味着婚姻双方是更加倾向于正向选择性匹配还是负向选择性匹配，即个体特征更相似的人之间进行匹配，还是个体特征差异更大的人之间进行匹配。⑤

实证证据表明，婚配市场上的匹配主要表现为正向选择。在这种情况下，收入水平类似的个体组建家庭进一步固化了收入阶层，降低了收入流动性。克雷默（Kremer，1997）发现，在美国，配偶双方在受教育年限上的相关程度达到了0.6以上；海德（Haider，1998）也发现，配偶双方的小时工资率的相关性达到0.3以上。另外，已有文献普遍发现，与男性相比，选择性婚配在女性的代际收入流动性中发挥着尤为重要的作用，女性配偶的收入与女方父母收入间的相关性几乎与女方自身收入与其父母收入间的相关性一致（Atkinson et al.，1983；Altonji and Dunn，1991；Lillard and Kilburn，1995；Chadwick and Solon，2002；Blanden，2005）。

2.2.2 家庭生育决策

基于数量 - 质量权衡理论（Becker and Lewis，1973；Becker and Tomes，1976），随着子女数量增加，提高子代平均人力资本水平（质量）的边际成本增加。所以，孩子数量多的家庭，平均到每个孩子身上的人力资本投资变少，从而导致子代平均质量下降，例如表现为成年收入下降。

通常情况下，观察到的子女质量对家庭收入的弹性较高，而子女数量的收入弹性较低，甚至为负。贝克尔和托姆斯（Becker and Tomes，1976）将子代个体禀赋的异质性纳入模型，得到了类似的结论，并进一步表明，随着父母收入增加，子女质量的收入弹性下降，而子女数量的收入弹性却增加，因此可能出现低收入家庭的子女数量随着收入增加而下降，高收入家庭的子女数量却随着收入增加而增加。

---

⑤ 例如，个体特征影响了个体在劳动力市场中的生产率，进而影响了工资。婚姻的收益来源于配偶双方可以根据生产率上的比较优势来从事劳动力市场 - 家庭生产间的专业化生产：市场工资水平相对高的个体选择就业，获得工资收入，购买市场交易品，而工资水平相对低的个体选择退出劳动力市场，把市场交易品与家庭生产时间结合，产出可消费的家庭生产品（唯一的效用来源），从而最大化家庭总效用。在这种情况下，婚配市场会表现出负向选择的特征，即工资水平高的个体倾向于与工资水平低的个体组建家庭。关于家庭的经济功能与婚姻匹配之间的关系，请参阅 Browning et al. (2014)。

另一方面，基于配偶间劳动力市场生产率的比较优势和配偶双方私人消费，Lam（1988）又引入家庭公共品的消费，同样将市场交易品和配偶双方的家庭生产时间作为投入要素，并且假设不同收入水平的个体对家庭公共品有不同的偏好。在这种情况下，个体倾向于和收入水平类似、偏好类似的个体组建家庭，以最大化从私人消费和家庭公共品消费中获得的效用，即正向选择。

此外，贝克尔和托姆斯（1976）将数量－质量权衡理论与社会流动性相结合，提出子女数量与社会流动性负相关，而子女质量（由禀赋和人力资本投资共同决定）与社会流动性正相关的观点。基于美国印第安纳波利斯的家庭调查（Kiser and Whelpton，1951）也证实了这一结论。近些年来的实证结果也表明，低收入家庭的生育率普遍高于高收入家庭，发展中国家的人口增长率也显著高于发达国家（Adsera，2005）。于也雯等人（Yu et al.，2021）以中国实施独生子女政策作为准实验（Quasi-experiment），发现生育数量下降会导致代际收入流动性下降。由于实施力度、惩罚的可信程度等方面存在城乡和地区差异，该政策对低收入家庭的生育决策限制更弱，受其影响的生育率下降幅度小，因此不同收入水平的家庭间扩大的生育率差距强化了人力资本投资的不平等水平，从而放大了不平等的代际传递。根据于也雯等人（2021）的估计，独生子女政策可以解释近几十年间中国代际收入流动性下降的40%左右。

2.2.3　物质财富的直接转移

父代对子代的人力资本投资在子代收入上的边际回报是下降的，与之相比，物质资产的直接投资可能边际回报下降更慢，基于这样的前提假设，随着子代人力资本投资的增加，当其边际收入回报等于物质资产回报率后，父母会选择直接将物质资产赠予子代，而不是通过人力资本投资（Becker and Tomes，1986）。研究代际财富相关性的文献也证实了这一机制（Stiglitz，1969；Boserup et al.，2013）。

此外，贝克尔和托姆斯（1976）认为，在同一家庭中，财富的直接转移缓解了由于子代禀赋差异而导致的子代收入不平等程度。一方面，因为禀赋高的个体的投资边际产出更高，所以为了降低人力资本投资的平均成本，父母倾向于为禀赋高的子女进行更多的投资，从而加剧了兄弟姐妹间的收入不平等程度；另一方面，为了弥补禀赋劣势，父母会给予禀赋低的子女更多的非人力资本（物质资产）投资，从而降低了兄弟姐妹间的财富不平等程度（相对于收入）。关于父母根据不同子女的初始禀赋进行的投资配置，是强化还是弥补了子女之间的人力资本及收入水平差异，阿尔蒙和马祖德（Almond and Mazumder，2013）对既有文献进行了回顾。在中国，李宏彬等（2010）利用双胞胎调查数据，结合"上山下乡"的历史事件，分析了父母在不同子女之间配置物质财富的直接转移的影响机制，在理论和实证上区分了利他、偏爱和愧疚三种情感动机在这种资源配置中的作用。

2.2.4 政府转移支付和公共财政支出

在有信贷约束的情况下，富裕家庭孩子获得更多的人力资本投资，所以投资的边际收入回报更低。基于此，如果将高收入家庭的部分财富通过税收和转移支付的形式转移到低收入家庭，则可以提高社会整体的代际流动性（Becker and Tomes，1986）。切蒂等人（Chetty et al.，2017）的发现支持了这一观点：近几十年间美国的绝对收入流动性下降主要是收入分配结构更加不平等导致的。如果保持GDP增长率与现实一致，但各收入百分位的家庭收入分配比例与1970年一致，则绝对收入流动性的下降幅度可以达到71%；相反，如果收入分配比例与现实一致，但是GDP增长率提高到20世纪40年代至70年代的平均水平，则绝对收入流动性仅下降29%。因此，提高代际收入流动性需要更加完善的再分配机制。

此外，索伦（Solon，2004）提出，政府政策对劳动力市场不平等的代际影响取决于这些政策偏向的收入阶层。假设相同数量的教育支出可以用于提高面向所有人的幼儿教育和中小学教育的质量，或者用于提高针对少数人的私立高等教育。显然，前者对较低收入群体的福利促进作用更显著，从而更有利于提高代际收入流动性。除了教育支出，这一原则同样也适用于有关其他人力资本的公共政策，比如医疗保健以及帮助父母平衡工作和生活的法规和政策。布莱克等人（Black et al.，2013）也指出，北欧国家普遍较高的代际收入流动性主要是由于更加集中的收入分布，或者是由于儿童抚育和教育相关的公共政策使得教育机会更加平等。

在公共资源配置不当的情况下，公共资源总量的增加可能反而加剧代际收入不平等。例如，李宏彬等人（2013）发现，在公共财政支出存在错配的情况下，代际收入的相关性随着政府教育支出的增加而增加。类似地，樊漪等人（2021）发现，随着中国公共教育支出的增加和大学的扩招，收入底部20%家庭的孩子的收入排序反而下降，这是因为教育资源的不平等分配降低了贫困家庭的孩子进入精英大学的可能性。这一发现具有重要的政策含义，即助学贷款和奖学金等帮扶项目应进一步加强对低收入家庭的针对性和倾向性，同时要着力缩小公共教育质量的地区和城乡差距。

2.2.5 预期寿命的不平等水平

一般而言，来自富裕家庭的个体享有更长的预期寿命和更好的健康状况，从而具有更长的工作年限和在单位时间内更高的劳动生产率，积累更高的终生收入,这也在一定程度上固化了收入不平等的水平。此外,预期寿命会影响父代对子代人力资本投资的激励,从而影响代际流动性。例如,有研究(Jayachandran and Lleras-Muney,2009)发现,1946—1953年斯里兰卡产妇死亡率的下降提高了女性的预期寿命,进而显著提高了女性相比于男性的识字率和受教育年限。

早期文献认为,当个体收入超过某个临界值时,预期寿命不再随着收入增加而增加,但切蒂等人(2016b)发现,在美国的整个收入分布上并不存在这一临界值。对男性和女性而言,收入底部1%和顶部1%的预期寿命差距分别为14.6年和10.1年。而且,预期寿命的不平等程度随时间的增加而增加。2001—2014年,收入顶部5%的男性预期寿命延长2.34年,女性延长2.91年;而收入底部5%的这一数据分别为0.32和0.04年。而且,切蒂等人(2016b)发现,低收入个体的预期寿命和健康行为(比如吸烟、肥胖率、运动率)显著相关,而与医疗服务的可获得性、物理环境因素、收入不平等水平和劳动力市场状况等因素不相关。因此,政府倡导个体养成健康良好的生活习惯,对提高居民健康状况和预期寿命、增加工作年限、提高低收入家庭终生收入水平十分重要。

2.3 小结与展望

从总体上看,代际流动性理论研究在若干方向上丰富了贝克尔和托姆斯的框架,但进展的速度还处于相对缓慢的状态,理论拓展基本没有超越贝克尔奠定的人力资本和家庭经济学理论的框架。结合最近十余年来微观经济学和人力资本领域的理论进展,我们认为关于代际流动性的理论分析还有如下几种可能的拓展方向:(1)打开"人力资本"的黑箱,除了传统的教育、健康等维度的人力资本,结合人力资本理论上的新进展,考虑认知能力、非认知能力等维度及其相互关系,更细致地刻画父母的人力资本投资行为(比如信念、教养方式等的作用)及其对代际流动性的影响(Heckman,2007;Cunha et al.,2010;Doepke and Zilibotti,2019);(2)打开"禀赋传承"的黑箱,除了引入物质财富的传递,还可以结合行为经济学理论上的新进展,考察偏好(如时间偏好、风险偏好、社会性偏好)、认知约束等方面的代际传递及其对代际收入流动性的影响(Fagereng et al.,2021);(3)也可以结合社会网络理论的新进展,研究社会资本在塑造代际收入流动性中的作用(Chetty et al.,2022a,2022b)。

3. 数据来源、测度指标和计量偏误

现有文献对代际流动性的理论构建的讨论已经较为完备，但是由于代际流动性的准确估计对数据要求较高，因此实证研究起步较晚，直到最近十年才凭借行政大数据的相对普及得以蓬勃发展。⑥ 在以索伦（1992）和齐默尔曼（Zimmerman，1992）等为代表的颇具影响力的论文发表后，以代际收入弹性衡量代际流动性的实证研究成为一支很重要的文献。近十年来，现任教于哈佛大学的拉贾·切蒂教授及其合作团队基于美国的行政大数据，进行了一系列扎实的、具有深刻现实意义和政策含义的实证研究，引领了当今代际流动性研究的学术前沿。而与此同时，代际流动性估计的跨国比较的标准还在逐步建立和完善的过程中，对代际流动性的估计在样本选择、数据处理、指标构建等方面依然存在诸多挑战。

3.1 数据来源

为了得到对代际收入流动性的准确估计，用于研究的数据需要满足若干较为"苛刻"的条件：第一，需要将父母与子女进行匹配；第二，需要长期的跟踪调查或记录，以获得子代成年时的收入数据；第三，样本需要具有足够的代表性，父母收入的衡量指标需要充分代表家庭的长期经济状况和可用于子代人力资本投资的经济资源，而不仅仅是有限年间的收入数据。总之，数据既需要保证收入数据的准确性，也需要保证样本在足够长的时间内保持对整个收入分布的代表性。以下介绍三种常见的数据来源：

3.1.1 家户调查数据

早期文献多使用家庭住户（家庭）调查数据，但是实际可得的调查数据源大多有以下问题：第一，样本个体流失；第二，样本量很小，尤其是施加约束条件或者进行分群体的异质性分析时，样本量可能仅有几百个；第三，样本中一般缺少收入顶层个体，因此样本对整体收入分布的代表性可能有系统性偏误；第四，包含的收入数据年份较少，取有限年份的收入平均值不能充分反映

---

⑥ 行政大数据作为大数据的一类，通常是指政府部门为了特定的行政管理目的（包括教育、医疗、社会保障、税收、海关管理等）而系统性地收集的数据（Elias，2014）。在代际流动性研究中使用较多的税收数据和社保数据就是行政大数据中的一种。Card et al.（2010）阐述了美国的行政数据可得性不断提高对经济学研究的促进作用。

父代和子代的永久性收入，因此衰减偏误和生命周期偏误较为严重（Mitnik et al.，2015）。比如，就美国而言，"国民收入动态追踪研究"（Panel Study of Income Dynamics，简称 PSID）和"全国青年纵向调查"（National Longitudinal Survey of Youth，简称 NLSY）为代际流动性研究中最常用的两个调查数据库。但是，由于调查的重点、抽样方法、统计口径等方面的差异，即使选用相似的样本，使用二者的 T 估计值依然存在系统性差异：当研究出生年份较早的个体时，NLSY 估计值一般低于 PSID；而研究出生年份较晚的个体时，情况则相反（Corak，2006）。

3.1.2 人口普查数据

另一种可能用于代际流动性估计的数据则是人口普查微观抽样数据。但如果只依靠人口普查数据估计代际流动性，则存在样本代表性方面的局限性：人口普查往往以家户为样本单位，而如果父代与子代不住在同一个家户当中，则难以匹配，这导致最终匹配成功的都是父代与子代同住的家户，这个样本显然不具有足够的代表性。比如在我国，相比于成年女性，成年男性与父母同住的概率显著更高。这种同住带来的样本选择问题会造成代际流动性估计的偏误，埃姆兰等人（Emran et al.，2018）专门就此问题进行了讨论。

3.1.3 行政大数据

近年来，行政大数据在代际流动性研究中的应用日益广泛。马祖德（2005）最先使用行政大数据来研究代际流动性。通过将美国"收入与福利计划参加调查"（Survey of Income and Program Participation，简称 SIPP）与美国社会安全署（Social Security Administration，简称 SSA）收入记录进行匹配，马祖德（2005）估计美国的代际收入弹性大约在 0.6 左右。自此以来，越来越多的代际流动性研究开始使用行政大数据。其中，影响最大的是拉贾·切蒂使用美国行政大数据进行的一系列研究，这些研究的成果和部分可公开的数据都集中在 Opportunity Insights 平台上。[⑦] 切蒂等人（2014a，2014b）第一次使用匿名化的联邦收入税务记录数据，时间跨度为 1996 年至 2012 年，涵盖超过 4 000 万子代个体及其父母的收入。数据库具体包括收入税数据（1040 forms）和第三方收入信息（比如 W-2 forms），后者可以提供没有提交纳税申报表的个体的收入数据。由于美国纳税申报表的申报比例很高，所以分析样本中父母

[⑦] 平台网址：https://opportunityinsghts.org/。

与孩子的匹配率也很高,在1980—1991年出生的孩子中有95%都可以被成功匹配。除了在美国,同样类型的数据在加拿大、澳大利亚和北欧国家的代际流动性研究中也得到了日益广泛的应用(详见第4节的介绍)。使用行政大数据研究代际流动性,已逐渐成为本领域研究前沿的一个重要发展趋势。

行政大数据的应用为回答新的研究问题,得出新的研究结论提供了条件。首先,以美国为例,行政大数据的应用得到的结论显示,以往使用家户数据进行的分析高估了美国的代际收入流动性,而且美国的代际收入流动性在20世纪中期以来呈现不断下降的趋势(Chetty et al., 2014a,2014b)。同时,基于住户调查数据得到的代际流动性估计通常只在国家层面或较大的地理区域层面,而依靠行政大数据样本量大的特征,则可以将分析的地理单位不断细化,如切蒂等人(2018)可以将代际流动性的估计细化到社区层面,而且发现即使在美国的一个县内部,不同社区之间的代际流动性仍然存在巨大差异,这样的研究结论对于富有针对性的政策制定具有重大的价值。与此同时,大样本量使得样本中发生频率较低的事件和较小的变异性都能够帮助产生可靠的统计推断结论,比如切蒂和亨德伦(2018)使用在不同地区之间迁移的个体的样本,利用其移民时的年龄差异,识别地区对代际流动性的因果效应,并将它与空间上的类聚(Sorting)效应区分开。⑧

总结来看,应用行政大数据研究代际流动性问题的优势体现在多个方面。第一,如前所述,行政大数据可以覆盖某个群体的整体,而不仅是传统调查中的抽样样本,从而为研究数量较少的子样本或者小概率事件提供可能,而且也可以从中构建类自然试验;第二,行政大数据有助于避免样本选择问题,某些拒绝参加社会问卷调查的个体,或者某些不愿向普通调查人员披露的信息,同样可以被行政大数据收录;第三,行政大数据有利于保证信息的真实性和准确性,从而有助于解决收入测量误差问题带来的估计偏误⑨;第四,多个政府部门收集的不同数据一般有统一的识别号码(比如身份证号、社保号码等),所

---

⑧ 这一因果效应识别的另一个常见方法是随机控制实验,比如美国的 Moving to Opportunity(MTO)实验。但如果仅靠家庭调查数据,则难以有足够的差异性(Variation)来实现这里的因果识别。

⑨ 切蒂和他的合作团队基于行政大数据研究代际流动的文献结果表明,之前使用调查数据的代际收入弹性估计结果被显著低估,由于暂时收入和测量误差导致的衰减偏误比预期更严重。此外,通过将足够长年份的收入取均值,可以在一定程度上缓解这一问题。

以可以较为方便地将不同来源、侧重于不同问题的数据进行整合，从而实现多维度的分析；第五，同一组行政大数据可以被应用于不同问题的研究，从长期来讲可以降低数据收集的成本，减少研究者需要承担的成本压力。[⑩]

关于行政大数据和家户调查数据之间的关系，本文认为要将二者各自的优势结合起来，扬长避短，取长补短。目前应用行政大数据进行代际流动性研究，主要还是限定于美国、北欧等部分国家和地区，而多数情形下还是以家户调查数据为主。家户调查数据往往具有抽样科学、信息全面、可得性强、使用方便等优势，特别是，家户调查数据往往包括一个家户各维度的信息，其中一些信息往往难以通过行政大数据获得，比如观念、偏好、早年经历等，这些信息可以用来进行丰富的异质性和机制分析，这是家户数据相比于行政大数据的重要优势。与此同时，研究者可以运用行政大数据的优势，将其与家户调查数据相互辅助，支持一项研究中不同方面的结论，比如用行政大数据得出核心结论，而用家户调查数据展开机制分析等，从而使研究更加丰富和立体。同时，如果能够在保护受访者个人隐私的前提下，将家户调查数据和行政大数据通过个人代码或者地区代码匹配起来使用，则更有助于激发新的研究。

3.2 指标构建

代际流动性可以基于多个维度的社会经济变量来衡量，这些维度既包括收入，也包括财富、教育、职业等。相比于财富数据，收入数据的界定标准比较统一，误差较小；相比于教育和职业等离散变量，收入是连续变量，可以进行各种形式的数值计算和转换，而且收入包含的个体人力资本信息比教育和职业包含的信息更加丰富。因为给定教育和职业，个体的收入水平还有很大的差异，与一些不可观测的技能和其他社会经济变量相关。本文接下来着重关注对收入代际流动性的实证研究。在文献中，对收入代际流动性的衡量指标主要有以下几种：

（1）代际收入弹性

IGE 是文献中最常用的代际流动性的衡量指标，即子代收入（y_{1i}）的自然对数对于父代收入（y_{0i}）的自然对数的回归系数 β：

[⑩] 需要指出的是，行政大数据在使用过程中也面临一些挑战，包括个人隐私保护的问题，巨大的数据量对软件计算能力要求更高的问题，不同行政大数据匹配时导致的匹配误差问题等。

$$\ln y_{1i} = \alpha + \beta \ln y_{0i} + \varepsilon_i$$

$$\beta = \frac{cov(\ln y_0, \ln y_1)}{var(\ln y_1)} = \frac{cov(\ln y_0, \ln y_1)}{\sigma_0 \sigma_1} \frac{\sigma_1}{\sigma_0} = corr(\ln y_0, \ln y_1) \frac{\sigma_1}{\sigma_0} \quad (10)$$

其中，σ_1 和 σ_0 分别代表子代收入对数和父代收入对数的标准差。IGE 可解释为子代收入对父代收入的弹性，衡量的是收入的代际持久性，所以 $1-\beta$ 即可以解释为代际流动性。代际收入弹性越大，意味着代际流动性越低。

由于这里所示的 IGE 指标基于的回归模型与本文第 2 节介绍的理论模型推导出来的代际收入弹性的方程（8）和（9）一致，符合理论模型中给出的关于代际流动性度量指标的定义，这里将方程（10）的回归模型作为衡量代际流动性的一个基准模型。同时，根据理论模型的设定，这里的收入对应的是个体的人力资本水平和其他因素产生的终生收入，已经抽象掉了同一代人内部生命周期不同阶段的收入动态变化，因此，这里对代际收入弹性估计中的关键变量——个体收入（y_{1i} 和 y_{0i}）——最理想的衡量方式是使用个体整个生命周期的总收入。后文关于代际流动性估计偏误以及各种度量指标的优缺点的讨论，也以这里给出的 IGE 作为基准。

IGE 具有一定的局限性。由于子代收入对数和父代收入对数间具有明显的非线性特征，且估计值对零收入和极低收入的处理方式比较敏感，所以该指标并不稳健。⑪ 在使用行政大数据时，可以看到在收入底部和顶部，IGE 呈现明显的非线性形态；而在以往使用小样本的调查数据的研究中，由于收入信息通常是顶端编码（Top-coded），且较低收入家庭经常有转移支付和补贴等收入来源，所以收入分布两端的非线性关系的问题更加严重。故而，IGE 单个指标不能完整准确地刻画整个收入分布上的流动性。

（2）代际收入相关性（Intergenerational Correlation of Income，简称 IGC）

IGE 不仅包含了代际间的收入弹性，也与两代人的整体收入分布有关。比如 IGE 低，可能仅仅是因为子代的收入分布更加平等，即子代收入对数方差小于父代收入对数方差（Solon，1999），如（10）式所示。IGC 可认为是根据代际收入对数标准差相对大小进行标准化后的 IGE，排除了两代人各自收入不平等水平的影响：$IGC = IGE \frac{\sigma_0}{\sigma_1}$。代际收入相关性越大，则意味着代际流动性越低。

---

⑪ 如果将零收入个体排除，则会使 IGE 估计产生系统性偏差；如果人为赋予零收入个体一个比较小的值（比如1美元），则赋值大小会对 IGE 估计值产生显著影响。

（3）相对收入水平的代际转移矩阵（Intergenerational Transition Matrix）

为了更加全面地刻画整个收入分布上的向上和向下流动性，可以构建基于相对收入水平的代际转移矩阵，显示来自收入分布 $m\%$ 分位家庭的孩子的预期收入在其同龄人中到达 $n\%$ 分位的概率。其中，最常用的是五分位转移矩阵（Zimmerman，1992；Nybom and Stuhler，2016），即条件处于父母收入排序的五分位（Quintiles），孩子收入排序处于各五分位的概率，用于比较低收入家庭和高收入家庭孩子的成年收入表现（Chetty et al.，2014）。主要关注收入底部 20% 家庭的孩子留在收入底部 20% 和上升到顶部 20% 的概率（Q1Q1 和 Q1Q5），以及收入顶部 20% 家庭的孩子留在顶部 20% 和下降到底部 20% 的概率（Q5Q5 和 Q5Q1）。通常来说，Q1Q1 和 Q5Q5 越大意味着代际流动性越低，而 Q1Q5 越大则意味着越高的向上代际流动性。

（4）代际排序相关性（Rank-rank Slope，简称 RRS）

为了处理零收入和非线性问题，达尔和迪莱尔（Dahl and DeLeire，2008）提出百分位排序的方法。RRS 即为子代在同代人中的全国收入排序（$Rank(y_{1i})$）对其父辈的全国收入排序（$Rank(y_{0i})$）回归的系数 γ_1：

$$Rank(y_{1i}) = \gamma_0 + \gamma_1 \beta Rank(y_{0i}) + \varepsilon_i$$

由于该指标可以被解释为父母收入在同代人中排序上升 1%，子代预期收入在同代人中排序上升几个百分位，因此也被称为"相对流动性"。而这个回归中截距的估计值则代表来自收入底部家庭的孩子的预期收入排序。此外，由于 RRS 将收入的绝对水平转变成百分位排序，回归中自变量和因变量均为 0~100 的均匀分布，所以二者的方差相同，不影响回归系数估计。RRS 越大，意味着代际流动性越低。

相较于 IGE 和 IGC（绝对收入水平的相关性），RRS 是衡量相对收入流动性的指标，主要有三点优势：第一，可以将零收入包含在内，从而缓解由于排除零收入个体可能导致的估计偏误；第二，数据显示，子代和父代收入排序二者间呈现几乎完全线性的关系，仅仅在收入顶部和底部斜率有所增加，且该线性关系在不同的模型设定中始终稳健，对于零收入和衡量两代人收入的年龄跨度选择也不敏感（Chetty et al.，2014b；Nybom and Stuhler，2017）；第三，将收入在全国进行排序便于一个国家内部不同地理区域层面、不同群体间的异质性比较，全国收入排序与绝对收入水平具有一一对应的关系，从而使群体间的比较具有统一可量化的全国标准。由于其显著且稳健的线性特征，RRS 现已成为代际收入流动性研究中被广泛采纳的指标。[12]

（5）绝对向上流动性（Absolute Upward Mobility，简称 AUM）

百分位排序的设定存在一个缺陷，即较高的代际流动性可能是由两个原因导致的：收入底部家庭的孩子的向上流动性较高，或者是收入顶部家庭的孩子的向下流动性较高。仅通过父母–孩子收入排序的斜率并不能区分两者。所以为了衡量较低收入家庭孩子的向上流动性，将来自收入中位数以下家庭的孩子的平均预期收入排序定义为"绝对向上流动性"。由于排序拟合的线性，该指标等同于位于收入 25% 分位家庭的孩子的预期收入排序。类似地，为了衡量较高收入家庭孩子的向下流动性，计算来自收入中位数以上家庭的孩子的平均预期收入排序，定义为"绝对向下流动性"（Absolute Downward Mobility，简称 ADM）。由于排序拟合的线性，该指标等同于位于收入 75% 分位家庭的孩子的预期收入排序。AUM 和 ADM 的数学表达式为：

$$AUM = E(Rank(y_{1i}) \mid Rank(y_{0i}) = 25\%)$$
$$ADM = E(Rank(y_{1i}) \mid Rank(y_{0i}) = 75\%)$$

（6）绝对流动性的代际转移矩阵（Intergenerational Transition Matrix of Absolute Mobility）

绝对流动性的代际转移矩阵的思想与相对收入水平的代际转移矩阵类似，是对于父母收入排序的每一个五分位，计算孩子收入超过父母收入的 100%、120% 和 150% 等比例的概率，比较的是代际收入的绝对水平。相对流动性仅仅考虑在收入分布中各个位置的相对增长效应，但是绝对流动性同时考虑到经济整体增长的代际影响。切蒂等人（2017）在估计美国代际流动性时，使用孩子收入超过父母收入的比例作为绝对流动性的指标。考虑到中国近年来经济的飞速增长，樊漪等人（2021）在估计中国的代际流动性时间趋势时，同时考虑了收入超过 120% 和 150% 的比例。

（7）收入比例流动性（Income Share Mobility，简称 ISM）

RRS 不能显示关于代际收入变化幅度的相关信息，而且百分位排序掩盖了

---

[12] RRS 与 IGE 高度相关，但是当两代人收入不平等水平发生显著变化时，二者差距较大（Mazumder, 2015）。具体而言，若两代人的收入分布均值不变，但子代之内的不平等水平相比于父代上升，就估计值而言，IGE 会增加，而 RRS 保持不变；若收入分布整体平移时，IGE 和 RRS 都不变。

收入分布不同位置的收入差距的绝对值差异,因此布拉特贝格等人(Bratberg et al.,2017)提出可以使用收入比例流动性来描述代际流动性,其定义为子代个体收入与子代平均收入的比值和其父母收入与父代平均收入的比值之差,在平衡面板数据中可以被解释为同一家庭两代人在各自一代人中分得的 GDP 比例之差。收入比例流动性的表达式为:

$$\text{ISM}_i = \frac{Income_{1i}}{E(Income_{1i})} - \frac{Income_{0i}}{E(Income_{0i})}$$

其中 $Income_{1i}$ 和 $Income_{0i}$ 分别代表家庭 i 的子代和父代的收入。与前面几个指标不同,ISM 是一个家庭层面的度量指标。ISM 越高,意味着该家庭内有越强的向上代际流动性。

3.3 常见偏误

基于以往文献,对代际流动性的估计往往可能面临以下三种偏误。对这些偏误的解决方法,通常对数据提出了更高的要求。

3.3.1 生命周期偏误

生命周期偏误(Lifecycle Bias)是代际流动性估计中最常见的偏误类型,首次由詹金斯(Jenkins,1987)提出,其含义是个体暂时收入与终生收入在生命周期的各个阶段有系统性偏差。一般而言,个体暂时收入在整体生命周期中呈现上凸形态,即在生命早期及晚期,个体收入一般比较低。所以基于过早期收入的子代收入排序通常会低估代际流动性(Reville,1995;Solon,1999;Grawe,2006)。类似地,随着度量父亲收入的年龄增加,IGE 的估计值也会下降(Grawe,2006;Nilsen et al.,2008)。尼布姆和施蒂勒(Nybom and Stuhler,2016)发现,基于人生中期到晚期的收入的 IGE 估计受该偏误影响较小。此外,不同个体在生命周期中的收入形态也不同,在一定年龄段内,个体收入会随着年龄增加而增加,具有较高终生收入的个体在此阶段表现出更高速度的收入增加(Solon,1999;Haider and Solon,2006;Grawe,2006)。[13] 由于数据限制,许多代际流动性研究会使用子女较早年和父母较晚年的收入数据,这可能导致教育水平较高的子女和父母的终生收入被低估,又因为教育水平在家庭内

---

[13] Haider and Solon(2006)发现,在回归中加入年龄的多次项仅能调整年龄对收入的平均影响,但是无法控制个体异质性与收入平均增长速度的偏离,因此并不能完全消除生命周期偏误。

部是相关的，这会给 IGE 的估计带来偏误。就解决方法而言，在文献中被普遍接受的处理方法是计算个体的中年平均收入（30~40 岁左右），这可以最小化生命周期偏误（Haider and Solon，2006；Chetty et al.，2014a，2014b；Nybom and Stuhler，2016）。此外，根据尼布姆和施蒂勒（2016）的研究，前面介绍的 RRS 这一指标对度量收入的年龄最不敏感，使用 RRS 可以缓解生命周期偏误对估计的干扰。

3.3.2 衰减偏误

根据索伦（1989，1992）和马祖德（2005）的研究，衰减偏误（Attenuation Bias）来源于收入的暂时波动。若计算终生收入使用的数据年份过少，则可能存在较大测量误差，这会低估代际收入相关性。具体而言，仅仅使用某一年的收入数据来衡量的终生收入仅是实际值的 $\sigma_y^2/(\sigma_y^2+\sigma_v^2)$，其中 σ_y^2 为一代人的终生收入方差，σ_v^2 为收入暂时波动的方差（Solon，1989，1992）。贝克尔和索伦（2003）以及马祖德（2005）发现，观察到的暂时收入波动的方差 σ_v^2 在整个生命周期中呈现 U 形，在个体 40 岁左右时达到最低。这意味着在生命周期的特别早期或特别晚期（收入观测值扰动项方差较大时）衡量父母收入可能会加剧代际流动性估计中的衰减偏误。

在文献中，有如下几种对衰减偏误的解决方案。第一，彼得斯（Peters，1992）、齐默尔曼（1992）以及比约克隆德和詹蒂（Björklund and Jäntti，1997）提出，在测量误差或者暂时收入波动不存在序列相关的假设前提下，使用多年的平均收入作为永久收入的代理变量可以降低误差。⑭ 例如，切蒂等人（2014）使用 1~17 年的平均收入作为终生收入的指标分别估计代际相关性，发现仅使用 1 年的收入观测值会显著低估回归系数，但使用的收入数据超过 5 年时，结果变化不大。第二，尝试引入其他不随生命周期发生变化，但与终生收入相关的人口特征变量（比如种族、教育水平等）作为收入的工具变量（Mazumder，2005）。比如有学者（Gong et al.，2012）在估计中国 IGE 时，使用包括教育水平在内的人口统计学变量作为永久性收入的工具变量；樊漪等人（2021）使用父母受教育水平及其与户口类型、出生组别和地区的虚拟变量的

---

⑭ 同时，根据 Mazumder（2005）的估计，如果收入暂时波动的持续性强，即使 5 年的平均收入（文献中计算平均收入常用的时间跨度）也不是很好的代理变量，仍然会使得永久性收入的代际相关性被低估 30% 左右。

交互项作为终生收入的工具变量，并使用工具变量计算的收入来代替收入的原始数据进行估计，以尽可能降低暂时收入波动带来的衰减偏误。第三，就不同估计指标的对比而言，尼布姆和施蒂勒（2016）使用瑞典的年度收入数据，发现相比于 IGE 和代际对数相关性，RRS 和收入代际转移矩阵受到衰减偏误的影响较小。第四，为了处理父母和子女收入的测量误差，已有文献还会用不同的收入衡量指标进行稳健性检验。比如，对于衡量父母收入，可以单独使用父亲或者母亲的个人收入与家庭总收入对比。此外，可以使用不同的收入统计标准，比如排除资本和其他非劳动收入，不考虑转移支付等。

3.3.3 选择偏误

人口普查和一些家户调查仅对居住在该家庭中的个人或与该家庭保持密切经济关系的个人进行访谈，因此会受到两种选择偏误（Selection Bias）的影响。第一，父母子女同住偏误（Selection on Cohabitation），即孩子结婚后，通常会离开父母的家庭，组建新的家庭；家户调查仅包含父母的家庭或者孩子的家庭，而不会同时包含二者。第二，暂时移民偏误（Selection on Temporary Migration），即家户调查通常不包括暂时移民的收入信息。由于发展中国家国内地区发展水平差异大，为了寻求更好的就业机会而暂时移民的人口数量大，所以该偏误在发展中国家可能尤为严重。

选择偏误的处理对数据提出了较高的要求。例如，在上文提到的切蒂团队使用的美国行政大数据中，绝大多数成年子女的信息可以与其父母的信息匹配，这在很大程度上避免了选择偏误的影响（Chetty et al.，2014）。而在研究发展中国家代际流动性的文献中，仅有少数文章考虑了选择偏误。比如在研究中国代际流动性时，樊漪（2016）沿用了邓曲恒等人（2013）的方法，使用地区的父母子女同住比例作为工具变量来处理同住偏误，然而暂时移民偏误依然没有被考虑。樊漪等人（2021）使用赫克曼选择模型来处理选择偏误问题。阿莱西那等人（Alesina et al.，2021）在研究非洲 27 个国家的代际流动性时，选择 14~18 岁的孩子样本，因为这部分个体中大部分人已经完成小学教育，且一般和父母住在一起。

4. 跨国结果比较

本节讨论世界各国关于代际流动性的估计，并对这些估计结果进行简述和比较。早期关于代际流动性的实证研究主要聚焦于北美和北欧地区的发达国家。近些年来，随着发展中国家经济迅速发展和数据可得性不断提高，越来越多的文章开始关注发展中国家的代际流动性演变。同时，越来越多的实证研究聚焦于代际流动性的跨国比较和时间趋势，一些文献也系统地总结和对比了此前的实证文献，比如索伦（1999）、布莱克和德弗罗（2011）关注文献中IGE的估计结果比较，而比约克隆德和萨尔瓦内斯（Björklund and Salvanes，2011）聚焦于家庭背景对教育成就的影响。从总体上看，诸多文献在数据选择、指标构建、变量范围界定、偏误处理方法等方面具有较大的差异性。此外，相较于发达国家比较完备、开放的数据来源优势，发展中国家的数据质量更加参差不齐，估计结果波动范围更大。

总体上看，现有研究对世界各国代际流动性的估计结果体现出如下几个特征：

第一，国家之间在代际流动性方面存在较大差异。根据柯拉克（Corak，2006）、布莱克和德弗罗（2011）的总结，英国、美国和法国的代际收入流动性较低，而北欧国家（比如芬兰、挪威和丹麦）的代际收入流动性较高。被普遍接受的是，公共教育体系更加完善的国家一般有较低的IGE，尤其是用于初等教育的公共支出更多的国家。当然，由于各国使用的数据来源和数据处理方法差异较大，国家间的比较可能存在较大误差。比如，北欧国家的行政大数据覆盖面广、时间跨度大，可使用10年以上的个体收入取均值来衡量永久收入，并且选用生命中期具有稳定收入的时间段（40岁左右）来降低衰减偏误和生命周期偏误的影响（Nybom and Stuhler，2016；Schnelle，2015；Eriksen and Munk，2020）。而美国（Chetty et al.，2014a，2014b）、加拿大（Corak and Heisz，1999；Connolly et al.，2019）、澳大利亚（Deutscher and Mazumder，2019）等的税收数据开始年份比较晚，所以衡量子代收入时仅能选用30岁初期的时间段，这时个体收入尚未达到稳定，这可能导致低估代际收入的持续性。有关发展中国家代际流动性的研究一般只使用调查数据或人口普查数据，有一定局限性，比如在中国（Fan，2016；Fan et al.，2021；Yu et al.，2021）、拉丁美洲（Yavuz et al.，2019）、非洲（Alesina et al.，2021）等地的研究。

第二，即使在同一国家内部，不同地理区域间（省份、通勤区、县等）的代际流动性也有很大差异。一般而言，农村地区的代际流动性高于城市地区，而在人口密集的大城市收入阶层固化现象往往尤为明显（Chetty et al.，2014b；Bell et al.，2023）。这里的分析需要较大的地区差异性，同时需要在各地理单位内部实现对代际流动性的准确估计，因此主要以美国的人口普查和个人收入数据相结合进行的分析为主。

第三，一国内部不同群体间呈现很强的异质性。施内勒（Schnelle，2015）发现，对于挪威1950—1965年出生的个体而言，男性的代际收入流动性明显高于女性，男性具有较高的向上流动性和较低的向下流动性。虽然随着时间推移，女性受教育程度提高、在劳动力市场上性别歧视弱化，但是性别差距依然显著。而在美国，米特尼克等人（Mitnik et al., 2015）发现，男性和女性代际收入流动性接近，IGE的估计值在0.4~0.5。[15] 此外，切蒂等人（2014b）发现，IGE的性别差异在地区之间有明显差异，与生活社区的特征（尤其是低收入、单亲家庭的比例）高度相关，且这些不利特征对男孩的负面影响远大于对女孩的负面影响。[16]

第四，从时间趋势来看，除了少数几个国家的税收数据可以覆盖足够长的时间跨度外，其余国家的数据不足以探讨代际收入流动性的时间趋势。布拉特贝格等人（2005）比较了挪威1950年和1960年出生的个体的差异，发现无论是男孩还是女孩，其代际收入流动性都呈上升趋势（男孩IGE分别为0.155和0.129；女孩IGE分别为0.221和0.126）。但是，尼布姆和施蒂勒（2016）却发现在瑞典，1952—1960年的代际收入流动性呈现下降趋势，IGE从0.206上升到0.274。切蒂等人（2017）发现，在20世纪40年代至80年代，以子代收入超过父母收入的比例衡量的绝对收入流动性呈现稳定且显著的下降趋势。具体而言，该比例从20世纪40年代的90%下降到80年代的50%，且该下降趋势出现在各个收入阶层，其中中产阶级幅度最大。几位作者对此的解释是，由于近几十年间，美国GDP增长放缓，各收入阶层的收入增长放慢，绝对收入流动性呈下降趋势。

就代际流动性变化趋势的影响因素而言，施内勒（2015）使用双重差分法研究20世纪70年代挪威石油产业扩张的资源冲击对代际流动性的影响。结果发现，石油产业就业比例高的地区的男性代际收入流动性的提升幅度显著高

---

[15] Chetty et al.（2014）发现，相比于使用子代家庭收入估计的RRS而言，仅使用个体收入估计的RRS明显下降，而且女性后代的下降幅度明显高于男性后代（分别为26%和6%），可能是因为来自高收入家庭的女性更可能与来自高收入家庭的男性婚配，从而退出劳动力市场。

[16] 除了性别差距，种族歧视也是影响很多国家收入不平等程度的一个重要因素。切蒂等人（2020）发现不同种族之间的代际流动性也存在显著差异。具体而言，在美国，亚裔的代际收入流动性最高，其次是白人和西班牙裔，而黑人和印第安人的流动性最低。亚裔孩子的平均收入排序远高于白人孩子，主要是由于第一代移民通常具有较高的能力但是收入被低估。

于石油产业就业比例低的地区，而女性却没有类似变化。石油产业就业比例高的地区的男性收入分布整体右移主要是由石油产业扩张带来的对劳动力需求增加导致的。在中国，樊漪等人（2021），于也雯等人（2021，2022）分别考察了市场化改革、计划生育政策和贸易开放对我国代际流动性变化的可能影响，在下一节中我们对此进行较详细的介绍。

5. 关于中国代际流动性问题的研究

在这一节，我们将简要评述现有文献中关于中国代际流动性问题的研究。近年来，中国的代际不平等问题得到越来越多的关注，随着家户调查等微观数据的日益丰富，有许多文章对中国代际流动性的现状和趋势进行评估，对代际流动性的形成机制和影响因素进行探究，这一节从以上两个方面对中国代际流动性的现有研究成果进行归纳和分析。[17]

5.1 代际流动性的现状和趋势

第一，多数研究发现，我国代际收入相关性的总体水平比较高，代际流动性仍有较大提升空间。基于2010—2016年的中国家庭追踪调查（CFPS）数据，樊漪等人（2021）估计得到中国1970—1980年出生的人和1981—1988年出生的人与其父辈的IGE分别为0.390和0.442；有学者（Gong et al.，2012）基于我国城镇家庭教育与就业调查2004年的数据，以及城镇家庭收入与支出调查1987—2004年的数据，估计得到样本中父亲和儿子之间的IGE为0.63；邓曲恒等人（2013）基于中国城镇家庭收入调查的数据，得到父子配对的IGE估计值在1995年和2002年分别为0.47和0.53，高于文献中对部分高收入国家的IGE估计值。此外，也有不少其他研究基于我国的家户调查数据对代际收入流动性的水平进行估计，均得到较高的IGE估计值（何石军和黄桂田，2013；Chyi et al.，2014；陈琳，2015；Qin et al.，2016；刘怡等人，2017）。

第二，从时间维度上看，我国代际阶层固化的趋势尚未得到有效缓解。例如，樊漪等人（2021）发现，相比于20世纪70年代出生的人，20世纪80年代出生的人与其父辈的收入相关性显著提高；谢宇等人（2022）则对我国

---

[17] 曹晖和罗楚亮（2021）从研究年份、地区、数据来源和代际收入弹性的估计结果等方面，用表格的形式总结了关于我国代际收入弹性的现有研究，这为读者了解关于我国代际流动性研究的现状提供了有益参考。

1949年以来职业和教育的代际流动性的长期趋势进行了刻画，并与美国相应的出生队列进行对照，发现工业化促进了职业代际流动性的提高，但如果不考虑工业化的因素，则职业和教育的代际流动性都呈下降趋势。我国代际流动性总体上呈逐渐下降的趋势，这在文献中得到了较多实证证据的支持（Deng et al.，2013；周兴和张鹏，2013；李力行和周广肃，2014；杨汝岱和刘伟，2019），但也有研究发现我国代际流动性在一些时段内呈上升趋势，比如何石军和黄桂田（2013）基于中国健康与营养调查（CHNS）的数据发现，在2000—2009年，我国的IGE大体上呈下降趋势。

第三，我国的代际流动性水平呈现较大的地区和城乡差异。从代际流动性的水平来看，相比于农村地区，城镇地区的代际流动性水平更低，代际阶层固化的现象可能更严重（Chyi et al.，2014；徐晓红，2015）；从随时间的变化来看，根据樊漪等人（2021）的估计，沿海地区的代际流动性下降比内陆地区更快，城市地区的代际流动性下降比农村地区更快。此外，基于对IGE的分省份估计，樊漪等人（2021）首次验证了我国内部存在的"了不起的盖茨比曲线"的现象，即在截面上收入不平等程度更高的地区（比如表现为更高的基尼系数），倾向于具有更低的代际收入流动性（Corak，2013）。

第四，在性别差异方面，女性面临的代际收入流动性低于男性。已有不少文献证实了这一点（Qin et al.，2016；Fan et al.，2021；Xie et al.，2022）。樊漪等人（2021）同时指出，对于20世纪70年代到80年代的出生队列，男性的代际收入流动性相比于女性有更快下降。谢宇等人（2022）强调了我国女性的代际教育流动性持续偏低的现状，且这种情况对于农村的女性尤为明显。这样的性别差异可能与我国普遍存在的男孩偏好有关。此外，杨新铭和邓曲恒（2016）分别考察了父亲和母亲收入与子代收入的相关性，并讨论了父亲和母亲产生影响的不同机制。

5.2 传导机制和影响因素

除了对代际流动性水平和趋势本身的考察，现有研究还分析了我国代际收入相关性背后的传导机制，以及代际流动性水平的时间和空间差异背后的影响因素。

首先，如本文第2节的模型框架阐释的，父母的人力资本投资决策，包括对子代的教育和健康的投资，是塑造代际流动性的重要机制。若干文献从理论和实证上分析了教育和健康的代际传递对于塑造收入的代际流动性的重要作用（李力行和周广肃，2014，2015；Qin et al.，2016；杨新铭和邓曲恒，2016，2017；杨沫和王岩，2020）。除了教育和健康，父母的人力资本投资和禀赋传承还体现在其他方面，比如帮助子女积累特定职业所需的人力资本，或者通过社会网络等家庭禀赋条件影响子女的就业决策。例如，在实证上，阳义南和连玉君（2015）发现教育对解释子代与父代社会经济地位相关性方面的重要性大于其他渠道。同时，公共教育资源的增加对代际流动性有重要影响，按照本文第2节的理论框架给出的预测，更高的公共教育资源投资会弱化家庭的人力资本投资在代际收入相关性中的作用，同时提高代际流动性。这一理论预测得到了实证研究的支持。罗楚亮和刘晓霞（2018）发现教育扩张总体上提高了教育流动性，其中，父母受教育程度较低的家庭的子女从基础教育扩张中获益更大，而父母受教育程度较高的家庭的子女则从高等教育扩张中获益更大；陈斌开等人（2021）也利用我国义务教育法实施带来的外生冲击，发现义务教育对代际教育流动性的提高贡献显著。

其次，我国的市场化改革、对外开放和经济转型在塑造代际流动性的时空差异方面扮演了重要角色。比如，于也雯等人（2022）发现，中国加入WTO显著扩大了中国农村地区的代际不平等程度，因为在社会经济条件更好的农村家庭的子女更容易抓住对外开放带来的经济机会，通过向外迁移获得更高的收入，而那些社会经济条件较差的家庭的子女则更难抓住这种机会。在本文第2节的理论框架中，对应的则是家庭的社会经济条件对子代与迁移有关的人力资本投资和禀赋（如财富、社会网络等）作为代际收入相关性的机制，以及家庭面临的信贷约束在其中的作用，即社会经济地位更低的家庭面临更紧的信贷约束，从而对子代人力资本投资不足的问题更加凸显。人口迁移在提升代际收入流动性中的作用也在文献中得到了实证支持（孙三百等人，2012；杨沫和王岩，2020）。伴随着改革开放的进程，经济增长和产业结构转型对代际流动性也产生了重要影响（郑筱婷等人，2020）。由此伴随的新经济机会的出现和生产生活方式的变化，弱化了父母与子代之间的禀赋传承的强度，以及这种禀赋在子代收入上的回报率，从而有助于降低代际收入相关性，提高代际流动性。同时，我国尚处于快速经济转轨阶段，市场机制在逐步建立，市场化程度的提高可能对代际流动性的提高具有促进作用（阳义南，2018；杨汝岱和刘伟，2019）；李力行和周广肃（2015）指出借贷约束的存在会减弱代际流动性，这与第 2 节的理论框架的预测相一致，也意味着金融市场的进一步发展可以通过缓解借贷约束促进社会流动性的提高；除此之外，该文献还研究了诸如政治身份、体制内工作等因素对代际流动性的影响，这也体现了我国作为转型中国家的特征（李力行和周广肃，2014；阳义南和连玉君，2015）。

同时，该文献中还关注了影响我国代际流动性的其他机制，包括家庭和社会网络的作用。从家庭的角度，对应于理论框架中家庭人力资本投资塑造代际流动性的机制，于也雯等人（2021）发现在中国独生子女政策实施后，代际收入流动性下降，这主要是由于独生子女政策对富裕家庭和贫困家庭的生育决策影响不同，后者受该政策的限制小，生育率下降幅度小，所以二者间扩大的生育率差距强化了人均的人力资本投资的不平等。理论上，婚姻匹配的方式会通过缓解信贷约束、强化禀赋的代际传承等方式对代际流动性产生影响。刘怡等人（2017）证实了在我国婚姻匹配是代际收入传递的重要机制，且这种机制对女性具有更强的作用，由此得出了通过调整个人所得税征收方式降低社会收入不平等程度的政策含义。此外，家庭的社会网络是理论框架中禀赋传承机制的重要方面，曹晖等人（2021）发现由地区农业禀赋不同导致的社会网络强度的地区差异是影响代际收入流动性的重要因素。

5.3 小结与展望

总结上述研究，可以发现，关于我国代际流动性的现状和成因，现有文献在一些方面已经达成共识，这些共识可以作为后续研究的基础。这些共识包括：我国代际收入相关性水平依然较高，代际流动性亟待提高；较低的代际流动性水平在过去几十年间并未出现明显改善；从影响机制上看，教育普及对改善代际流动性发挥了重要作用。

但是，现有研究也存在一些矛盾之处和尚未得到准确完整解答的问题，包括：第一，如前所述，不同研究估计得到的我国代际流动性的变化趋势有所不同，较多研究发现代际流动性呈下降趋势，但也有少数研究发现代际流动性呈上升趋势。这可能是由于国内代际流动性的现有研究多基于家户调查数据，且在处理本文第 3 节讲到的一些估计偏误时存在数据和方法上的局限性，因此可能在选取样本的代表性、衰减偏误和生命周期偏误的处理方面难以做到十分完备，加之部分调查数据关于收入的度量数据质量偏低，存在较大的测量误差，也会影响估计的准确性。对此，我们建议，一方面，在进行实证分析时，尽可能控制和解决代际流动性估计可能出现的常见偏误，从数据、样本、估计方法等多个角度支持文章结论的稳健性；另一方面，积极开拓行政大数据方面的研究资源，借助行政大数据的一些优势，得出关于我国代际流动性变化趋势评估的结论，并与现有的基于调查数据的研究进行对照分析。

第二，关于代际流动性的影响因素，特别是经济全球化、市场化、工业化和城市化对我国代际流动性带来的影响，现有研究尚存在一定争议，且缺乏较扎实的因果证据。现有的研究大多基于对代际流动性大小的估计，通过对代际流动性的时间趋势、地区差异等方面的描述，得到关于经济发展的不同方面在塑造代际流动性中的角色的结论。以市场化改革为例，樊漪等人（2021）通过沿海和内地、城市和农村的对比，说明受市场化影响更大的地区可能代际流动性下降的趋势更为明显；谢宇等人（2022）、阳义南（2018）则指出了工业化和市场化在提升代际流动性方面的作用。从理论上讲，这两个方向的影响都有理论上的合理性；在实证上，为了得出更扎实的结论，可能需要我们在未来的研究中，借助更大的样本，挖掘更丰富的时间和空间的异质性，并利用我国改革开放进程中的各种政策带来的准实验进行清晰的因果识别，从而得出更可信、更具有现实政策含义的研究结论。

6. 最新研究方向

近些年来，得益于更加可靠全面的大数据的普及应用，代际流动性研究不再局限于单纯地估计代际流动的相关性，而是以此为出发点，从各个角度探究代际流动性的影响因素，尝试用实证检验模型中的理论机制，提出有效可行的政策建议。近10年内，从经济学的"五大顶级国际期刊"，以及一些高水平的工作论文来看，代际流动性相关文献的研究前沿主要集中在以下几个方向。[18]

6.1 代际流动性与其他社会经济变量的关联

大数据的重要优势之一在于不同数据之间的可连接性。在前文中，我们介绍了切蒂带领的研究团队基于美国的个体收入数据进行的关于收入代际流动性

---

[18] "五大顶级国际期刊"包括（按首字母排序）：*American Economic Review*，*Econometrica*，*Journal of Political Economy*，*Quarterly Journal of Economics* 和 *Review of Economic Studies*。

及其地区差异的研究。事实上，该团队还将此数据集与其他数据进行连接，包括专利数据、高校学生的数据以及社交媒体的数据等，展开了一系列富有创造性的实证研究，为我们从代际流动性的角度理解创新与发明、高等教育以及社会资本等问题提供了崭新视角。以下我们对这些研究做简要介绍：

第一，贝尔等人（Bell et al., 2019）将美国的专利申请数据、收入数据与学校成绩数据进行匹配，发现美国的专利发明人高度集中于高收入家庭；小学时同样成绩优异的学生，其成年后的发明产出与其家庭背景仍高度相关。同时，这项研究还利用不同专利技术领域之间的差异，识别了孩子幼年成长的环境因素在塑造创新产出的代际流动性中的作用。创新是经济增长的驱动力。在一个社会中，如果很多天赋较高的孩子因其家庭背景限制而没有得到后续的培养和上升空间，没有发挥出他们在发明创造方面的禀赋，这本身是一种经济机会不平等的表现，也会对经济的可持续发展产生不利影响。

第二，切蒂等人（2020b）将美国各高校就读学生的信息与其父母的收入信息相匹配，考察了美国高等教育体系在塑造代际流动性方面的作用。他们发现，不同家庭背景的孩子成年后的收入差异，主要由父母的收入与孩子就读大学之间的关联来解释；美国大学在学生家庭背景上呈现高度的分隔（Segregation），在给定 SAT 或 ACT 考试分数不变的情况下，高收入家庭的孩子进入顶尖大学的概率仍然远高于中低收入家庭，改善这种分隔状态有助于提高美国社会的代际流动性。事实上，该研究对理解我国的高考和高校体系在塑造社会流动性方面的作用也有一定的启发性，这方面值得在我国得到更深入的实证研究。

第三，社会资本也是塑造代际流动性的重要因素。在本文第 2 节提出的理论框架中，代际传承的禀赋就包含了社会资本。切蒂等人（2022a，2022b）使用社交媒体脸书（Facebook，现改名为 Meta）上的朋友关系的信息，利用网络结构的实证分析方法，在美国的邮政编码地区层面界定了若干种社会资本的度量指标，并考察了社会资本与地区层面的代际流动性之间的关联，发现高 SES 和低 SES 的人之间的连接性越强的地方表现出显著更高的代际流动性。这项研究为探究社会互动、流动性和不平等之间的关系在视角和方法上做出了重大的创新，也给未来的研究指出了可能的发展方向。

6.2 多代人间的代际流动性

基于贝克尔和托姆斯（1979）的两代人模型，大多数研究代际流动性的实证文献都仅仅关注两代人之间的代际流动性，尤其是父亲-儿子之间。但是基因禀赋、财富积累、家庭文化、社会网络等影响个体人力资本积累的家庭特征具有很强的持久性，因此社会经济地位在家庭中的传承不仅仅是一阶自回归过程（Mare，2011；Solon，2018）。在这个问题上，施蒂勒（2012）在模型中引入市场中的运气因素、技能的多维度特征、祖父母对孙辈的直接影响等，发现长期的多代之间的流动性会低于用一阶自回归的函数形式估计得到的水平。

有不少研究（Lindahl et al.，2015；Braun and Stuhler，2018；Long and Ferrie，2018；Colagrossi et al.，2020；Modalsli，2021）使用多代人数据分别研究了收入、教育和职业等社会经济地位变量的代际相关性，涵盖美国、英国、德国、瑞典等多个国家，均发现即使控制了父辈特征，祖辈以及更久远的祖辈特征依然会对子代特征产生影响，所以仅使用两代人的实证研究低估了代际持久性，从而高估了代际流动性。而且，艾德尔蒙等人（Adermon et al.，2021）使用整个扩展家庭的数据，发现除了直系亲属，父母的兄弟姐妹及其配偶等旁系家庭成员的特征（教育成就）同样与个体相关，这在一定程度上也说明了婚姻匹配在代际流动性中的作用。

此外，还有一些研究（Clark et al.，2015；Clark and Cummins，2015；Barone and Mocetti，2016；Hao，2021）使用姓氏作为社会经济地位的标志，利用历史数据将个体根据姓氏进行亲缘匹配，同样证实了很强的多代持久性的存在。使用姓氏作为代际联系的问题在于，同一个姓氏但没有亲缘关系的个体可能受到相同的居住地、种族等家族以外的共有特征影响，因此可能高估其代际相关性。因此实证文献中通常选择比较罕见的姓氏以缓解这一问题。奎尔等人（Güell et al.，2015）使用横截面数据，将罕见姓氏对于个体教育成就的解释力作为姓氏的信息含量，同样发现很强的代际相关性。

6.3 社会经济地位、家庭教育与偏好

禀赋继承和人力资本投资是决定代际流动性的重要因素，其中禀赋本身的内涵也非常丰富。禀赋不仅包括种族、能力、健康状况等特征的基因遗传，也包括家庭所拥有的社会网络、人际关系、家庭文化（比如目标、观念等）（Becker and Tomes，1979）；而人力资本投资也不仅限于以金钱形式进行，父母的时间投入和言传身教都会积累子代的人力资本。因此，来自社会经济地位高的家庭的个体，不仅享有经济资源的直接优势，而且还会在其他方面受到家

庭背景的间接影响，而后者的作用甚至超过了前者。例如，勒夫格伦等人（Lefgren et al., 2012）发现，父子代际收入相关性中至多有37%是由家庭金融资产的直接因果作用导致的。

艾德尔蒙等人（2021）认为，家庭成员的影响可以通过货币和非货币投资途径发挥作用，比如与儿童度过的优质时间，以及通过家庭传统和行为规范、言传身教等途径影响儿童的人力资本积累。类似地，福尔克等人（Falk et al., 2021）通过在德国进行随机控制实验，发现来自社会经济地位高的家庭的孩子更聪明、更耐心、更利他主义、风险偏好的倾向更小，从而实现更好的健康状况、更少参与风险行为、实现更高的教育水平，从而获得更高的收入。而且，机制研究也证实了上述观点：父母教育和家庭收入直接影响父母的人力资本投资数量和质量，教育水平高、收入高的父母，倾向于多陪孩子，且教育方式更倾向于奖励而不是惩罚，亲子互动时间更加高效。在《爱、金钱和孩子》一书中，德普克和齐利博蒂（2019）对"教养方式"（Parenting Style）这一心理学概念在代际流动性中扮演的作用构建了理论模型并进行了实证研究，他们发现，社会经济地位较高的家长更少使用专制型教养方式，而更多使用具有更高反应的教养方式，这有利于子代认知能力和非认知能力的发展。[19]

此外，利用挪威的领养儿童数据的诸多研究也表明，先天基因因素和后天家庭环境培养对个体的社会经济偏好、行为都会产生深远影响，比如受教育水平（Björklund et al., 2006）、选举参与度（Cesarini et al., 2014）、犯罪行为（Hjalmarsson and Lindquist, 2013）、创业行为（Lindquist et al., 2015）、长期健康状况（Lindahl et al., 2016）以及金融市场上的风险偏好等（Black et al., 2017）。阿格等人（Ager et al., 2021）使用美国内战废除奴隶制作为外生冲击，发现相对于奴隶数量更少的富裕家庭而言，南方大奴隶主损失惨重，但是他们的子辈以及孙辈的财产水平恢复更快，主要是通过联姻以及与其他精英家族的社会网络加速了财产积累，而其他企业家精神和技能水平等遗传特征的作用并不显著。

6.4 区分环境和基因的相对作用

早期文献使用同一家庭中兄弟姐妹在社会经济结果的相关性，来代表家庭

---

[19] 张皓辰等人（Zhang et al., 2020）基于中国初中生的样本，考察了父母的教养方式对子女学习成绩、认知能力和若干方面的非认知能力的影响。

以及社会背景（观测到的和不可观测的因素）对决定个体成年表现中发挥的作用。如果家庭和社会背景的作用大，则兄弟姐妹的表现应该高度相关；反之，则该相关性应该与总体中随机匹配的两个人的相关性没有显著差异（Solon，1999）。但该方法也存在一些问题。一方面，兄弟姐妹共享的不仅仅是家庭的社会经济地位，也包括父母特征、家庭文化以及学校和居住环境等共同因素。另一方面，即使对兄弟姐妹也存在异质性的家庭特有的因素没有被考虑，比如并不完全相同的基因遗传、由于出生时间和次序不同而导致的资源配置差异等（Rosenzweig and Zhang，2009）。[20]

此外，自萨塞尔多特（Sacerdote，2007）以来，很多文献使用领养儿童数据来区分基因因素和环境因素在决定代际相关性中的相对重要性，考察的结果变量包括教育和收入水平（Björklund et al.，2006；Björklund et al.，2007；Sacerdote，2007）、风险偏好和投资组合选择（Sacerdote，2007；Fagereng et al.，2021），以及财富积累（Fagereng et al.，2021）。在文献中被普遍接受的是，二者均会产生显著影响，但是对于不同的结果变量，基因遗传和后天家庭环境的相对作用大小存在差异。比如艾德尔蒙等人（2021）使用瑞典领养儿童数据，发现研究教育成就的代际相关性主要由父母的基因遗传决定，家庭环境因素的影响仅仅在30%～40%左右。法格伦等人（Fagereng et al.，2021）使用相同的数据，发现对（金融）资产积累而言，基因的作用更大，是环境影响的2倍左右；对金融风险偏好而言，家庭环境因素作用很大，而基因作用不大；而且基因和家庭环境的影响存在负相关，即基因禀赋更差的父母会通过提供更好的成长环境或者财富的直接转移来弥补孩子的先天劣势。

6.5 成长环境的因果效应

社区层面的阶层分隔被认为是影响社会代际流动性的重要因素，未成年时期所在社区的环境如何影响个体实现阶层上升的概率也得到越来越多的实证研

---

[20] 部分文献利用双胞胎数据，尝试从生物学角度解释经济行为的基因遗传。通过区分同卵（基因相同）和异卵双胞胎，可以将基因遗传与家庭环境特征分离。Branigan et al.（2013）发现，教育成就的可遗传性大约为40%；Barth et al.（2020）使用全基因组关联研究（Genome-Wide Association Studies，简称GWAS）中提供的与特定经济行为相关的DNA碱基对位点数据来衡量代际相关性中的基因遗传成分，他们发现基因与财富积累高度相关，主要通过所受的教育水平，以及储蓄行为和投资组合选择发挥作用。

究。在理论层面，杜尔劳夫和塞斯哈德里（Durlauf and Seshadri, 2018）构建理论模型，刻画了社区层面的阶层分隔现象在解释"了不起的盖茨比曲线"中的作用。在实证研究上，切蒂等人（2014b）系统估计了美国全国范围内通勤区层面的代际收入绝对向上流动性，并在此基础上进一步将地理单元细化到县级层面和普查区层面（Chetty et al., 2018）。相比于以往侧重于跨国比较的文献，这一系列文献聚焦于分析国家内部的代际流动性差异，使用一个国家内部统一的税收数据，口径一致且覆盖全面，地区间具有可比性。

在此基础上，切蒂和亨德伦（2018a，2018b）以及切蒂等人（2016a）分别利用美国家庭跨区域搬家的准自然实验和美国MTO项目数据，证实了童年时的成长环境对儿童成年表现（大学入学率、收入等）的影响，在实证上区分了因果效应和类聚效应。而且，社区的因果效应在划分很细的地理单元中发挥作用：控制了自己所在的人口普查区中的贫困率，仅仅1英里[21]以外的普查区的特征对儿童预期表现几乎没有任何解释力（Chetty et al., 2018）。而且在23岁之前，儿童在高质量社区度过的时间每增加1年，其代际收入绝对向上流动性可以提高4个百分点。这些高质量、代际流动性高的社区在多个方面具有一致的特征：居住区分隔现象弱，收入不平等水平低，初等学校质量高，社会资本水平高，且家庭稳定性高（Chetty et al., 2018）。基于切蒂和亨德伦（2018a，2018b）的估计，美国国内代际收入绝对向上流动性的地区差异中有62%可以由不同地区的社区环境的因果效应解释。[22]

类似地，布拉特贝格等人（2019）在西雅图和金县（King County）进行随机控制实验，发现大部分低收入家庭并不是按类聚效应预测的那样偏好居住在低流动性的地区；相反，普遍存在的基于收入的居住分隔现象主要是由于租房搜寻过程中存在的障碍。如果对低收入家庭提供针对性帮助，比如提供租房搜寻辅助、为家庭与房东联系提供便利、提供定制的短期金融协助等，都可以显著减少家庭面临的障碍，促使低收入家庭搬到高流动性地区，提高政府住房补贴的效率，从而提高代际流动性，缩小贫富差距。

---

[21] 英制长度单位。
[22] 根据 Chetty et al.（2018b）的估计，社区的房价与当地的社会流动性之间并没有显著的正相关关系，说明除了房价，存在其他因素阻碍低流动性社区的家庭迁移到高流动性社区，比如信息摩擦等。

7. 结论和政策讨论

代际流动性一直是备受关注的话题。在个体微观层面，它代表了来自不同社会阶层的个体可获得的经济机会平等程度，以及实现阶层跃迁、提高家庭社会地位的可行性。进一步地，代际流动性高低在很大程度上影响了社会各阶层的经济行为，尤其是影响了社会中下层家庭的子女通过个人努力改变命运的动力；在宏观层面，代际流动性则是反映一个经济体的平等程度和整体经济活力的重要方面之一。

本文评述了关于代际流动性的理论框架和国外实证研究的最新进展，也回顾了近年来日益增加的关于我国代际流动性的研究。总体上看，我国的代际流动性作为一个重要的研究话题，在文献中的热度不断上升，但目前关于我国代际流动性的研究大多数基于家户调查数据，这种数据在样本量方面带来一定约束，限制了对时空异质性及其决定因素的深入挖掘。同时，家户调查数据的局限性也可能使研究者较难解决本文所述的估计中可能存在的偏误问题。在国际上，行政大数据的应用大大推进了关于代际流动性的实证研究，因此在我国，利用可得性日益提高的行政大数据进行代际流动性研究，具有很大的挖掘空间和很好的研究前景。此外，我国在改革开放后的四十余年来，创造了世界上前所未有的经济增长奇迹，经济的快速增长和结构的快速变迁与我国的不平等，特别是代际不平等程度的时空变化产生了怎样的相互作用，这背后的学理值得未来的研究进行深入挖掘。比如，在不同发展阶段中，计划经济时期政府主导的工业化建设和人力资本投资，以及改革开放后加速推进的市场化和融入经济全球化，分别对我国的代际流动性有何影响？再比如，在正式制度逐步完善的过程中，一系列具有我国特色的非正式制度（如文化、观念、社会网络等多个方面）如何影响了代际不平等程度？作为世界上最大的发展中经济体，我国经济发展与代际不平等的关系反映出的规律与发达国家有何不同，这对其他发展中国家解决经济发展和转型中的不平等问题有何借鉴意义？这些都是值得深入研究的问题。

近些年，随着全球化的福利效应不断下降、分配效应越来越严重，社会不平等、阶层固化等社会问题在各国日益凸显。我国也不例外，"内卷""躺平"等网络热词的出现，反映了在社会流动性减弱的大环境下，年轻一代对竞争压力和未来前景不确定性的焦虑。在存量博弈时代，既要进一步解放思想、加速改革、扩大开放，努力"做大蛋糕"，也要高度重视"分好蛋糕"，促进机会平等，充分调动不同群体的积极性，分享经济发展的成果。

  本文综述了代际流动性研究，其中涉及的研究结论对我国当前共同富裕的政策实践具有重要的指导意义。反过来，这些政策实践也为研究者更好地理解我国代际流动性的形成机制和未来走向提供了宝贵的研究素材。从几个方面简要讨论我国若干方面的政策与提高社会流动性之间的关系。第一，乡村振兴政策：政府要积极运用转移支付等政策手段，帮助农村地区家庭克服信贷约束，促进其人力资本投资；要改善农村地区的卫生和教育等方面的基础设施，改善农村儿童的成长环境，促进城乡机会平等。第二，人口流动政策：要积极推进户籍制度改革，减少人口流动的隐性壁垒，为流动人口提供更广阔的发展机会，通过流动人口居住地的公共服务均等化和普惠化，促进经济机会平等。第三，生育政策：在积极鼓励生育的同时，要完善与人力资本相关的配套政策，比如加大公共教育资源投入力度，提高政策的针对性，缓解数量-质量权衡给低收入家庭造成更大的抚养和教育压力的问题，避免因增加生育而造成弱势群体家庭的孩子面临更不公平的发展机会。第四，中小学教育政策：要加大在父母家庭教育方面的政策支持力度，通过改善弱势群体家庭的教育投入和教养方式，促进社会流动性的提高。第五，劳动力市场政策：大力发展职业教育和在职培训，缓解劳动力市场上的技能错配，畅通技术人员的学习和上升渠道，提高个人技能和努力程度的劳动力市场回报，弱化社会网络和人脉关系等因素的作用，促进劳动力市场的机会平等。

推荐阅读

关于代际流动性文献的阅读，可以从拉贾·切蒂及其研究团队的系列文章入手。这些文章以实证分析为主，门槛较低，且很容易吸引初学者对相关话题的强烈兴趣。作者基于美国的行政大数据，进行了一系列扎实的实证分析，其中既有富于创新性和很强社会政策含义的相关性分析，也有利用精巧的因果识别方法进行的关于社区效应的因果推断。对这一系列文章的阅读可以从切蒂等人（2014b）的文章开始，进而阅读后面的相关文章，这些文章之间在数据和方法上具有很强的相似性，因此读者在阅读的过程中会逐渐产生一种熟悉的感觉，同时容易更精确地把握每一篇文章的独到贡献。此外，这一系列文章在实证方法上的全面和严谨，以及论文写作的流畅和规范，都堪称教科书式的范例，值得相关领域的研究者反复阅读和品味。与此相配套的，还可以参考拉贾·切蒂在哈佛大学开设的公开课《用大数据解决社会和经济问题》的视频，其中对相关的理论框架、数据以及一些前沿的实证方法和政策议题都进行了深入浅出的讲解，对经济学稍有涉猎的本科生即可看懂。对相关领域研究感兴趣的初学者而言，这些是非常好的学习资源。切蒂的系列文章在文后列出了参考文献，基本上囊括了2020年之前代际流动性研究的大部分有影响力的国际文献，也可以作为进一步学习的指引。

对代际流动性的实证研究有了基本了解之后，希望在本领域深入研究的读者建议阅读代际流动性的基础理论。如本文在综述理论文献时所讲的那样，代际流动性的理论文献发展相对缓慢，还是沿着加里·贝克尔及其合作者构建的理论框架在推进。如要阅读代际流动性的理论机制，可以先从索伦（2002）开始，他的文章提炼了代际流动性的基本理论框架，适合作为初学者教科书级别的参考，再进一步，贝克尔和托姆斯（1979，1986）的两篇文章是必读的经典之作，正是这两篇文章奠定了代际流动性分析的理论基础。加里·贝克尔在芝加哥大学讲授的《人力资本》的课程录像中，也有较大的篇幅介绍代际流动性的理论和实证，感兴趣的读者可以作为参考材料。在2010年之前，代际流动性的实证研究发展相对缓慢，要了解其文献进展，可以参考几篇综述文章，包括布莱克和德弗罗

（2011）、柯拉克（2013）、秦雪征（2014）、吕炜等人（2016）的文章。

家庭内的资源配置，特别是父母对孩子的人力资本投资决策，是实现人力资本和收入代际传导的重要机制。在这方面，德普克和齐利博蒂（2019）的著作《爱、金钱和孩子》是一本通俗的经济学读物，其中没有复杂的数学模型或实证分析，而是用浅显易懂的语言阐述代际流动性、家庭内的人力资本投资决策、文化与教养方式等话题相关的经济学机制，还有跨国比较和现实案例，能够引发研究者在相关领域上的进一步思考。读者也可以进一步沿着这本书或本文中提到的相关论文展开阅读。

关于中国的代际流动性与共同富裕问题，推荐阅读张俊森（2021）的文献综述。其中系统地介绍了中国收入不平等问题在多个维度的表现、背后决定的因素，以及实证研究中用到的数据和方法，还有专门一节介绍了中国的"了不起的盖茨比曲线"（关于此问题的专门研究可阅读樊潇等人的文章），是研究中国收入分配和代际流动问题的必读之作，也可以沿着其参考文献进行更深入的阅读。此外，邓曲恒等人（2013）、谢宇等人（2022）也著有关于中国代际流动性问题的有较大影响力的文章，可一并阅读参考。

附表　跨国文献比较整理

文献	国家或地区	数据来源	样本出生年份	子代收入年份（岁数）	父代收入年份（岁数）	样本数量	IGE	排序斜率 RRS	绝对流动性（25%及75%预期收入排序）	偏误处理
Solon (1992)	美国	PSID调查数据	1951—1959	1984	1967—1971	348父子对	0.413			父亲和儿子的年龄作为控制变量；父亲教育水平作为收入的工具变量
Corak (2014)	美国	SIPP调查数据，SSA	1964—1975	2003—2007	1978—1986	3 251父子对	0.40	0.30		
	加拿大	税收数据	1963—1966	1997—1999	儿子15~19岁	20万父子对	0.26	0.24		
	瑞士	行政数据 Statistic Sweden's Multigenerational Register	1960—1967	30~40岁	30~60岁	5.9万父子对	0.25	0.30		
Chetty et al. (2014a, b)	美国	联邦收入税务记录、人口普查数据	1980—1982	2011—2012	1996—2000	986.8万	0.344	0.341	41%, 58%	

Mitnik et al. (2015)	美国	SOI-M Panel，基于 SOI (Statistics of Income) Family Panel 和 OTA (Office of Tax Analysis) Panel	1972—1975	2010	孩子 15~23 岁	1.4 万	0.46		2010 年子代年龄在 35-38 岁
Mazumder (2015)	美国	PSID 调查数据	1951—1965	(40±2) 岁 (40±5) 岁		1 015 父子对	0.493	0.333	为了处理不同个体的可观测收入年份不同：①使用平衡面板数据；②排除由父亲个体特征（如收入、年龄、教育水平、是否为黑人等）的选择效应
Corak and Heisz (1999)	加拿大	税收数据	1963—1966	1995	1978—1982	38.9 万父子对	0.131~0.242	0.174	使用父亲和儿子的年龄及二次项作为控制变量，对每年龄施加限制

131

（续表）

文献	国家或地区	数据来源	样本出生年份	子代收入年份（岁数）	父代收入年份（岁数）	样本数量	IGE	排序斜率 RRS	绝对流动性（25%及75%预期收入排序）	偏误处理
Connolly et al. (2019)	加拿大	税收数据，1961年人口普查数据	1980, 1982	2011—2012	1996—2000	55.7万	0.310	0.212	44%, 57%	
Güell et al. (2018)	意大利	税收数据	1972—1983	2011—2012	1998—1999	64.8万	0.22	0.228	44%, 55%	衰减偏误：①仅保留1998年父母35~55岁的子代样本，②去掉2012年小于35岁的个体
Nybom and Stuhler (2016)	瑞典	税收数据	1952—1954			3160父子对	0.206			父亲教育作为工具变量
			1955—1957	22~47岁	36~65岁	3444父子对	0.246			
			1958—1960			3427父子对	0.274			

作者	国家	数据来源				样本量			备注
Heidrich (2017)	瑞典	SIMSAM (Swedish Initiative for Research on Microdata in the Social And Medical Sciences)	1968—1976	32~34岁	1968—2010	77.5万	0.302（平均），0.326（儿子），0.279（女儿）	0.198（平均），0.238（儿子），0.206（女儿）	数据年份多，17年平均收入，且在工作年限内；孩子出生时父母年龄分别为16~40岁和16~36岁
Bratberg et al.(2005)	挪威	行政数据 the Norwegian Database of Generations (DBG)	1950	1981—1985	1967—1995	儿子11.9万，女儿9 421	儿子0.155，女儿0.221		
	挪威		1960	1991—1995		儿子2.4万，女儿2.2万	儿子0.129，女儿0.126		
Schnelle (2015)		行政大数据	1932—1933	36~41岁	50~55岁	6 894父子对		0.228	
	挪威	行政大数据	1952—1957			8.6万父子对，8.2万父女对		男性：0.202~0.235；女性：0.140	使用父亲的职业和居住地估计父亲收入

（续表）

文献	国家或地区	数据来源	样本出生年份（岁数）	子代收入年份（岁数）	父代收入年份（岁数）	样本数量	IGE	排序斜率 RRS	绝对流动性（25%及75%预期收入排序）	偏误处理
Murray et al. (2018)	澳大利亚	HILDA调查数据	1984—1986	2014—2015	2001—2005	489	0.282	0.273		IGE回归中加入孩子和父母年龄、孩子性别虚拟变量
Deutscher and Mazumder (2019)	澳大利亚	税收数据	1978—1982	2011—2015	1991—2001		0.107~0.192	0.215	45%, 56%	
Charles and Hurst (2003)	美国	PSID调查数据				1500	IWE**为0.365（不包括负财富）			使用财富而不是收入作为永久性经济资源的代理变量
Boserup et al. (2013)	丹麦	税收数据	1960—1990	2009—2011	父母财富 1997—1999	115.6万	控制父母和孩子年龄虚拟变量：IWE为0.268（不包括负财富），0.19（包含负财富）			生命周期：按照出生年份分别做回归，IWE稳定在0.16~0.22

Bell et al. (2023)	英格兰和威尔士	英格兰和威尔士追踪调查（英国国家统计局）	1874—1983				教育水平和职业作为代际流动性指标，后者基于社会学和婚配市场上常用的职业Cambridge score（分数越高，对于教育要求越高，收入越高）
Eriksen and Munk (2020)	丹麦	行政数据	1973—1977	2010—2015	1980—孩子18岁	34万	0.242	44.1%, 56.2%
				1996, 1998, 2000, 2002, 2004, 2006, 2008	1979—1981	6.4万	0.432	0.383
Bratberg et al. (2017)	美国	美国青年追踪调查1979年调查数据	1957—1964					
	德国	德国社会经济面板数据	1957—1979	2001—2012	1984—1986	1 072	0.348	0.257

135

(续表)

文献	国家或地区	数据来源	样本出生年份（岁数）	子代收入年份（岁数）	父代收入年份（岁数）	样本数量	IGE	排序斜率 RRS	绝对流动性（25%及75%预期收入排序）	偏误处理
Bratberg et al. (2017)	挪威	行政数据	1957—1964	1996—2006	1978—1980	32.8万	0.194	0.223		
	瑞典	行政数据的35%随机样本	1957—1964	1996, 1998, 2000, 2002, 2004, 2006, 2007	1978—1980	25.3万	0.231	0.215		
Yavuz et al. (2019)	巴西	IPUMS调查数据库（基于人口普查）	1980年以前	2010	2010	9.7万	0.42			
	巴拿马		1980年以前	2010	2010	4 414	0.28			
Fan (2016)	中国	CFPS、CHARLS调查数据	1979前				0.43	0.26		加入家庭成员数量、农村虚拟变量、婚姻状况、教育作为控制变量
			1979后				0.51	0.37		

Fan et al. (2021)	中国	CFPS 调查数据	1970—1980	2012, 2014, 2016	2012, 2014, 2016	10 980	0.390	0.443	Heckman 两步法估计全样本个体收入；直接控制父母人和孩子年龄及其二次项；使用父母平均的受教育年限作均的受教育年限作为终生收入的工具变量
			1981—1988			11 333	0.442	0.494	
Yu et al. (2021)	中国	中国农村经济研究中心（Research Center for the Rural Economy, RCRE），CHIP 调查数据	1966—1981	2003—2013	2003—2013	2.4 万父母 - 儿子对		0.38	
			1982—1994					0.55	

* 为便于查询，英文文献保留作者英文名。

** IWE 为代际财富弹性（Intergenerational Wealth Elasticity）。

参考文献

[1] Abowd, J. M., Martha H. S. (2013). Estimating Measurement Error in Annual Job Earnings: A Comparison of Survey and Administrative Data [J]. Review of Economics and Statistics, 95 (5): 1451 – 1467.

[2] Adermon, A., Mikael L., & Mårten P. (2021). Dynastic Human Capital, Inequality, and Intergenerational Mobility [J]. American Economic Review, 111 (5): 1523 – 48.

[3] Adsera, A. (2005). Vanishing Children: From High Unemployment to Low Fertility in Developed Countries [J]. American Economic Review, 95 (2): 189 – 193.

[4] Ager, P., Leah B., & Katherine E. (2021). The Intergenerational Effects of a Large Wealth Shock: White Southerners after the Civil War. American Economic Review, 111 (11): 3767 – 94.

[5] Aiyar, S., Christian E. (2020). Inequality of Opportunity, Inequality of Income and Economic Growth [J]. World Development, 136, 105115.

[6] Alesina, A., Hohmann S., Michalopoulos S., et al. (2021). Intergenerational Mobility in Africa [J]. Econometrica, 89 (1): 1 – 35.

[7] Almond, D., Mazumder B. (2013). Fetal Origins and Parental Responses [J]. Annual Review of Economics, 5 (1): 37 – 56.

[8] Altonji, J. G., Dunn T. A. (1991). Relationships among the Family Incomes and Labor Market Outcomes of Relatives [R]. NBER, Working Paper.

[9] Antonovics, K. L., Arthur S. G. (2005). Does Increasing Women's Schooling Raise the Schooling of the Next Generation? Comment [J]. American Economic Review, 95 (5): 1738 – 1744.

[10] Ashenfelter, O., David J. Z. (1997). Estimates of the Returns to Schooling from Sibling Data: Fathers, Sons, and Brothers [J]. Review of Economics and Statistics, 79 (1): 1 – 9.

[11] Atkinson, A. B., Maynard A. K., & Trinder C. G. (1983). Parents and Children: Incomes in Two Generations [M]. London: Heinemann.

[12] Baker, M., Gary S. (2003). Earnings Dynamics and Inequality among Canadian Men, 1976 – 1992: Evidence from Longitudinal Income Tax Records [J]. Journal of Labor Economics, 21 (2): 289 – 321.

[13] Barone, G., Sauro M. (2016). Intergenerational Mobility in the Very Long Run: Florence 1427 – 2011 [R]. Bank of Italy Temi di Discussione, Working Paper.

[14] Barth, D., Nicholas W. P., & Kevin T. (2020). Genetic Endowments and Wealth Inequality [J]. Journal of Political Economy, 128 (4): 1474 – 1522.

[15] Becker, G. S. (1973). A Theory of Marriage: Part I [J]. Journal of Political Economy, 81 (4): 813 – 846.

[16] Becker, G. S. (1974). A Theory of Marriage: Part II [J]. Journal of Political Economy, 82 (2): S11-S26.

[17] Becker, G. S. (1981). Altruism in the Family and Selfishness in the Market Place [J]. Economica, 48 (189): 1 – 15.

[18] Becker, G. S., Lewis H. G. (1973). On the Interaction between the Quantity and Quality of Children [J]. Journal of Political Economy, 81 (2): S279-S288.

[19] Becker, G. S., Nigel T. (1976). Child Endowments and the Quality and Quantity of Children [J]. Journal of Political Economy, 84 (4): S143-S162.

[20] Becker, G. S., Nigel T. (1986). Human Capital and the Rise and Fall of Families [J]. Journal of Labor Economics, 4 (3): S1-S39.

[21] Becker, G. S., Nigel T. (1979). An Equilibrium Theory of the Distribution of Income and Intergenerational Mobility [J]. Journal of Political Economy, 87 (6): 1153 – 1189.

[22] Behrman, J. R. , Mark R. R. (2020). Does Increasing Women's Schooling Raise the Schooling of the Next Generation? [J]. American Economic Review, 92 (1): 323-334.

[23] Bell, A. , Chetty R. , Jaravel X. , et al. (2019). Who Becomes an Inventor in America? The Importance of Exposure to Innovation [J]. Quarterly Journal of Economics, 134 (2): 647-713.

[24] Bell, B. , Jack B. , & Stephen M. (2023). Where is the Land of Hope and Glory? The Geography of Intergenerational Mobility in England and Wales [J]. Scandinavian Journal of Economics, 125 (1): 73-106.

[25] Bergman, P. , Chetty R. , Stefanie D. , et al. (2019). Creating Moves to Opportunity: Experimental Evidence on Barriers to Neighborhood Choice [R]. NBER, Working Paper.

[26] Bertrand, M. , Mogstad M. , & Mountjoy J. (2021). Improving Educational Pathways to Social Mobility: Evidence from Norway's Reform, 94 [J]. Journal of Labor Economics, 39 (4): 965-1010.

[27] Bingley, P. , Kaare C. , & Vibeke M. J. (2009). Parental Schooling and Child Development: Learning from Twin Parents [R]. The Danish National Centre for Social Research, Working Paper.

[28] Björklund, A. , Markus J. (1997). Intergenerational Income Mobility in Sweden Compared to the United States [J]. American Economic Review, 87 (5): 1009-1018.

[29] Björklund, A. , Mikael L. , & Erik P. (2006). The Origins of Intergenerational Associations: Lessons from Swedish Adoption Data [J]. Quarterly Journal of Economics, 121 (3): 999-1028.

[30] Björklund, A. , Markus J. , & Gary S. (2007). Nature and Nurture in the Intergenerational Transmission of Socioeconomic Status: Evidence from Swedish Children and Their Biological and Rearing Parents [J]. BE Journal of Economic Analysis & Policy, 7 (2): 1753-1753.

[31] Björklund, A. , Kjell G. S. (2011). Education and Family Background: Mechanisms and Policies [M] // Handbook of the Economics of Education. Vol. 3. Amsterdam: Elsevier.

[32] Black, S. E. , Paul J. D. (2011). Recent Developments in Intergenerational Mobility [M] // Handbook of Labor Economics, Vol. 4. Amsterdam: Elsevier.

[33] Black, S. E. , Paul J. De. , & Kjell G. S. (2013). Under Pressure? The Effect of Peers on Outcomes of Young Adults [J]. Journal of Labor Economics, 31 (1): 119-153.

[34] Black, S. E. , Devereux P. J. , Lundborg P. , et al. (2017). On the Origins of Risk-taking in Financial Markets [J]. Journal of Finance, 72 (5): 2229-2278.

[35] Black, S. E. , Devereux P. J. , Lundborg P. , et al. (2020). Poor Little Rich Kids? The Role of Nature Versus Nurture in Wealth and Other Economic Outcomes and Behaviors [J]. Review of Economic Studies, 87 (4): 1683-1725.

[36] Blanden, J. (2005). Essays on Intergenerational Mobility and Its Variation Over Time, Place and Family Structure [M]. London: University College London.

[37] Boserup, S. H. , Wojciech K. , & Claus T. K. (2013). Intergenerational Wealth Mobility: Evidence from Danish Wealth Records of Three Generations [J]. University of Copenhagen, mimeo.

[38] Bound, J. , Zvi G. , & Bronwyn H. H. (1986). Wages, Schooling and IQ of Brothers and Sisters: Do the Family Factors Differ? [J]. International Economic Review, 27 (1): 77-105.

[39] Branigan, A. R. , Kenneth J. M. , & Jeremy F. (2013). Variation in the Heritability of Educational Attainment: An International Meta-analysis [J]. Social Forces, 92 (1): 109-140.

[40] Bratberg, E. , Øivind A. N. , & Kjell V. (2005). Intergenerational Earnings Mobility in Norway: Levels and Trends [J]. Scandinavian Journal of Economics, 107 (3): 419-435.

[41] Bratberg, E. , Davis J. , Mazumder B. , et al. (2017). A Comparison of Intergenerational Mobility Curves in Germany, Norway, Sweden, and the US [J]. Scandinavian Journal of Economics, 119 (1): 72-101.

[42] Braun, S. T., Jan S. (2018). The Transmission of Inequality across Multiple Generations: Testing Recent Theories with Evidence from Germany [J]. Economic Journal, 128 (609): 576-611.

[43] Browning, M., Chiappori P., & Weiss Y. (2014). Economics of the Family [M]. Cambridge: Cambridge University Press.

[44] Card, D., Chetty R., Feldstein M. S., et al. (2010). Expanding Access to Administrative Data for Research in the United States [C]. American Economic Association, Ten Years and Beyond: Economists Answer NSF's Call for Long-Term Research Agendas.

[45] Carr, M. D., Emily E. W. (2022). The Decline in Long-term Earnings Mobility in the U. S.: Evidence from Survey-linked Administrative Data [J]. Labour Economics, 78: 102170.

[46] Cesarini, D., Magnus J., & Sven O. (2014). Pre-birth Factors, Post-birth Factors, and Voting: Evidence from Swedish Adoption Data [J]. American Political Science Review, 108 (1): 71-87.

[47] Chadwick, L., Gary S. (2022). Intergenerational Income Mobility among Daughters [J]. American Economic Review, 92 (1): 335-344.

[48] Charles, K. K., Erik H. (2003). The Correlation of Wealth across Generations [J]. Journal of Political Economy, 111 (6): 1155-1182.

[49] Chetty, R., Hendren N., Kline P., et al. (2014a). Is the United States Still a Land of Opportunity? Recent Trends in Intergenerational Mobility [J]. American Economic Review, 104 (5): 141-47.

[50] Chetty, R., Hendren, N., Kline, P., et al. (2014b). Where is the Land of Opportunity? The Geography of Intergenerational Mobility in the United States [J]. Quarterly Journal of Economics, 129 (4): 1553-1623.

[51] Chetty, R., Hendren N., & Lawrence F. K. (2016a). The Effects of Exposure to Better Neighborhoods on Children: New Evidence from the Moving to Opportunity Experiment [J]. American Economic Review, 106 (4): 855-902.

[52] Chetty, R., Stepner M., Abraham S., et al. (2016b). The Association between Income and Life Expectancy in the United States, 2001-2014 [J]. Journal of the American Medical Association, 315 (16): 1750-1766.

[53] Chetty, R., Grusky D., Hell M., et al. (2017). The Fading American Dream: Trends in Absolute Income Mobility Since 1940 [J]. Science, 356 (6336): 398-406.

[54] Chetty, R., Friedman J. N., Hendren N., et al. (2018). The Opportunity Atlas: Mapping the Childhood Roots of Social Mobility [R]. NBER, Working Paper.

[55] Chetty, R., Nathaniel H. (2018). The Impacts of Neighborhoods on Intergenerational Mobility I: Childhood Exposure Effects [J]. Quarterly Journal of Economics, 133 (3): 1107-1162.

[56] Chetty, R., Nathaniel H. (2018b). The Impacts of Neighborhoods on Intergenerational Mobility II: County-level Estimates [J]. Quarterly Journal of Economics, 133 (3): 1163-1228.

[57] Chetty, R., Hendren N., Jones M. R., et al. (2020a). Race and Economic Opportunity in the United States: An Intergenerational Perspective [J]. Quarterly Journal of Economics 135, (2): 711-783.

[58] Chetty, R., Friedman, J. N., Saez, E., et al. (2020b). Income Segregation and Intergenerational Mobility across Colleges in the United States [J]. Quarterly Journal of Economics, 135 (3): 1567-1633.

[59] Chetty, R., Jackson M. O., Kuchler T., et al. (2022a). Social Capital I: Measurement and Associations with Economic Mobility [J]. Nature, 608.7921: 108-121.

[60] Chetty, R., Jackson M. O., Kuchler T., et al. (2022b). Social Capital II: Determinants of Economic Connectedness [J]. Nature, 608.7921: 122-134.

[61] Chyi, H., Bo Z., Shenyi J., et al. (2014). An Estimation of the Intergenerational Income Elas-

ticity of China [J]. Emerging Markets Finance and Trade, Vol. 50, Supplement 6: 122–136.

[62] Clark, G., Neil C. (2015). Intergenerational Wealth Mobility in England, 1858–2012: Surnames and Social Mobility [J]. Economic Journal, 125. 582: 61–85.

[63] Clark, G., Cummins N., Hao Y., & et al. (2015). Surnames: A New Source for the History of Social Mobility [J]. Explorations in Economic History, 55: 3–24.

[64] Colagrossi, M., Béatriced' H., & Sylke V. S. (2020). Like (grand) Parent, Like Child? Multigenerational Mobility across the EU [J]. European Economic Review, 130: 103600.

[65] Connolly, M., Miles C., & Catherine H. (2019). Intergenerational Mobility between and within Canada and the United States [J]. Journal of Labor Economics, 37. S2: S595-S641.

[66] Corak, M., Andrew H. (1999). The Intergenerational Earnings and Income Mobility of Canadian Men: Evidence from Longitudinal Income Tax Data [J]. Journal of Human Resources, 34 (3): 504–533.

[67] Corak, M. (2006). Do Poor Children become Poor Adults? Lessons from a Cross-country Comparison of Generational Earnings Mobility [M] // Dynamics of Inequality and Poverty, Vol. 13. Bingley: Emerald Group Publishing Limited.

[68] Corak, M. (2013). Income Inequality, Equality of Opportunity, and Intergenerational Mobility [J]. Journal of Economic Perspectives, 27 (3): 79–102.

[69] Corak, M., Matthew J. L., & Bhashkar M. (2014). A Comparison of Upward and Downward Intergenerational Mobility in Canada, Sweden and the United States [J]. Labour Economics, 30: 185–200.

[70] Cunha, F., James J. H., & Susanne M. S. (2010). Estimating the Technology of Cognitive and Noncognitive Skill Formation [J]. Econometrica, 78 (3): 883–931.

[71] Deng, Q., Björn G., & Shi L. (2013). Intergenerational Income Persistence in Urban China [J]. Review of Income and Wealth, 59 (3): 416–436.

[72] Deutscher, N., Bhashkar M. (2019). Intergenerational Mobility in Australia: National and Regional Estimates Using Administrative Data [R]. Life Course Centre, Working Paper.

[73] Doepke, M., Fabrizio Z. (2019). Love, Money, and Parenting: How Economics Explains the Way We Raise Our Kids [M]. Princeton: Princeton University Press.

[74] Durlauf, S. N., Ananth S. (2018). Understanding the Great Gatsby Curve [J]. NBER Macroeconomics Annual, 32 (1): 333–393.

[75] Emran, M. S., William G., & Forhad S. (2018). When Measure Matters Coresidency, Truncation Bias, and Intergenerational Mobility in Developing Countries [J]. Journal of Human Resources, 53 (3): 589–607.

[76] Elias, P. (2014). Administrative Data. Facing the Future: European Research Infrastructures for the Humanitiesand Social Sciences [M]. Berlin: Scivero.

[77] Eriksen, J., Martin D. M. (2020). The Geography of Intergenerational Mobility—Danish Evidence [J]. Economics Letters, 189: 109024.

[78] Fagereng, A., Magne M., & Marte R. (2021). Why Do Wealthy Parents Have Wealthy Children? [J]. Journal of Political Economy, 129 (3): 703–756.

[79] Falk, A., Fabian K., & Pia P. (2021). Socioeconomic Status and Inequalities in Children's IQ and Economic Preferences [J]. Journal of Political Economy, 129 (9): 2504–2545.

[80] Fan, Y. (2016). Intergenerational Income Persistence and Transmission Mechanism: Evidence from Urban China [J]. China Economic Review, 41: 299–314.

[81] Fan, Y., Junjian Y., & Junsen Z. (2021). Rising Intergenerational Income Persistence in China [J]. American Economic Journal: Economic Policy, 13 (1): 202–30.

[82] Forbes, K. J. (2000). A Reassessment of the Relationship between Inequality and Growth [J]. American Economic Review, 90 (4): 869 – 887.

[83] Gong, H., Andrew L., & Xin M. (2012). Intergenerational Income Mobility in Urban China [J]. Review of Income and Wealth, 58 (3): 481 – 503.

[84] Grawe, N. D. (2006). Lifecycle Bias in Estimates of Intergenerational Earnings Persistence [J]. Labour Economics, 13 (5): 551 – 570.

[85] Greene, W. H. (2000). Econometric Analysis (4th Edition) [M]. Englewood Cliffs: Prentice Hall.

[86] Güell, M., José V. R. M., & Christopher I. T. (2015). The Informational Content of Surnames, the Evolution of Intergenerational Mobility, and Assortative Mating [J]. Review of Economic Studies, 82 (2): 693 – 735.

[87] Güell, M., Pellizzari M., & Pica G. (2018). Correlating Social Mobility and Economic Outcomes [J]. Economic Journal, 128 (612): F353-F403.

[88] Haider, S. J. (1998). Econometric Studies of Long-run Earnings Inequality [D]. University of Michigan.

[89] Haider, S., Gary S. (2006). Life-cycle Variation in the Association between Current and Lifetime Earnings [J]. American Economic Review, 96 (4): 1308 – 1320.

[90] Hao, Y. (2021). Social Mobility in China, 1645 – 2012: A Surname Study [J]. China Economic Quarterly International, 1 (3): 233 – 243.

[91] Heckman, J. (2007). The Economics, Technology, and Neuroscience of Human Capability Formation [J]. Proceedings of the National Academy of Sciences, 104 (33): 13250 – 13255.

[92] Heidrich, S. (2017). Intergenerational Mobility in Sweden: A Regional Perspective [J]. Journal of Population Economics, 30 (4): 1241 – 1280.

[93] Hjalmarsson, R., Matthew J. L. (2013). The Origins of Intergenerational Associations in Crime: Lessons from Swedish Adoption Data [J]. Labour Economics, 20: 68 – 81.

[94] Hokayem, C., James P. Z., & Christopher R. B. (2012). A look at CPS Non-response and Trends in Poverty [R]. US Census, SEHSD Working Paper.

[95] Hokayem, C., Christopher B., & James P. Z. (2015). The Role of CPS Nonresponse in the Measurement of Poverty [J]. Journal of the American Statistical Association, 110. 511: 935 – 945.

[96] Jayachandran, S., Adriana L. (2009). Life Expectancy and Human Capital Investments: Evidence from Maternal Mortality Declines [J]. Quarterly Journal of Economics, 124 (1): 349 – 397.

[97] Jenkins, S. (1987). Snapshots Versus Movies: 'Lifecycle Biases' and the Estimation of Intergenerational Earnings Inheritance [J]. European Economic Review, 31 (5): 1149 – 1158.

[98] Kapteyn, A., Ypma J. Y. (2007). Measurement Error and Misclassification: AComparison of Survey and Administrative Data [J]. Journal of Labor Economics, 25: 513 – 551.

[99] Kiser, C. V., & Pascal K. W. (1951). Social and Psychological Factors Affecting Fertility. XI. The Interrelation of Fertility, Fertility Planning, and Feeling of Economic Security [J]. Milbank Memorial Fund Quarterly, 29 (1): 41 – 122.

[100] Kremer, M. (1997). How Much Does Sorting Increase Inequality? [J]. Quarterly Journal of Economics, 112 (1): 115 – 139.

[101] Lam, D. (1988). Marriage Markets and Assortative Mating with Household Public Goods: Theoretical Results and Empirical Implications [J]. Journal of Human Resources, 23 (4): 462 – 487.

[102] Lefgren, L., David S., & Matthew J. L. (2012). Rich Dad, Smart dad: Decomposing the In-

tergenerational Transmission of Income [J]. Journal of Political Economy, 120 (2): 268-303.

[103] Li, H. B., Mark R., & Junsen Z. (2010). Altruism, Favoritism, and Guilt in the Allocation of Family Resources: Sophie's Choice in Mao's Mass Send-down Movement [J]. Journal of Political Economy, 118 (1): 1-38.

[104] Li, H. B., Lingsheng M., Xinzheng S., et al. (2013). Poverty in China's Colleges and the Targeting of Financial Aid [J]. China Quarterly, 216: 970-992.

[105] Lillard, L. A., Kilburn M. R. (1995). Intergenerational Earnings Links: Sons and Daughters [R]. Labor and Population Program, Working Paper.

[106] Lindahl, M., Lundberg E., Palme M., et al. (2016). Parental Influences on Health and Longevity: Lessons from a Large Sample of Adoptees [R]. NBER, Working Paper.

[107] Lindahl, M., Palme M., Massih S. S., et al (2015). Long-term Intergenerational Persistence of Human Capital an Empirical Analysis of Four Generations [J]. Journal of Human Resources, 50 (1): 1-33.

[108] Lindquist, M. J., Joeri S., & Mirjam Van P. (2015). Why Do Entrepreneurial Parents Have Entrepreneurial Children? [J]. Journal of Labor Economics, 33 (2): 269-296.

[109] Long, J., Joseph F. (2018). Occupational Mobility Across Three Generations in the US and Britain, 1850-1911 [J]. Economic Journal, 128.612: 422-445.

[110] Mare, R. D. (2011). A Multigenerational View of Inequality [J]. Demography, 48 (1): 1-23.

[111] Marrero, G. A., Rodríguez J. G. (2013). Inequality of Opportunity and Growth [J]. Journal of Development Economics, 104: 107-122.

[112] Mazumder, B. (2005). Fortunate Sons: New Estimates of Intergenerational Mobility in the United States Using Social Security Earnings Data [J]. Review of Economics and Statistics, 87 (2): 235-255.

[113] Mazumder, B. (2015). Estimating the Intergenerational Elasticity and Rank Association in the US: Overcoming the Current Limitations of Tax Data [R]. Federal Reserve Bank of Chicago, Working Paper.

[114] Mitnik, P. A., Bryant V., Weber M. et al. (2015). New Estimates of Intergenerational Mobility Using Administrative Data [R]. Internal Revenue Service, Working Paper.

[115] Modalsli, J. (2021). Multigenerational Persistence: Evidence from 146 years of Administrative Data [J]. Journal of Human Resources, 58 (3): 929-961.

[116] Murray, C., Clark R. G., Mendolia S., et al. (2018). Direct Measures of Intergenerational Income Mobility for Australia [J]. Economic Record, 94.307: 445-468.

[117] Nilsen, Ø. A., Vaage K., Aakvik A., et al. (2008). Estimates of Intergenerational Elasticities Based on Lifetime Earnings [R]. IZA Discussion Papers, No. 3709.

[118] Nybom, M., Jan S. (2016). Heterogeneous Income Profiles and Lifecycle Bias in Intergenerational Mobility Estimation [J]. Journal of Human Resources, 51 (1): 239-268.

[119] Nybom, M., Jan S. (2017). Biases in Standard Measures of Intergenerational Income Dependence [J]. Journal of Human Resources, 52 (3): 800-825.

[120] OECD. (2011). Organisation for Economic Co-operation and Development, and Organisation for Economic Co-operation and Development Staff [R]. OECD Employment Outlook 2011.

[121] Peters, H. E. (1992). Patterns of Intergenerational Mobility in Income and Earnings [J]. TheReview of Economics and Statistics, 74 (3): 456-466.

[122] Pronzato, C. (2012). An Examination of Paternal and Maternal Intergenerational Transmission of Schooling [J]. Journal of Population Economics, 25 (2): 591-608.

[123] Qin, X. Z., Tianyu W., & Castiel C. Z. (2016). Intergenerational Transfer of Human Capital and Its Impact on Income Mobility: Evidence from China [J]. China Economic Review, 38: 306-321.

[124] Reville, R. T. (1995). Intertemporal and Life Cycle Variation in Measured Intergenerational Earnings Mobility [Z]. Unpublished Manuscript, RAND.

[125] Roemer, J. E (2004). Equal Opportunity and Intergenerational Mobility: Going beyond Intergenerational Income Transition Matrices [M] // Generational Income Mobility in North America and Europe. Cambridge: Cambridge University Press.

[126] Roemer, J. E., Trannoy A. (2016). Equality of Opportunity: Theory and Measurement [J]. Journal of Economic Literature, 54 (4): 1288 – 1332.

[127] Rosenzweig, M. R., Junsen Z. (2009). Do Population Control Policies Induce More Human Capital Investment? Twins, Birth Weight and China's One-child Policy [J]. Review of Economic Studies, 76 (3): 1149 – 1174.

[128] Sacerdote, B. (2007). How Large Are the Effects from Changes in Family Environment? A Study of Korean American Adoptees [J]. Quarterly Journal of Economics, 122 (1): 119 – 157.

[129] Schnelle, K. (2015). Intergenerational Mobility in Norway: Transition Probabilities and Directional Rank Mobility [D]. The University of Bergen.

[130] Solon, G. (1989). Biases in the Estimation of Intergenerational Earnings Correlations [J]. Review of Economics and Statistics, 71: 172 – 174.

[131] Solon, G. (1992). Intergenerational Income Mobility in the United States [J]. American Economic Review, 82 (3): 393 – 408.

[132] Solon, G. (2004). A Model of Intergenerational Mobility Variation over Time and Place [J]. Generational Income Mobility in North America and Europe, 2: 38 – 47.

[133] Solon, G. (1999). Intergenerational Mobility in the Labor Market [M] // Handbook of Labor Economics. Vol. 3. Amsterdam: Elsevier.

[134] Solon, G. (2018). Intergenerational Income Mobility [M] //Social Stratification. London: Routledge.

[135] Solon, G., Corcoran, M., Gordon, R., et al. (1991). A Longitudinal Analysis of Sibling Correlations in Economic Status [J]. Journal of Human Resources, 26 (3): 509 – 534.

[136] Stiglitz, J. E. (1969). Distribution of Income and Wealth among Individuals [J]. Econometrica, 37 (3): 382 – 397.

[137] Stuhler, J. (2012). Mobility Across Multiple Generations: The Iterated Regression Fallacy [R]. Institute of Labor Economics, Discussion Papers.

[138] Xie, Y., Dong H., Zhou X. et al. (2022). Trends in Social Mobility in Postrevolution China [J]. Proceedings of the National Academy of Sciences, 119 (7): e2117471119.

[139] Yavuz, H. B., Francesco P., & Ömer T. D. (2019). Intergenerational Mobility: An Assessment for Latin American Countries [R]. Institute of Labor Economics, Discussion Papers.

[140] Yewen, Y., Yi F., & Junjian Y. (2022). One-child Policy, Differential Fertility, and Intergenerational Transmission of Inequality in China [R]. Working Paper.

[141] Yewen, Y., Liutang G., & Junjian Y. (2022). Globalization Raises Intergenerational Inequality Transmission in Chinese Villages [R]. Working Paper.

[142] Haochen, Z., Xuezheng Q., & Jiantao Z. (2020). Do Tiger Moms Raise Superior Kids? The Impact of Parenting Style on Adolescent Human Capital Formation in China [J]. China Economic Review, 63: 101537.

[143] Junsen, Z. (2021). A Survey on Income Inequality in China [J]. Journal of Economic Literature, 59: 1191 - 1239.

［144］Zimmerman，D. J. （1992）. Regression toward Mediocrity in Economic Stature ［J］. American Economic Review，82（3）：409 – 429.

［145］曹晖，罗楚亮. 为了机会公平而流动——收入代际传递对劳动力流入的影响 ［J］. 劳动经济研究，2021，9（01）：3 – 26.

［146］曹晖，罗楚亮，武翰涛. 南稻北麦与收入代际流动性的地区差异 ［J］. 湘潭大学学报（哲学社会科学版），2021，45（05）：57 – 63.

［147］陈斌开，张淑娟，申广军. 义务教育能提高代际流动性吗？［J］. 金融研究，2021，（06）：76 – 94.

［148］陈琳. 中国城镇代际收入弹性研究：测量误差的纠正和收入影响的识别 ［J］. 经济学（季刊），2016，15（01）：33 – 52.

［149］郑筱婷，袁梦，王珺. 城市产业的就业扩张与收入的代际流动 ［J］. 经济学动态，2020，（09）：59 – 74.

［150］何石军，黄桂田. 中国社会的代际收入流动性趋势：2000 ~ 2009 ［J］. 金融研究，2013，（02）：19 – 32.

［151］李力行，周广肃. 代际传递、社会流动性及其变化趋势——来自收入、职业、教育、政治身份的多角度分析 ［J］. 浙江社会科学，2014，（05）：11 – 22，156.

［152］李力行，周广肃. 家庭借贷约束、公共教育支出与社会流动性 ［J］. 经济学（季刊），2015，14（01）：65 – 82.

［153］刘怡，李智慧，耿志祥. 婚姻匹配、代际流动与家庭模式的个税改革 ［J］. 管理世界，2017，（09）：60 – 72.

［154］罗楚亮，刘晓霞. 教育扩张与教育的代际流动性 ［J］. 中国社会科学，2018，（02）：121 – 140，207.

［155］吕炜，杨沫，王岩. 收入与职业代际流动性研究前沿——测度、比较及影响机制 ［J］. 经济学动态，2016，（06）：109 – 119.

［156］秦雪征. 代际流动性及其传导机制研究进展 ［J］. 经济学动态，2014，（09）：115 – 124.

［157］孙三百，黄薇，洪俊杰. 劳动力自由迁移为何如此重要？——基于代际收入流动的视角 ［J］. 经济研究，2012，47（05）：147 – 159.

［158］徐晓红. 中国城乡居民收入差距代际传递变动趋势：2002—2012 ［J］. 中国工业经济，2015，（03）：5 – 17.

［159］杨沫，王岩. 中国居民代际收入流动性的变化趋势及影响机制研究 ［J］. 管理世界，2020，（03）：60 – 76.

［160］杨汝岱，刘伟. 市场化与中国代际收入流动 ［J］. 湘潭大学学报（哲学社会科学版），2019，43（01）：112 – 118.

［161］杨新铭，邓曲恒. 城镇居民收入代际传递现象及其形成机制——基于2008年天津家庭调查数据的实证分析 ［J］. 财贸经济，2016，（11）：47 – 61.

［162］杨新铭，邓曲恒. 中国城镇居民收入代际传递机制——基于2008年天津微观调查数据的实证分析 ［J］. 南开经济研究，2017，（01）：44 – 57.

［163］阳义南，连玉君. 中国社会代际流动性的动态解析——CGSS与CLDS混合横截面数据的经验证据 ［J］. 管理世界，2015，（04）：79 – 91.

［164］阳义南. 市场化进程对中国代际流动的贡献 ［J］. 财经研究，2018，44（01）：128 – 141.

［165］周兴，张鹏. 代际间的收入流动及其对居民收入差距的影响 ［J］. 中国人口科学，2013，（05）：50 – 59，127.

贸易保护的复兴与中美贸易的未来
中美贸易冲突 6 周年回顾

马弘　宁静馨

摘要： 在过去 6 年中，中美贸易冲突不仅重塑了两个世界上最大经济体之间的关系，也深刻影响了全球经贸格局。本文通过数据分析和文献回顾，系统梳理了中美贸易冲突的背景、过程、内容，以及贸易冲突在社会经济各个维度对中美两国及世界贸易格局的影响。本文首先回顾了过去 20 年中美贸易的变迁，展示了中美贸易结构的调整和发展趋势；继而详细解读了贸易冲突的背景，并详细梳理了中美加征关税的时间线，涉及的产品种类、价值等。随后，本文探讨了中美贸易冲突的经济影响，包括关税如何影响价格、福利，以及就业、投资和消费等经济领域，回顾了文献中评估中美贸易冲突影响的研究方法和研究结论。本文还梳理了由中美贸易冲突引起的供应链重构，探讨了在贸易冲突背景下贸易政策与产业政策的相互作用。

---

* 马弘，清华大学经济管理学院经济系教授、博士生导师、国家自然科学杰出青年基金获得者、国家社科重大课题首席专家、国家级青年人才计划获得者，研究工作主要集中在国际贸易和经济发展等方向，在 *Review of Economics and Statistics*、*Journal of International Economics*、*Journal of Monetary Economics*、*Journal of Public Economics*、《经济研究》、《世界经济》、《经济学（季刊）》等期刊发表论文数十篇，同时担任清华大学中国经济研究中心副主任，*Journal of Comparative Economics*、*China Economic Review*、*Review of International Economics* 副主编，《国际贸易》、*Journal of WTO and China* 编委。宁静馨，对外经济贸易大学讲师、硕士生导师，主要研究方向为国际贸易、经济发展，研究成果发表在 *China Economic Review*、*China Economic Quarterly International*、《教育与经济》等期刊上。

通过梳理已有文献，本文对中美贸易冲突的影响进行了简要总结。贸易冲突导致了双方的福利损失，但对就业影响甚微，中美贸易冲突并未取得政策制定者预期的效果。具体而言，美国对中国加征的关税未能有效解决贸易失衡问题，美国的贸易逆差不断扩大，制造业并未回流至美国。同时，关税政策并未解决美国经济内部的分配问题和失业问题。通过全面评估中美贸易冲突，本文为理解当前国际贸易冲突的复杂性提供了新的视角。

关键词：中美贸易冲突；贸易政策；中国冲击；供应链重构

1. 引言

20 世纪 80 年代末 90 年代初，冷战结束，世界经济一体化进入一个高速发展的"超级全球化"时期（Rodrik，2011；Goldberg，2023）。在这一时期，各国相继推出促进市场经济制度建设的改革，降低边际税率，放松对金融业的管制，改进营商环境，欢迎外商投资，意识形态和地缘政治不再是全球贸易和跨境投资的主要障碍。一方面，一系列维护并促进世界贸易和跨境投资的政策、制度、跨国协议出台，其中广为人知的包括 1992 年《北美自由贸易协定》签署，1995 年关税与贸易总协定（GATT）改组升级为世界贸易组织（WTO），以及 1999 年欧元区的建立，贸易和投资的成本不断降低，全球多边经贸体系进一步扩大并逐渐发展成熟。另一方面，航运和空运成本不断降低、信息技术进一步发展、产品生产不断标准化，这使生产链条得以在不同经济体之间分割重组，大规模中间品离岸外包生产和任务贸易变得有利可图。

在效率和利润最大化的驱动下，跨国公司成为全球化最积极的执行者，它们在利润最大的市场进行销售，在成本最小处采购原料，在劳动力最充裕的地方进行生产，同时将巨额利润存储在离岸"避税天堂"等待下一个投资机会。此外，劳动力充裕而资本缺乏的发展中国家也从拥抱全球化中获得了就业机会、海外市场和经济增长。其中表现最为亮眼的是中国，从 1992 年邓小平南方谈话后大量外资涌入①，到 2001 年 12 月中国正式加入 WTO，逐步以市场规律和全球规则为导向改革中央和地方的多项规则，使得中国能够"在更大范围、更广领域和更高层次上参与国际经济技术合作和竞争"，充分利用国际国

---

① 根据 Han et al.（2012）的研究，外国直接投资（FDI）占 GDP 的比重从 1992 年的略高于 2% 迅速增长到 1994 年的 6%。

内两个市场。港商、台商以及随后源自欧美日韩的资本与来自中西部省份的农民工在东南沿海的工业开发区汇聚，迸发出巨大的生产力和经济活力。2008年中国超越美国成为世界最大的制造业生产国，2009年超越德国成为世界最大的货物贸易出口国，2010年超越日本成为世界第二大经济体。到了2017年，全球有67个经济体以中国为最大的进口来源国，36个经济体以中国为最大的出口市场。② 中国深度融入全球生产和贸易的分工体系。对外贸易的快速增长，无疑是中国经济腾飞的最重要因素之一。

在图1和图2中，我们分别给出了1995年以来中国占世界制造业总产值、全球总出口及总进口的比重变化。作为对比，我们也给出了七国集团（G7）及全球前五大货物出口国或者进口国的比重。可以看到，从1995年开始中国制造业的产值和进出口贸易都在迅速增长。到2017年③，中国制造业的产出总值达到了全世界总产出的32%。到2020年这一比重甚至增长到35%以上，

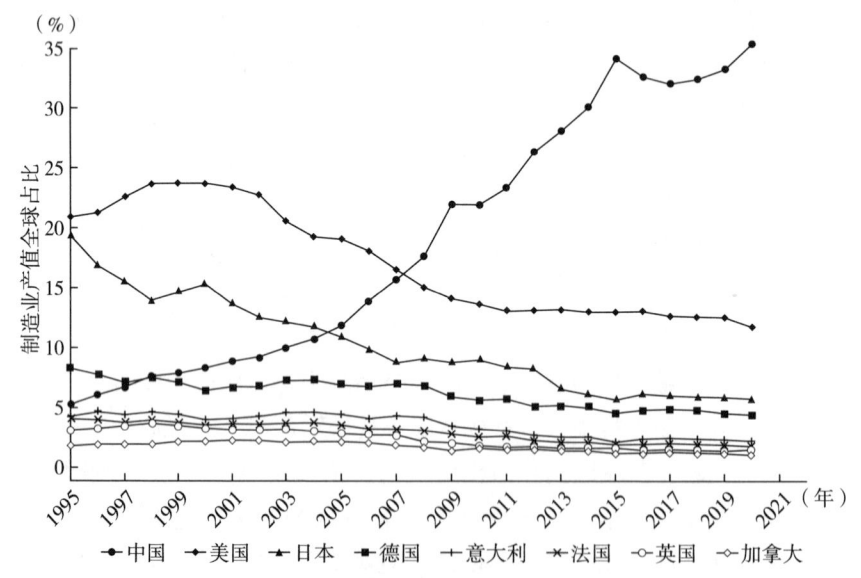

图1 中国和G7国家制造业产值的历年全球占比

数据来源：OECD TiVA 数据库2023年版。

---

② 使用2017年 CEPII-BACI 数据库计算得到。
③ 在后续多个图表和数据描述中，我们选择2017年作为一个关键时间节点，对比说明贸易冲突产生的影响。2017年是中美贸易冲突爆发前的最后一个完整年份，代表了贸易冲突和逆全球化趋势加剧之前的全球贸易环境，为本文的分析提供了一个基准年份。

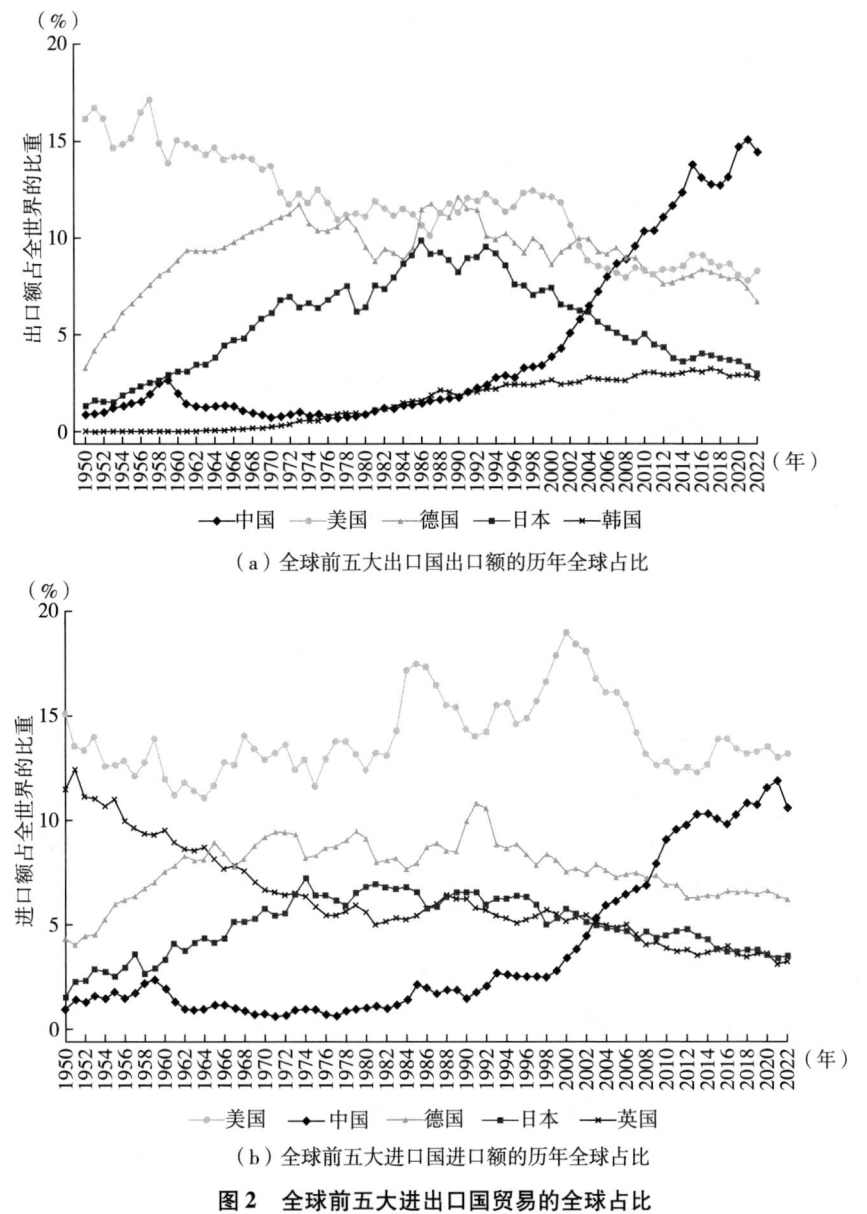

(a) 全球前五大出口国出口额的历年全球占比

(b) 全球前五大进口国进口额的历年全球占比

图2　全球前五大进出口国贸易的全球占比

注：图（a）和图（b）分别选取2017年全球前五大货物出口国和进口国。

数据来源：WTO Stats Database。

而排名第二的美国只占全球总产出的12%，实际上，此时中国占全世界总产出的比重比全部七国集团占比的加总还要多。从贸易总值上看，即使经历了中美贸易冲突和疫情的影响，中国出口总值在 2020 年也达到全球出口总值的 15% 左右。同时中国也成为全世界仅次于美国的第二大进口国，2020 年进口总值占全球的 11.5%，仅落后美国 2 个百分点。

1994 年，时任新加坡总理李光耀指出"中国是人类历史上最大规模的参与者"，中国加入 WTO 融入世界经济一体化的进程是 20 世纪 90 年代以来全球经济发展最重要的事件之一（Branstetter and Lardy，2008）。彼时的中国，拥有世界上最充裕的劳动力资源。依据赫克歇尔-俄林理论，最优的发展策略是选择劳动密集型产业进行专业化生产（林毅夫等人，1994）。事实上，中国也正是遵循了充分发挥比较优势的发展策略。20 世纪 90 年代初期，纺织衣物鞋帽等劳动密集型轻纺产品占中国总出口的近 40%。随着国际市场垂直一体化的发展，跨国公司可以将不同技术水平、不同要素密集度的零件和附件，根据禀赋决定的比较优势分散外包到不同国家和地区进行生产，在进入市场销售前再集中进行装配。在比较优势规律的指挥下，资本密集型或者技术密集型产品中相对劳动密集型的部分被分割出来外包到劳动力充裕的发展中国家（例如中国）进行生产。而机电产品正符合全球生产分割和任务外包（Task Offshoring）的特点，因此也逐渐取代纺织品成为第一大门类的中国出口产品。到 2020 年，纺织衣物鞋帽仅占中国出口总值的 13.9%，而机电行业占 44.4%。

生产链条向中国沿海地区的集聚意味着工作机会也向同一片区域集聚。而生产同样劳动密集型产品或零部件的国家（地区）则面临来自中国的激烈竞争。经典贸易理论（例如要素禀赋论）和实证研究早已认识到来自低收入国家的进口竞争产生的分配效应。[4] 这些研究多数认为，一方面，在充分就业和劳动力自由流动的前提下，进口冲击带来的负面影响会随着劳动力跨行业和区域的流动而转变为国家层面对特定要素的冲击。另一方面，只要政府能够通过转移支付或者其他方式补偿在贸易中受损的要素群体，贸易最终不仅会带来净福利的改进，甚至可以是帕累托改进的。然而，在现实中，这两方面的前提往往并不成立。特定行业往往集聚在特定地区，并贡献了该地区相当比重的就业，而该行业的企业一旦被进口竞争逐出市场，该地区就会面临大量失业。研

---

[4] 比如萨缪尔森和斯托尔珀在赫克歇尔-俄林的要素禀赋理论框架下论证了贸易开放有利于一国充裕要素的所有者而不利于其稀缺要素的所有者。国际经济学的两本经典教材，Feenstra and Taylor（2014）主编的《国际经济学》，以及 Krugman et al.（2011）主编的《国际经济学》，均对此进行了详细论证。

究发现，21世纪以来，美国劳动力市场的跨区域流动与20世纪80年代相比大为减弱。同时，政府的转移支付或其他救济措施也不能达到其目的。因此特定行业面临的进口竞争（例如劳动密集型行业的制鞋、家具制造等，面临来自低收入国家的竞争）往往就体现为对一个区域性劳动力市场的负向冲击。奥托等人（Autor et al.，2013）开启了这一支文献的先河，他们的研究发现，受中国进口竞争冲击更严重的地区往往经历更加剧烈的制造业萎缩和失业，在受教育程度更低的劳动者群体上体现得更明显。他们把这一现象称为"中国综合征"（China Syndrome）或者更中性的"中国冲击"（China Shock）。

奥托等人（2013）的一系列后续研究发现，受到"中国冲击"影响更大的地区在工资、房价、税收上都出现了更大的下降，同时贫困率、离婚率、因酗酒或吸毒导致的死亡率出现更大的上升。奥托等人（2016）对"中国冲击"进行了较为全面的文献综述，本文也将在第2节对此进行进一步的补充。这里要重点指出的是，奥托等人（2013）所谓的"中国冲击"，应该理解为低收入国家（"南方国家"）参与全球贸易体系对发达国家（"北方国家"）低收入劳动力群体的就业和工资冲击。由于中国制造业产品出口的规模及其增长速度，使得丧失流动性的发达国家工薪阶层难以在较短时间内做出调整，从而产生较为严重的社会经济后果。奥托等人（2013）及其追随者对美国区域劳动力市场的分析，迎合了凯斯和迪顿（Case and Deaton，2015）对美国白人死亡率的研究（《美国怎么了》）以及皮凯蒂（Piketty，2014）在《21世纪资本论》中对发达国家日益加剧的不平等的研究。不同于迪顿和皮凯蒂等人将焦点放在发达国家内部族群和阶层之间的经济分化和社会矛盾激化，奥托等人（2013）直接将美国劳动力市场困境的"果"归结为中国进口竞争的"因"，产生了极大的社会和政治影响。

特别重要的是，奥托等人（2020）发现，"中国冲击"导致了区域内不同族群之间在政治上的分化和极化：中国产品带来更激烈竞争的县更有可能投票给共和党候选人，这意味着"中国冲击"部分地导致了特朗普的上台。事实上，美国大选结束后，2017年特朗普甫一上台，就迅速竖起了贸易保护主义的大旗。他上任首日就签署行政命令退出了《跨太平洋伙伴关系协定》（TPP）。2017年8月，美国启动了对中国的"301调查"（Section 301）。特别是2018年以来，美国先是发起了针对光伏面板和洗衣机的"201调查"，随后又以国家安全为由，发起针对进口钢铁和铝产品的"232调查"。到2018年4

月3日，美国贸易代表办公室公布了一份包含价值500亿美元的1 333种商品的清单，声称要依据"301调查"结果对这些商品加征25%的惩罚性关税。4月4日，中国商务部宣布对美国出口到中国的价值500亿美元的106项商品对等加征25%的关税。⑤ 在随后的两年中，中美之间不断扩大彼此加征关税商品的范围，贸易冲突不断升级，甚至扩大到科技和政治层面。2020年1月，中美经过多轮磋商谈判之后，终于达成"第一阶段经贸协议"（Phase One Deal）。但双方相互加征的关税直到本文写成之日（2024年2月18日）仍然维持在20%以上的水平。

此次中美贸易冲突涉及全球最大的两个经济体，覆盖了超过5 000亿美元的产品，被称为大萧条年代以来"最大规模的贸易冲突"，是近年来国际经济领域最主要的宏观事件之一。在过去六年中，中美贸易冲突不仅重塑了两个世界最大经济体之间的关系，也深刻影响了全球经贸格局。本文通过数据分析和文献回顾，梳理中美贸易冲突发生的背景、过程、内容，以及贸易冲突以来在社会经济各个维度对中美两国及世界贸易格局的影响。在本文之前，法伊格尔鲍姆和坎德尔瓦尔（Fajgelbaum and Khandelwal，2022）以及卡利恩多和帕罗（Caliendo and Parro，2023）分别对中美贸易冲突和中美贸易关系进行了文献综述。和这两篇相比，本文一方面补充了部分最新文献，另一方面在研究视角上更兼顾对中国影响的研究。此外，着眼于为读者提供尽可能详细的背景资料，本文对中美贸易及关税的结构和演变做了更多的描述性分析，最后还讨论了贸易冲突引发的全球产业重构和产业政策竞争。

自中美贸易冲突以来，特别是俄乌战争以来，全球地缘政治发生了很大变化，意识形态和国家安全关切在很多时候超越了对传统经济效率和利益的考量，中美之间的贸易冲突，也有向投资、科技、军事以及意识形态领域蔓延的趋势。限于主题和篇幅，本文将不对这些贸易领域之外的竞争和冲突进行评述。本文结构具体安排如下：第2节梳理过去20年中美贸易的水平、结构和变化趋势；第3节介绍中美贸易冲突的发展历程，详细梳理中美加征关税的时间线、涉及的产品种类等；第4节介绍中美贸易冲突的经济影响，包括关税的价格传导效应、福利效应，对就业、投资、消费等方面的影响；第5节和第6节对贸易冲突引起的供应链重构、贸易冲突下的贸易政策与产业政策的交互作

---

⑤ 本文将在第3节详细描述中美贸易冲突的时间、过程以及内容（包括关税清单和涉税价值）。

用进行了梳理；第 7 节为总结。

2. 中美贸易：水平、结构与趋势

2.1 加入 WTO 以来中美贸易的发展

2001 年 12 月，中国正式加入 WTO，这标志着中国经济对外开放的一个重要里程碑，对中国之后的外贸乃至经济增长、全球经济格局，尤其是中美贸易关系都产生了深远的影响。为了顺利加入 WTO，中国政府在 20 世纪 90 年代主动推行了一系列市场化改革和贸易自由化措施。马弘（2019）对其中的开放型措施进行了总结。第一，1994 年进行外汇体制改革，取消双重汇率，形成外汇市场，人民币一次性对美元贬值，形成事实上单一钉住美元的固定汇率。第二，大大降低进口关税特别是中间投入品关税，加权平均关税从 1992 年的 32.2% 迅速下降至 1997 年的 15.2%，其后缓步降至 2001 年 13.4% 的水平。⑥ 第三，非关税壁垒大幅减少：需要配额或进口许可证的商品占总进口的份额从 1990 年的 50% 左右，大幅降低到 2001 年的 8.5% 左右（Lardy，2002）。第四，逐步放开对企业外贸经营权的管制，1985 年中国仅有 800 家企业直接从事国际贸易（Lardy，2002），根据海关统计，到 2001 年，有超过 6.8 万家企业直接从事出口业务。第五，清理、修改了大量中央和地方的法律法规，确保其符合 WTO 规则。地方政府对本地企业的倾向性保护也大大减少，市场一体化程度大大提高。

这些政策调整不仅帮助中国经济加速融入全球市场，也为中美经贸往来提供了更加广阔的发展空间。图 3 根据中国海关总署的数据给出了以名义价格计算的中国从美国进口和对美国出口的年度总额。如图 3 所示，中美双边贸易额在 2001 年仅约 800 亿美元，2022 年增长到 6 645 亿美元，增长了 7 倍多。然而，伴随着中美贸易额的迅猛增长，中美之间的贸易顺差也持续扩大。2023 年，中国对美国货物贸易出口 5 003 亿美元，从美国进口 1 642 亿美元，贸易顺差高达 3 361 亿美元。这反映了两国双边贸易的不平衡。

---

⑥ 事实上，考虑到加工贸易减免关税以及偷税漏税等因素，关税的实际征收率要远低于按照海关税则计算的加权平均关税（Branstetter and Lardy，2008；翟凡、李善同，1996）。

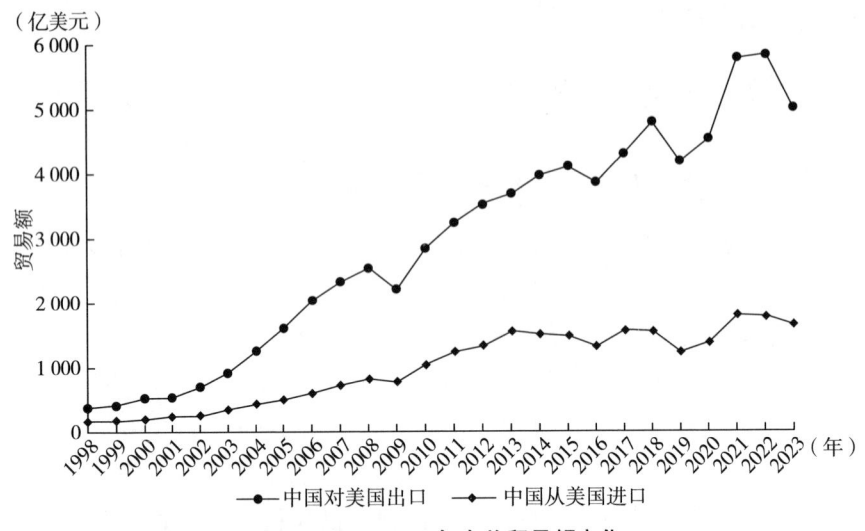

图 3　1998—2023 年中美贸易额变化

数据来源：中国海关总署，作者整理所得。

我们也可以依据美国从中国进口所占比重将过去 20 年间美国从中国的进口增长粗略分为两个阶段，见图 4（a）。第一个阶段从 20 世纪末到 2017 年中美贸易冲突之前，这一段时期，中国在美国进口所占的比重迅速提高。根据美国统计部门的数据，美国从中国的进口份额 1998 年为 7.79%，2017 年即上升到 21.58%。第二个阶段是中美贸易冲突发生后，美国从中国的进口份额持续下降，到 2023 年已经降到了 13.94%，几乎回到了 2005 年以前的水平。如果美国对中国商品加征关税的目的是降低对中国直接进口的依赖度，那么可以说效果显著。反过来，在这两个时期，中国从美国的进口占中国总进口的份额则是先剧烈下滑，从 1998 年的 12% 下降到 2011 年略高于 7%，随后有所恢复，到 2015 年略低于 9%。但在 2016 年之后，美国在中国进口中的比重再一次下滑，特别是贸易冲突后，从 2017 年的 8.35% 下降到了 2023 年的 6.42%。图 4（b）展示了这样一个动态调整的过程。对比图 4（a）和（b），可以看到，至少在 2012 年前，中美两国的贸易不平衡程度是不断加强的，而 2018 年中美贸易冲突之后，中美之间出现了彼此"脱钩"的趋势。

2.2　中美贸易的互补、竞争与不平衡

中美贸易在中国加入 WTO 以来的快速增长体现了两国经济结构的互补性。

(a) 1998—2023年美国从中国进口额占美国总进口的比重

(b) 1998—2023年中国从美国进口额占中国总进口的比重

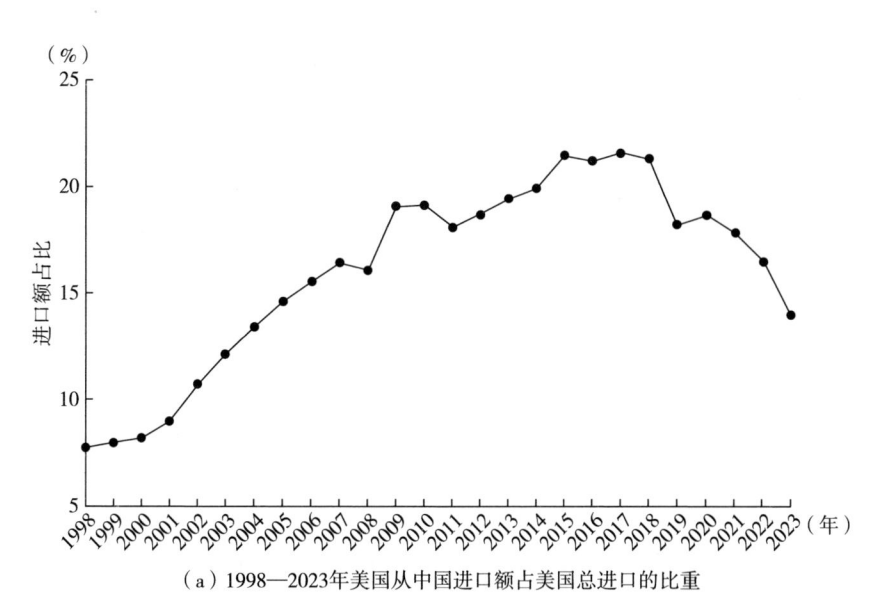

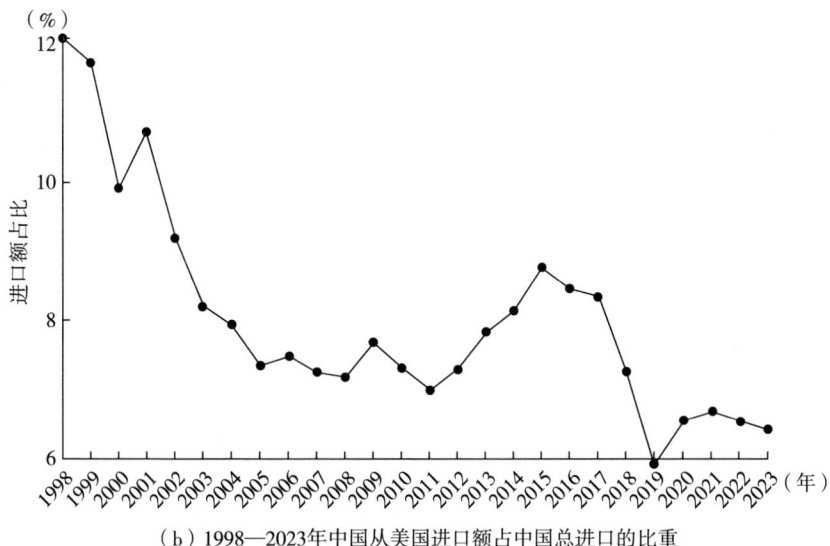

图4　1998—2023年中美贸易额占比变化

数据来源：UN Comtrade，作者整理所得。

这种互补性源于两国经济结构和产业优势的差异。中国作为"世界工厂"，在制造业尤其是劳动密集型产业上具有比较优势。相反，美国在高科技产品、高端制造业以及农业等产业上具有比较优势。表1展示了1998—2017年中美双边贸易结构的变迁。中国对美国出口最多的产品包括纺织服装、杂项制品等劳动密集型产品，近年来电子产品逐渐取代纺织服装成为中国输美第一大类产品。中国从美国进口的主要产品则包括农产品、化工品、电子产品、机械制品等，尤其是芯片、仪器仪表、汽车零部件等高科技产品。近年来，中国从美国进口的产品中，农产品和矿产品比重迅速提高，2017年这两类产品占中国从美国进口份额的近20%，此外汽车进口也达到了9.8%，而机械制品、电子产品则大幅下滑。

表1 1998—2017年中美双边贸易结构 （单位：%）

行业	中国对美国出口份额 1998	中国对美国出口份额 2017	中国从美国进口份额 1998	中国从美国进口份额 2017
农产品	1.50	0.86	6.35	13.09
食品与烟草	0.76	0.89	2.22	1.15
矿产品	1.75	0.38	1.16	5.92
化工品	3.51	3.25	14.33	9.47
塑料橡胶	4.44	4.31	4.92	5.29
纺织服装	26.40	15.18	5.04	2.09
木材纸张	1.37	1.89	5.89	5.72
陶瓷玻璃	1.86	1.71	0.68	0.81
珍珠宝石贵金属等	0.79	0.83	0.22	3.44
金属制品	6.38	5.24	4.09	3.55
机械制品	6.01	10.96	17.91	10.27
电子产品	21.59	35.24	20.55	11.73
交通运输（不包括汽车）	1.15	1.06	9.34	9.18
汽车	2.07	3.52	0.77	9.80
仪器仪表	4.07	2.48	5.52	7.64
武器及其零附件	0.01	0.33	0.68	0.48
杂项制品	16.26	11.88	0.34	0.35
艺术品	0.06	0.01	0.00	0.01
加总	100	100	100	100

注：因四舍五入，加总后不为100%。
数据来源：中国和美国的海关数据，作者整理所得。

中美之间贸易结构的互补性可从以下几个角度进行解读。按照传统的新古典贸易理论——无论是李嘉图还是赫克歇尔-俄林，两国依据各自的比较优势进行专业化生产，并进行贸易交换，实现贸易利得。中国的比较优势在劳动密集型制造业，中国作为世界上最大的工业品生产国，产出量长期超过国内使用量，生产并出口的产品近20%销往美国。长期以来，中国对外贸易产生的大部分顺差都只对着一个国家——美国。而美国的比较优势在技术研发、金融服务以及庞大的消费市场。作为世界上最大的消费国和进口国，美国长期处于储蓄小于投资的状态。其消费的大量衣物、鞋靴、玩具、电子等产品的生产，具有"劳动密集、破坏环境"的特点，不符合其本国的比较优势，因此从全球生产成本最低的国家大量采购。长期以来，美国对外贸易产生的逆差，超过三分之一来自中国。

从研发，到制造，再到消费，恰恰是一整条产业链最核心的部分，这一过程的每个环节都在全球范围内紧密相连，形成了复杂的全球价值链（GVC）。金融则贯穿产业链全球布局的全过程，为跨国经营提供了必要的资金支持和风险管理。根据全球价值链理论，生产活动越来越分散到全球不同地区，而中间投入品（包括原材料、半成品和零部件）则在这一过程中跨境流动，连接起全球的生产和供应链，中间投入品成为全球贸易的一个重要组成部分。美国的消费者和厂商在全球范围内寻求性价比最高的工业中间品，即进行全球采购（Global Sourcing），中美之间的贸易格局呈现垂直型分工。从这一角度看，中美两国在电子、机械等行业出口份额上的此消彼长，背后体现的是全球在电子、机械制品产业链上的不断调整、分工重组的过程，这中间发挥主导作用的是跨国公司。

在这一理论体系下，中美之间的贸易格局反映了日本学者赤松要在20世纪30年代提出的"雁阵理论"。从国际贸易的视角看，中国对美国出口的迅速增长，一定程度上是过去30年间东亚、东南亚制造业供应链不断调整分工、逐渐将靠近下游的生产制造以及最终组装转移到中国沿海地区的过程。在图5中，我们通过描述美国从亚洲主要经济体的进口份额分布和变化给出一些支持性证据。在时间维度上，可以观察到美国从东亚、东南亚地区（包括中国、日本、韩国、中国香港、中国台湾、东盟的部分经济体）的进口额在过去40年间基本稳定在35%~40%。而美国从不同地区的进口占比则呈现此消彼长的关系。1986年前后，美国从日本进口的比重达到最高峰，占其总进口的22%左右，随后逐渐下降。其下降份额由"亚洲四小龙"（韩国、新加坡、中国香港、中国台湾）和"亚洲四小虎"（印度尼西亚、马来西亚、菲律宾、泰国）等依次填补。1997年东南亚金融危机之后，这些亚洲新兴经济体受到重创。美国从中国的进口份额则迅速增加，中国拥有的劳动力充裕、腹地市场广阔的优势迅速使得同样采取出口导向发展模式的亚洲四小龙和四小虎相形失色。到2017年前后，美国从中国的货物贸易进口份额达到21.6%，即美国每进口5美元的商品中就有超过1美元来自中国。

然而，这一趋势被2018年中美贸易冲突终止，美国从中国的进口份额开始迅速下降。到2022年，这一比重已经降到16.5%。而另一方面，美国从亚洲四小龙和四小虎的进口份额则从2017年的10.3%增加到了12.6%，从越南的进口份额则从2017年的2%迅速上升到2022年的4%。

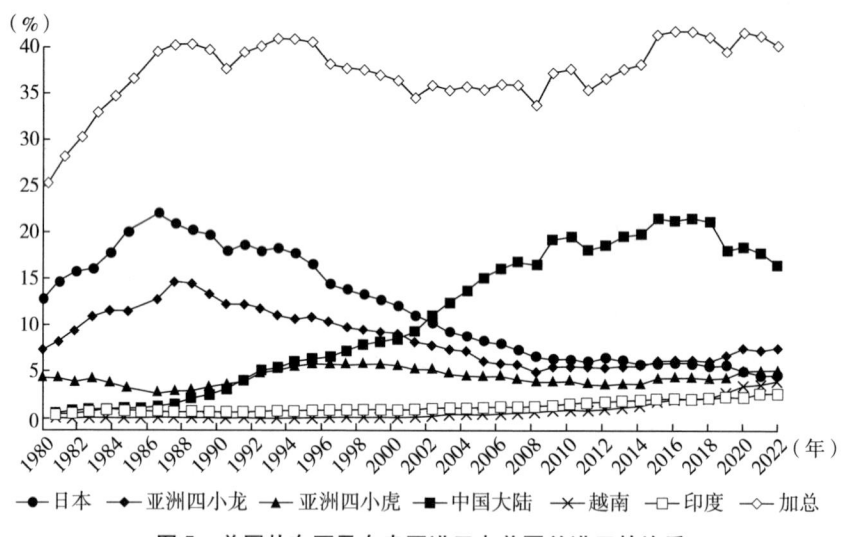

图5 美国从东亚及东南亚进口占美国总进口的比重

数据来源：CICE数据库。

辜朝明（2022）将上述经济体间此消彼长的生产和贸易格局描述为"被追赶的阶段"。按照他的定义，1970—2000年大致是欧美经济体被日本追赶的阶段，2000年之后日本又面临亚洲其他新兴经济体的追赶。1997年亚洲金融危机之后，特别是2001年中国加入WTO之后，套用辜朝明的用语，在这个"被中国追赶的阶段"，美、欧、日、韩的劳动密集型产品由于劳动力成本的上升而被转移到中国大陆，而其在资本密集型甚至技术密集型制造业上的相对优势又由于资本和技术更加自由的流动而逐渐丧失。于是，我们可以观察到中国加入WTO后出口的国内增加值逐渐上升（Ma et al.，2015；Kee and Tang，2016），而佐和曼诺娃（Chor and Manova，2021）则发现中国进口的上游度也在不断上升。在图6中,我们根据OECD TiVA的数据描绘了中国大陆制造业出口的国内增加值率(DVAR)的变动趋势(左轴),从中可以看到2004年之后制造业出口的国内增加值率迅速上升。在同一幅图中我们也展示了加工贸易占中国总进口的比重(右轴),从中可以看到传统大进大出的加工贸易占中国进口产品的比重迅速下降。

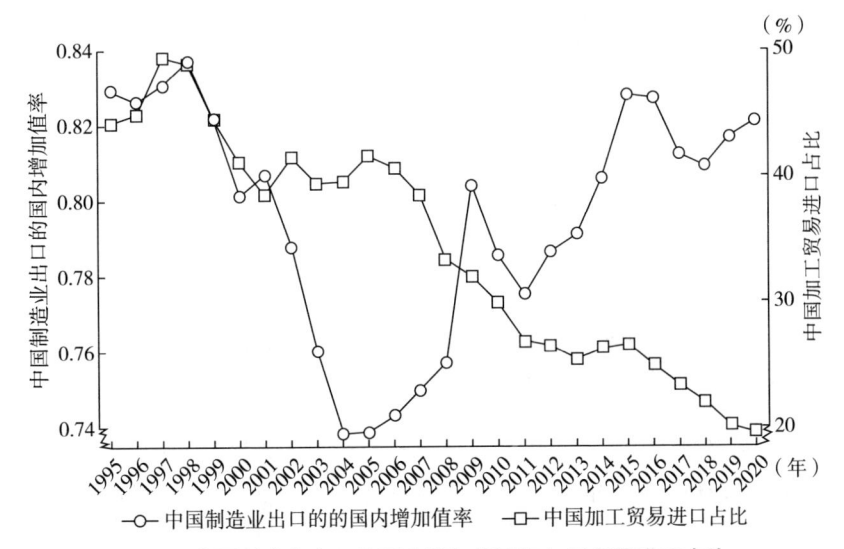

图6 中国制造业出口的国内增加值率与加工贸易进口占比

数据来源:OECD TiVA数据库2023年版,中国海关。

接下来的两幅图里,我们试图说明中美产品竞争性的增强。首先,图7展示了中美出口产品占世界出口份额的变化(4位HS[7]产品层面),从中可以看到散点更多集中在左上角(第二象限),对于这一部分的HS-4产品,美国占世界出口份额在2000—2017年减少,而中国占世界出口份额增加。从计量回归上我们也能发现这样的相关关系:美国占世界出口的份额下降,中国占世界出口的份额增加。

---

[7] HS编码(Harmonized System Code,即HS Code)是指《商品名称及编码协调制度》(Harmonized Commodity Description and Coding System)所使用的商品分类编码。它由世界海关组织(WCO)制定,是全球通用的商品分类标准,广泛用于国际贸易和海关管理。HS编码通常包含6位,前两位表示商品的大类,中间两位表示中类,最后两位细分至子类。各国在6位HS编码基础上可以拓展本国编码系统至8位、10位等。

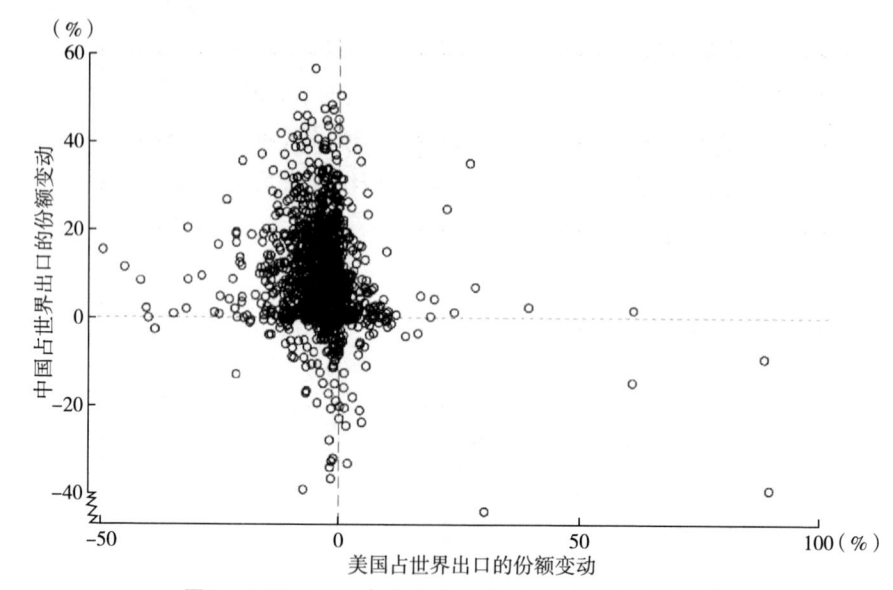

图7　2000—2017年中美产品在世界市场出口占比对比

注：图中每个散点代表每种HS-4产品。

其次，图8则展示了在美国具备显示性比较优势（Revealed Comparative Advantage）的HS-4产品上，中国出口的显示性比较优势在2000—2017年有所增强。

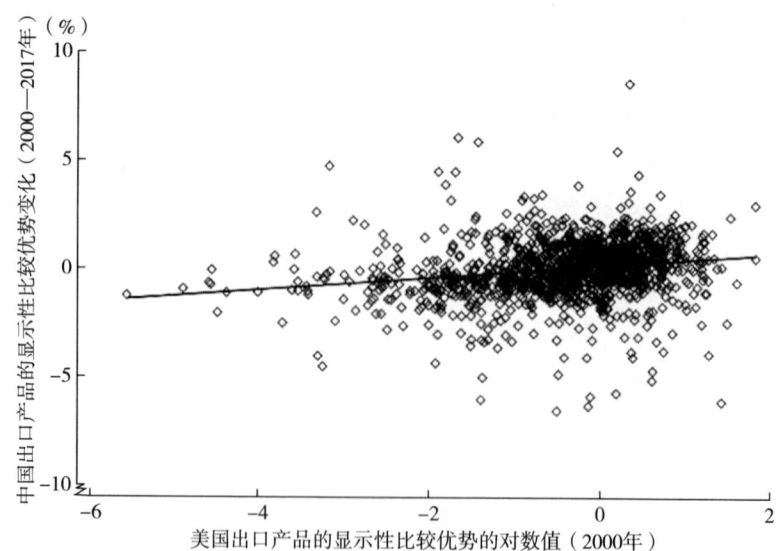

图8　2000—2017年中国出口产品显示性比较优势变化

注：图中每个散点代表每种HS-4产品。

这些观察说明，随着中国经济的快速发展和产业升级，中美贸易关系中的竞争性逐渐增强，尤其在高科技领域尤为激烈。美国长期以来在技术创新、高端制造业、生物科技、航空航天等领域处于全球领先地位。而中国近年来通过大量投资、产业政策，凭借国内大市场的规模优势，在人工智能、5G通信、新能源汽车、电子制造等领域迅速崛起，正缩小与美国的差距，中美两国在关键技术领域的竞争性不断增强（Schneider-Petsinger et al., 2019；Ju et al., 2024；黄琪轩，2020）。

在上述分工格局下，美国本土制造业生产的占比不断下降，越是靠近下游（因而贸易总值更大）的产品，其生产越有可能被转移到劳动力和土地更便宜的发展中国家。这种现象在美国对外贸易平衡上，呈现越来越大的货物贸易逆差。从图9可以看到：在过去20年间，美国对全球的货物贸易逆差不断攀升，2009年之后长期处于6 000亿~8 000亿美元的规模，其中对中国的贸易逆差也不断升高，在2015年占到其全部对外货物贸易逆差的近50%。从图9也可以看到，这一趋势在2018年中美贸易冲突后被迅速扭转，到2023年，尽管美国对外贸易逆差高达1.1万亿美元，中国所占份额却下降到26.2%。

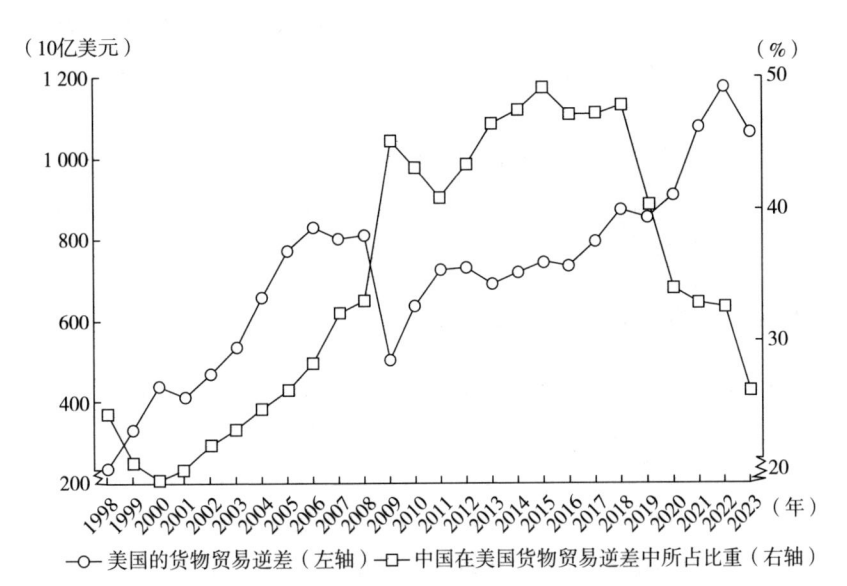

图9　美国的货物贸易逆差与中国所占的份额

数据来源：美国海关。

马弘和秦若冰（2022）详细分析了中美之间的贸易不平衡。他们发现，由于计价方式、转口贸易、贸易加成和中美两国在全球价值链上的分工差异等，中国对美国的货物贸易顺差远远被高估了。据 2018 年度商务部课题《全球价值链与中国贸易增加值核算研究报告》的估算，2017 年中国向美国出口货物拉动的中国国内增加值为 2 858 亿美元，中国从美国进口货物拉动的国内增加值为 1 274 亿美元，基于贸易增加值统计的中美货物贸易顺差仅为1 584亿美元，相比于货物总值顺差降低了 43%。

此外，自 2015 年以来，美国便占据了中国双边服务贸易逆差的最大来源国地位，中国对美国服务贸易逆差不断攀升。据美国经济分析局统计，2006 年至 2019 年，美国对中国服务贸易出口额由 100 亿美元扩大到 565 亿美元，增长了 465%。2019 年，美国对中国服务贸易顺差 364 亿美元，约是 2006 年的 30 倍。

从理论上看，一国对另一国提供商品和服务，不仅可以通过货物和服务出口，还可以通过对外直接投资在接收国设立子公司或者合资企业，将产品和服务直接销往本地市场。中美两国企业选择的最优"出海"路径存在较大差异：美国企业对中国市场的产品和服务输出，约 70% 通过在华美资企业进行本地销售，仅有约 30% 通过出口；而中国企业则主要依靠出口向美国市场提供商品和服务，如果考虑对外直接投资在本地销售形式的贸易额，2017 年美国实际对中国实现了约 340 亿美元的"销售顺差"。需要指出的是，通过本地直接投资实现的收益主要由能够跨境自由流动的资本及本地劳动力和本地供应商分享，而资本来源国的蓝领工人则被排除在这个创造财富的过程之外。在下一小节中，我们重点回顾研究"中国冲击"的经济社会影响的文献。

2.3 "中国冲击"对美国的经济社会影响

20 世纪 90 年代中期开始，美国制造业就业人数持续下降（Pierce and Schott, 2016），制造业占全社会就业的比重也不断下降。这一过程恰恰与中国加入 WTO，融入世界经贸体系的过程重合。如图 10 所示，1991 年中国占美国全部进口商品价值的 4%，而到 2014 年这一比重超过 20%。同一时间段，制造业就业占美国全部就业的比重从近 20% 下降至 11%。因此，迅速增长的中国进口被认为在很大程度上造成了美国国内经济失衡和就业困难，尤其是对美国经济结构和劳动力市场造成了显著冲击。奥托等人（2013）的开创性研究及其在 2016 年发表的综述性文章将这一现象称为"中国综合征"或者"中国冲击"。

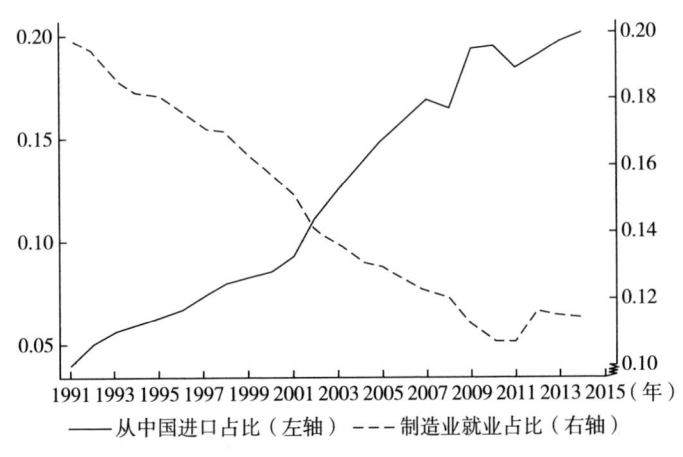

图 10　美国制造业就业占比与美国从中国进口占比

奥托等人（2013）的研究引发了巨大的社会反响和广泛关注，并催生了大量的后续研究。这些研究表明，中国的进口竞争显著影响了美国的就业市场，包括制造业和非制造业领域，导致失业率的上升和工资水平的下降。其中，皮尔斯和肖特（Pierce and Schott，2016）利用不同行业在中国加入 WTO 后出口美国面临的不确定性下降幅度不同[8]，构造了一个双重差分法（DID）的计量模型，他们发现那些过去存在较高不确定性的行业在不确定性消除后承受了更大的就业损失：对比不确定性在 25 分位（不确定性低）和 75 分位（不确定性高）的两个行业，后者比前者的相对就业损失要高 0.08 个对数点（Log Points）。奥托等人（2013）则从美国不同通勤区受到的进口竞争的差异入手构造 Bartik 指标，以此来测度不同地区受到中国进口冲击的暴露度。他们的回归分析表明，2000—2007 年单位工人从中国的劳均进口（Import Per Worker）增加 1 000 美元，则将导致劳动年龄人口中的制造业就业比重下降近

---

[8]　在中美就中国加入 WTO 达成协议之前，美国国会每年会就下一年是否继续给予中国"正常贸易伙伴关系"（Normal Trade Relationship，简称 NTR）进行审议，如果审议不通过，那么中国出口商将面临的关税远高于其他拥有 NTR 待遇的出口国。Handley and Limão（2017）认为这导致不同行业的中国产品面临不同的出口不确定性。1999 年年末中美在北京达成美国支持中国加入 WTO 的协议，随后美国参议院同意给予中国"永久正常贸易伙伴关系"（PNTR）的待遇，消除了中国出口美国面临的关税不确定性。Handley and Limão（2017）发现中国对美国出口增长的三分之一来自这一不确定性的消除。更进一步，刘青和马弘（Liu and Ma，2020）发现，出口不确定性的消除促进了中国企业的研发和固定资产投资，因此也能部分解释中国在加入 WTO 期间企业全要素生产率的迅速提高。

0.6个百分点。由于2000—2007年美国实际从中国的劳均进口增加了1 839美元，奥托等人（2013）估计的冲击幅度意味着"中国冲击"造成了美国制造业就业比重下降了1.1个百分点，即同一时期美国制造业就业实际下降比例的55%。

"中国冲击"对美国劳动力市场的影响进一步扩展到社会结构层面，奥托等人（2014，2019，2020，2021）进一步从多个维度探讨了"中国冲击"对美国家庭和企业的影响，如对工资收入水平和不平等程度、家庭稳定性、婚姻和生育率以及研发投入和创新活动的影响。此外，费勒和森西斯（Feler and Senses, 2016）的研究指出，来自中国的激烈进口竞争对美国地方财政造成压力，导致公共品供给减少和房价下降。麦克马纳斯和绍尔（McManus and Schaur, 2016）的研究关注了中国进口增长对美国制造业工人健康的影响。他们发现，在小型企业中，工人因工伤和疾病带来的风险增加，实际上相当于工资水平下降了1%~2%。陈涛等人（Chen et al., 2022）的研究则发现中国进口竞争会导致美国制造业企业增加避税行为。奥托等人（2021）还发现，尽管"中国冲击"在2010年左右达到最高峰，但其对劳动力市场的负面影响会在较长时间内持续存在。

对于"中国冲击"的负面影响，学术界也存在一些争议。芬斯特拉等人（Feenstra et al., 2019）指出，贸易从来都是进口和出口的"双向道"，如果把美国出口创造的就业考虑进来，那么美国参与全球化的"净就业损失"就会大大减少。徐嫄（Xu et al., 2023）进一步指出美国宏观房地产市场的波动放大了"中国冲击"的影响。王直（Wang et al., 2018）则从供应链的角度出发，指出下游行业特别是服务业使用了大量来自中国的中间投入，对这些行业而言，"中国冲击"的就业效应实际上是正的。卡利恩多等人（Caliendo et al., 2019）则使用动态一般均衡模型进行估计，发现"中国冲击"降低了美国制造业就业，但美国的整体福利增加了0.2%。卡利恩多和帕罗（2023）的最新综述文章认为"中国出口冲击"并不是同期美国制造业就业下降的主要原因。此外，除美国之外，文献也发现所谓"中国冲击"对其他发达国家和一些发展中国家产生了影响[9]，但其他国家并没有出现和美国同等规模的贸易保护主

---

[9] 例如，Balsvik et al.（2015）发现，中国进口冲击使得挪威的低技能劳动力失业或者退出劳动力市场。Medina et al.（2023）及 Mansour et al.（2022）则发现，面对中国产品的竞争，秘鲁企业的出口产品质量有所提高，但女工面临的进口竞争压力更大，利益相对受损。

义或保守主义的勃兴。

如前所述,中国进口对美国劳动力市场的冲击更多地发生在劳动密集型行业,而这些行业(比如纺织、家具)又往往集中分布在特定区域。在短期内,劳动力难以跨区域跨行业流动,因此特定行业面临的进口竞争就体现为特定区域受到的负面冲击。这就带来族群政治意识形态上的分化。奥托等人(2020)发现,来自中国的进口竞争使得某些领域表现出日益严重的意识形态两极分化,某些领域导致了政治右倾的转变。具体而言,受中国进口竞争冲击更大的选区在媒体观看习惯和政治信仰上转向右倾,竞选捐助者在意识形态取向上出现更大的两极分化,以及保守派共和党代表数量净增长。车翼等人(Che et al.,2022)的研究发现,来自中国的进口竞争使民主党派的总统候选人更受欢迎,受进口竞争影响较大地区的选民转向支持推行与其经济利益相一致的贸易政策的政党,即更可能主张保护主义而反对自由贸易的民主党派。科兰托内和斯塔尼格(Colantone and Stanig,2018)则发现全球化特别是和中国的经贸关系助长了民粹主义的上升。罗德里克(Rodrik,2021)从政治经济学视角出发,评述了来自中国的进口竞争强化对民粹主义运动的支持作用及其政治结果。

表2对"中国冲击"的相关文献进行了总结。感兴趣的读者也可以参考奥托等人的研究(2016),以获得有关"中国冲击"的影响更为全面的文献综述。

表2 "中国冲击"的相关文献

研究内容	相关文献	结论
劳动力市场	奥托等人(2013,2014,2016,2019,2020,2021)	进口增加导致失业率上升、劳动力参与率下降,以及与进口竞争的制造业所在的当地劳动力市场工资下降
	阿西莫格鲁(2016)	在"中国冲击"的10年(2000—2011年)间,更容易受到中国进口竞争冲击的行业经历了更大的就业损失
	皮尔斯和肖特(2016)	美国授予中国永久正常贸易伙伴关系的待遇使得贸易不确定性高的行业相比于贸易不确定性低的行业就业减少幅度增加0.47

（续表）

研究内容	相关文献	结论
福利和分配效应	卡利恩多等人（2019）	美国的整体福利增加了0.2%；制造业就业下降，劳动力向服务业转移
	金和福格尔（2020）	美国授予中国永久正常贸易关系地位使得美国受"中国冲击"程度为90%的通勤区相比于冲击程度为10%的通勤区，福利降低了3.1个百分点
公共品供给；房价	费勒和森西斯（2016）	美国地方公共品供给减少以及房价下降
工人健康	麦克马纳斯和绍尔（2016）	来自中国的进口增长不利于美国制造业工人的健康，在小企业中工人受伤生病风险的增加相当于降低了工人工资的1%~2%
企业	陈涛等人（2022）	美国制造业企业的避税行为增加
竞选	奥托等人（2020）	面临中国产品带来的更激烈竞争的县更有可能投票给共和党候选人
	车翼等人（2022）	来自中国进口的竞争使民主党派的总统候选人更受欢迎

综上，随着中美两国贸易规模的不断扩大，两国间的贸易冲突也逐渐增加。表面上看，中美贸易冲突是中美两国间货物贸易发展不平衡的结果，实质上是"全球化下大国利益分配矛盾激化的表现"（马弘，2018）。一方面，来自中国进口的竞争对美国劳动力市场、企业、社会结构乃至政治治理都产生了重要影响，另一方面随着中国综合实力的不断提高，中美之间在技术领域和全球治理上的竞争也不断加剧。自特朗普执政以来的一系列经济贸易举措，既反映了美国短期的财政、社会分配以及选举等诸多方面的内在压力，也反映了当今世界贸易体系面临重大变革的现实。事实上，自全球金融危机以来，全球货物贸易增速大大放缓。数据显示，2012—2019年，全球货物贸易增速与全球GDP增速相差无几，在2.3%上下徘徊。而相比之下，危机前全球货物贸易增速长期保持在全球GDP增速的2倍以上。竞争环境下增量停滞则意味着贸易结构发生变化，利益分配矛盾激化。在这样的背景下，美国当局发起的贸易冲

突，不仅仅是领先者针对追赶者的竞争压力做出的"应激"反应，也包含解构、重塑全球经贸体系的长期战略意图。

3. 中美贸易冲突的发展历程与关键政策概览

2016年特朗普政府执政后，美国政府的贸易政策趋向保守。仅2017年一年美国商务部就发起了82件"反倾销""反补贴"调查（即"双反"调查），较2016年增长了58%。中美之间的贸易冲突也不断升级。应当明确，美国对中国一直存在以反倾销、反补贴以及"337调查"⑩为手段针对特定行业或产品的贸易措施，但在2008年金融危机之后有所升级。2017年8月，美国启动了对中国贸易行为的"301调查"。2017年11月美国正式向WTO提交文件，反对赋予中国市场经济地位，这意味着美国在对中国企业发起的反倾销调查中将继续沿用替代国价格的做法。

2018年以来，中美经贸关系日趋紧张。4月3日，美国贸易代表办公室公布美国对华技术转让、知识产权及创新政策"301调查"措施方案，包括对原产于中国的部分进口商品加征25%的关税。4月4日，中国宣布对等反制措施。此后中美之间至少进行了12轮正式谈判，双方首脑也进行了若干会谈。然而贸易冲突仍然不断升级，其中可以很清楚地看到美方"极限施压"试探底线的博弈手段，和中方"以牙还牙"的镜像回击策略。本节余下部分将详细介绍中美贸易冲突的措施、演变及具体内容。⑪

3.1 中美两国加征关税的时间线和税率变化

2018年1月22日，特朗普政府宣布基于"201条款"，对进口的太阳能产品、洗衣机加征进口关税。2月5日，中国商务部宣布对美国高粱出口启动"双反"调查。3月23日，特朗普政府依据《美国贸易法》第232条"对国家安全构成威胁"，决定对进口的钢铁和铝产品分别征收25%和10%的关税。作为回应，3月23日，中国宣布通过提高猪肉、新鲜水果和回收铝等产品的进

---

⑩ "337调查"授权美国政府以进口国侵犯美国企业知识产权为由对进口国商品实施制裁。笔者在《中美贸易摩擦升级战略思考——基于日本经验的视角》（《国际贸易》2018年第3期，总第435期）中对特朗普政府执政后可能采取的贸易保护措施进行了预判和分析。

⑪ 读者也可以参考Bown and Kolb（2022）的研究，他们对特朗普政府对外采取的贸易保护措施进行了跟踪和详细记录。

口关税进行反制。值得指出的是,以上两起调查并非只针对中国。例如以行业受损为由的"201条款",针对除了加拿大和墨西哥之外的所有国家。4月3日,美国贸易代表办公室公布了"301调查"措施方案,包括对中国进口产品加征25%关税的清单,世界上最大的两个经济体之间的贸易冲突升级。时任美国贸易代表的莱特希泽对第一批"301清单"商品的构成做了一番解释,大意是遵循以下几个原则来选择进入清单的中国商品:(1)获得"中国制造2025"政策措施支持,(2)排除专家认为可能对美国经济造成不利影响或者业已受到法律法规限制,(3)第三国替代性较高,(4)对中小企业及消费者负面影响较小。针对美国每一次的加征关税,中国也采取了相应的反制措施。

图11(a)描述了美国对中国加征关税的变化情况,加权平均关税从2018年1月的2.46%增加到了2019年12月的16.28%;图11(b)展示了中国对美国加征反制关税的变化情况,加权平均关税从2018年1月的6.83%增加到了2019年12月的20.18%。值得注意的是,一方面,2019年1月,中国暂停了对原产于美国的汽车及零部件加征的进口关税,因此2019年1月的平均反制关税税率出现了下降。另一方面,在"全面开放"的战略指导下,中国于2017年启动了新一轮关税减让,重点下调了日化用品、服装鞋帽、汽车及零

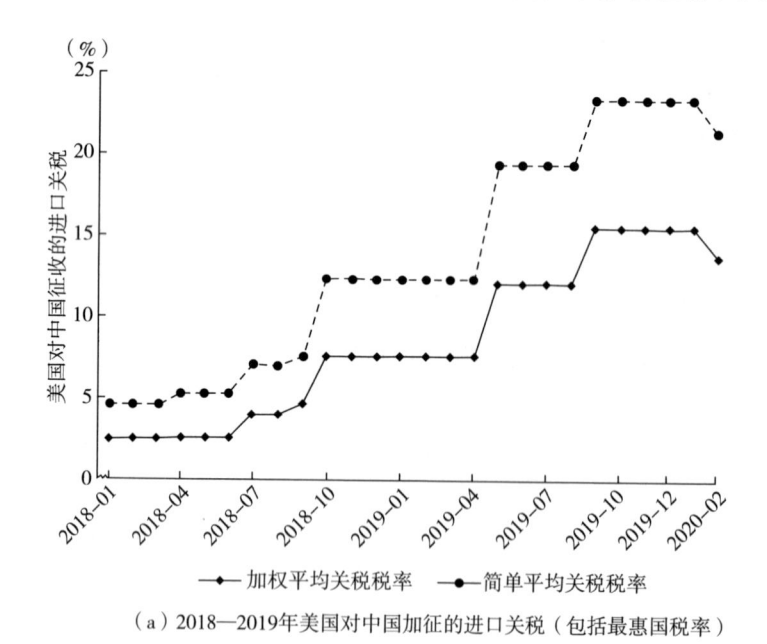

(a)2018—2019年美国对中国加征的进口关税(包括最惠国税率)

（b）2018—2019年中国对美国加征的反制关税（包括最惠国税率）

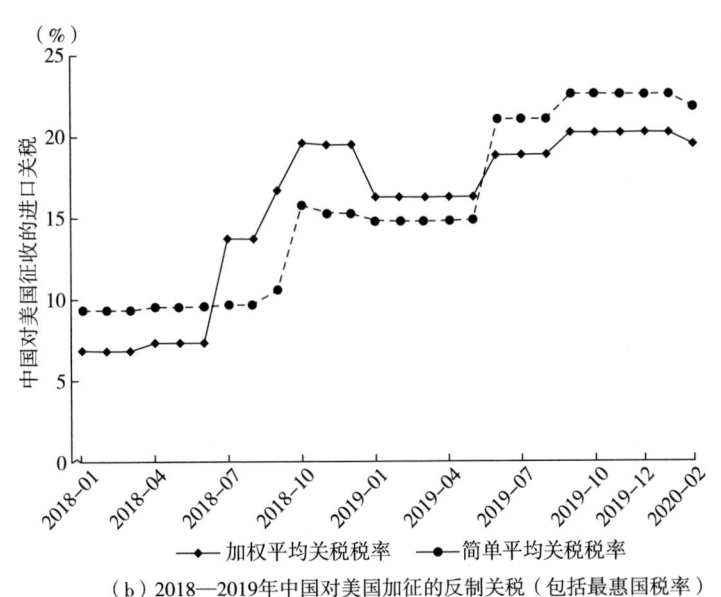

图11　美国加征关税及中国反制关税的变化⑫

注：（a）使用2017年美国从中国进口数据计算的加权平均关税税率。（b）使用2017年中国从美国一般贸易进口数据计算的加权平均关税税率。

数据来源：美国加征的关税数据来自美国国际贸易委员会（USITC），中国加征的反制关税数据来自中国国务院关税税则委员会公布的清单列表，最惠国税率来自"世界综合贸易解决方案"数据库（WITS）。

部件的进口最惠国待遇（MFN）关税。⑬ 随着中美第一阶段经贸协议的签署，各降低了部分产品加征的关税税率。截至2020年2月，美国对中国加征的关税平均税率高达14.45%，中国对美国加征关税的税率高达19.49%。

下面我们对2018—2019年美国加征的每一批次关税征收范围及税率，以

---

⑫ 本文在计算加权平均关税时，采用六位HS编码（HS-6）商品从对方国进口占该国总进口的比例作为权重（中国进口则使用一般贸易进口占比计算权重），而Bown（2019）则采用出口国对世界HS-6商品出口额为各类商品的权重，以此计算加权平均关税。Bown（2019）采用的方法可以在一定程度上避免关税与进口额之间的内生性问题，但由于美国出口至世界的商品结构与美国从中国的进口商品结构大不相同，这在一定程度上高估了美国对中国的关税水平。

⑬ 秦若冰和马弘（2023）对2017—2019年的关税改革进行了研究。他们发现从产品-国别层面进行衡量，我国进口消费品的加权关税税率从2017年的7.2%下降到2019年的4.9%，降幅达到32%。此外，自2018年7月1日起，汽车整车关税降至15%；汽车零部件关税降至6%。由于MFN关税适用于所有WTO成员方（包括美国），因此计算我国从美国的进口关税应该使用调整后的MFN关税乘对美国相关商品加征的额外关税税率。

169

及中国加征的每一批次反制关税的时间线进行了详细的梳理总结：

美国"201关税"

太阳能电池板、洗衣机：2018年2月，美国对进口的太阳能电池板和洗衣机加征进口关税。其中，对太阳能电池板加征30%的关税，对洗衣机征收20%~50%的关税，这大约占100亿美元的美国进口额，其中从中国进口约10亿美元。针对这批加征关税，中国没有采取相应的反制措施。

美国"232关税"

钢铁、铝制品：2018年3月8日，美国总统特朗普根据商务部披露的"232调查"结果，签署公告决定于2018年3月23日起，对进口自中国的180亿美元的铝和钢铁产品加征关税，其中对铝产品加征10%的进口关税，对钢铁产品加征25%的进口关税。作为对美国"232关税"条款的直接回应，中国于2018年3月23日宣布拟对从美国进口的约30亿美元的产品加征反制关税，该关税于2018年4月2日正式实施，其中对猪肉和再生铝等8项进口产品（HS-8）征收25%的关税，对新鲜水果、葡萄酒等120项进口产品加征15%的反制关税。

美国"301关税"

2017年8月，美国总统特朗普签署备忘录对中国开展"301调查"；2018年3月23日，美国贸易代表办公室发布了"301调查"结果。基于"301调查"结果，美国贸易代表办公室于2018年4月3日宣布拟对进口自中国的约500亿美元的产品加征关税，拟加征关税的产品主要针对受益于中国产业政策的产品，例如航空航天、信息通信等行业。

第一批"301关税"：2018年4月3日，美国贸易代表办公室宣布对价值约500亿美元（1 333种HS-8产品）的中国进口产品征收25%的关税，该征税清单在6月15日进一步调整，第一批次的清单涵盖了约340亿美元包括818种HS-8产品，主要涉及航空航天、信息技术、汽车零件等高科技行业产品。这批加征关税在2018年7月6日正式实施。

作为对美国2018年7月6日实施的"301关税"的回应，中国对进口自美国的同等规模的产品加征了相同的反制关税，对545种HS-8产品加征25%的关税，价值约340亿美元。这一轮关税自7月6日起生效，针对的目标产品主要是农产品、汽车、水产品等。

第二批"301关税"：2018年6月15日，美国对4月份宣布的500亿美元征税清单进行了调整，其中第二批加征关税的清单，对约 160 亿美元的产品加征 25% 的关税，自 8 月 23 日起正式生效。

针对这批加征关税，中国也做出了同等规模的反击，对约 160 亿美元的美国进口产品加征 25% 的关税，同样于 8 月 23 日正式生效。这批清单中的产品主要包括化学产品、医疗设备和一些能源产品等 114 种产品。

第三批"301 关税"：2018 年 7 月 10 日，美国贸易代表办公室发布了一份价值约 2 000 亿美元的中国进口商品清单，拟于 9 月 24 日对该清单产品加征 10% 的关税。这批关税清单主要包括电子产品、汽车零部件等中间品，以及手机、电脑、家具、台灯等消费品。相比前两批"301 关税"，这批关税清单覆盖产品范围更广，也包含了更多的消费品。

作为对这一批次加征关税的回应，2018 年 8 月 3 日，中国宣布对 600 亿美元的美国进口商品征收 5%～25% 的反制关税，这批关税清单包含了大量中间品，其次是资本品、消费品。该批次反制关税于 9 月 24 日正式生效，主要包括 4 份子清单，分别有 2 493 种、1 078 种、974 种和 662 种 HS-8 产品。前两个子清单加征的关税税率为 10%，后两个子清单加征的关税税率为 5%。

第四批"301 关税"：经过一段时间的谈判，2019 年 5 月 10 日，特朗普政府决定对已加征的 2 000 亿美元的中国产品再次加征 15% 的关税。随后，中国也对第三批反制关税覆盖的约 600 亿美元产品进一步提高了关税。其中，对第一份子清单中的 2 493 种 HS-8 产品加征了 15% 的关税，对第二份子清单中的 1 078 种 HS-8 产品加征了 10% 的关税，对第三份子清单中的 974 种 HS-8 产品加征了 5% 的关税，对第四份子清单中的 595 种 HS-8 产品不加征关税。这一批加征反制关税的清单于 2019 年 6 月 1 日正式生效。

第五批"301 关税"：2019 年 8 月 1 日，特朗普政府宣布拟对约 3 000 亿美元的中国进口产品加征关税，几乎覆盖了所有剩余的从中国进口的产品。2019 年 8 月 13 日，美国宣布推迟对清单中部分产品加征关税，并公布了两份子清单，这带来了很大的不确定性。第一份子清单于 2019 年 9 月 1 日生效，对约 1 250 亿美元从中国进口的产品征收 15% 的关税，主要包含工具设备、衣服鞋子等产品。第二份子清单于 12 月 15 日生效，主要包含玩具、电子等消费品，这批关税在 12 月 13 日被宣布取消。

作为回应，2019 年 8 月 23 日，中国国务院关税税则委员会发布通知，拟对从美国进口的约 750 亿美元的产品加征 5% 或 10% 的反制关税，分两个子清单，第一份子清单于2019年9月1日生效，第二份子清单于12月15日生效。此外，中国宣布拟于2019年12月15日恢复对原产于美国的汽车及零部件加征5%或25%的关税。

中美第一阶段经贸协议：随着中美两国在2019年12月13日达成中美第一阶段经贸协议，美国原定于12月15日加征的关税被取消；对于2019年9月1日生效的约1 250亿美元的进口商品，将加征关税税率降低到了7.5%。中国拟于2019年12月15日加征的反制关税也被取消了。此外，中国对原产于美国的汽车及零部件继续暂停加征关税。2020年1月15日，中美第一阶段经贸协议正式签署。随后中美双方分别发布公告，降低之前加征的关税。美国贸易代表办公室发布公告，决定自2020年2月14日起，美国对中国3 000亿美元商品清单中的第一部分约1 200亿美元商品加征关税的税率从15%降至7.5%。与此同时，中国国务院关税税则委员会发布公告，自2020年2月14日起，调整对原产于美国的约750亿美元进口商品的加征关税措施，对于第五批"301关税"中加征10%的产品，加征关税税率由10%调整为5%；对于原先加征5%关税的产品，加征关税的税率由5%调整到了2.5%。

以上对中美两国2018—2019年加征关税的时间线进行了梳理。为方便读者理解，表3列出了贸易冲突以来中美两国相互加征的额外关税的税率变化，以及包含的MFN关税的最终关税税率变化。为了更简洁明了地呈现各批次的关税，我们也将每批加征关税及反制关税的宣布时间、生效时间、税率、涉及产品类别进行了整理，如表4所示，中美两国加征的关税逐渐升级，从最初对少部分产品征税逐渐扩展到2018年9月对大规模的产品加征进口关税。美国从中国进口的产品中有1 269种HS-8产品未被加征关税，这些产品占2017年美国从中国进口额的34.5%；中国从美国进口的产品中有1 917种HS-8产品未被加征反制关税，占2017年中国从美国进口额的29.12%。

中美贸易冲突期间双边关税变化还存在另外两个渠道，一是产品排除清单，二是反倾销反补贴等贸易救济措施。鲍恩（Bown，2021）对此进行了梳理。这里也简单介绍如下：

（1）产品排除清单

中美贸易冲突期间，美国和中国均通过排除清单对部分加征关税产品进行了豁免。2018年7月6日，美国贸易代表办公室公布了"301条款中国关税豁免程序"，美国进口商、美国终端客户、美国行业协会等与相关产品存在利益

表3 2018年1月至2020年2月中美累计加征关税税率

年份	月份	中国对美国征收的进口关税				美国对中国征收的进口关税			
		额外加征关税（AT）		包含MFN的进口关税（AT + MFN）		额外加征关税（AT）		包含MFN的进口关税（AT + MFN）	
		加权平均	简单平均	加权平均	简单平均	加权平均	简单平均	加权平均	简单平均
2018	1	0.00	0.00	6.83	9.32	0.00	0.00	2.46	4.07
2018	2	0.00	0.00	6.83	9.32	0.06	0.02	2.52	4.09
2018	3	0.00	0.00	6.83	9.32	0.06	0.02	2.52	4.09
2018	4	0.51	0.23	7.35	9.55	0.15	0.71	2.62	4.87
2018	5	0.51	0.23	7.34	9.55	0.15	0.71	2.62	4.87
2018	6	0.51	0.23	7.34	9.55	0.15	0.71	2.62	4.87
2018	7	8.31	1.83	13.70	9.64	1.75	2.53	4.21	6.93
2018	8	8.31	1.83	13.70	9.64	1.75	2.53	4.21	6.93
2018	9	11.21	2.80	16.60	10.61	2.43	3.16	4.89	7.62
2018	10	14.13	7.94	19.52	15.75	5.60	8.13	7.98	12.81
2018	11	14.13	7.94	19.46	15.25	5.60	8.13	7.98	12.81
2018	12	14.13	7.94	19.46	15.25	5.60	8.13	7.98	12.81
2019	1	10.91	7.48	16.24	14.78	5.60	8.13	7.98	12.81
2019	2	10.91	7.48	16.24	14.78	5.60	8.13	7.98	12.81
2019	3	10.91	7.48	16.24	14.78	5.60	8.13	7.98	12.81
2019	4	10.91	7.48	16.24	14.78	5.60	8.13	7.98	12.81

(续表)

年份	月份	中国对美国征收的进口关税					美国对中国征收的进口关税				
		额外加征关税(AT)		包含MFN的进口关税(AT+MFN)			额外加征关税(AT)		包含MFN的进口关税(AT+MFN)	
		加权平均	简单平均	加权平均	简单平均		加权平均	简单平均	加权平均	简单平均
2019	5	10.91	7.48	16.24	14.78		10.36	15.60	12.62	20.58
2019	6	13.47	13.69	18.79	20.99		10.36	15.60	12.62	20.58
2019	7	13.47	13.69	18.79	20.99		10.36	15.60	12.62	20.58
2019	8	13.47	13.69	18.79	20.99		10.36	15.60	12.62	20.58
2019	9	14.86	15.22	20.18	22.53		14.06	19.95	16.28	24.43
2019	10	14.86	15.22	20.18	22.53		14.06	19.95	16.28	24.43
2019	11	14.86	15.22	20.18	22.53		14.06	19.95	16.28	24.43
2019	12	14.86	15.22	20.18	22.53		14.06	19.95	16.28	24.43
2020	1	14.86	15.22	20.18	22.53		14.06	19.95	16.28	24.43
2020	2	14.16	14.46	19.49	21.76		12.21	17.77	14.45	22.51

注：1. 对于当月15号以后加征的关税计入下一月份，如2018年9月24日加征的关税计入2018年10月。
2. 中国对美国加征的加权平均关税使用2017年中国从美国一般贸易进口额作为权重。
3. 美国对中国加征的关税使用2017年美国从中国进口额作为权重。
4. 计算我国从美国进口关税时应使用调整后MFN关税乘美国对中国加征关税，在此做了近似，直接计算了MFN+AT。使用累乘法计算我国2020年2月从美国进口的实际税率加权平均值为20.11%。

数据来源：中国海关、美国海关、公开数据，作者整理所得。

表 4 加征关税的时间线及加税内容

加征批次/变量	(1) 清单首次公布日期	(2) 生效日期	(3) 产品种类数 (HS-8)	(4) 2017年从中国/美国进口额 (亿美元)	(5) 2017年进口额占总进口比例	(6) 关税税率	(7) 累计加征关税税率
(a) 美国加征的贸易战关税							
"201 关税"	2018-01-22	2018-02-07	8	10.49	0.21%	30%, 20%	0.06%
"232 关税"	2018-03-08	2018-03-23	330	33.48	0.66%	10%, 25%	0.15%
第一批 "301 关税"	2018-04-04	2018-07-06	812	322.62	6.38%	25%	1.75%
第二批 "301 关税"	2018-04-04	2018-08-23	278	136.85	2.71%	25%	2.43%
第三批 "301 关税"	2018-07-10	2018-09-24	5 538	1 603.13	31.72%	10%	5.60%
第四批 "301 关税"	2018-09-18	2019-05-10	5 538	1 603.13	31.72%	15%	10.36%
第五批 "301 关税"	2019-08-13	2019-09-01	3 232	1 248.75	24.70%	15%	14.06%
未加征关税			1 269	1 743.42	34.50%		
一阶段协议达成后关税下降	2020-01-15	2020-02-14	3 232	1 248.75	24.70%	-7.5%	12.21%
(b) 中国加征的贸易战反制关税							
反制-"232 关税"	2018-03-23	2018-04-02	128	29.69	1.93%	15%, 25%	0.51%
反制-第一批 "301 关税"	2018-04-04	2018-07-06	545	338.18	21.97%	25%	8.31%
反制-第二批 "301 关税"	2018-04-04	2018-08-23	333	141.38	9.18%	25%	11.21%
反制-第三批 "301 关税"	2018-08-03	2018-09-24	5 207	579.53	37.65%	5%, 10%	14.13%

（续表）

加征批次/变量	(1) 清单首次公布日期	(2) 生效日期	(3) 产品种类数 (HS-8)	(4) 2017年从中国/美国进口额（亿美元）	(5) 2017年进口额占总进口比例	(6) 关税税率	(7) 累计加征关税税率
反制－第四批"301关税"	2019-05-13	2019-06-01	4 545	400.27	26.00%	5%，10%，15%	13.47%
反制－第五批"301关税"	2019-08-23	2019-09-01	1 717	284.73	18.50%	5%，10%	14.86%
未加征关税			1 917	448.37	29.12%		
一阶段协议达成后关税下降	2020-02-06	2020-02-14	1 717	284.73	18.50%	−5%，−2.5%	14.16%

注：表（a）使用2017年美国从中国进口数据计算，2017年美国从中国进口额为5 054.7亿美元，由于不同批次加征关税的产品有重合，各批次的2017年进口份额加总大于1；（b）使用2017年中国从美国进口数据计算，2017年中国从美国进口额为1 539.5亿美元，由于不同批次同时加征关税的产品有重合，各批次的2017年份额加总加总大于1。

数据来源：中国海关、美国海关、公开数据，作者整理所得。

关联的利益相关方可以在美国联邦政府网站上提交豁免申请。美国贸易代表办公室在处理豁免申请时，其接受或拒绝的决定反映了背后复杂的政治经济考虑。这些考虑可能包括产品的可替代性，即是否可以从第三国轻易采购；产品对美国利益是否可能造成严重经济损害；产品的战略重要性，产品是否属于"中国制造2025"或其他中国工业计划的一部分等。[14] 美国政府于2018年12月28日公布了首批"301关税"排除清单，截止到特朗普第一个任期结束，美国已发布了50多套产品排除公告。[15] 然而，由于美国贸易代表办公室公布的排除清单涉及具体的产品种类的描述，即仅对HS-10位编码下更具体的产品进行了关税豁免，而不是对税目下所有产品均进行了豁免，难以通过排除清单直接计算加征关税的豁免比例。鲍恩（2021）根据关税收入与进口额比例进行了估计，美国2018—2020年豁免产品占美国对中国加征"301关税"产品的4%。

中国于2019年5月13日发布公告，开展对美国加征关税的排除工作。2019年9月11日，中国公布了第一批对美国加征关税产品的排除清单，从2019年9月17日暂停加征关税，这批排除清单涵盖了16种商品（HS-8），其中12种产品已加征关税予以退还，4种产品已加征关税不予退还。截至2023年底，中国共公布了四次排除清单和十三次排除延期清单。对这些排除申请的审核标准主要集中在三个方面：①产品的可替代性，即是否容易寻求商品的替代来源；②加征关税是否给申请主体带来了严重的经济损害；③加征关税是否对相关行业产生了重大的负面结构性影响，或者造成了严重的社会后果。然而，由于缺乏中国按产品分类的关税退税数据，无法得知是否排除清单中每个HS-8税目下的产品均被豁免关税。若假设豁免关税涵盖了排除清单中每个HS-8税目下的所有产品，鲍恩（2021）估计，在2019—2020年，占中国加征反制关税产品进口额16%的产品获得了关税豁免。

（2）反倾销反补贴等贸易救济措施

反倾销和反补贴等贸易救济措施是影响中美贸易冲突期间双边关税的另一个渠道。与"301关税"相比，"双反"措施通常针对特定商品，且需要通过较为严格的调查流程。但中美贸易冲突发生后，双方对彼此启动的"双反"

---

[14] 美国的豁免程序要求申请者就这些关键因素提供详细信息，以便于美国贸易代表办公室在做出决策时能全面评估每个申请的影响和重要性。

[15] 姚曦等人（2020）梳理总结了美国对中国加征关税排除及延期概况。

调查也变得更为频繁。鲍恩（2021）指出，贸易冲突前，超过7%的从中国进口的产品被征收了反倾销和反补贴关税，到2020年底，被反倾销和反补贴关税覆盖的产品份额增加到了10.3%。

此外，值得注意的是，中美贸易冲突期间采取的措施不仅限于加征关税。实体清单、出口管制、外资负面清单、技术转移限制、投资审查等贸易政策也会对中美两国经济，甚至全球经贸格局产生重要的长期影响，针对这些非关税措施影响的研究比较稀缺。根据陈拓等人（2022）的估算，非关税壁垒能够解释贸易冲突期间中国从美国的进口下降幅度的50%。他们还发现非关税壁垒造成的福利损失要远大于关税壁垒。

最后，我们将2018—2023年中美贸易冲突的发展历程绘制成时间线（见图12），包含2018—2019年的双方激烈的关税战，以及2020年后的关税豁免、出口管制等政策，旨在为读者提供一份全面的时间线视图。参照鲍恩（2023）的研究，将2018—2023年中美贸易冲突总结为五个阶段：（1）2018年1—6月，这一阶段关税适度增加，双方关税水平相对温和。⑯（2）2018年7—9月，这一阶段双方关税急剧上升，双方贸易冲突显著加剧。（3）2018年10月—2019年5月，这一阶段关税相对稳定，双方未进行进一步的关税增加。（4）2019年6—9月，新一轮的关税增加，这一阶段双方继续提高关税水平。（5）2020—2022年，尽管中美达成了第一阶段经贸协议，但高关税水平依然持续，形成了一种新常态。与此同时，关税豁免、出口管制、实体清单等非关税壁垒频繁出现，增加了贸易冲突的复杂性。

3.2 加征关税的产品类别、行业分布

上一小节详细梳理了加征关税的时间线，覆盖产品的进口额、进口占比、种类数等内容，为进一步了解加征关税覆盖的产品，本小节对加征关税覆盖的行业和产品类别分别进行了描述性统计。

图13（a）展示了美国对中国加征关税分行业的变化情况，美国加征的"201关税"主要针对太阳能电池板、洗衣机产品，"232关税"主要针对钢铁、铝制品。前两批"301关税"主要覆盖了航空航天、信息技术、汽车零件等高科技行业，如图13（a）所示，美国加征的第一批"301关税"主要覆盖

---

⑯ https://www.piie.com/research/piie-charts/us-china-trade-war-tariffs-date-chart.

了交通运输、机电、器具等行业的产品，加征的第二批"301关税"主要覆盖塑料橡胶、机电设备等行业。随着中美贸易冲突的不断升级，美国加征的第三批"301关税"规模继续扩大，覆盖了大部分行业的产品，不仅包括化工产品、塑料橡胶等上游中间品行业，也包含动植物产品、食品饮料、纺织服装等下游消费品行业。美国加征的第四批"301关税"和第三批涵盖的产品完全相同，涉及大部分行业的产品。美国加征的第五批"301关税"同样覆盖了大部分行业，尤其是贵金属、纺织服装两个行业受到的第五批"301关税"冲击较大，分别被加征了11.74%、9.11%的进口关税。综上，美国加征的"301关税"最初集中在航空航天、信息技术、汽车零件等"中国制造2025"相关行业，之后逐渐扩展到更多的行业，不仅包含高技术产业产品，也包含纺织服装、塑料橡胶等中低端制造业。

图13（b）描述了中国对美国各行业进口产品加征的反制关税的变化情况，对于美国加征的"201关税"，中国未加征相应的反制关税；对于美国加征的"232关税"，中国进行了反制，对从美国进口的贱金属和动植物产品加征了反制关税；对于美国加征的五批"301关税"，中国也进行了相应的反制：第一批主要涉及进口的动植物产品、食品饮料等；第二批主要包含了金属、矿产品、木材纸张、塑料橡胶等行业的产品；随着中美贸易冲突的升级，第三批覆盖了大部分行业的产品；第四批与第三批覆盖的产品基本一致；2019年9月中国加征的第五批反制关税主要包含了动植物产品、矿产品、塑料橡胶等行业的产品。综上，中国加征的反制关税从最初的动植物产品、贱金属等行业逐渐扩展到大部分行业，截至2019年底，动植物产品行业受到的关税冲击超过了30%，其次是贱金属行业，加征的反制关税超过了20%。

通过对2018年中美贸易冲突时间线、涉及产品种类、加征关税税率等的梳理，我们发现中美加征关税的产品清单有以下特点：（1）从加征关税覆盖的产品看，整体而言，美国加征关税的清单较为分散，中国加征反制关税的清单较为集中。美国加征的前两批次"301关税"，重点关注的产品是航空航天、光学医疗设备、轨道交通、机械设备等高科技行业产品，尤其涉及"中国制造2025"中重点发展的制造业产品；中国相应的反制清单则重点关注大豆、飞机、汽车等，这些产品也恰恰是美国出口到中国的传统优势产品，对中国市场的依赖程度较高。（2）从中国的反制策略看，针对前两批"301关税"，中国进行了同规模反制；从第三批"301关税"开始，中国转而进行同比例反制

中美贸易摩擦大事记时间轴

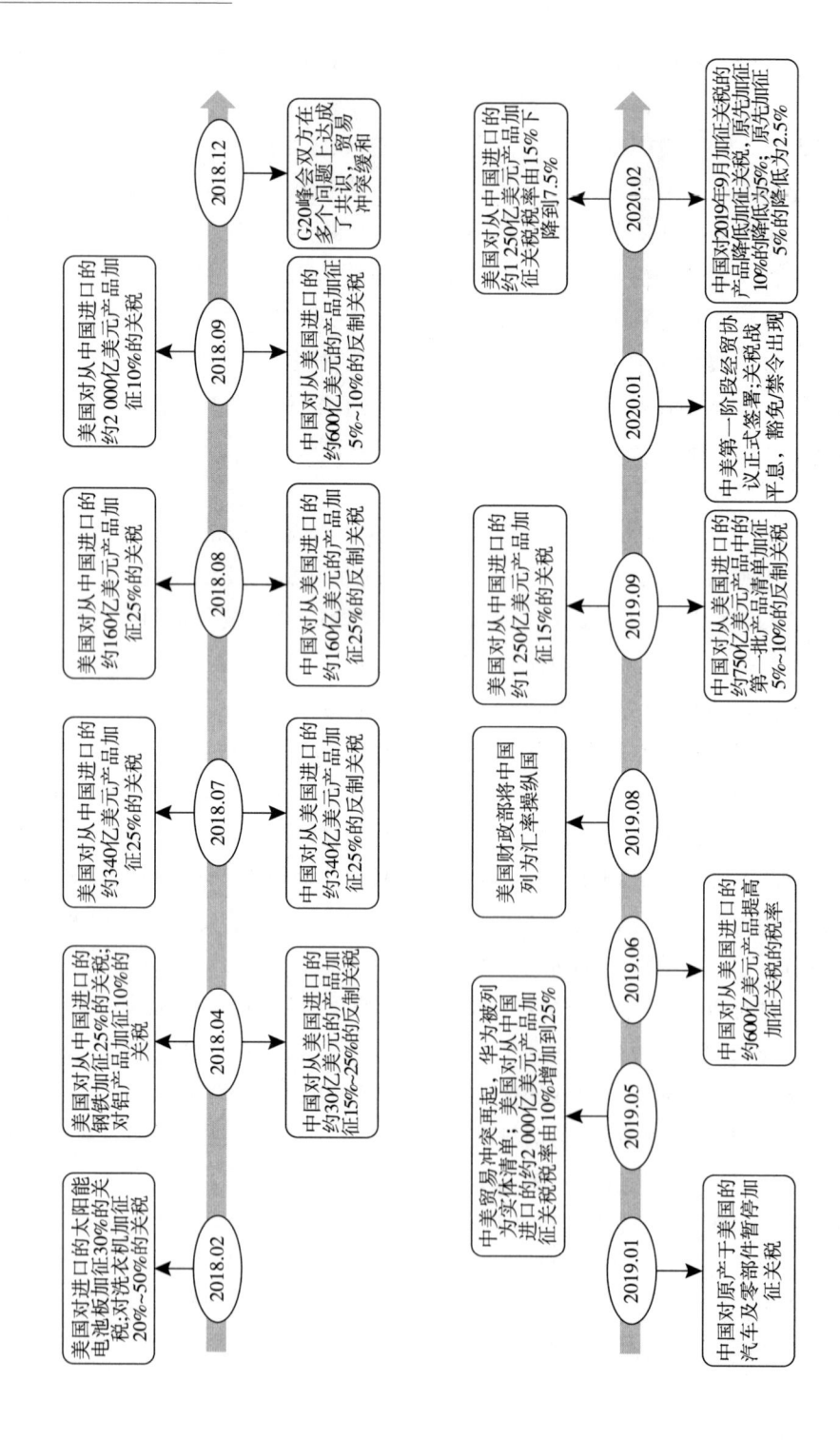

2018.02 — 美国对进口的太阳能电池板加征30%的关税；对洗衣机加征20%~50%的关税

2018.04
- 美国对从中国进口的钢铁加征25%的关税；对铝加征10%的关税
- 中国对从美国进口的约30亿美元的反制关税产品加征15%~25%的关税

2018.07
- 美国对从中国进口的约340亿美元产品加征25%的关税
- 中国对从美国进口的约340亿美元的反制关税产品加征25%的关税

2018.08
- 美国对从中国进口的约160亿美元产品加征25%的关税
- 中国对从美国进口的约160亿美元的产品加征25%的关税

2018.09
- 美国对从中国进口的约2000亿美元产品加征10%的关税
- 中国对从美国进口的约600亿美元的产品加征5%~10%的反制关税

2018.12 — G20峰会双方在多个问题上达成了共识，贸易冲突缓和

2019.01 — 中国对原产于美国的汽车及零部件暂停加征关税

2019.05 — 中美贸易冲突再起，华为被列入实体清单；美国对从中国进口的约2000亿美元产品关税税率由10%增加到25%

2019.06 — 中国对从美国进口的约600亿美元产品提高加征关税的税率

2019.08 — 美国财政部将中国列为汇率操纵国

2019.09
- 美国对从中国进口的约1250亿美元产品加征15%的关税
- 中国对从美国进口的约750亿美元的第一批产品清单加征5%~10%的反制关税

2020.01 — 中美第一阶段经贸协议正式签署，关税战成平息，豁免条款今出现

2020.02
- 美国对从中国进口的约1250亿美元产品加征税率由15%下降到7.5%
- 中国对2019年9月加征关税的产品降低征收关税，原先加征10%的降低5%；原先加征5%的降低到2.5%

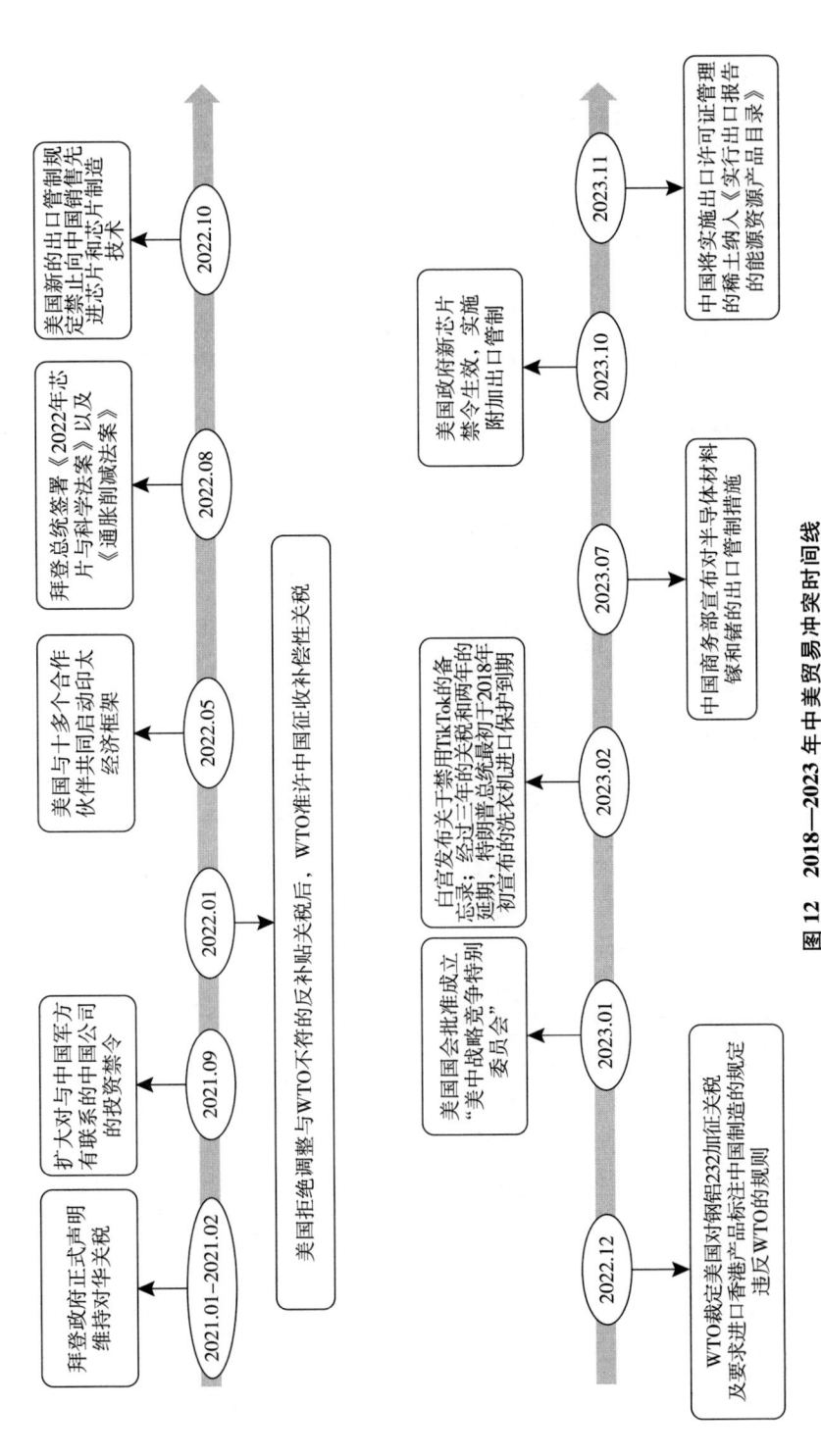

图 12 2018—2023 年中美贸易冲突时间线

2021.01—2021.02：拜登政府正式声明维持对华关税

2021.09：扩大对与中国军方有联系的中国公司的投资禁令

2022.01：美国拒绝调整与WTO不符的反补贴关税及要求征收补偿性关税后，WTO准许中国征收补偿性关税

2022.05：美国与十多个合作伙伴共同启动印太经济框架

2022.08：拜登总统签署《2022年芯片与科学法案》以及《通胀削减法案》

2022.10：美国新的出口管制规定禁止向中国销售先进芯片和芯片制造技术

2022.12：WTO裁定美国对钢铝232加征关税及要求进口香港产品标注中国制造的规定违反WTO的规则

2023.01：美国国会批准成立"美中战略竞争特别委员会"

2023.02：白宫发布关于禁用TikTok的备忘录；经过三年的关税和两年的延期，将期望普总统最早打于2018年初宣布的洗衣机进口保护到期

2023.07：中国商务部宣布对半导体材料镓和锗的出口管制措施

2023.10：美国政府新芯片禁令生效，实施附加出口管制

2023.11：中国将实施出口许可证管理的稀土纳入《实行出口报告的能源资源产品目录》

数据来源：中国商务部、美国贸易代表办公室、WTO、国际货币基金组织（IMF），作者整理所得。

181

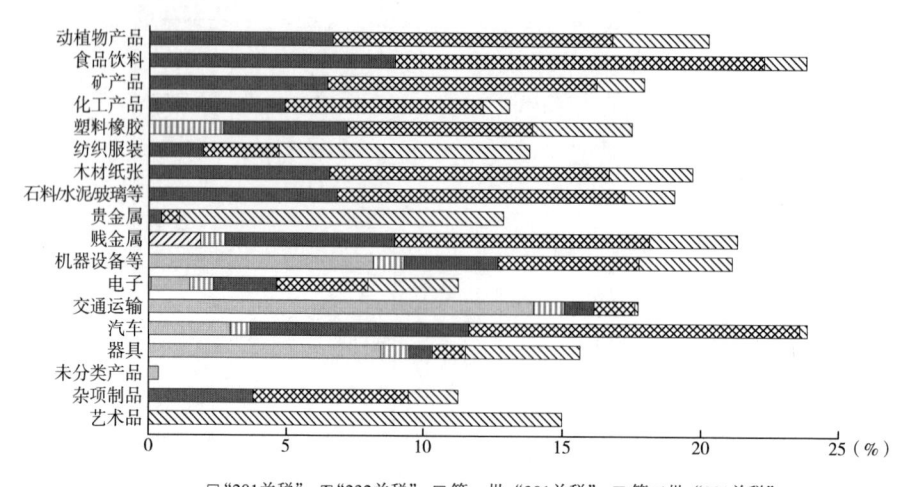

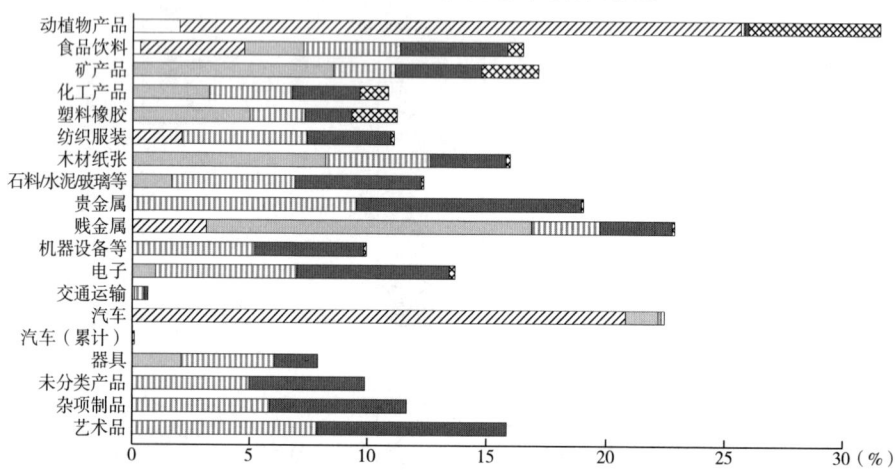

图 13　分行业加征关税的变化

注：图（a）使用 2017 年美国从中国进口额计算加权平均关税。图（b）使用 2017 年中国从美国一般贸易进口额计算加权平均关税。由于 2019 年 1 月暂停了对汽车及其零部件加征的反制关税，对汽车及其零部件的累计加征关税在 2019 年 1 月份之后几乎下降到了 0。

数据来源：美国加征的关税数据来自 USITC；中国加征的反制关税数据来自中国国务院关税税则委员会公布的清单列表，作者整理所得。

（余淼杰等人，2022）。（3）从加征关税的税率看，美国同一批次的"301关税"加征清单，加征关税幅度相同，不同批次加征关税范围在10%~25%；针对美国"301关税"清单，中国加征反制关税的清单中对同一批次内不同产品可能加征不同幅度的关税税率，例如第三批"301关税"反制清单，对不同产品加征了5%或者10%的税率。

学术界针对中美加征关税的产品选择也进行了一些研究。鞠建东等人（2024）认为，美国加征的第一批关税主要针对中国的产业政策，特别是"中国制造2025"以及对具备外部规模经济的产业的补贴。还有几篇论文从政治经济学的角度讨论了中美两国加征关税的动机。费策尔和施瓦策（Fetzer and Schwarz，2021）认为中方加征的反制关税有意识地针对了在2016年总统选举中投票给特朗普的选区。法伊格尔鲍姆等人（2020）则发现，一方面中国的反制关税更多地针对倾向共和党的郡县，另一方面越是摇摆县（即那些民主党和共和党得票相当的选区）就越可能受到进口关税的保护。马弘等人（2023）拓展了邦巴尔迪尼（Bombardini，2008）的异质性企业保护待售（Protection for Sale）模型（Protection for Sale with Heterogeneous Firms），他们的实证研究发现存在更多大企业的行业具有一定的政治影响力，能够影响关税的分布和水平。总之，这些关税和反制关税的范围、幅度、合理性和差异性都值得进一步研究。

4. 中美贸易冲突的经济影响

4.1 中美互相加征关税对贸易量和贸易价格的影响

4.1.1 理论基础与贸易弹性估计

在新古典的局部均衡理论框架下，对进口加征关税带来的福利影响取决于：（1）进口减少导致的福利损失，以及（2）进口（税前）价格下降带来的贸易条件改善。如果进口国是理论意义上的"小国"，即该国对进口征收关税不影响世界价格，此时，进口（税前）价格不变，加征的关税会完全传导到小国的税后进口价格上。加征关税导致的是福利净损失。在图14（a）中，出口供给曲线具有完全弹性。假设征税前进口价格为 p_0，此时加征 τ 的从价税，外国出口供给曲线向上平移 τ 单位，税后进口价格变为 $p_0(1+\tau)$。为了评估贸易政策的整体影响，一个关键环节是估计关税对价格的传导效应。倘若进口国是大国，即该国的需求变动能够影响世界价格，此时，如图14（b）所示，该进口国面临向上倾斜的出口供给曲线。加征关税导致进口需求下降，外国出口商被迫降低价格，因此关税不会完全传导到进口价格上，即 $p_1/p_0 < 1+\tau$。从图14大致可以看出，出口供给弹性越低，关税对价格的传导越有限。因此对一个大国而言，加征关税将改善其贸易条件，如果贸易条件改善带来的好处大于进口减少带来的福利损失，国家的整体福利就会增加。

定义关税传导率（Tariff Passthrough）为 $PT = (p_1 - p_0)/\tau$，即提高关税传导到进口国税后价格的部分。从图14（b）可以看出，PT 取决于出口商的出口供给弹性，以及进口需求弹性。一般来说，我们可以把关税传导率表示为：$PT = 1/(1+\omega\sigma)$。这里 σ 为进口需求弹性，ω 为出口供给弹性的倒数。很明显，当 σ 或者 ω 接近于0，即当进口需求无弹性或者出口供给完全弹性的情况下，PT 接近于1，也就是关税将完全传导到进口价格上。而当 σ 或者 ω 趋近无穷大，即当进口需求完全弹性或者出口供给无弹性的情况下，PT 接近于0，也就是关税将完全由出口方承担。

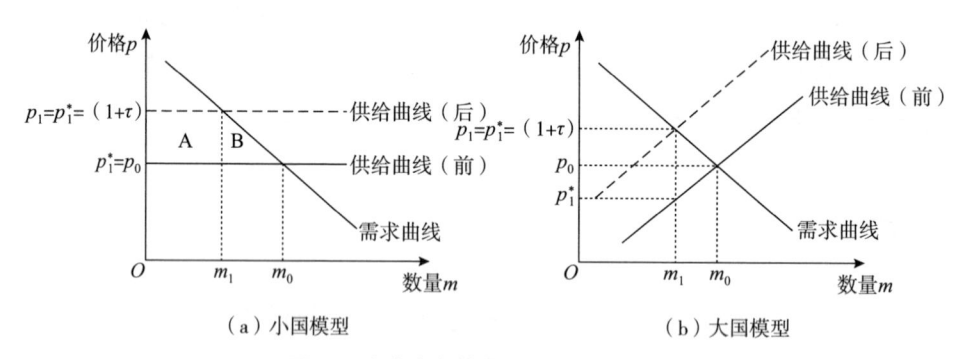

图14 完全竞争情景下关税的价格传导

以上经典模型假设市场结构是完全竞争的，若在不完全竞争市场中，加征关税可能使垄断企业降低生产者价格，从而导致关税的不完全传导（Katrak，1977；Brander and Spencer，1984）。在这种情况下，一国从加征关税中不仅可能获得贸易条件的改善，还有可能改变具有垄断地位厂商的利润收入，从而实现利润转移（Profit Shifting）。图15假设了一个最简单的情景，即只存在外国厂商的垄断。在这种情况下，加征关税使得垄断厂商出口到本国的产品价格从 p_0 增加到 p_1，厂商出口的税前价格由 p_0 下降到 p_1^*，加征关税会不完全传导到进口价格上。此时，由于本国进口的税前价格下降，本国的贸易条件获得改善。20世纪80年代的日美贸易冲突则催生了一大批策略性贸易政策的文献。布兰德（Brander，1995）对这类文献进行了综述，可供感兴趣的读者参考。在不完全竞争下探讨中美贸易冲突得失的文献较少，有待进一步探索。

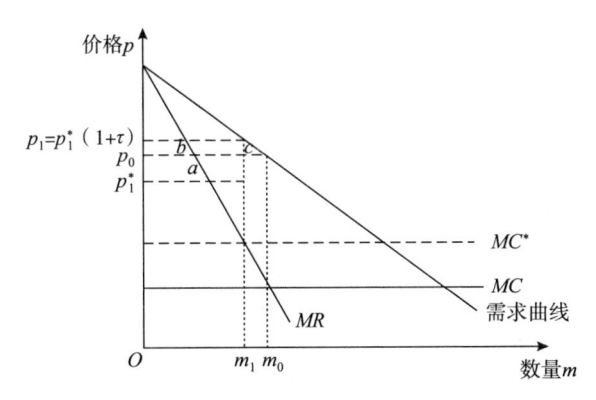

图15 外国垄断情景下关税的价格传导

从以上分析中可以看到，在一个完全竞争的局部均衡框架中，要估计关税带来的福利变化，我们需要测算进口值的变化以及进口价格的变化（即关税传导率 PT）。我们可以通过国家 - 产品层面的贸易数据，来估计关税导致的进口额、进口量的变化，以及关税的价格传导效应。具体而言，我们采用如下回归设定估计关税对贸易额、贸易量以及价格的影响：

$$\Delta \ln y_{ijt} = controls - \beta \Delta \ln(1 + Tariff_{ijt}) + \epsilon_{ijt}$$

其中，i 代表产品，j 代表国家，t 代表时间，Δ 代表关税加征前后的差，$Tariff_{ijt}$ 代表对国家 j 出口的产品 i 加征的关税。因变量 $\ln y_{ijt}$ 可以代表进口额、进口数量或进口价格。当因变量为进口价格（不含关税）时，估计的关税传导率 $PT = 1 - \beta$。[17] 若估计的价格弹性 $\beta = 0$，则代表增加的关税几乎完全转嫁到了进口商品价格中，关税的成本主要由进口商承担，见图14（a）；若估计的价格弹性 $\beta > 0$，则代表关税不完全传导到进口商，出口商也通过降低价格承担了部分关税成本，见图14（b）。

4.1.2 主要结论

大量文献研究了不同国家贸易自由化期间的进口关税下降对价格的传导效应，支持了关税对价格的不完全传导（Kreinin，1961；Feenstra，1989；Mal-

---

[17] 从这个公式可以看出，我们也可以通过估计需求和供给弹性来推算关税传导率。

lick and Marques，2008；Marchand，2012；De Loecker et al.，2016；Ludema and Yu，2016；Han et al.，2016；孙浦阳等人，2019，2021）。[18] 然而，关于近期中美贸易冲突的大部分研究却发现，此次中美贸易冲突中加征的关税几乎完全传导到了进口价格上，即加征关税的成本完全由进口商承担。现有研究主要集中在估计美国加征关税对进口额、进口量、进口价格的影响上，其中，阿米蒂等人（Amiti et al.，2019）研究发现美国加征关税使得进口额和进口量大幅下降，估计结果表明，美国加征关税每增加1%，美国的进口额下降约6.4%，进口量下降5.9%。然而，加征关税对进口的税前价格没有显著影响，美国加征的关税完全传导到了美国进口价格上，即关税成本完全由进口商承担。截至2018年底，累计造成了82亿美元的净福利损失。对不同部门，关税的价格传导存在一定的异质性，特别是钢铁行业，加征关税导致外国出口商价格大幅降低（Amiti et al.，2020）。法伊格尔鲍姆等人（2020）的研究也发现美国加征进口关税导致进口额和进口量大幅下降，对进口税前价格没有显著影响，即关税完全转嫁到了进口价格上。不同于前两位学者及其合作者使用海关数据进行分析，卡瓦洛等人（Cavallo et al.，2021）使用更细分的零售商数据进行了分析，也同样发现美国加征关税完全传导到了进口价格上，但对于零售价格的传导是不完全的，这表明零售商可能通过降低利润率承担了部分价格上涨的成本。弗拉恩等人（Flaaen et al.，2020）从产业转移的角度研究了美国对洗衣机加征关税的影响，结果表明对某些国家征收关税可能会导致生产的跨国转移，从而缓和了贸易政策对国内消费者价格的影响。不同于已有文献发现的关税完全传导，马弘和合作者（2023）使用排除清单的产品作为对照组，研究了美国对中国不同批次进口产品加征关税的影响，结果表明加征关税使得美国从中国的进口额下降了4.5%，对前两批次加征关税的500亿美元进口产品加征关税完全传导到进口价格上，然而对第三批加征关税的2 000亿美元进口产品，加征关税的价格传导非常有限。

使用中国对美国出口数据的研究也发现了类似的结果。蒋灵多等人（2023）使用中国出口的产品层面数据研究，发现美国加征关税使得中国对美国出口额下降了16.47%，加征关税完全传导到了出口价格上，那些中国具有

---

[18] 另一支文献也研究了汇率变动对价格的不完全传导（如 Campa and Goldberg，2005；Berman and Mayer，2012；Li et al.，2015）。

比较优势的产品受关税变动影响更大。焦阳等人（2022）使用中国浙江某地企业层面的出口数据研究了关税的价格传导效应，他们同样发现美国加征进口关税使得中国企业对美国的出口显著下降，关税完全传导到美国进口价格上，出口商并未降低税前价格。

此外，也有文献研究中美贸易冲突期间，中国加征反制关税的价格传导效应，同样发现了关税使得中国从美国进口额、进口量大幅下降，加征关税完全转嫁到了进口价格上（马弘等人，2021；余淼杰等人，2022）。

表5简要汇总了现有研究对关税传导系数的估计。

表5 中美贸易冲突期间关税的价格传导

文献	进口国	关税传导系数（税前价格）[19]
阿米蒂等人，2019	美国	−0.003
阿米蒂等人，2020	美国	0.00 对于钢铁制品，最初关税传导系数100%，一年后降低到50%
法伊格尔鲍姆等人，2020	美国	0.00
弗拉恩等人，2020	美国	1.25～2.25（消费者价格）
卡瓦洛等人，2021	美国	−0.018 0.044（零售价格）
焦阳等人，2022	美国	0.003
蒋灵多等人，2023	美国	−0.0047
马弘和孟岭生，2023	美国	第一批"301"关税 −0.262 第二批"301"关税 0.223 第三批"301"关税 −0.997
马弘等人，2021	中国	0.065
余淼杰等人，2022	中国	−0.021

注：除括号注明外，表5中汇报的均为税前价格估计系数 β。

经典的贸易模型假设中国和美国都是大国，即经济规模足够大到可以影响

---

[19] Ma and Meng（2023）文中回归估计使用的因变量为税后价格，第一批"301关税"估计的系数为0.738，第二批"301关税"估计的系数为1.223，第三批"301关税"估计的系数为0.003。表5中计算的税前价格估计系数为税后价格估计系数减去1。

世界价格，加征关税将导致不完全的价格传导。然而近期关于中美贸易冲突的实证估计大多发现了关税对价格的完全传导，这并不意味着美国和中国是小型开放国家。均衡价格由供给曲线和需求曲线共同决定，关税对价格的传导取决于供给弹性、需求弹性、市场结构等，法伊格尔鲍姆和坎德尔瓦尔（2022）对此总结了几种可能的机制。第一，关税可能导致需求曲线移动，例如当预期未来会加征更高的关税，企业就可能进行存货调整等。[20] 在这种情况下，企业当期的进口需求会增加，需求曲线向上移动，导致均衡的进口价格并未出现下降。第二，关税可能导致供给曲线移动，例如政府向企业提供补贴抵消了关税的影响；加征关税也可能沿供应链传导，提高了出口商的成本等。第三，价格黏性，即由于事先合同约定，即使在关税实施后，企业也无法即时调整价格，导致关税的完全传导。焦阳等人（2022）调查了600家中国企业，以了解关税如何影响其出口价格，其中21.1%的企业表示由于合同约定而缺乏调整价格的灵活性（见表6）；72.2%的企业表示利润率过低，无进一步降价空间。基于此，一种可能的情况是，价格黏性在加工贸易和外资企业的内部交易中更为明显。在这种模式下，中国企业可能更多地依赖外部供应商或母公司的成本结构和定价策略，而非市场供求关系。在成本容易核定的行业中，成本结构较为明确，企业也更容易采用"成本加成"的定价策略，即基于成本核算加上一定比例的利润来设定价格，此时加征关税也会完全传导到进口价格上。

表6 调查结果：企业调整不同市场出口价格和销售面临的阻碍

	比例
A：出口价格调整的障碍（单选）	
利润率过低，无进一步降价空间	72.2%
由于合同约定，缺乏价格调整的灵活性	21.1%
降价后担忧遭受反倾销调查	3.8%
控制定价权，无需降价	2.8%
B：拓展海外替代市场的阻碍因素（多选）	
产品规格和标准不同	22.9%
缺乏销售渠道和销售网络	59.3%

---

[20] 存货调整是一种短期行为。Leibovici and Dunn（2023）研究发现，在经济政策不确定性增加时，企业可能会增加进口存货，缓冲潜在的贸易冲击。

(续表)

	比例
缺乏品牌知名度	25.3%
担心回款率低	25.0%
市场规模不够大	25.3%
C：将销售转向国内市场的障碍（多选）	
产品规格和标准不同	28.3%
缺乏销售渠道和销售网络	46.6%
缺乏品牌知名度	23.2%
担心回款率低	28.9%
市场规模不够大	27.2%

注：表格来自焦阳等人（2023）的研究。因四舍五入，加总后不为100%。

4.2 中美贸易冲突的福利影响

4.2.1 研究方法

现有文献采用了多种方法对中美贸易冲突的福利损失进行了量化估计。

第一支文献使用了局部均衡框架来估计中美贸易冲突的整体福利影响。首先我们可以通过计量回归模型估计关税变化对进口价格、进口额的影响。如上一节所示，现有文献的主要发现是加征关税完全传导到进口价格上，关税的福利损失主要由进口商承担。如图14（a）所示，在出口供给完全弹性的情况下，加征关税使得出口量从 m_0 下降到了 m_1，进口商价格由 p_0 增加到了 p_1，此时关税收入为 $\tau \times m_1$，即图14（a）中A区域的面积。消费者福利损失为A+B区域的面积，加征关税带来的无谓损失（Dead Weight Loss，简称DWL）即为B区域的面积。为了量化福利损失的大小，可使用估计系数来近似计算加征关税的无谓损失，假设市场完全竞争，进口需求曲线斜率近似为常数，图14（a）中B区域的面积近似为三角形面积，可表示为

$$\frac{1}{2} \times p_1^* \tau(m_0 - m_1) = \frac{\frac{1}{2}(p_1^* m_1)\tau(m_0 - m_1)}{m_1}$$

其中，$p_1^* m_1$ 为加征关税后的进口额，τ 为加征的关税，$\dfrac{m_0 - m_1}{m_1}$ 为加征关税导致

进口数量的变化。基于估计得到的加征关税对进口数量的弹性 β，可计算出加征关税导致进口数量的变化，即

$$-\beta\ln\left(\frac{1+\tau_t}{1+\tau_{t-12}}\right)=-\ln\left(\frac{m_1}{m_0}\right)\approx\frac{m_0-m_1}{m_1}$$

加征关税的无谓损失可由进口额、加征关税、估计得到的关税对进口数量的弹性计算得出，即

$$\mathrm{DWL}=-\frac{1}{2}(p_1^*\ m_1)\tau\beta\ln\left(\frac{1+\tau_t}{1+\tau_{t-12}}\right)$$

这种粗略的计算基于回归估计的贸易弹性，使用局部均衡的分析方法，只考虑了局部的市场出清，而忽略了经济中其他变量受到的间接影响，更多反映了贸易冲突的短期直接效应。

另一支文献使用一般均衡分析方法量化估计了贸易冲突的整体福利损失。一般均衡分析框架纳入了不同市场、不同行业间的联系，可以模拟贸易的中长期效应以及间接影响。其中，可计算一般均衡模型（CGE）通过校准参数并代入数据求得均衡解，但是通常计算相对复杂，需要校准大量参数，且对行业的划分较粗，无法对细致行业或产品进行分析。结构模型的量化分析框架相比之下具有更扎实的微观基础，基于经济理论构造模型框架，通过对核心参数校准来量化分析贸易政策的影响。相比可计算一般均衡模型，这种分析方法可以更清楚地研究经济现象背后的机制（Caliendo et al.，2015；Balistreri et al.，2018）。

4.2.2 主要结论

局部均衡方法：基于估计出的关税完全传导系数，阿米蒂等人（2019）计算出截至2018年年底，美国加征关税的福利损失约为 GDP 的0.044%；法伊格尔鲍姆等人（2020）则估计2018年美国福利损失为 GDP 的0.059%，随后，在纳入了2019年的关税冲击后，美国的福利损失增加到 GDP 的0.17%。倪红福等人（2018）在全球价值链视角下估算了关税的价格效应并计算了美国对500亿美元进口产品加征关税造成的美国福利损失47.92亿美元。马弘等人（2021）使用中国进口数据的估计发现，截至2019年5月，中国累计的福利损失为15亿美元。阿米蒂等人（2019）计算的美国截至2018年累计的福利损失约为82亿美元，中国的福利损失要小得多。这可能是由于美国产品占中国进口的比重要远小于中国产品占美国进口的比重。需要强调的是，这种局部均衡分析方法基于回归估计的贸易弹性和价格弹性，并未考虑到反制关税对整体福利

的影响以及经济中其他变量受到的间接影响等,即忽略了一般均衡影响。

一般均衡量化方法: 奥萨(Ossa,2014)基于多国家多行业的一般均衡模型定量分析了非合作与合作贸易政策,并对最优关税税率、贸易冲突和贸易谈判进行了详细讨论。奥萨(2014)的研究基于长期均衡,忽略了均衡发生变化过程中的成本,因此可能会低估贸易冲突带来的影响。针对中美贸易冲突的量化分析,法伊格尔鲍姆等人(2020)使用了一般均衡进行了量化估计,假设劳动力在区域间不流动,结果发现,贸易冲突造成了大量的福利再分配,消费者面临的消费价格上升了,同时部分行业工人的工资上升,整体而言,中美贸易冲突造成的整体福利损失较小,2018年造成的福利损失仅占GDP的0.05%,在纳入了2019年的关税冲击后,福利损失增加到0.13%。张宝莉等人(Chang et al.,2021)使用同样的方法对中国的福利损失进行了量化估计,结果发现中国的整体福利损失占GDP的0.29%。樊海潮等人(2020)基于多国家多行业的一般均衡模型对中美贸易冲突的福利效应进行了评估,结果发现,整体而言中美两国的福利损失均低于GDP的1%。

以上文献均计算短期福利损失,长期劳动力可以在行业间或者区域间流动。有学者(Reyes-Heroles et al.,2020)使用多国动态一般均衡量化分析了长期福利损失,结果发现中国和美国的GDP下降了大约1%。这类似于科斯蒂翁特和罗德里格兹-克莱尔(Costinot and Rodriguez-Clare,2014)使用同样一般均衡框架基于标准化参数估计的福利损失,美国加征100%的关税将使福利减少约0.3%。卡利恩多和帕罗(2022)使用动态一般均衡模型进行了量化估计,结果表明贸易冲突使得美国消费者福利下降约0.1%,并且在空间上存在明显的分配效应。

最后,也有一支文献使用可计算一般均衡模型对中美贸易冲突的福利损失进行了量化估计。一些研究者使用全球贸易分析模型(Global Trade Analysis Project,简称GTAP)进行模拟来估计中美贸易冲突的福利损失(Bollen and Rojas-Romagosa,2018;Ciuriak and Xiao,2018;Bellora and Fontagné,2020;Carvalho et al.,2019;Freund et al.,2020;Gentile et al.,2020;Li and Whalley,2021;李春顶等人,2018)。例如,奎利雅克和肖敬亮(Ciuriak and Xiao,2018)基于GTAP模型框架测算了美国对进口钢铝产品加征关税的福利损失;卡瓦略等人(Carvalho et al.,2019)使用GTAP模型模拟了美国对从中国进口的500亿美元产品加征进口关税造成的福利损失,并对中国实施不同反制措施进行了反事实分析。此外,也有一些学者使用动态随机一般均衡模型进行了量化估计，例如贝尔图等人（Berthou et al.，2018）、乔治亚迪斯等人（Georgiadis et al.，2021）使用由IMF开发的全球综合货币和财政模型（GIMF）进行了中美贸易冲突的福利测算，结果发现美国的福利损失大约在GDP的0.30%~0.50%，中国的福利损失大约在GDP的0.30%~0.55%。

尽管研究者采用了不同方法对中美贸易冲突的福利损失进行了量化估计，大多数文献均发现了中美贸易冲突对美国或者中国的福利损失较小。上述量化估计往往忽略了失业、非关税壁垒等因素，也没考虑企业退出或转移生产等情况，以及贸易冲突带来的不确定性对长期投资和技术研发的影响，因此可能低估了贸易冲突的福利影响。陈拓等人（2022）研究了中美贸易冲突中非关税壁垒的影响，结果表明中国消费者90%以上的福利损失是由非关税壁垒造成的。此外，模型设定也可能对量化的福利损失有显著影响，例如不同的市场结构、效用函数、生产技术等，都可能影响贸易政策的福利估计。现有模型大多基于完全竞争的市场结构，生产者和消费者都是价格的接受者，不能影响市场价格，这种假设忽略了一些市场力量和垄断力量的存在。在不完全竞争的模型设定下，贸易政策变化可能影响厂商的定价，从而影响对福利损失的估计结果。

不同效用函数也可能影响福利估计的结果，现有文献大多使用柯布－道格拉斯效用函数（C-D）或者常数替代弹性效用函数（CES）。前者假设不同商品的替代弹性为1，消费者对各类商品的支出比例恒定不变；后者更灵活，假设不同商品间的替代弹性为常数。然而现实世界中，商品之间的替代弹性可能随着价格和消费量的变化而变化。以上两种效用函数均简化了福利分析。此外，上述两种位似效用函数未考虑不同收入消费者的消费选择差异，如果使用非位似效用函数，允许消费者的收入水平影响其消费选择的结构，贸易政策变化可能导致不同收入群体经历不同的福利变动，进而揭示复杂的分配效应。关于生产技术和成本结构的不同假设也可能影响估计的福利损失。例如，如果假设生产技术具有规模经济，那么贸易壁垒的提高可能会导致国内市场生产效率的降低，增加了福利损失。

4.3 对消费、就业、企业运营等的影响

除关税的价格传导效应外，也有文章研究了中美贸易冲突在就业、投资、消费等方面的影响。一支文献研究了贸易冲突对美国的影响，例如弗拉恩和皮尔斯（2019）的研究发现美国及其贸易伙伴加征关税降低了美国制造业就业，增加了生产者价格。阿米蒂等人（2021）的研究表明中美贸易冲突扰乱了美国

上市公司的投资，并导致美国上市公司股价的降低。黄毅等人（Huang et al.，2023）的研究也发现中美贸易冲突对美国企业的财务业绩和股票收益有负面影响。汉德利等人（Handley et al.，2020）的研究发现中美贸易冲突通过供应链溢出显著抑制了美国的出口。沃（Waugh，2019）研究了贸易冲突对汽车消费的影响，发现中国反制措施抑制了美国各县新车消费的增长，这篇文章主要从收入和就业的渠道进行了分析，即受到中国反制关税影响的县的出口和就业下降，进而影响了消费者的消费。

另一支文献研究了中美贸易冲突对中国的影响。佐和李冰晶（Chor and Li，2021）使用高频夜间灯光数据研究发现，美国关税暴露每增加1%[21]，格的夜间灯光强度会下降0.6%，他们进一步测算了受关税冲击最大的2.5%的人口，发现人均收入下降了2.52%，制造业就业下降了1.62%。本古里利等人（Benguria et al.，2022）的研究表明，中美贸易冲突期间，贸易不确定性每上升一个标准差，企业的投资、研发支出和利润分别下降2.3%、2.3%和11.5%。崔传涛和李少知（Cui and Li，2023）的研究发现，中美贸易冲突对中国新企业进入市场有负面影响，尤其是对美国出口依赖度更高的行业。就业方面，何川等人（He et al.，2021）使用中国在线招聘数据研究了中国贸易冲突对企业劳动力需求调整的影响，结果发现受美国加征关税冲击较大的企业会减少职位空缺，提供更低的工资。类似地，丁扬和刘元春（Ding and Liu，2023）发现，中国出口商并未大规模裁员，反而通过减少工作时间降低劳动力成本，导致工资和非现金收入同时下降。何川等人（2023）则研究了贸易冲突对非标准工作的影响，结果表明非标准工作可以起到就业缓冲作用，受美国关税冲击大的城市会更多地降低标准工作的需求和工资，非标准工作的需求和工作变化不显著。

5. 贸易转移与全球供应链重构

中美贸易冲突不仅对中美两国造成了影响，也对第三国造成了影响。法伊格尔鲍姆等人（2024）分析了中美加征关税对第三国出口的影响，平均而言，其他国家减少了对中国的出口，增加了对美国和世界其他地区的出口，由此推出大部分国家出口的产品与美国互补，与中国是替代关系。中美双边贸易冲突

---

[21] 关税暴露（Tariff Exposure）指的是一个经济体、企业或个体在特定关税政策下所面临的影响或风险程度。

会带来全球的再分配效应，如越南、泰国、韩国和墨西哥是最大的出口赢家。越南学者（Choi and Nguyen，2023）的研究发现，尽管中美贸易冲突导致美国从中国的进口下降，但美国从越南的进口上升，即存在贸易转移效应。

近年来，也有文章关注到了中美贸易冲突对全球供应链的影响。格罗斯曼和赫尔普曼（Grossman and Helpman，2021）在搜寻匹配框架下分析了美国加征高额关税可能促使美国企业转向豁免关税的国家寻找新的供应商。阿尔法罗和佐（Alfaro and Chor，2023）发现，在中美贸易冲突发生后，美国参与全球价值链的位置发生了显著调整。美国从中国的进口产品减少，其进口市场重心向其他低成本生产国家转移，尤其是越南和墨西哥。此外，美国在生产链中的位置变得更加上游，表明制造业有回流的趋势。类似地，有学者（Utar et al.，2023）研究发现，2018—2019年中美贸易冲突使得美国调整价值链，向墨西哥近岸外包。不同于上述研究更多关注成品贸易，鲍德温等人（Baldwin et al.，2023）强调了中间品的重要性，他们使用全球投入产出数据测算的美国供应链对中国的依赖程度几乎是传统贸易数据测算的4倍。因此，若越南对美国的出口依赖于中国的投入品，那么简单地从越南进口替代中国进口可能无法减少对中国生产的依赖。类似地，弗罗因德等人（Freund et al.，2023）指出，美国对中国加征关税导致从中国进口的下降，但新兴供应商与中国的供应链联系依然紧密，表明供应链的地理重组并非意味着完全的经济脱钩。同时，尽管美国的供应链经历了重构，但中国仍然是其主要贸易伙伴。此外，也有文献研究了跨国公司的供应链布局，曾卡等人（Zeng et al.，2023）对跨国公司在华子公司的调查发现，对当地采购依赖度低的企业更可能将生产转移到中国境外，以减少贸易壁垒的影响。

马弘等人（2023）从中国的视角研究了中美贸易冲突如何改变亚太供应链。亚太区域贸易价值链以美国为需求（消费）中心和技术中心，以中国为供给（生产）中心，是全球最重要、最具活力、分工效率最高的价值链。区域内经济体占全球人口的三分之一，超过全球经济总量的60%，占全球贸易总额的近50%。第二次世界大战以来，西方国家不断将劳动密集型和低附加值产品生产外包，亚太区域先后形成以日本（19世纪六七十年代）、以亚洲四小龙（20世纪80年代）、以亚洲四小虎（20世纪90年代）为制造和出口枢纽中心的梯次动态增长格局。冷战结束后，世界经贸格局迎来重大调整，1995年关税及贸易总协定重组为WTO，1998年亚洲金融危机重创亚洲经济，直至2001年中国加入WTO，为中国承接亚洲工厂的枢纽地位扫清障碍。2001年以来，以中国为制造装配中心的亚太供应链分工合作，不断迭代演进，形成了日本、韩国、中国台湾地区居于供应链上游；中国居中加工装配；东南亚地区一方面承接中国淘汰产能，一方面与中国竞争海外市场，同时也成为中国的重要出口市场的亚洲供应链三角格局。

中美贸易冲突势必对亚洲供应链三角格局造成冲击，一方面，美国对中国出口产品加征关税减少了中国对美国的出口，并沿供应链传导到上游，使得中国从日本、韩国、中国台湾等国家和地区的进口下降了6.3%；另一方面，中美两国均将部分供应链转移至东盟国家。如图16（a）所示，中美贸易冲突

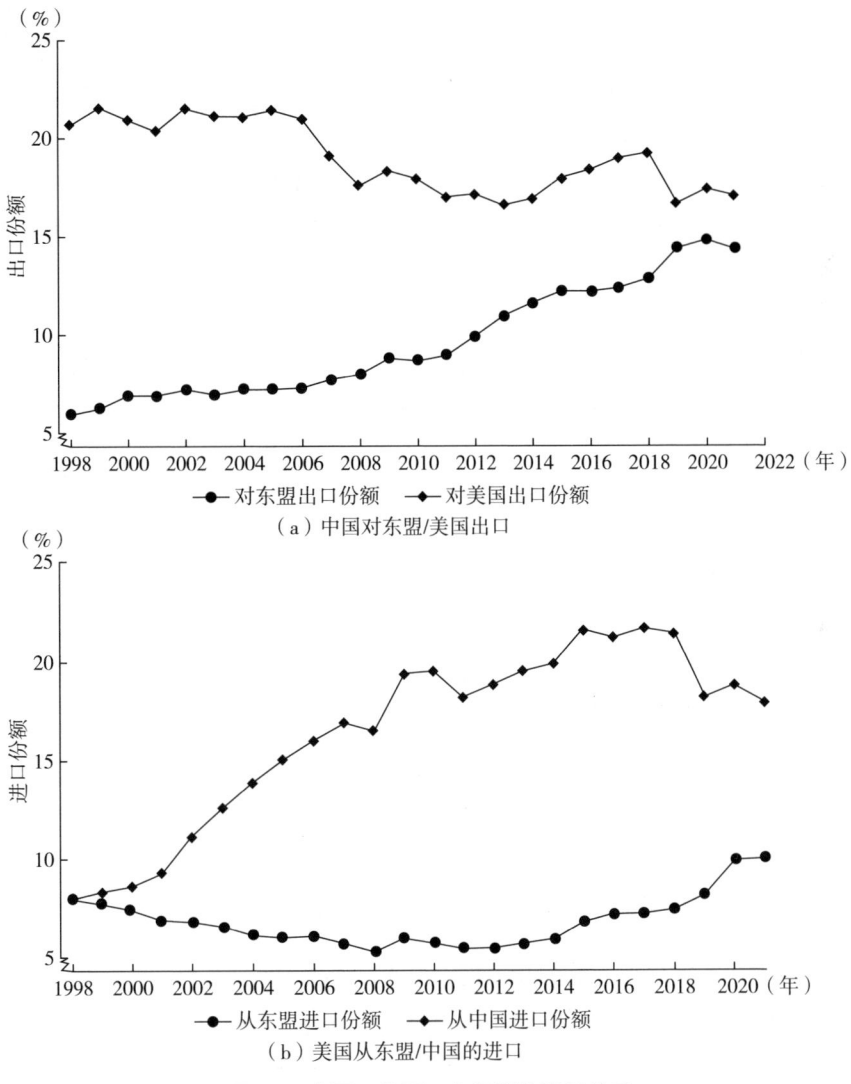

(a) 中国对东盟/美国出口

(b) 美国从东盟/中国的进口

图16 中国、美国、东盟间的贸易关系

发生后，中国对美国出口占中国总出口的比例由2017年的19%下降到了2019年的16.7%；同一时期，中国对东盟的出口份额由2017年的12.3%增加到了2019年的14.4%；同一时期，美国从中国的进口份额由2017年的21.6%下降到了2019年的18.1%；美国从东盟的进口份额由2017年的7.3%增加到了2019年的8.3%，见图16（b）。量化估计结果表明，美国对中国加征关税使得中国对东盟出口增加了6%。此外，马弘等人（2023）发现中美与印度、墨西哥的贸易也有类似的模式。

尽管中美贸易冲突发生以来，中国在美国进口总额中的所占份额大幅下降，马弘等人（2023）使用2022年全球多区域投入产出表（ADB）测算发现，以增加值进口衡量，美国对中国产品的进口依赖度实际上有所增加。如图17所示，在考虑了美国从第三国进口嵌入中国增加值的部分后，美国从中国增加值进口的份额从2017年的21.6%增加到了2021年的23.3%。这与鲍德温等人（2023）的研究类似，强调投入产出关联在测算供应链依赖度上的重要性。

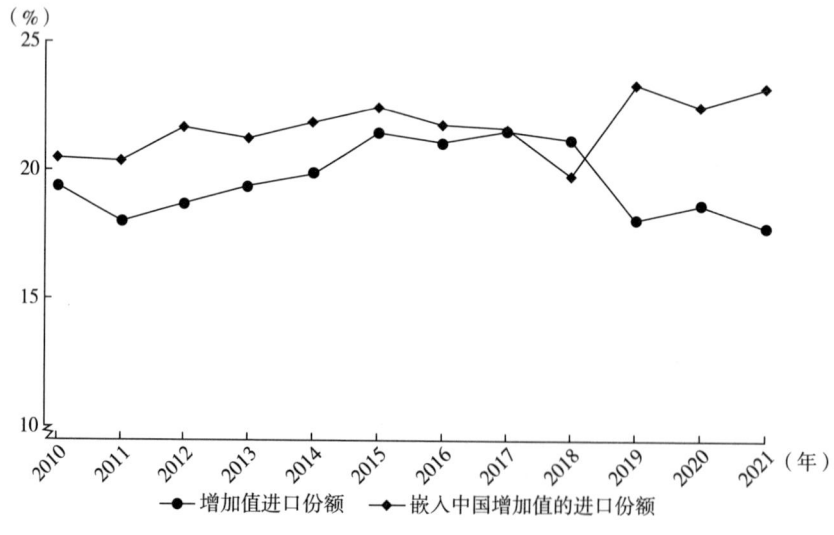

图17 美国对中国进口的依赖度

6. 中美贸易冲突之后：从贸易政策到产业政策

近年来，尤其在中美贸易冲突的背景下，传统贸易政策已逐渐向产业政策转变，这种转变反映了全球经济竞争的新焦点。例如，美国政府通过实施《芯片与科学法案》（CHIPS and Science Act）等政策，直接对半导体等高科技行业给予支持，显示出从传统贸易政策转向更加具有策略性的产业政策。尤哈斯和施泰因文德（Juhász and Steinwender，2023）强调了19世纪产业政策在全球经济历史中的重要性，研究发现产业政策在塑造国家的经济发展方向上发挥了关键作用，特别是在高科技行业中。此外，两位作者还讨论了贸易保护主义和产业政策的相互作用，以及这些政策对全球经济结构和贸易规则的影响。拉斯克海利普尔和卢戈夫斯基（Lashkaripour and Lugovskyy，2023）在定量贸易模型中研究了最优贸易和产业政策，并研究了次优贸易限制在纠正规模经济或利润加成导致的部门错配方面的有效性。

鞠建东等人（2024）则聚焦于中美贸易冲突下的贸易和产业政策。研究发现，中美贸易冲突产生的动机不在于缩减贸易逆差或者保护就业[22]，而在于限制中国高科技产业的发展与中国政府的产业竞争政策，若产业竞争政策实施得当，产业补贴作为国际竞争的手段，可能比进口关税产生更少的扭曲。

中美贸易冲突产生的动机主要是针对中国的产业政策，那么贸易冲突与产业政策之间如何交互作用？鞠建东等人（2024）基于卡利恩多和帕罗（2015）的多国-多部门一般均衡模型，引入分部门的外部规模经济，量化估计了中美贸易冲突及产业政策竞争的影响。鞠建东等人发现，在规模经济的设定下，"中国制造2025"的补贴政策会增加中国和美国的福利。贸易冲突的福利效应取决于中国的产业政策，若仅考虑单边进口关税（即中国不对美国加征反制关税），美国在中国实施最优产业政策时收益更高。就政策竞争而言，在非合作博弈中，中美两国加征高关税导致福利受损。此外，作者还发现，如果美国使用产业政策补贴本国高科技行业可行，其最优政策应当是补贴美国产业，降低现有的关税税率。

在存在外部规模经济的条件下，贸易政策措施在纠正错配方面大多无效，不同国家间合作、深度协调的产业政策比任何单边政策更具变革性（Lashkaripour and Lugovskyy，2023）。这种政策转变可能引起全球经济结构和国际贸易规则的变化。未来全球经济合作的框架，尤其是在高科技领域，可能需要被重

---

[22] Ju et al.（2024）研究发现，美国对中国最初加征的关税（2018年7月和8月）与缩减两国间的贸易逆差无关，并不针对美国从中国进口最多的商品，例如电脑、手机等产品（见Ju et al.，2024 图A2）；美国最初加征的关税也不是为了解决美国就业问题，美国对中国加征的关税（2018年7月和8月）与2000—2014年美国从中国的进口渗透率变化或者美国各个行业就业的变化无关（见Ju et al.，2024，图A5）。

新定义，以适应从贸易政策到产业政策的转变。

7. 小结

本文简要总结了中美贸易冲突的结果。整体来看，中美贸易冲突并未取得政策制定者预期的效果。首先，美国对中国加征关税并未纠正其贸易失衡，美国的总体贸易逆差继续扩大，并转移到其他贸易伙伴国，即美国制造业并未回流。其次，即使我们承认"中国冲击"导致了分配效应和失业（如前所述，这一点仍存在争议），美国加征关税也并未有效地纠正其分配失衡。事实上，现有研究大多表明，中美贸易冲突对两国都造成了福利损失，对就业的影响较小。这意味着，即使贸易冲突旨在保护美国工业和工人，它在重新平衡经济方面的作用非常有限。事实上，奥托等人（2024）的最新研究指出，2018—2019年的中美贸易冲突在经济上并未为美国腹地带来帮助。进口关税对就业的正面影响不显著，外国的报复性关税却在农业领域造成了明显的负面影响。关税上升导致进口中间品成本上升，反而伤害了美国的下游企业。

从政治经济学的角度看，贸易冲突似乎在某种程度上有利于共和党，受进口关税影响较大地区的居民更倾向于支持共和党（Autor et al.，2024），这表明贸易政策和关税变化可能直接影响政治立场和选民行为。然而，布兰查德等人（Blanchard et al.，2024）的研究指出，在那些易受到关税报复影响的县，共和党候选人的支持度有所下降；而在受美国关税保护措施直接影响的县，共和党候选人的支持度并未见到相应的增加。这表明，贸易政策对国内政治的影响是复杂多面的，且可能存在显著的地域差异。

现有文献对中国的研究相对有限。中国作为出口导向型经济体，受到的影响主要包括出口下降、出口企业减少、投资环境的不确定性增加，以及全球供应链重组的压力等。这些因素可能导致中国加快经济结构的调整和转型。具体来说，中国可能会更努力地转向高附加值和技术密集型产业的发展，从而促进产业升级和经济增长模式的转变。这种调整不仅是对贸易冲突的直接反应，也是中国实现长期经济发展战略目标的一部分。短期看，中国的反制关税并未迫使美国暂停或取消其关税。而外需放缓则可能伴随着经济增速放缓、就业市场调整等挑战。2017年以来，中国采取的一些"全面开放"战略，包括降低从（除美国以外的）其他国家进口产品的关税、加入区域全面经济伙伴关系协定（RCEP）以及积极建设"一带一路"，取得了积极的效果（秦若冰和马弘，

2022，2023）。长期看，这些开放措施有助于缓解外部不确定性带来的负面冲击，加强中国经济的韧性及其在全球经济中的竞争力。全面估算贸易冲突对中国经济的影响和挑战，研判中国应对全球贸易体系变局的策略，应该是中国学者未来研究的一个重点。

综上所述，单边贸易政策措施在解决全球化带来的复杂经济和社会问题时作用有限，而且有可能引发意想不到的政治和经济后果。因此，未来的研究应当更深入地探讨贸易政策的跨领域影响，设计能够有效平衡经济增长、分配正义和政治稳定的综合贸易策略。

推荐阅读

中美贸易冲突仍在继续，早期研究集中在通过有限的产品和关税数据估计关税的价格效应和福利影响，随着更多细节和数据可以获得，更多的研究采取了不同视角来研究这一问题。在这篇综述中，我们也推荐了几位国际贸易学界的顶尖学者对中美经贸关系撰写的综述文章，一篇来自法伊格尔鲍姆和坎德尔瓦尔（2022），另一篇来自卡利恩多和帕罗（2023）。前者从贸易政策的局部均衡影响出发，回顾了中美贸易冲突的早期影响；后者则将视角放到中美经贸关系的大局上，更多地从一般均衡量化模型出发讨论中美之间进行贸易和爆发贸易冲突的福利影响及其分配。一些学者认为中美贸易冲突始于2018年3月23日特朗普政府正式宣布对中国出口美国的部分产品加征"301关税"。有读者一定会思考两个问题：一是在特朗普下台之后民主党拜登政府执政的四年中，为什么美国并没有撤销或者降低对中国产品加征的额外关税？二是2024年特朗普卷土重来，即将重回白宫。在竞选时，特朗普已经宣布将要对中国加征高达60%的关税，并威胁取消中国的最惠国待遇。那么中美之间乃至全球主要国家之间的经贸关系是否会不可避免地走向竞争性的贸易保护主义？要理解美国对中国加征关税背后的经济社会逻辑，读者可以参阅本文中多次推荐的奥托、多恩和汉森的多篇有关"中国冲击"的论文，实际上，奥托、多恩和汉森为他们的一系列论文专门创建了一个网站（https://chinashock.info/）。时间有限的读者可以先阅读他们的一篇综述文章（Autor et al., 2016）。由于贸易问题背后隐藏着复杂的政治问题，希望进行更深入思考的读者，还可以向前翻阅格罗斯曼和赫尔普曼（1994，1995）的保护待售的经典模型。

同时，读者也可以阅读一些非学术类的论著，这些论著往往视角更为全面，资料也更为翔实，易于阅读和理解。我比较推荐的有两本。一本是金伯莉·克劳辛（Kimberly Clausing）的畅销书，《开放：美国贸易保护的反思》（*Open: The Progressive Case for Free Trade, Immigration, and Global Capital*）。另一本是马修·克莱因（Matthew Klein）和迈克尔·佩蒂斯（Michael Pettis）所著的《贸易战和阶级战：日益加剧的不平等如何扭曲全球经济，威胁国际和平》（*Trade Wars are Class Wars: How Rising Inequality Distorts the Global Economy and Threatens International Peace*）。

参考文献

[1] Acemoglu, D., Autor, D., Dorn, D., et al. (2016). Import competition and the Great US Employment Sag of the 2000s [J]. Journal of Labor Economics, 34 (1): S141-S198.

[2] Alfaro, L., D. Chor. (2023). Global Supply Chains: The Looming Great Reallocation [R]. NBER, Working Paper.

[3] Amiti, M., S. H. Kong & D. Weinstein. (2021). Trade Protection, Stock-Market Returns, and Welfare [J]. NBER, Working Paper.

[4] Amiti, M., S. J. Redding & D. E. Weinstein. (2019). The Impact of the 2018 Tariffs on Prices and Welfare [J]. Journal of Economic Perspectives, 33 (4): 187 – 210.

[5] Amiti, M., S. J. Redding & D. E. Weinstein. (2020). Who's Paying for the US Tariffs? A Longer-term Perspective [R]. AEA, Papers and Proceedings.

[6] Antoine, B., J. Caroline, D. Siena, et al. (2018). Costs and Consequences of a Trade War: A Structural Analysis [J]. Rue de la Banque, 72: 1 – 6.

[7] Autor, D., A. Beck, D. Dorn, et al. (2024). Help for the Heartland? The Employment and Electoral Effects of the Trump Tariffs in the United States [R]. NBER, Working Paper.

[8] Autor, D. H., D. Dorn & G. H. Hanson. (2013). The China Syndrome: Local Labor Market Effects of Import Competition in the United States [J]. American Economic Review, 103 (6): 2121 – 2168.

[9] Autor, D. H., D. Dorn & G. H. Hanson. (2016). The China Shock: Learning from Labor-Market Adjustment to Large Changes in Trade [J]. Annual Review of Economics, 8: 205 – 240.

[10] Autor, D., D. Dorn & G. Hanson. (2019). When Work Disappears: Manufacturing Decline and the Falling Marriage Market Value of Young Men [J]. American Economic Review: Insights, 1 (2): 161 – 178.

[11] Autor, D., D. Dorn & G. H. Hanson. (2021). On the Persistence of the China Shock [R]. NBER, Working Paper.

[12] Autor, D., D. Dorn, G. H, Hanson, et al. (2020). Importing Political Polarization? The Electoral Consequences of Rising Trade Exposure [J]. American Economic Review, 110 (10): 3139 – 3183.

[13] Autor, D., D. Dorn, G. H. Hanson, et al. (2020). Foreign Competition and Domestic Innovation: Evidence from US Patents [J]. American Economic Review: Insights, 2 (3): 357 – 374.

[14] Autor, D. H., D. Dorn, G. H. Hanson, et al. (2014). Trade Adjustment: Worker-level Evidence [J]. The Quarterly Journal of Economics, 129 (4): 1799 – 1860.

[15] Baldwin, R., R. Freeman & A. Theodorakopoulos. (2023). Hidden Exposure: Measuring US Supply Chain Reliance [R]. NBER, Working Paper.

[16] Balistreri, E. J., C. Böhringer & T. Rutherford. (2018). Quantifying Disruptive Trade Policies [R]. CESifo, Working Paper.

[17] Balsvik, R., S. Jensen & K. G. Salvanes. (2015). Made in China, Sold in Norway: Local Labor Market Effects of an Import Shock [J]. Journal of Public Economics, 127: 137 – 144.

[18] Bellora, C., L. Fontagné. (2020). Shooting Oneself in the Foot? Trade War and Global Value Chains [R]. CEPII, Working Paper.

[19] Benguria, F., J. Choi, D. L. Swenson, et al. (2022). Anxiety or Pain? The Impact of Tariffs and Uncertainty on Chinese Firms in the Trade War [J]. Journal of International Economics, 137: 103608.

[20] Berman, N., P. Martin, & T. Mayer. (2012). How Do Different Exporters React to Exchange Rate Changes? [J]. The Quarterly Journal of Economics, 127 (1), 437 – 492.

[21] Blanchard, E. J., C. P. Bown & D. Chor. (2024). Did Trump's Trade War Impact the 2018 Election? [J] Journal of International Economics, 148: 103891.

[22] Bollen, J., H. Rojas-Romagosa. (2018). Trade Wars: Economic Impacts of US Tariff Increases and Retaliations. An International Perspective [R]. CPB Background Document.

[23] Bown, C. P. (2019). The 2018 US-China Trade Conflict after 40 Years of Special Protection [R]. Peterson Institute for International Economics, Working Paper.

[24] Bown, C. P. (2021). The US-China Trade War and Phase One Agreement [J]. Journal of Policy Modeling, 43 (4): 805-843.

[25] Brander, J. A. (1995). Strategic Trade Policy [M] // Handbook of International Economics. Vol. 3. Amsterdam: Elsevier.

[26] Brander, J. A., B. J. Spencer. (1984). Trade Warfare: Tariffs and Cartels [J]. Journal of International Economics, 16 (3): 227-242.

[27] Branstetter, L., N. R. Lardy. (2008). China's Embrace of Globalization [M] //China's Great Economic Transformation. Cambridge: Cambridge University Press.

[28] Caliendo, L., F. Parro. (2015). Estimates of the Trade and Welfare Effects of NAFTA [J]. The Review of Economic Studies, 82 (1): 1-44.

[29] Caliendo, L., F. Parro. (2022). Trade Policy [M]//Handbook of International Economics. Vol. 5. Amsterdam: Elsevier.

[30] Caliendo, L., F. Parro. (2023). Lessons from US-China Trade Relations [J]. Annual Review of Economics 15 (1): 513-547.

[31] Campa, J. M., L. S. Goldberg. (2005). Exchange Rate Pass-through into Import Prices [J]. Review of Economics and Statistics, 87 (4): 679-690.

[32] Carvalho, M., A. Azevedo & A. Massuquetti. (2019). Emerging Countries and the Effects of the Trade War between US and China [J]. Economies, 7 (2): 45.

[33] Case, A., A. Deaton. (2015). Rising Morbidity and Mortality in Midlife among White Non-Hispanic Americans in the 21st Century [J]. Proceedings of the National Academy of Sciences, 112 (49): 15078-15083.

[34] Cavallo, A., G. Gopinath, B. Neiman, et al. (2021). Tariff Pass-through at the Border and at the Store: Evidence from Us Trade Policy [J]. American Economic Review: Insights, 3 (1): 19-34.

[35] Chang, P.-L., K. Yao & F. Zheng. (2021). The Response of the Chinese Economy to the US-China Trade War: 2018-2019 [R]. Singapore Management University, Working Paper.

[36] Che, Y., Y. Lu, J. R. Pierce, et al. (2022). Did Trade Liberalization with China Influence US Elections? [J] Journal of International Economics, 139: 103652.

[37] Chen, T., C.-T. Hsieh & Z. M. Song. (2022). Non-Tariff Barriers in the US-China Trade War [R]. NBER, Working Paper.

[38] Chen, T., C. Lin & X. Shao. (2022). Globalization and US Corporate Tax Policies: Evidence from Import Competition [J]. Management Science, 68 (8): 6145-6162.

[39] Choi, B. Y., T. L. Nguyen. (2023). Trade Diversion Effects of the US-China Trade War on Vietnam [J]. Pacific Economic Review, 28 (4): 570-588.

[40] Chor, D., B. Li. (2021). Illuminating the Effects of the US-China Tariff War on China's Economy [J]. NBER, Working Paper.

[41] Chor, D., K. Manova & Z. Yu. (2021). Growing Like China: Firm Performance and Global Production Line Position [J]. Journal of International Economics, 130: 103445.

[42] Ciuriak, D., J. Xiao. (2018). Quantifying the Impacts of the US Section 232 Steel and Aluminum Tariffs. C. D [R]. Howe Institute, Working Paper.

[43] Colantone, I., P. Stanig. (2018). The Trade Origins of Economic Nationalism: Import Competition and Voting Behavior in Western Europe [J]. American Journal of Political Science, 62 (4): 936-953.

[44] Costinot, A., A. Rodríguez-Clare. (2014). Trade Theory with Numbers: Quantifying the Consequences of Globalization [M] //Handbook of International Economics. Vol. 4. Amsterdam: Elsevier..

[45] Cui, C., L. S. -Z. Li. (2021). The Effect of the US-China Trade War on Chinese New Firm Entry [J]. Economics Letters, 203: 109846.

[46] De Loecker, J., P. K. Goldberg, A. K. Khandelwal, et al. (2016). Prices, Markups, and Trade Reform [J]. Econometrica, 84 (2): 445 – 510.

[47] De Meza, D. (1979). Commercial Policy towards Multinational Monopolies-Reservations on Katrak [J]. Oxford Economic Papers, 31 (2): 334 – 337.

[48] Ding, Y., Y. Liu. (2023). The Impact of Tariff Increase on Export and Employment of Chinese Firms [J]. China Economic Quarterly International, 3 (3): 155 – 166.

[49] Fajgelbaum, P., P. K. Goldberg, P. J. Kennedy, et al. (2024). The US-China Trade War and Global Reallocations [J]. American Economic Review: Insights, 6 (2): 295 – 312.

[50] Fajgelbaum, P., P. K. Goldberg, P. J. Kennedy, et al. (2020). The Return to Protectionism [J]. The Quarterly Journal of Economics, 135 (1): 1 – 55.

[51] Fajgelbaum, P., A. K. Khandelwal (2022). The Economic Impacts of the US-China Trade War [J]. Annual Review of Economics, 14: 205 – 228.

[52] Feenstra, R. C. (1989). Symmetric Pass-through of Tariffs and Exchange Rates under Imperfect Competition: An Empirical Test [J]. Journal of International Economics, 27 (1): 25 – 45.

[53] Feenstra, R. C., H. Ma & Y. Xu (2019). US Exports and Employment [J]. Journal of International Economics, 120: 46 – 58.

[54] Feenstra, R. C., A. M. Taylor (2014). International Trade [M]. New York: Worth Publishers.

[55] Feler, L., M. Z. Senses (2017). Trade Shocks and the Provision of Local Public Goods [J]. American Economic Journal: Economic Policy, 9 (4): 101 – 143.

[56] Flaaen, A., A. Hortaçsu & F. Tintelnot (2020). The Production Relocation and Price Effects of US Trade Policy: The Case of Washing Machines [J]. American Economic Review, 110 (7): 2103 – 2127.

[57] Flaaen, A., J. R. Pierce (2019). Disentangling the Effects of the 2018 – 2019 Tariffs on a Globally Connected U. S. Manufacturing Sector [R]. FEDS, Working Paper.

[58] Freund, C., M. Maliszewska, A. Mattoo, et al. (2020). When Elephants Make Peace: The Impact of the China-U. S. Trade Agreement on Developing Countries [R]. World Bank Policy Research, Working Paper.

[59] Freund, C., A. Mattoo, A. Mulabdic, et al. (2023). Is US Trade Policy Reshaping Global Supply Chains? [R]. World Bank Policy Research, Working Paper.

[60] Gentile, E., G. Li, & M. Mariasingham. (2020). Assessing the Impact of the United States-People's Republic of China Trade Dispute Using a Multiregional Computable General Equilibrium Model [R]. Asian Development Bank Economics, Working Paper.

[61] Georgiadis, G., S. Hildebrand, M. Ricci, et al. (2021). ECB-Global 2.0: A Global Macroeconomic Model with Dominant-Currency Pricing, Tariffs and Trade Diversion [R]. ECB, Working Paper.

[62] Goldberg, P. K. (2023). The Unequal Effects of Globalization [M]. Cambridge, MA: MIT Press.

[63] Grossman, G., E. Helpman. (1994). Protection for Sale [J]. The American Economic Review, 84: 833 – 850.

[64] Grossman, G., E. Helpman. (1995). Trade Wars and Trade Talks [J]. The Journal of Political Economy, 103 (4), 675 – 708.

[65] Grossman, G., E. Helpman. (2021). When Tariffs Disrupt Global Supply Chains [R]. NBER, Working Paper.

[66] Han, J., R. Liu, J. Zhang. (2012). Globalization and Wage Inequality: Evidence from Urban China [J]. Journal of international Economics, 87 (2): 288-297.

[67] Han, J., R. Liu, B. Ural Marchand, et al. (2016). Market Structure, Imperfect Tariff Pass-through, and Household Welfare in Urban China [J]. Journal of International Economics, 100: 220-232.

[68] Handley, K., F. Kamal & R. Monarch. (2020). Rising Import Tariffs, Falling Export Growth: When Modern Supply Chains Meet Old-style Protectionism [R]. NBER, Working Paper.

[69] Handley, K., N. Limão. (2017). Policy Uncertainty, Trade, and Welfare: Theory and Evidence for China and the United States [J]. American Economic Review, 107 (9): 2731-2783.

[70] He, C., K. Mau & M. J. Xu. (2021). Trade Shocks and Firms Hiring Decisions: Evidence from Vacancy Postings of Chinese Firms in the Trade War [J]. Labour Economics, 71, 102021.

[71] He, C., H. Li, H. Ma, et al. (2023). Parachute with Work and Beyond? Nonstandard Jobs during Trade Conflicts [R]. Tsinghua University, Working Paper.

[72] Huang, Y., C. Lin, S. Liu, et al. (2023). Trade Networks and Firm Value: Evidence from the US-China Trade War [J]. Journal of International Economics, 145: 103811.

[73] Jiang, L., Y. Lu, H. Song, et al. (2023). Responses of Exporters to Trade Protectionism: Inferences from the US-China Trade War [J]. Journal of International Economics, 140: 103687.

[74] Jiao, Y., Z. Liu, Z. Tian, et al. (2022). The Impacts of the US Trade War on Chinese Exporters [J]. Review of Economics and Statistics, 106 (6): 1-34.

[75] Ju, J., H. Ma, Z. Wang, et al. (2024). Trade Wars and Industrial Policy Competitions: Understanding the US-China Economic Conflicts [J]. Journal of Monetary Economics, 141: 42-58.

[76] Juhász, R., C. Steinwender. (2023). Industrial Policy and the Great Divergence [R]. NBER, Working Paper.

[77] Katrak, H. (1977). Multi-national Monopolies and Commercial Policy [J]. Oxford Economic Papers, 29 (2): 283-291.

[78] Kee, H. L., H. Tang. (2016). Domestic Value Added in Exports: Theory and Firm Evidence from China [J]. American Economic Review, 106 (6): 1402-1436.

[79] Kreinin, M. E. (1961). Effect of Tariff Changes on the Prices and Volume of Imports [J]. The American Economic Review, 51 (3): 310-324.

[80] Krugman, P. R., M. Obstfeld & M. J. Melitz. (2011). International Economics: Theory & Policy [M]. New Jersey: Prentice Hall PTR.

[81] Lardy, N. R. (2002). Integrating China into the Global Economy [M]. Washington: Brookings Institution Press.

[82] Lashkaripour, A., V. Lugovskyy. (2023). Profits, Scale Economies, and the Gains from Trade and Industrial Policy [J]. American Economic Review, 113 (10): 2759-2808.

[83] Leibovici, F., J. Dunn. (2023). International Trade Dependence and Inventory Dynamics [J]. Economic Synopses, Federal Reserve Bank of St. Louis, issue 17: 1-3.

[84] Li, C., J. Whalley. (2021). Trade Protectionism and US Manufacturing Employment [J]. Economic Modelling, 96: 353-361.

[85] Li, H., H. Ma & Y. Xu. (2015). How Do Exchange Rate Movements Affect Chinese Exports? A Firm-level Investigation [J]. Journal of International Economics, 97 (1): 148-161.

[86] Liu, Q., H. Ma. (2020). Trade Policy Uncertainty and Innovation: Firm level Evidence from China's WTO Accession [J]. Journal of International Economics, 127: 103387.

[87] Ludema, R. D., Z. Yu. (2016). Tariff Pass-through, Firm Heterogeneity and Product Quality [J]. Journal of International Economics, 103: 234-249.

[88] Ma, H., L. Meng. (2023). Heterogeneous Impacts of the Section 301 Tariffs: Evidence from the Revision of Product Lists [J]. Canadian Journal of Economics/Revue Canadienne D'économique, 56 (1): 164 –190.

[89] Ma, H., J. Ning & M. J. Xu. (2021). An Eye for an Eye? The Trade and Price Effects of China's Retaliatory Tariffs on US Exports [J]. China Economic Review, 69: 101685.

[90] Ma, H., J. Ning & Y. Xu. (2023). Reshaping Factory Asia: How Did the US-China Trade War Affect the Asian-Pacific Supply Chain? [R]. Tsinghua University, Working paper.

[91] Ma, H., Z. Wang & K. Zhu. (2015). Domestic Content in China's Exports and Its Distribution by Firm Ownership [J]. Journal of Comparative Economics, 43 (1): 3 –18.

[92] Mallick, S., H. Marques. (2008). Passthrough of Exchange Rate and Tariffs into Import Prices of India: Currency Depreciation Versus Import Liberalization [J]. Review of International Economics, 16 (4): 765 –782.

[93] Mansour, H., P. Medina & A. Velasquez. (2022). Import Competition and Gender Differences in Labor Reallocation [J]. Labor Economics, 76: 102149.

[94] Marchand, B. U. (2012). Tariff Pass-through and the Distributional Effects of Trade Liberalization [J]. Journal of Development Economics, 99 (2): 265 –281.

[95] Medina, P. (2022). Import Competition, Quality Upgrading, and Exporting: Evidence from the Peruvian Apparel Industry [J]. Review of Economics and Statistics, 106 (5): 1285 –1300.

[96] McManus, T. C., G. Schaur. (2016). The Effects of Import Competition on Worker Health [J]. Journal of International Economics, 102: 160 –172.

[97] Ossa, R. (2014). Trade Wars and Trade Talks with Data [J]. American Economic Review, 104 (12): 4104 –4146.

[98] Pierce, J. R., P. K. Schott. (2016). The Surprisingly Swift Decline of US Manufacturing Employment [J]. American Economic Review, 106 (7): 1632 –1662.

[99] Piketty, T. (2014). Capital in the Twenty-first century [M]. Cambridge, MA: Harvard University Press.

[100] Reyes-Heroles, R., S. Traiberman & E. Van Leemput. (2020). Emerging Markets and the New Geography of Trade: The Effects of Rising Trade Barriers [J]. IMF Economic Review, 68 (3): 456 –508.

[101] Rodrik, D. (2011). The Globalization Paradox: Democracy and the Future of the World Economy [M]. New York: W. W. Norton & Company.

[102] Rodrik, D. (2021). Why Does Globalization Fuel Populism? Economics, Culture, and the Rise of Right-Wing Populism [J]. Annual Review of Economics, 13: 133 –170.

[103] Schneider-Petsinger, M., J. Wang, Y. Jie, et al. (2019). US-China Strategic Competition the Quest for Global Technological Leadership [M]. London: Chatham House.

[104] Svedberg, P. (1979). Optimal Tariff Policy on Imports from Multinationals [J]. Economic Record, 55 (1): 64 –67.

[105] Utar, H., A. C. Zurita & L. B. Torres Ruiz. (2023). The US-China Trade War and the Relocation of Global Value Chains to Mexico [R]. CESifo, Working Paper.

[106] Wang, Z., S.-J. Wei, X. Yu, et al. (2018). Re-Examining the Effects of Trading with China on Local Labor Markets: A Supply Chain Perspective [R]. NBER, Working Paper.

[107] Waugh, M. E. (2019). The Consumption Response to Trade Shocks: Evidence from the US-China Trade War [R]. NBER, Working Paper.

[108] Xu, Y., H. Ma & R. Feenstra. (2023). Magnification of the 'China Shock' Through the US Housing Market [J]. Review of International Economics, 31 (5): 1864 –1893.

[109] Zeng, K., Y. Xu & Z. Xie. (2023). Local Sourcing Embeddedness, Manufacturing Relocation,

and Firm Attitudes toward the US-China Trade War: A survey Analysis of China-based MNC Subsidiaries [J]. Business and Politics, 25 (2): 91 – 116.

[110] 陈继勇. 中美贸易战的背景、原因、本质及中国对策 [J]. 武汉大学学报（哲学社会科学版），2018，71 (5): 72 – 81.

[111] 樊海潮，张军，张丽娜. 开放还是封闭——基于中美贸易摩擦的量化分析 [J]. 经济学（季刊），2020，19 (4): 1145 – 1166.

[112] 黄琪轩. 大国战略竞争与美国对华技术政策变迁 [J]. 外交评论（外交学院学报），2020，37 (3): 94 – 120, 7.

[113] 李春顶，何传添，林创伟. 中美贸易摩擦应对政策的效果评估 [J]. 中国工业经济，2018，367 (10): 137 – 155.

[114] 林毅夫，蔡昉，李周. 中国奇迹：发展战略与经济改革 [M]. 上海：上海三联书店出版社，1999.

[115] 马弘. 中美贸易冲突：现状、症结与前景 [J]. 江海学刊，2018，(3): 94 – 101, 238.

[116] 马弘. 像中国那样出口：中国对外贸易发展40年回顾 [M] // 张军、王永钦主编《大转型：中国经济改革的过去、现在与未来大转型》第9章. 上海：格致出版社，2019.

[117] 马弘、秦若冰. 贸易平衡与关税对等：中美经贸之辨 [J]. 国际商务研究，2021，42 (4): 30 – 46.

[118] 倪红福，龚六堂，陈湘杰. 全球价值链中的关税成本效应分析——兼论中美贸易摩擦的价格效应和福利效应 [J]. 数量经济技术经济研究，2018，35 (8): 74 – 90.

[119] 潘悦. 全球化背景下的中美贸易冲突：缘起、影响与走势 [J]. 理论视野，2019，227 (1): 49 – 59.

[120] 秦若冰，马弘. RCEP的贸易和福利效应：基于结构模型的量化分析 [J]. 数量经济技术经济研究，2022，39 (9): 26 – 49.

[121] 秦若冰，马弘. 消费品关税减让的价格效应与福利分析——来自2017—2019年关税改革的经验证据 [J]. 经济学（季刊），2023，23 (2): 409 – 424.

[122] 孙浦阳，张陈宇，杨易擎. 生产分割、信息摩擦与关税传导：消费市场的理论与经验 [J]. 世界经济，2021，44 (2): 48 – 74.

[123] 孙浦阳，张甜甜，姚树洁. 关税传导、国内运输成本与零售价格——基于高铁建设的理论与实证研究 [J]. 经济研究，2019，54 (3): 135 – 149.

[124] 姚曦，赵海，徐奇渊. 美国对华加征关税排除机制对产业链的影响 [J]. 国际经济评论，2020，(5): 26 – 42, 4 – 5.

[125] 余淼杰，田巍，郑纯如. 中美贸易摩擦的中方反制关税作用研究 [J]. 经济学（季刊），2002，22 (6): 2041 – 2062.

[126] 翟凡，李善同. 中国的关税现状：水平、结构与关税减免 [J]. 管理世界，1996，(5): 59 – 67, 220.

劳动经济学和金融学的交叉研究及其在中国的应用

施新政 彭章

摘要： 本文综述了近年来劳动-金融领域的部分进展。首先，文章回顾了劳动经济学和金融学的交叉研究（简称劳动-金融研究）的起源，认为是现代工业生产的复杂性加强了劳动力市场和金融市场的相互作用和影响，进而催生了劳动-金融研究。文章使用中英文期刊发表的该领域论文的数量论证了该领域日益增长的重要性和影响力。其次，文章以人力资本与公司财务风险为例回顾了这一领域的研究。人力资本对公司财务风险影响的文献通常认为人力资本主要通过三个渠道影响公司财务风险，即劳动力成本直接影响公司现金流，较高的劳动力调整成本以及员工和公司之间的集体谈判会影响公司财务决策。从公司财务风险角度研究其对人力资本影响的文献则通常认为，公司的高风险

---

* 施新政，北京大学经济学院教授、北京大学博雅青年学者，研究领域为发展经济学和劳动经济学，论文成果发表在 *Review of Economics and Statistics*、*Journal of Development Economics*、*Journal of Environmental Economics and Management*、《经济研究》、《经济学（季刊）》、《管理世界》等期刊，入选国家高层次青年人才计划，担任劳动经济学会专业委员会副会长、《经济学报》和 *Economic Development and Cultural Change* 副主编、*Sustainability* 客座主编，曾任中国劳动经济学者论坛理事会主席。彭章，中央财经大学财政税务学院资产评估系助理教授、美国密歇根大学安娜堡分校罗斯商学院金融系访问学者，主要研究领域为公司金融、公司治理、劳动与金融、机器学习在公司金融中的应用、金融科技，论文被《管理科学学报》、《金融研究》、《南开管理评论》、*Financial Management* 等期刊发表或接收，曾获得中国公司金融夏季论坛（2023）优秀论文二等奖、2021年中国金融学术年会（CFRC）最佳论文奖、中国实证研究（财经）论文大赛十佳论文奖等奖项，承担国家自然科学基金、博士后面上基金等项目。

财务策略和融资约束会影响公司的雇佣决策以及雇佣之后对员工人力资本的投资。再次，文章综述了中国背景下的劳动－金融研究。在这一部分，文章回顾中国劳动力市场的制度背景与发展趋势，并评述了关于中国人力资本对公司决策与资本市场影响的文献。最后，文章对劳动－金融领域的未来研究方向做了展望。本文认为，围绕数字经济和ESG（环境、社会和公司治理）理念的研究在未来将是研究者关注的焦点。

关键词：劳动经济学；金融学；人力资本；财务风险

1. 劳动－金融研究的起源

从经济史的角度看，劳动－金融之间的联系起源于工业革命带来的现代企业制度的建立和资本市场的发展。第一次工业革命后，机械设备的发明与普及颠覆了农业社会的生产模式，纺织、农业等劳动密集型产业开始使用机器设备生产，生产效率大幅提高。生产模式的变革导致社会经济形态发生重大转变，由农业经济正式步入工业经济，机器设备等固定资产成为重要的生产要素。为了标准化生产流程和扩大生产规模，工厂制初步建立。大规模的标准化生产导致工厂需要大量的资金进行固定资产投资、维持日常运营，工厂对资金的需求日益增加。为解决资金需求，一方面，产业组织形式发生变化，由单一业主制度的工厂逐渐演变为合伙制、股份制的企业，形成了现代企业这一组织形式，在合伙制、股份制的组织形式下，企业的所有者（股东）数量更多，能够提供的资金量也就更大；另一方面，强烈的资金需求导致资本市场迅速发展壮大，资本市场中的各类金融工具（如债券、股票等）为企业提供了更多的融资方式，使企业能够从社会获得资金以支持其投资和生产。随着现代企业制度和资本市场的建立，企业的融资、投资、生产、分配过程形成了一个资金闭环：资本市场为企业提供资金，企业使用资金进行固定资产投资、雇佣劳动力进行生产和销售，得到的利润一部分回报给资本市场的投资者，一部分用于缴税，另一部分进行再投资。自此，金融高度渗入了企业经营和社会运转，成为现代经济的血脉。劳动力作为重要的生产要素，与资金、资本市场、现代企业制度、投融资这些金融要素都是该闭环的重要组成部分，有着天然联系。

然而，在2008年之前，由于劳动经济学和金融学两个学科领域的分割，学者在学术研究上长期忽略了这两个领域之间的联系。自2008年开始，越来越多的学者开始关注劳动－金融之间的关系，从多个角度来研究劳动－金融问题，比如财务杠杆、公司治理如何影响劳动力数量、劳动力结构，劳动保护、劳动力流动性如何影响公司投资、资产定价等。这些成果也让学术界意识到，作为最基本的两类生产要素，劳动与资本最初就是联系在一起的，未来更应该将两者结合起来。

2. 劳动－金融研究的现状：一个量化分析

为了充分了解劳动－金融这一领域的研究现状，把握未来的研究走向，我们采用统计分析方法对国内外重要期刊2000—2021年劳动－金融的相关文献进行统计性描述。

文献来源限定为国内外顶尖金融、经济、会计和管理类期刊[1]，检索时间段为2000—2021年。针对中文文献，选用中国知网数据库的中国学术期刊网络出版总库进行高级检索。检索内容设定为：模糊匹配中图分类号为"F（经济）"的同时，分别将"劳动""失业""员工""工资""薪酬""人力资本""社保""劳动保护""劳动合同法""限薪令""薪酬差距""大学扩招""员工持股""职工持股""户籍制度"设定为检索词，依据篇名、摘要和关键词在目标刊物中进行精准匹配检索，保留关注劳动－金融的相关文献。针对英文文献，选用Web of Science核心合集数据库，分别使用"Employment""Human Capital""Workforce""Employee""Bargaining""Union""Unemployment""Labor""Wage""Total Factor Productivity（TFP）""Job""Worker""Firing""Workplace""Labor Mobility""Inequality""Minimum Wages"作为检索词，依据篇名、摘要和关键词在目标刊物中进行精准匹配检索，保留关注劳动－金融的相关文献。根据文献的摘要和全文进行阅读和查阅，剔除无关内容后，得到中文文献194篇，英文文献376篇。

---

[1] 其中，中文期刊包括《管理世界》《经济研究》《中国社会科学》《世界经济》《管理科学学报》《经济学（季刊）》《金融研究》《中国工业经济》《南开管理评论》《会计研究》。英文期刊包括Journal of Finance、Journal of Financial Economics、Review of Financial Studies、American Economic Review、Quarterly Journal of Economics、Journal of Political Economy、Accounting Review、Journal of Accounting and Economics、Journal of Accounting Research、Management Science。

2.1 劳动-金融学术论文发表趋势

接下来，我们分析2000—2021年国内外顶尖金融、经济、会计和管理类期刊的劳动-金融领域学术论文发表趋势，并进行统计性描述。

首先，我们选取国外10种顶尖金融、经济、会计和管理类期刊发表的劳动-金融研究成果进行分析。从文献时间分布来看（见图1），2000—2021年，劳动-金融研究的英文文献数量同样呈现波动上升趋势，与中文文献发表趋势相比，劳动-金融研究在国外起步更早，发展更快。2001—2008年，该领域英文重要期刊的年发文数量为5~10篇；2011年，发文数量首次突破20篇；2017年以后，发文数量迅速增加，在2020年达到最大发文量41篇。

从文献发表的期刊分布来看（见表1），相比于中文文献的刊载情况，2000—2021年英文文献的刊载分布更加分散，且各期刊的刊载数量差异更大。其中，《金融经济学期刊》（*Journal of Financial Economics*）、《金融学期刊》（*Journal of Finance*）、《管理科学》（*Management Science*）是刊载劳动-金融文章前三的期刊，占总发表量的50.53%，而《美国经济评论》（*American Economic Review*）、《政治经济学期刊》（*Journal of Political Economy*）、《会计研究期刊》（*Journal of Accounting Research*）是位列刊载数量末三位的期刊，刊载数量仅占总发表量的14.36%。

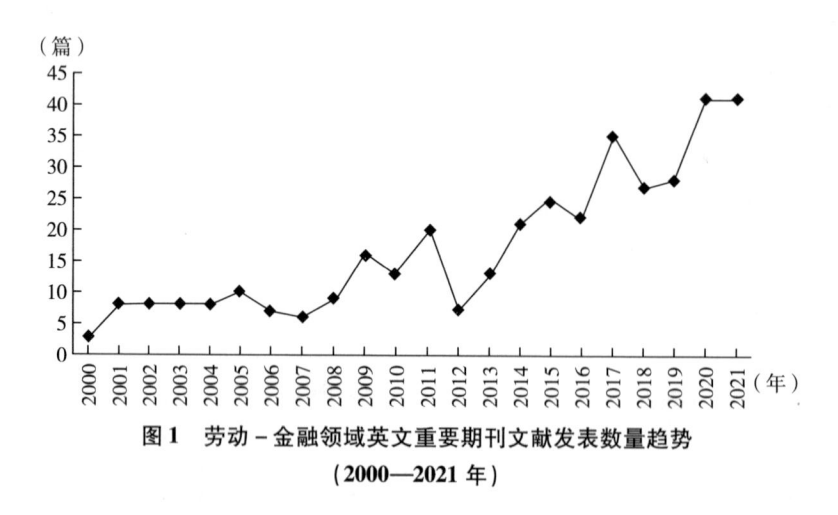

图1 劳动-金融领域英文重要期刊文献发表数量趋势
(2000—2021年)

表1　劳动-金融领域英文重要期刊刊载情况（2000—2021年）

刊物名称	总刊载量（篇）
Journal of Financial Economics	75
Journal of Finance	59
Management Science	56
Review of Financial Studies	50
Accounting Review	31
Journal of Accounting and Economics	26
Quarterly Journal of Economics	25
American Economic Review	21
Journal of Political Economy	18
Journal of Accounting Research	15

对国内10种顶尖金融、经济、会计和管理类刊物在劳动-金融领域的发表成果进行分析。从文献发表时间的分布看（见图2），2000—2021年，中文文献数量呈现波动上升趋势，2012年以前，每年的发文数量稳定在10篇以内，且2003年发文数量最少，为0篇；2013—2018年，《中华人民共和国劳动合同法》《中华人民共和国劳动法》（以下分别简称《劳动合同法》《劳动法》）的修订推动了国内劳动-金融研究的发展，发文数量明显增加，在2016年首次突破15篇；2019年后，发文数量增长加速，2021年成为发文数量最多的年份，发文数达到30篇。

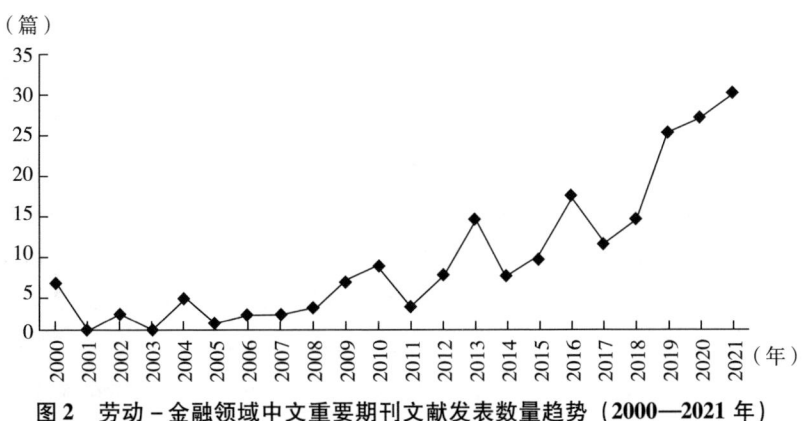

图2　劳动-金融领域中文重要期刊文献发表数量趋势（2000—2021年）

从文献发表的期刊分布来看（图3），2000—2021年，在国内10种顶尖金融、经济、会计和管理类刊物中，《管理世界》《经济研究》《会计研究》是刊载劳动-金融文章前三的期刊，占总发表量的58.76%，而《中国社会科学》《管理科学学报》《南开管理评论》《经济学（季刊）》是刊载数量位列末四位的期刊，共计23篇，占比11.86%。由此可以看出，各期刊刊载的数量存在明显差异，这主要与期刊的定位有关。

总的来说，劳动-金融研究呈现蓬勃发展态势，研究成果日益丰富。

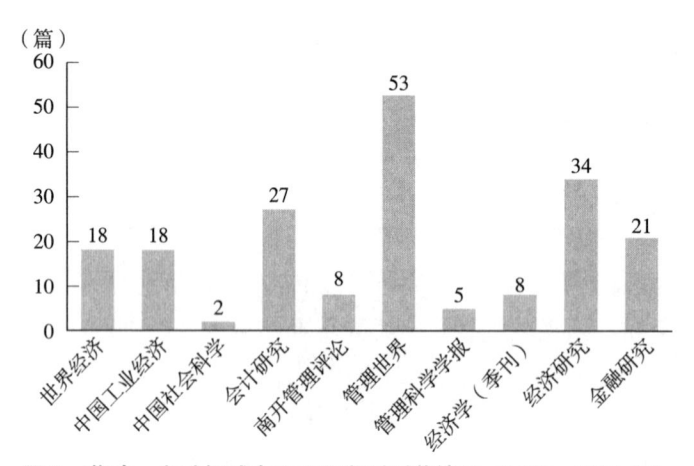

图3 劳动-金融领域中文重要期刊刊载情况（2000—2021年）

2.2 劳动-金融研究的热点问题

劳动-金融研究在近十年来呈蓬勃发展态势，那么，现有文献都聚焦了哪些话题呢？我们利用CitesSpace软件选用词频分析方法对国内外重点期刊发表文献的关键词进行关键词共现网络聚类分析，并生成关键词时间线知识图谱，对现有文献的话题进行分析。

本文分析的时间段设定为2000—2021年，时间切片参数设定为1年。图4是利用英文重要期刊数据集生成的关键词时间线知识图谱，从关键词聚类结果可以看出，国外文献从"Impact（影响）""Productivity（生产率）""Cost（成本）""Pisk（风险）""Performance（绩效）""Consequence（后果）""Growth（增长）""Incentive（激励）""Firm（企业）""Investment（投资）""Corporate Governance（公司治理）""Wage Rigidity（工资刚性）""Labor Market（劳动力市场）"等视角展开研究。从关键词的词频变化看，上述研究话题均持续

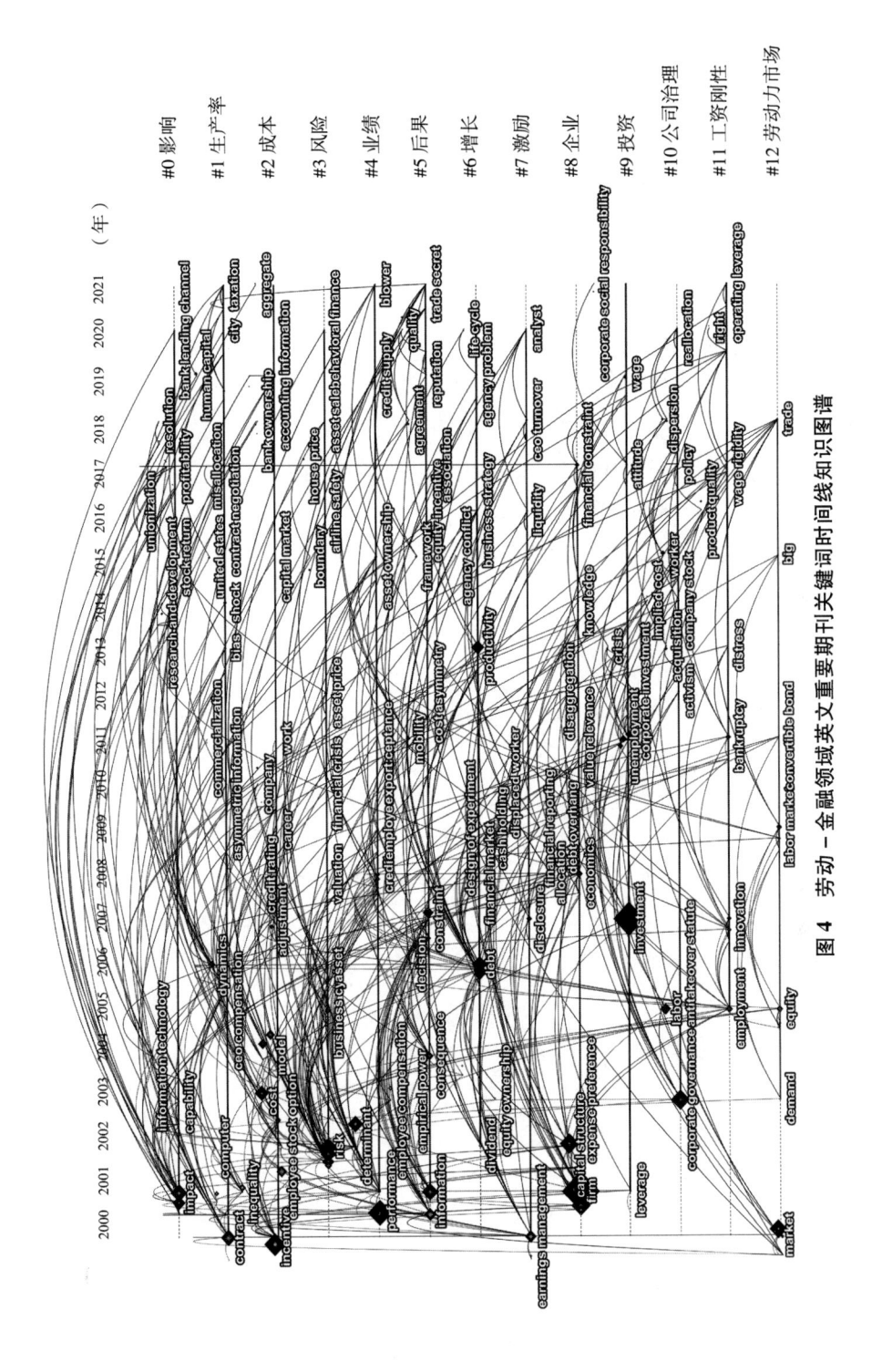

图 4 劳动-金融领域英文重要期刊关键词时间线知识图谱

#0 影响
#1 生产率
#2 成本
#3 风险
#4 业绩
#5 后果
#6 增长
#7 激励
#8 企业
#9 投资
#10 公司治理
#11 工资刚性
#12 劳动力市场

了较长时间的热度，该领域相对前沿的话题是"Wage Rigidity"和"Labor Market"。同时，随着时间变化，每一聚类中的研究重点也发生了较大变化。以"Corporate Governance"为例，早期研究集中关注反并购（Antitakeover），之后关注并购（Acquisition），而最近该分支则关注再配置（Reallocation）相关内容。

图5是利用中文重要期刊数据库生成的关键词时间线知识图谱，利用该结果可以发现中文重要期刊在劳动-金融领域的研究热点以及研究趋势变化。从关键词聚类结果可以看出，国内劳动-金融领域比较关注"国有企业""人力资本""最低工资""薪酬差距""企业投资""养老保险""职工薪酬""员工技能"等研究主题，且各主题之间存在交叉。从研究主题的时间变化趋势看，2010年之前，国内该领域文献主要从"薪酬差距""人力资本""国有企业"等视角进行研究和分析，2013年以后，"最低工资""养老保险""员工技能"等新兴话题的研究逐渐增多。

3. 国际学术界关于劳动-金融领域的研究简述：以人力资本与公司财务风险为例

人力资本与金融领域的早期研究关注了人力资本对公司财务，如资本结构、融资约束等的影响。理论上，员工会关注企业的财务状况，企业也会根据自身的财务状况调整其雇佣规模、员工薪酬等人力资本相关因素。

从员工角度看，员工作为企业的利益相关者和风险承担者，其薪酬水平和福利水平很大程度上取决于企业的财务状况。当企业财务状况良好时，员工更可能获得满意的报酬，共享企业经营的收益；而当企业绩效不佳或选择激进的财务决策时，企业破产风险更大，员工的就业安全感大幅下降，面临的失业风险逐渐攀升。对员工而言，失业的代价是高昂的。失业会造成收入减少、消费降级、生活品质下降，后果严重时，失业还会影响生命健康，引起求职者焦虑、不安等情绪乃至心理疾病，甚至导致预期寿命减少，死亡率增加。因此，员工总效用（U_e）应当是工资（w）、员工被辞退的损失（C_e）、被辞退风险（p_{unemp}）的函数，即 $U_e = U(w) - p_{unemp} C_e$。这里 $U(\cdot)$ 为单调递增的效用函数。而被辞退风险（p_{unemp}）随着企业财务风险（r）的增大而增大，当 w 不变时，$\frac{\partial U_e}{\partial r} = -\frac{\partial p_{unemp}}{\partial r} C_e < 0$。企业财务风险越大，员工总效用越低。为维护个

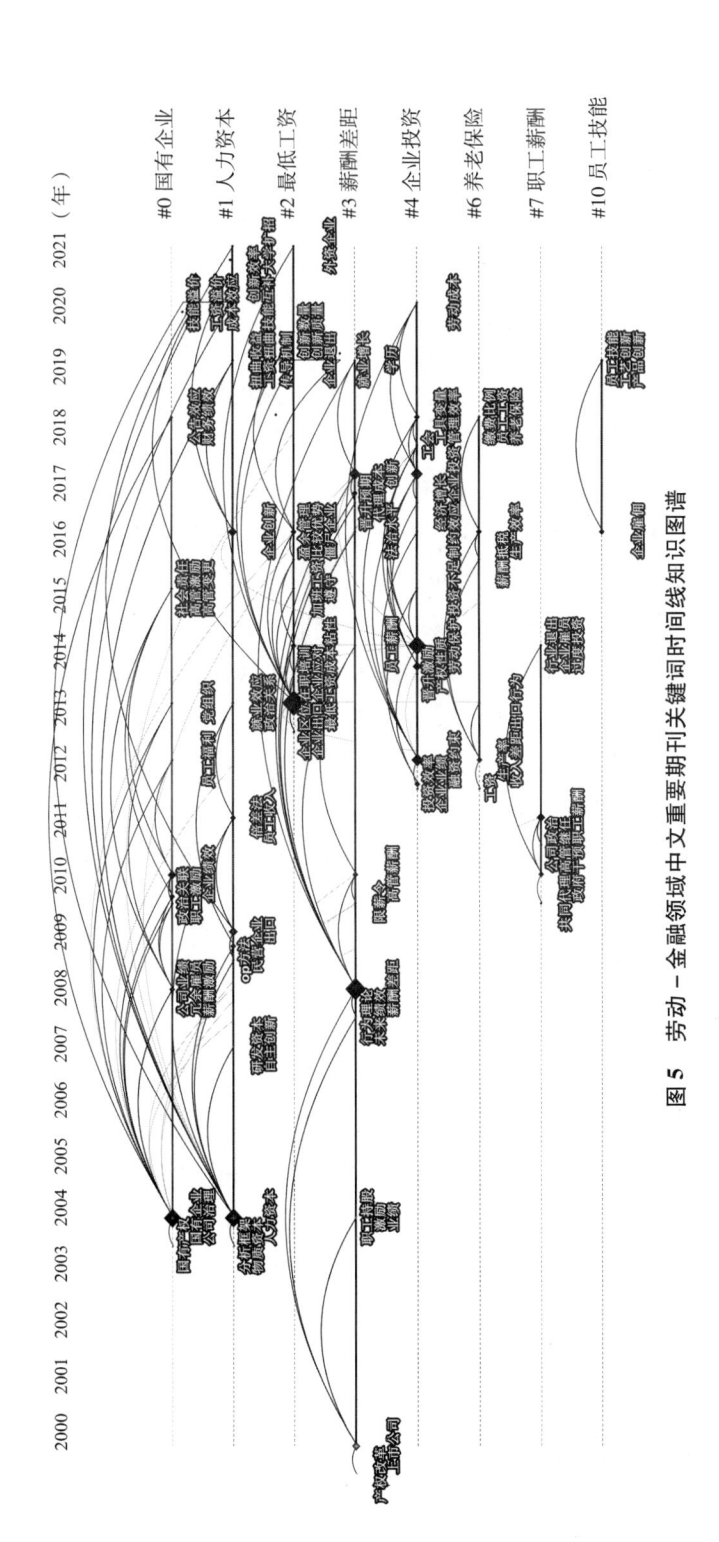

图 5 劳动－金融领域中文重要期刊关键词时间线知识图谱

#0 国有企业
#1 人力资本
#2 最低工资
#3 薪酬差距
#4 企业投资
#6 养老保险
#7 职工薪酬
#10 员工技能

人利益，员工有通过消极工作、罢工停产等方式限制企业冒险举措的强烈动机，或者通过集体谈判要求更高的失业风险溢价，进而影响企业的财务状况。此外，企业的财务状况也会影响其对人才的吸引力。求职者通常会优先考虑财务状况良好的企业，陷入财务困境的公司对新员工的吸引力明显不足。

从企业角度看，企业的财务状况决定了员工的工作保障情况，意识到这一点的企业也会利用负债作为与员工集体谈判的筹码。一方面，员工薪酬是企业的主要经营成本之一。企业经营利润等于总产值 Y 减去各个生产要素的成本及相关费用。以经典的柯布－道格拉斯生产函数 $Y = AK^{\alpha}L^{\beta}$ 为例，企业的目标是最大化其利润 π，$\pi = Y - rK - wL$。这里，L 表示员工数量，K 表示资本，A 为生产技术，w 为员工薪酬，r 为利率，wL 即为企业的劳动力成本。从利润函数可以看出，降低薪酬 w，减少员工数量 L 无疑可以降低劳动力成本。因此，绩效不佳的企业为了缩减成本，往往会削减员工福利、薪酬，甚至裁员，以避免企业陷入破产清算的困境。另一方面，在美国，负债是企业与工会进行薪酬谈判的重要工具。当负债水平高，财务状况不佳时，企业可以以此为理由压缩员工福利，占据集体谈判中的优势地位。因此，企业可能会策略性地提高负债水平以获取在谈判中的优势地位，降低员工对薪酬的预期，进一步压低员工分享企业剩余收益的比例，保障股东权益。因此，企业的财务状况也在决定劳动力价格的过程中发挥了重要作用。

3.1 人力资本对公司财务风险的影响

要认识人力资本对公司财务风险的影响，必须理解其特征。人力资本的特征主要有以下三点：第一，劳动力作为特殊的生产要素，劳动力价格，即员工薪酬是公司经营成本的重要部分；第二，劳动力成本和劳动力数量的调节难度较大。员工薪酬具有刚性特征，即员工薪酬确定之后不易变动，尤其是不易降低，同时，劳动力市场摩擦也会导致调节员工数量比较困难，雇佣或解雇员工的成本很高；第三，人力资本具有不可分割性，即人力资本的所有权属于员工个人，公司只有对人力资本的使用权，没有所有权。这三大特点为人力资本影响公司财务决策提供了独特视角。现有研究大多基于这三个特点来探讨人力资本要素对公司财务风险的影响。

首先，劳动力成本是经营成本的重要组成部分，也是企业主要的现金流支出之一。劳动力成本上升会导致企业现金流支出增多、盈利能力变差，进而使公司财务压力增大，财务风险升高。同时，劳动力成本的变化还会影响企业的融资需求。劳动力成本较低时，公司拥有更多的自由现金流，此时，公司拥有较强的内源融资能力。根据资本结构的啄食次序（Pecking Order）理论可知，由于信息不对称和交易成本的存在，内源融资成本最低，公司会优先选择内源融资（Myers and Majluf, 1984）。因此，当企业内源融资能力较强时，企业可以使用内源融资替代债务融资，满足生产经营的资金需求，此时企业的外部资金需求减少，财务杠杆水平相对较低。但当劳动力成本升高使企业内源融资受到限制时，企业会增加外源融资比例。因此，劳动力成本还通过改变内部资金的可用性影响财务决策。

其次，企业调整人力资源配置难度大，需要付出一定成本，即劳动力调整成本。劳动力调整成本主要包括劳动力变动产生的隐性成本，比如招聘、培训、解雇员工产生的费用。劳动力市场摩擦和劳动保护政策是增加劳动力调整成本的主要来源。不同于可以立刻进行买卖的机器设备等生产要素，劳动力市场上的雇员-雇主匹配、员工培训都需要较长的时间。弗拉齐斯等人（Frazis et al., 2000）指出，企业通过招聘、筛选、面试确定一位合格候选人的时间约为2个月，即使招到心仪员工，在新员工正式上岗前，仍需要进行约150个小时的培训，才能使其熟悉工作流程，发挥作用。同时，解雇员工还受到劳动保护相关法律法规的约束。以美国对劳动关系的法律制度为例，雇员可以以雇主没有正当理由终止雇佣关系为由起诉雇主。因此，对企业而言，劳动力调整成本高于其他要素的调整成本。劳动力调整成本对企业财务决策的影响主要体现在以下两个方面。一是为应对员工主动离职面临的劳动力调整成本，企业倾向于采用更保守的财务策略。员工离职意味着企业需要再次寻找替代劳动力，重新经历招聘、培训等流程，此时，企业的劳动力调整成本支出将增加，且人力资本专用性越强，员工流失带来的摩擦成本越高。为防范风险，企业会保持充足的借债能力以应对人才流失。二是劳动力调整成本的存在会降低企业裁员的灵活性，进而影响企业的杠杆水平。裁员是企业缓解资金压力以应对现金流风险的有效手段之一，解雇的成本主要包括向员工提供的离职补偿金、岗位交接成本以及职位空缺成本，公司通常更关心解雇补偿对解雇成本的影响。当解雇成本上升时，企业解雇劳动力的难度增大，劳动力调整费用增加，企业对人力资本结构的调整能力变弱。此时，劳动力成本从可变成本转变为企业的固定成本，企业经营灵活性下降，经营杠杆升高，现金流量风险升高。同时，企业总杠杆是经营杠杆和财务杠杆的乘积,经营杠杆与财务杠杆存在替代关系(Simintzi et al.,2015),因此经营杠杆增加会导致财务杠杆降低。此外,劳动力调整成本增加带来的经营成本升高还会导致企业违约风险增加,债权人为避免潜在损失,有强烈动机向企业要求更高的风险溢价,这将提高企业的融资成本。

再次,人力资本的不可分割性②使员工可以通过工会与企业之间的集体谈判影响企业的财务决策。人力资本的不可分割性意味着企业只能拥有员工的使用权,而非所有权。企业激进地进行债务扩张时,破产风险增大,员工的失业风险也随之增加。由于员工失业之后会面临工资损失、消费能力下降(Gruber,1997)、再就业工资下降(Gibbons and Katz,1991)、生活质量下降(Hsu et al.,2018)、死亡率增加(Sullivan and Von Wachter,2009)等一系列负面影响,这些负面影响也被视为企业财务困境的间接成本。为避免企业陷入破产困境对个人造成的直接经济损失,员工会以罢工或辞职等形式要挟企业降低负债水平或者提高补偿性工资差异(Compensating Wage Differential)。亚当·斯密在《国富论》(1776)中曾提到,劳动者工资会随着工作稳定与否而改变。在他受雇佣时,他的收入不但包含维持他正常生活所需的部分,还包含对那些偶尔可能发生的、会带来巨大焦虑和沮丧事件的补偿。因此,一些工人的高工资并不是因为他们的技能高超,而是为了补偿他们面临的巨大不稳定性。从中可以看出,补偿性工资差异是指知识技能上相近的劳动者因工作条件和社会环境差异而产生的工资差别,其现值应该等于企业破产带来的损失现值。员工面临的失业风险越高,相应的失业风险溢酬越高。相关研究表明,失业风险每上升1%,员工的补偿性工资增加约2.5%,补偿性工资差异的上限可高达总工资的14%(Topel,1984)。考虑到大多数员工的可替代性较高,如果采用一对一的谈判方式,员工将处于谈判的劣势地位,难以改变企业决策。于是,员工形成劳动力团体,以工会组织的形式与企业进行集体谈判。集体谈判涉及员工与企业的双方博弈,工会组织尽最大可能为员工争取更高的薪酬和更优质的就业环境,而企业则努力实现企业价值最大化,两方的立场会受到劳动力供需以及相关谈判信息的影响。当工会力量较强时,为消除员工顾虑,增加就业安全感,提高生产积极性,避免集体罢工的经济损失,企业会满足工会组织的涨薪需求,选择低杠杆经营(Titman,1984)。反之,工会组织力量不

---

② 指员工的人力资本不能脱离员工个人独立存在这一特性。

足时，企业倾向于无视员工需求，继续增加负债。部分学者还观察到劳资集体谈判过程中的抽租效应（Rent-Extracting Effect）。该观点认为工会组织是企业超额利润的重要抽租者，当工会发现企业财务状况良好、拥有大量现金时，会要求企业将多余现金流进行利益分配。若企业负债率高、资金短缺，工会的劳动者则更担心企业破产清算的不良后果，因此，他们会选择在谈判中让步。为防止工会的涨薪威胁，企业将财务杠杆作为应对工会谈判的工具，通过提高负债率减少未来可用的流动资金，以此增强相对于工会的谈判力，保障股东利益（Bronars and Deere, 1991）。此外，债权人也关注因人力资本不可分割带来的风险，企业无法拥有员工的所有权意味着企业随时面临着人才流失的潜在风险，为避免员工流失对债务合同的影响，债权人会给企业总负债水平设定一个上限（Hart and Moore, 1994）。

从上述分析得知，劳动力成本、劳动力调整成本以及人力资本的不可分割性导致人力资本会影响企业财务风险。劳动力法律法规和劳动力市场等外部因素会引起劳动力成本和劳动力调整成本的变化。同时，劳动者本身的决策也会影响企业的财务决策。

3.2 公司财务风险对人力资本的影响

良好的财务状况是一家公司得以生存发展的必要条件，公司的财务决策不仅对企业及股东的意义重大，而且从各个角度对员工产生影响。研究公司财务风险如何影响人力资本的相关文献主要从高风险的财务策略、融资约束这两方面入手，阐释公司财务风险与人力资本的内在联系。

以高风险财务策略为切入点的研究主要从三个方面对高风险的财务策略如何影响企业人力资本进行理论阐述。第一，高杠杆的财务策略会增加企业的劳动力成本。对公司而言，在一定程度上提高财务杠杆有利于提升公司价值。资本结构的"权衡理论"指出，企业负债率升高时，债务产生的本金和利息支出可以在税前扣除，利用债务融资可以提高公司的净资产收益率，该作用被称为"税盾"，故企业有利用财务杠杆的动机。更加激进的财务政策，虽然能带来更多税盾收益，但也会导致财务风险增加。因此，公司需要在两者之间权衡。但对员工而言，高杠杆形成的税盾并没有带来收益，反而会降低员工的工作保障、增加员工的失业风险，这使得高杠杆财务策略对员工的影响几乎完全是负面的。因此，公司提高杠杆时，员工会要求额外的风险补偿，这将增加企业的工资成本。③ 一些实证研究也为该观点提供了证据。例如，汉卡（Hanka，1998）的研究表明，企业破产风险的增加会减少企业保障员工就业的动力，增大裁员的可能性。因此，企业在采取高风险财务策略时，需要向员工支付更多的补偿性工资差异。贝尔克等人（Berk et al., 2010）也发现，企业杠杆提升会增加招聘新员工的成本。

第二，高杠杆会限制企业进行人力资本投资。基于对负债的代理成本和最优资本结构的分析，迈尔斯（Myers，1977）指出，高负债企业更容易错过增加企业价值的投资机会。负债更高的企业往往现金储备不足，发展时容易受到交易成本、外部冲击的影响，错失投资机会。且这类投资不足在高成长性企业中表现更为明显，即负债的代理成本对成长性企业而言更高，这是因为成长性企业的价值更多地取决于人力资本等自由裁量性投资。当负债率较高、内部资金不足导致企业无法继续增加人力资本投资时，企业的增长动力减少。此外，企业的高杠杆能减轻管理层代理问题，通过限制管理层权力避免人力资本的过度投资。詹森（Jensen，1986）的自由现金流假说指出，当自由现金流充足时，企业往往出现过度投资现象。而采用高杠杆能减少企业内部现金流，防止高管利用自由现金流谋取私利，同时限制管理层浪费企业现金的行为，有效控制企业对人力资本进行适度投资。

第三，企业高杠杆会削弱劳工的谈判地位。企业的高负债对应着高财务风险和高破产风险，在此情况下，员工利用罢工进行谈判的可能性降低（Myers and Saretto，2016），企业降低工会成员薪酬的空间增大（Perotti and Spier，1993；Benmelech et al., 2012）。

以融资约束为切入点的研究从融资环境恶化、融资环境改善两方面对人力资本的影响进行了理论分析。针对公司融资环境恶化，学者们普遍认为，企业融资是人力资本投资的重要前提，资金支持可以提升公司内部的人力资本价值。因此，当公司外部融资受限时，债务成本升高，资金来源减少，此时企业偏向削减人力资本投资，缓解现金压力。针对公司融资环境改善，融资约束被认为是阻碍技术升级的重要因素（Midrigan and Xu，2014），因此，当融资约束缓解时，企业会进行大量的技术设备投资，这将间接影响企业的人力资本投资。相关文献通过考察资本对劳动力的替代效应和互补效应分析融资环境改善

---

③ 这种额外的风险补偿也被看作是一种间接的财务困境成本（Kim，2020）。

对人力资本的影响。其中，资本对劳动力的替代效应是指，融资约束缓解时，公司可以利用便利的外部融资进行大量机器设备投资，实现资本替代劳动力，从而减少就业。资本对劳动力的互补效应则是指，当企业能容易地获得低廉的外部融资时，企业能够迅速扩大生产规模与产出水平，这将提高企业对雇佣员工的需求。当资本对劳动力的替代效应更突出时，外部融资缓解的改善会导致企业减少人力资本投资，而当资本对劳动力的互补效应更明显时，企业的人力资本投资将增加。同时，缓解融资约束还能通过促进行业内与行业间的劳动力流动影响劳动力。例如，外部融资通畅的企业在市场竞争中更具有优势，能吸引优质劳动力从低效率企业、行业向高效率企业、行业进行转移与集中，实现金融市场的优胜劣汰功能（Beck et al.，2000）。

从上述理论分析可以看出，高风险财务策略对人力资本的影响存在两面性：一方面，高杠杆使员工的补偿性工资增加，推动公司劳动力成本升高；另一方面，高杠杆使企业在集体谈判中获得相对优势，有利于压缩其劳动力成本。融资约束影响人力资本的理论分析则表明，融资约束是限制企业人力资本投资的重要因素，而融资条件改善对人力资本的影响需要结合资本对劳动力的替代效应和互补效应进一步分析。下面，结合实证研究具体分析公司财务风险对员工薪酬、员工数量及人力资本其他方面的影响。

3.3 人力资本与公司财务风险的相关文献评述

公司财务风险问题是公司金融的核心问题之一，生产成本、资本结构、公司绩效等财务风险的各个方面与人力资本息息相关，大量学者也从不同角度探讨了人力资本与财务风险之间的关系。

在人力资本对公司财务风险的影响方面，大量文献直接或间接地从劳动力成本上升加大企业财务压力的角度探讨人力资本因素对财务风险的影响，这些文献体现了员工作为企业重要生产要素和利益相关者的角色；也有大量文献从员工激励制度的角度出发，探讨了薪酬制度、员工持股制度等是否能够通过提升员工效率改善企业财务表现、降低财务风险，这里不仅体现了员工作为企业重要生产要素和利益相关者的角色，更体现了员工作为公司核心竞争力的作用；也有文献从员工技能的角度出发，探讨人力资本与公司财务风险的关系，更加本质地体现了员工拥有的人力资本是重要的生产要素，是企业核心竞争力的重要构成部分。

在公司财务风险对人力资本的影响方面，现有文献主要从高风险财务策略和融资约束两个切入点进行理论分析，并对资本结构、财务状况、融资行为、税收负担等财务策略，融资约束相关因素，以及与人力资本之间的关系进行实证分析。

总体来说，目前关于人力资本与公司财务风险关系的研究颇为丰富，这些研究从多个视角发现了人力资本与公司财务政策之间存在复杂的关系。然而，现有文献对员工薪酬、技能等企业内部劳动力因素以及劳动保护相关政策法规的研究较多，关于外部劳动力市场的研究相对较少但正在兴起。

4. 中国背景下的劳动－金融研究

和国际学术界比较类似的是，关于中国背景下的劳动－金融研究也以实证研究为主。这些研究大致可以分成两大类：第一大类是从劳动力市场出发，研究劳动力市场条件或者劳动力市场政策变化对企业金融表现或决策的影响；第二大类则相反，从资本市场出发，研究资本市场变化对企业劳动力结构和雇佣决策等变量的影响。囿于篇幅，本文将首先回顾中国劳动力市场的制度背景，然后简述第一大类的研究。如读者对其他相关研究感兴趣，可以参考《劳动力与资本市场：国际经验与中国逻辑》一书（施新政、彭章，2023）。

4.1 中国劳动力市场的制度背景与发展趋势

劳动力市场连接企业和员工个人，是匹配员工与企业，实现劳动力配置的场所。自社会主义市场经济体制建立以来，劳动力不再由政府配置，而是由劳动力市场配置。自我国劳动力市场建立30年来，各项制度法律逐渐健全，市场化程度不断提升。

4.1.1 中国劳动力市场的制度背景

1978年改革开放之前，我国实行计划经济，此时，劳动力配置由全面就业制度和户籍制度构成（蔡昉，2009），具有明显的计划经济特点。全面就业制度的核心目标是消灭失业，对于城镇劳动力的就业，国家采取了"统包统配"的方式解决员工与企业的匹配问题，使员工与企业之间存在终身雇佣关系，企业没有权力雇佣和解聘员工，员工也不能自由选择就业（李小瑛和赵忠，2012）。农村劳动力则受户籍制度的限制，无法向城镇流动。农村劳动力主要参与生产队组织的集体劳动，由其所属的生产队统一管理。在计划经济体制下，劳动力市场配置主要通过行政手段解决，不存在劳动力市场，虽然社会就业率较高，但企业与员工无法自主匹配、自由选择，而且企业无法解雇员工的限制也增加了企业压力、减少了劳动者的激励，导致劳动力配置效率低下。

改革开放后，随着我国经济逐渐向社会主义市场经济体制转型，自由匹配的劳动力市场应运而生。改革开放后，我国劳动力市场发展大体可以分为三个阶段。

（1）劳动力市场发展初期阶段（1978—1992年）

在这一阶段，我国通过对就业和企业两个方面的制度改革，逐步放弃了对劳动力的行政配置，走向由市场主导劳动力配置的阶段。在就业方面，1980年8月召开的全国劳动就业工作会议提出了"三结合"的就业方针，即"在国家统筹规划和指导下，实行劳动部门介绍就业、自愿组织起来就业和自谋职业相结合的方针"，这标志着我国自由劳动力的出现。在企业方面，国家针对城镇企业和乡镇企业分别进行了改革。对于城镇企业，1981年10月，中共中央、国务院发布了《关于广开门路，搞活经济，解决城镇就业问题的若干规定》（中发〔1981〕42号），该规定指出，针对城镇集体所有制经济，需要遵循自愿组合、自负盈亏、按劳分配、民主管理等原则，真正实现员工能进能出、企业收益取决于企业自身经营状况、劳动报酬与劳动成果挂钩、企业经营由民主讨论后做出决定。随后，国家进一步改革城镇企业就业制度，公开招收、全面考核、择优录用、劳动合同制、员工薪酬与企业绩效挂钩等一系列制度的实施，扩大了城镇企业的自主决定权。对于乡镇企业，1984年国务院正式同意将社队企业更名为乡镇企业，并逐步放开乡镇企业权力。农村商品生产和商品交换的迅速发展推动了乡镇企业的蓬勃兴起，乡镇企业也成为吸纳农村劳动力的主要渠道。乡镇企业建立5年后，总产值增加近4倍，就业人数增加近2倍（余永跃，2006）。

在这个阶段，城乡分割体制也有所松动，越来越多的农民涌入集镇[④]务工、经商。1984年10月，《国务院关于农民进入集镇落户问题的通知》（国发〔1984〕141号）发布，允许在集镇有经营能力或长期务工的农民落常住户口。为方便地区之间、城乡之间的人口流动，1985年，《公安部关于城镇暂住人口管理的暂行规定》（公发〔1985〕47号）颁布，明确提出，"农转非"内部指标定在每年万分之二。这意味着，农村剩余劳动力向城镇流动成为可能。这一

[④] 集镇是指乡、民族乡人民政府所在地和经县级人民政府确认由集市发展而成的作为农村一定区域经济、文化和生活服务中心的非建制镇，是介于乡村与城市之间的过渡型居民点。集镇和农村共同构成了农村地区，与城镇地区相对应（刘冠生，2005）。

时期，我国劳动力要素配置由行政手段主导的统包统配逐步过渡到市场化配置，但劳动力市场尚未成熟、相关制度仍不健全，劳动力自由流动仍然受到较大程度的限制，劳动力资源配置效率仍较为低下。

（2）劳动力市场成型阶段（1993—2002年）

1993年，党的十四届三中全会通过了《中共中央关于建立社会主义市场经济体制若干问题的决定》，明确了建立社会主义市场经济体制的基本框架，提出"改革劳动制度，逐步形成劳动力市场"，这标志着我国劳动力市场的成立，劳动力市场化改革正式开启。随后，我国劳动制度改革力度增强，企业自主权进一步扩大，企业雇佣农村劳动力的行政限制逐步取消，劳动力相关的法律法规、配套制度、协调机制逐步建立。

在法律法规方面，1994年7月5日，《劳动法》在第八届全国人民代表大会常务委员会第八次会议通过，并于1995年1月1日正式实施。《劳动法》就合同形式、工作时间和休息时间制度、劳动报酬、劳动安全卫生、女职工和未成年工的特殊保护、职工培训、社会保险与福利、劳动争议、监督检查等方面进行了规定。其中，《劳动法》要求建立劳动关系应当订立劳动合同，这意味着劳动合同制全面实行。《劳动法》允许企业解雇无过错员工以应对不断变化的经济状况，在竞争压力下，一些国有企业开始裁员，这使公职人员和城市居民之间的身份差异逐渐消失。同时，个体经济开始逐步放开，私营企业对劳动力的吸收能力增强，劳动力市场就业结构开始发生变化。

在配套制度方面，国家积极稳妥地推进了户籍制度、社会保障制度改革。其中，户籍制度改革影响了农村人口流动。改革初期，满足条件的农村人口允许通过办理城镇常住户口实现向城镇迁入。随着《国务院批转公安部关于推进小城镇户籍管理制度改革意见的通知》（国发〔2001〕6号）发布，农村人口迁移全面放开，办理小城镇户口不再需要计划指标。社会保障制度改革则确立了"低水平、广覆盖、多层次、双方负担、统账结合"的指导思想，重新界定了政府、企业、个人三方的职责，政府的角色由统包统揽转换为指导监管，社会保障体系得到完善。

在协调机制方面，劳动和社会保障部完善了劳动争议仲裁机制。2001年，《关于进一步加强劳动争议处理工作的通知》（劳社部发〔2001〕16号）发布，该通知要求处理劳动争议时应落实劳动争议仲裁三方机制，巩固和健全劳动争议仲裁机构。

(3) 劳动力市场完善阶段（2003年至今）

随着市场经济改革的深化，经济的高速发展给我国劳动力市场提出了新要求。国家从法律法规、社会保障制度等方面进行了相应调整，比如，2008年《劳动合同法》的实施和2010年《中华人民共和国社会保险法》（以下简称《社会保险法》）的颁布，增强了劳动力的就业保护力度。同时，国家还进行了管理体系改革，2008年，中华人民共和国人力资源和社会保障部成立，将人事部、劳动和社会保障部的职责整合划入该部，实现了人才市场、劳动力市场、社会保障管理的有机统一。

从劳动力短缺和工资持续上涨现象显现的2004年，到劳动力人口达到峰值的2010年，标志着我国人口发展的刘易斯拐点到来。此后，我国经济增长减速，人口增速再度放缓，进入经济转型期。在此期间，劳动力价格持续升高、经济增长动力转换给劳动力市场供求关系带来了新的挑战。为增加城市劳动力供给、降低劳动力成本，2011—2016年，《国务院办公厅关于积极稳妥推进户籍管理制度改革的通知》（国办发〔2011〕9号）、《国务院关于进一步推进户籍制度改革的意见》（国发〔2014〕25号）、《国务院关于深入推进新型城镇化建设的若干意见》（国发〔2016〕8号）等一系列文件相继出台，通过增加劳动力流动性，提升了劳动力配置效率。为进一步完善劳动力市场化配置，推动我国经济高质量发展，2020年4月，《中共中央 国务院关于构建更加完善的要素市场化配置体制机制的意见》（中发〔2020〕9号）出台，明确指出未来我国劳动力市场改革的四大方向，分别是"深化户籍制度改革""畅通劳动力和人才社会性流动渠道""完善技术技能评价制度""加大人才引进力度"。2022年，《中共中央 国务院关于加快建设全国统一大市场的意见》（中发〔2022〕14号）出台，提出"打造统一的要素和资源市场"，健全城乡统一的劳动力市场，促进劳动力流动。总体而言，这一时期的劳动力市场建设趋于市场化、自由化、现代化，政府不再直接参与劳动力配置，劳动力市场的流动性增加，劳动力结构、劳动力匹配机制优化，效率提升，反映劳动力价值和劳动力供需关系的劳动薪酬机制形成并得到发展。同时，劳动力市场的未来改革方向明晰，全国统一开放的劳动力市场指日可待。

4.1.2 中国劳动力市场发展趋势

2003年起，我国劳动力市场进入完善阶段。随着市场化改革的深化，我国劳动力市场也发生了巨大改变。接下来，我们将结合统计数据分析我国劳动力市场的变化趋势。⑤

2003年以来，我国劳动力人口、就业人口数量变化如图6所示。从中可以看到，2003—2020年，我国劳动力规模从7.49亿人增加到7.84亿人，约增长了4.67%，就业人口数量从7.37亿人增加到7.51亿人，约增长了1.90%；失业率从1.57%增加到4.25%，呈现先增长、后下降的趋势。分阶段来看，2003—2014年，劳动力人口和就业人口数量稳定上升，失业率逐渐升高，在2015年出现拐点，此时，劳动力规模增加至8亿人，就业人口数量上升至7.63亿人，失业率为4.71%。随后，2016—2020年，劳动力人口和就业人口数量逐渐下降，失业率先减少后升高。可以看出，随着市场化推进，我国劳动力市场不断扩大。近年来，受到人口年龄结构影响，劳动力人口数量有所减少，这使得我国劳动力就业市场的供给总量下降。

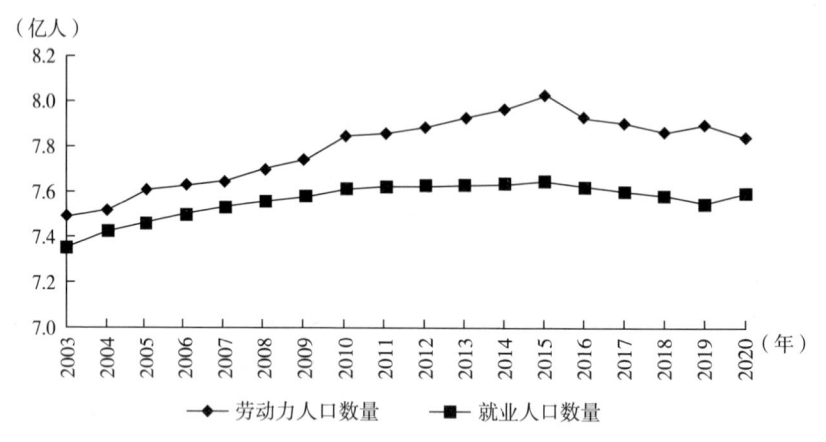

图6 我国劳动力人口、就业人口数量变化（2003—2020年）

通过对比2010年与2020年分析我国劳动力市场的年龄结构变化（见图7）。2010年，我国劳动力市场青年人（16~44岁）、中年人（45~59岁）、老年人（60岁及以上）的比重分别为64.8∶27.6∶7.5，到2022年，这一比重变为54.5∶34.2∶11.3。在此期间，20~24岁年龄阶段的劳动力减少最多，从11.1%降低至5.7%；50~54岁年龄阶段的劳动力增加最多，从8.0%增加至12.3%。可以看出，我国就业人口的年龄结构迈向老龄化，青年人比重减少，

---

⑤ 本节数据来自国泰安CSMAR数据库（https://cn.gtadata.com/）、锐思（RESSET）数据库（http://www.resset.cn）和各年的《中国劳动统计年鉴》。

中年人比重增加最多，老年人比重小幅度增加。

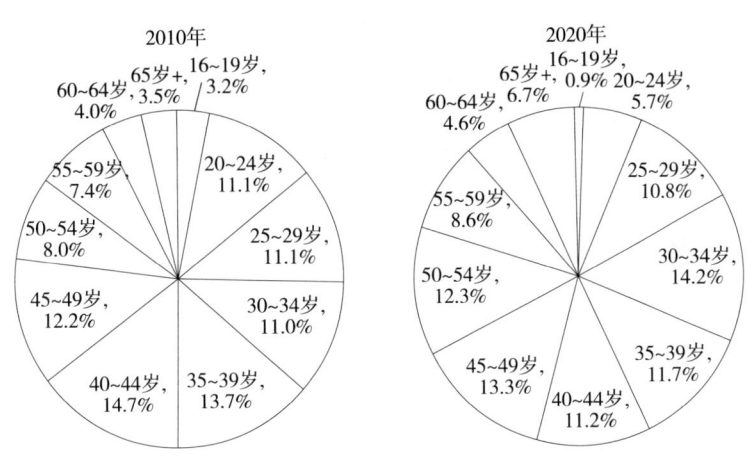

图7 2010年与2020年我国劳动力市场的年龄结构

注：因四舍五入，加总后不为100%。

2010年与2020年我国劳动力市场的受教育程度结构变化见图8。通过对比可以发现，我国劳动力市场的受教育程度在不断提升。小学及以下、初中等较低学历的就业人口数量大幅减少，从2010年的76.1%减少至2020年的60.4%。大学专科、大学本科、研究生以上的较高学历人口数量快速增加，从2010年的10.1%增加至2020年的22.2%，其中小学及以下的就业人口比重减少最多，大学专科的就业人口比重提升幅度最大。劳动力人口受教育程度显著提高与我国教育普及、高校扩招紧密相关，这有助于提高我国的劳动者素质。

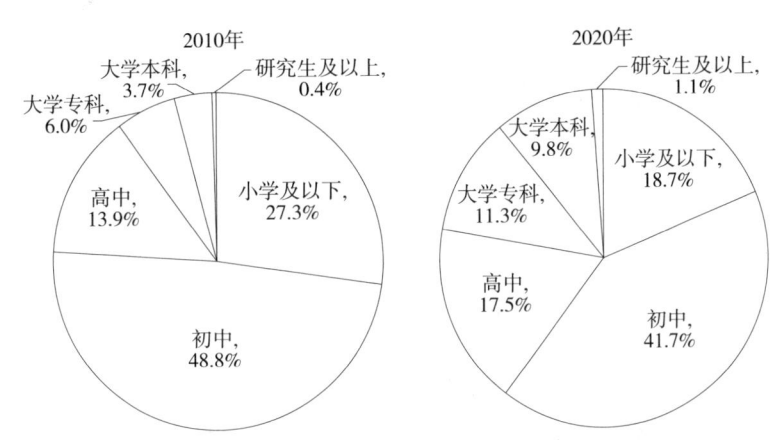

图8 2010年与2020年我国劳动力市场的受教育程度结构

注：因四舍五入，加总后不为100%。

接着，结合城镇单位就业数据进一步分析我国劳动力市场的结构变化。对比2010年与2020年的城镇单位就业人员行业构成（见图9）可以发现，就业人员的行业构成没有显著变化，制造业和其他服务业分别是吸收城镇就业人口最多和最少的行业，这一时期，制造业，农、林、牧、渔业，采矿业的城镇就业人数显著减少；建筑业，信息传输、计算机服务和软件业（以下简称信息业），房地产业的城镇就业人数显著增加。

从我国城镇单位女性就业人员占比来看（见图10），2003—2020年，城镇单位女性就业人员占比小幅度升高，但仍未超过四成，从2003年占比37.9%

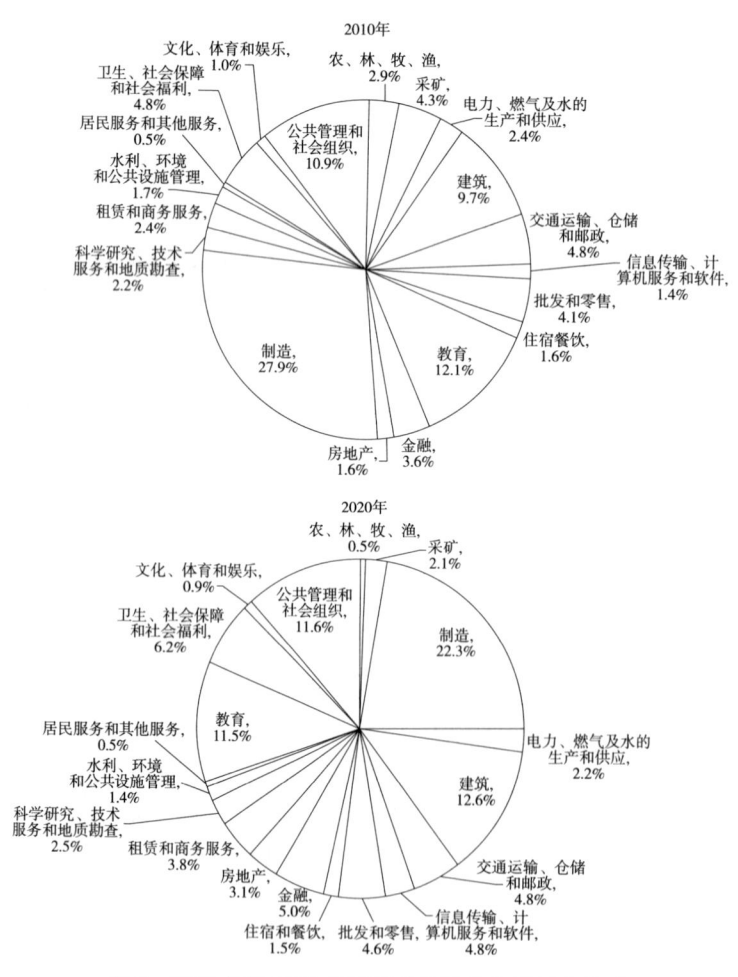

图9 2010年与2020年城镇单位就业人员行业构成

注：因四舍五入，加总后不为100%。

增加至2020年占比39.8%，增长幅度为5%。2003—2006年，城镇单位女性就业人员占比维持稳定，在38%附近波动；随后，城镇单位女性就业人员占比不断下降，在2013年到达最低点，2014—2020年，城镇单位女性就业人员占比逐年升高，并在2020年逼近40%。

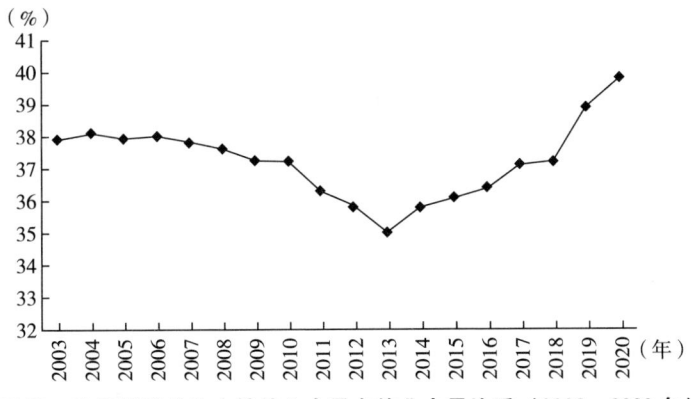

图10 我国城镇单位女性就业人员占就业人员比重（2003—2020年）

从我国城镇就业人员的周平均工作时间来看（见图11），2003—2020年，城镇就业人员周平均工作时间呈波动上升趋势，工作时间从2003年每周45.43小时增加至2020年的每周47小时，增长幅度为3.46%，均超过了我国《劳动法》规定的每周40小时工作时长。

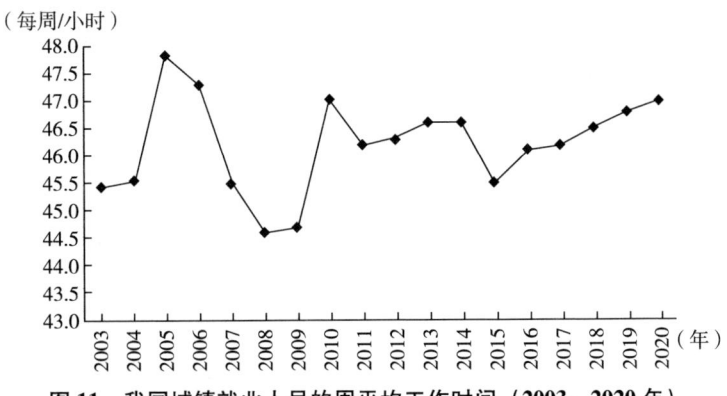

图11 我国城镇就业人员的周平均工作时间（2003—2020年）

从劳动力市场的城乡就业结构变化来看（见图12），2003—2020年，城镇就业人口大幅上升，从2.62亿人增加到4.63亿人，增长了76.72%，农村就业人口从4.75亿人减少到2.88亿人，城镇就业人口占比从35.57%增加至

61.64%，提升26.07%。农村就业人数减少与户籍制度改革紧密相关。随着户籍改革制度的推进，2003—2020年，我国农村人口占比从59.47%下降至36.11%，可以看出，户籍制度改革推动了城镇化进程，使城镇就业需求升高。

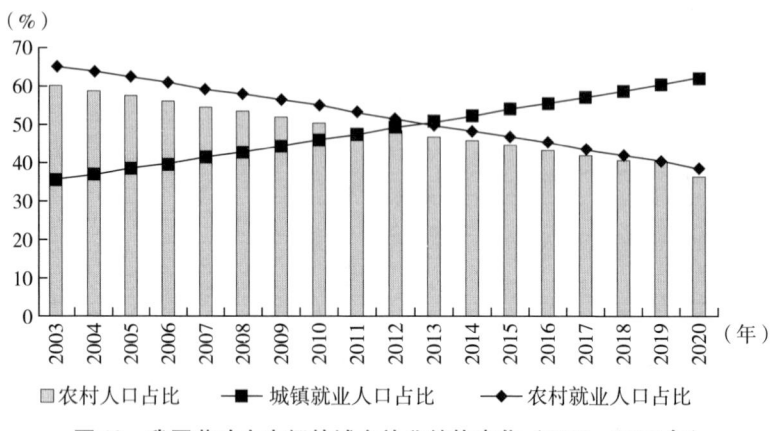

图12 我国劳动力市场的城乡就业结构变化（2003—2020年）

从劳动力市场的产业就业结构变化来看，见图13（a），2003—2020年，第一产业就业人口占比逐年下降，第二产业就业人口占比也有一定增加但幅度较小，第三产业就业人口占比大幅增加。其中，2003年，三大产业就业人口占比为49.1∶21.6∶29.3，而三大产业对GDP的贡献率占比为3.09∶57.95∶38.96，见图13（b）。可以看出，此时的就业结构与产业结构明显不协调，农业就业人口占比过高，主要是因为城乡二元户籍分割导致当时的农村劳动力没能完全流动，农村存在大量"隐形失业"。随着我国经济转型，产业结构发生变化，由农业转向工业、服务业。到2020年，三大产业就业人口占比变为23.6∶28.7∶47.7，三大产业对GDP的贡献率占比变为10.4∶43.3∶46.3，这表明第二、第三产业对劳动力的吸纳能力增强，对经济的拉动作用增强。

从上述对我国劳动力市场发展的趋势分析中可以发现，我国劳动力、就业人口增长进入总量减少阶段。其中，劳动力年龄结构迈向老龄化，青年人比重大幅减少；劳动力受教育程度显著提高，高等学历人数显著增加；劳动力行业结构没有显著变化，制造业、农业、采矿业呈人口流出趋势，建筑业、信息业、房地产业出现少量人口流入；劳动力年龄结构有所调整，女性就业人数近年来呈上升趋势；劳动力城乡结构发生调整，大量劳动力从农村转移到了城市；劳动力产业结构变化显著，部分劳动力从第一产业转移到第三产业，就业

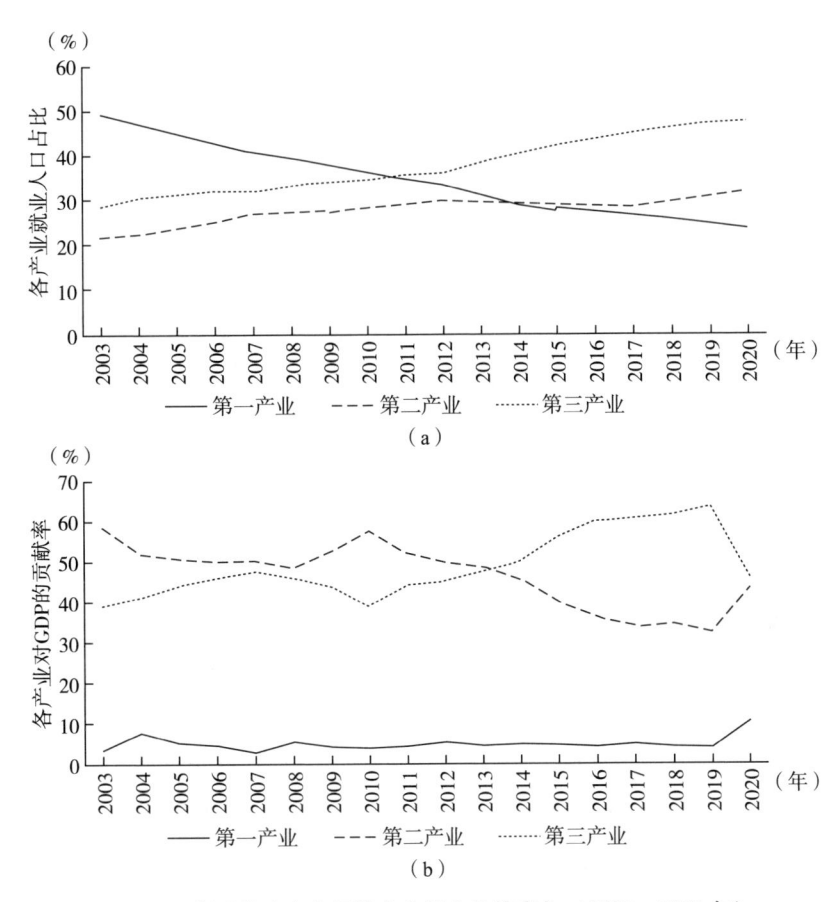

图 13 我国劳动力市场的产业就业结构变化（2003—2020 年）

结构和产业结构的矛盾减少。

改革开放初期，我国大力发展劳动密集型产业，低廉的劳动力成本、丰富的劳动力资源推动了中国经济腾飞。但随着我国人口结构的变化，人口红利期结束，劳动力供给出现低技能劳动力短缺的问题，低技能劳动力的成本优势逐渐丧失。同时，随着劳动力市场改革的不断深入，劳动法、最低工资等就业保障政策进一步导致了劳动力成本升高。在劳动力市场、就业保障政策的共同作用下，我国劳动力成本、收入水平、收入结构发生了相应变化。接下来，我们将结合职工的工资数据对我国劳动力成本的变化趋势进行分析。[6]

---

[6] 本节数据来自国泰安 CSMAR 数据库（https：//cn.gtadata.com/）、锐思数据库（http：//www.resset.cn）和各年的《中国劳动统计年鉴》。

从我国职工工资总额占 GDP 的比重变化（见图 14）可以看出，2003—2020 年，这一数据稳定在 10%～17%，且比重呈升高趋势。数据表明，我国劳动力价格优势正逐渐丧失，但劳动收入份额逐渐增多。

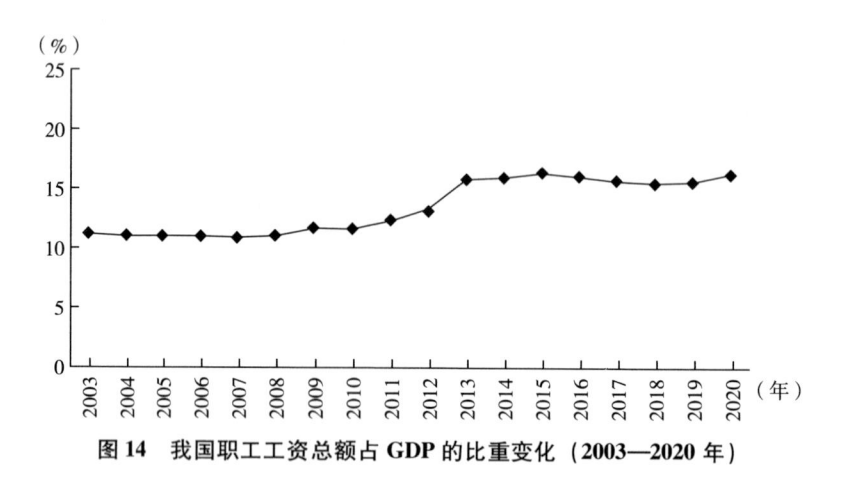

图 14 我国职工工资总额占 GDP 的比重变化（2003—2020 年）

从职工平均工资变化来看（见图 15），2003—2020 年，我国职工平均货币工资逐年增加，从 2003 年的 12 373 元增加至 2020 年的 97 379 元，同比增长 6.87 倍；平均工资增长速度在 2003—2008 年呈现上升趋势，随后，平均工资的增长速度明显放慢，2020 年平均工资增长幅度到达最低点 7.6%。这意味着我国企业的劳动力成本大幅上升。

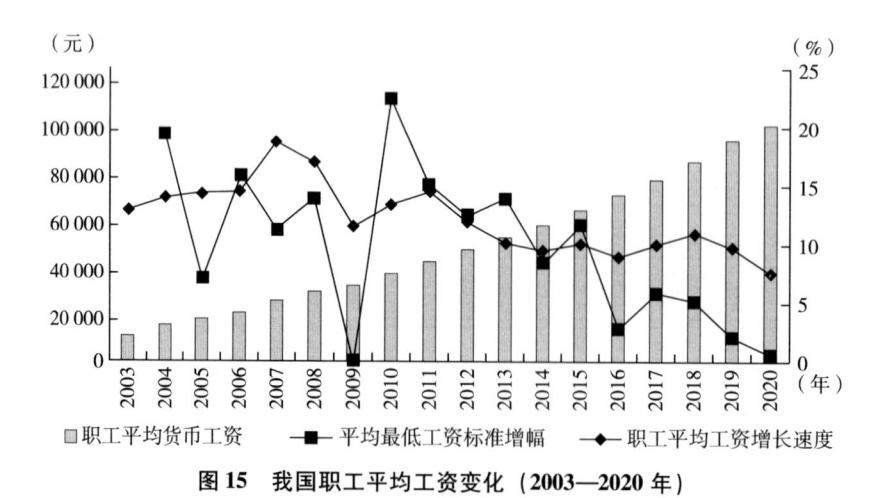

图 15 我国职工平均工资变化（2003—2020 年）

从劳动力成本的行业分布情况来看（见图16），2010年，19个行业大类中，有11个大类的从业人员平均工资高于全国平均水平，其中，金融业是平均工资最高的行业，为70 146元，高出全国平均工资91.98%，而农、林、牧、渔业（图16中简称"农业"）是平均工资最低的行业，为16 522元，是全国平均工资的45.22%。2020年，19个行业大类中，有8个大类的从业人员平均工资高于全国平均水平，其中，科学研究与技术服务业（图16中简称"科研"）是平均工资最高的行业，为139 851元，高出全国平均工资的43.62%，而农业仍旧是平均工资最低的行业，为48 540元，是全国平均工资的49.84%。可以发现，行业间的平均工资差距在逐渐缩小，但目前仍存在较大差距。

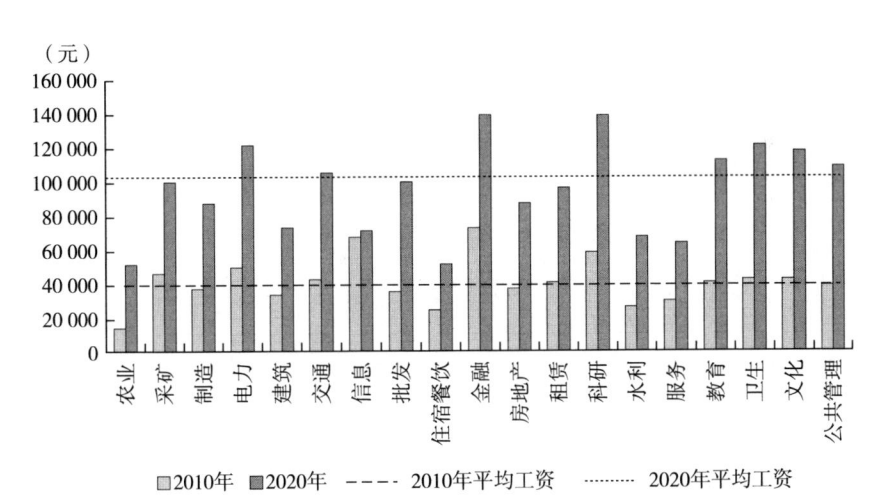

图16　2010年与2020年我国城镇非私营单位分行业从业人员平均工资

图17展示了东、中、西部地区城镇单位就业人员平均工资的分布情况。2003—2020年，东部地区平均工资均高于全国平均工资，而中部地区、西部地区的平均工资均低于全国平均工资。随着时间的推移，各地区平均工资逐渐向全国平均工资靠拢，但随着全国平均工资的增长，各地区的工资差距逐渐拉开。2003年，东部地区的平均工资为16 566.75元，比中部地区的平均工资高出5 713.42元，比西部地区的平均工资高出2 940.05元。但到2020年，东部地区的平均工资为107 259元，比中部地区的平均工资高出28 253.78元，比西部地区的平均工资高出13 841.70元。

从上述对我国劳动力成本的分析中可以看出，近年来，我国劳动力价格上

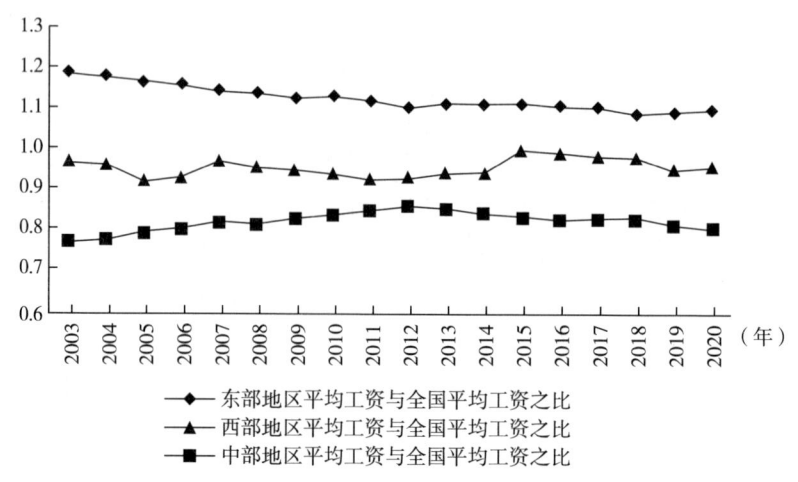

图 17　我国不同地区城镇单位平均工资与全国平均工资之比（2003—2020 年）

涨，但增速放缓，劳动收入份额逐渐增多；劳动力成本在各行业存在显著差异；劳动力成本在地区间的差距逐渐增大，东部地区的平均工资明显高于中西部地区。

4.2　中国劳动力市场评述与未来展望

"劳动是财富之父"，是创造价值过程中不可或缺的部分。经济发展和人民幸福都离不开一个完善高效的劳动力市场。自改革开放以来，我国劳动力市场经历了从无到有、各类制度逐渐建立健全的发展过程，为上亿劳动者和数千万企业提供了互相匹配的场所，为我国经济发展做出了不可磨灭的贡献。

纵观我国劳动力市场的发展，可以看到如下一些趋势：第一，在我国人口老龄化程度加深、出生率下降的背景下，我国劳动力人口自 2015 年以来进入下降阶段，劳动力的平均年龄也在不断增大，与此同时，随着我国教育普及程度的大幅提升，高学历高质量的劳动力占比越来越高，这些趋势意味着我国劳动力市场从"人口红利"阶段转向"人才红利"阶段；第二，我国劳动力市场上从事第一产业的劳动者逐渐减少，大量劳动力向第二、第三产业集中，特别是建筑业、信息业、房地产业的城镇就业人口占比大幅提升，同时大量劳动力也从农村转移到了城市，女性劳动者占比在 2013 年以来迅速提升，劳动者工资也保持着高速增长，工资占 GDP 比重逐步提升，这些趋势都与我国制造业和服务业快速发展、城镇化率迅速提升的背景高度一致。但是，从数据中也可以发现，我国劳动力市场仍然存在劳动者工作时间过长，工资在行业、区域之间差异较大的问题。因此，未来我国在保障劳动者权益、减少收入分配差距方面还需要进一步改革和提升。

5. 中国人力资本对公司决策与资本市场的影响

随着劳动-金融这一新兴领域在国际学术界受到高度关注，近年来国内学者也逐渐开始研究我国的劳动力市场与金融市场的相互影响。我国的市场化制度建立时间还不久，资本市场和劳动力市场与欧美国家在制度环境、市场化程度、劳动力的供需及结构等方面都有显著差异，这使得很多以欧美国家为背景的研究结论不一定适用于我国。我国人口众多，是劳动力大国，劳动-金融问题涉及近8亿劳动者的切身利益和福祉，这一背景凸显了劳动-金融研究的重要现实意义。

在中国人力资本对公司决策与资本市场的影响方面，现有文献主要可以归纳为劳动力成本、劳动保护、劳动技能、劳动力激励以及劳动力流动性这五个方面，接下来，本节从这五方面出发，对研究现状进行系统的综述和分析。

5.1 劳动力成本对公司财务决策和资本市场的影响

我国劳动力密集型企业较多，劳动力成本占公司总成本的比例很大，是企业最关注的生产要素之一。国内大量学者从劳动力成本的角度，对员工薪酬这一最主要的劳动力成本如何影响公司决策和资本市场进行了研究。

在公司财务方面，与国外研究一致，部分学者基于劳动力成本是主要成本之一这一特点，提出了"工资侵蚀利润"理论，认为工资上涨会侵蚀利润所得，降低企业财务绩效（戴园晨和黎汉明，1988）。一些学者还关注了债务融资和债务重组场景下劳动力成本的影响，例如，刘晓光和刘嘉桐（2020）发现，劳动力成本的提高降低了企业未来盈利水平的预期，从而削弱了银行为劳动力成本比重较高企业提供资金的意愿，导致此类企业信贷配给减少。宋淑琴和陈澈（2021）发现，当员工薪酬处于较高水平时，陷入财务困境的公司发生债务重组的概率较小，这是因为进行债务重组会导致债权人的求偿权利转移给员工，从而侵蚀债权人的利益，此时，债权人倾向于通过申请破产清算来保护自身利益。而当员工规模较大时，债权人预期企业得到政府救助的机会较大且程度较高，债权人会主动与债务人达成债务重组协议，此时，企业发生债务重组的概率增大。这表明职工薪酬会影响员工和债权人在财务约束下的现金流分配，影响债务双方的议价能力，从而影响债务重组协议的达成。类似地，国外有学者从激励理论的视角出发，认为薪酬制度也能够起到激励员工为公司创造价值的作用，因此给予员工更多薪酬不一定会导致利润减少。例如，杨瑞龙等人（1998）发现，国有企业的职工收入具有效率工资的特点，即企业支付高于市场决定的工资可以激励员工，换取员工更高的生产率（Shapiro and Stiglitz, 1984），给企业带来正面影响。肖文和薛天航（2019）同样表明，给予员工更高的工资可以显著提高企业全要素生产率，且这一促进作用随企业融资成本的提高而减弱，随企业流动性风险的降低而增强。

在公司创新方面，劳动力与创新存在替代关系，因此员工薪酬上升会导致企业更多地进行创新。与之相符，林炜（2013）以我国工业企业全体从业人员的平均工资衡量劳动力成本，发现劳动力成本上升会使工业企业迫于人工成本压力加大发明创新的力度，从而改善创新绩效。然而，张庆昌和李平（2011）结合荷兰等国家的经验提出了"创新工资门槛假说"，他们认为工资上涨对促进企业创新和生产率的提升作用是有限度的，即存在"门槛效应"。

在公司治理方面，由于企业雇佣行为直接影响当地的就业形势，国有企业和政府有很强的动机激励企业扩大雇佣规模，导致我国部分企业存在超额雇员问题。因此，相比于对外国的研究而言，针对中国的研究会更多地结合我国特殊的制度背景和企业性质。例如，曹书军等人（2009）证明了政府通过税收优惠的方式来激励企业雇佣员工，该文研究了2003—2006年的中国制造业上市公司，发现公司雇员的绝对规模、增量规模以及相对规模与公司实际税负显著负相关，且超额雇佣程度越高，实际税负越低。作者认为雇佣规模过大虽然对公司业绩造成了负面影响，但企业通过税收优惠的方式获得了补偿。袁建国等人（2016）以职工平均工资衡量劳动力成本，研究发现劳动力成本上升时，企业更倾向于选择负向盈余管理，隐瞒利润或报告亏损。作者对此的解释是，劳动力成本上升会导致就业减少和失业增加，企业倾向于通过负向盈余管理来凸显劳动力成本上升的压力和财务困难，以争取更多的政府补贴、税收优惠、政府采购等资源；抑或是通过负向盈余管理隐藏利润或报告亏损，强调劳动力成本压力和接纳就业、减少裁员的困难，以减少政府摊派的超额雇员。张会丽等人（2021）则关注员工薪酬与员工持股比例的关系，发现员工薪酬竞争力不足是我国企业实施员工持股的重要原因之一，为避免薪酬竞争力不足造成的潜在成本，管理层倾向于实施员工持股计划，增强薪酬激励，且员工薪酬竞争力越弱,员工持股的锁定期限越长、覆盖人数越多、员工股权比例越高。一些学者也针对我国部分企业存在的冗员、雇员数量不合理等问题进行了研究。此外,我国学者也发现,我国企业存在高管与员工联盟的现象。陈冬华等人(2011)从高管和员工的利益联盟视角,研究了员工薪酬与高管变更的关系,发现高管给予员工高薪酬有助于两者建立联盟,使得员工薪酬越高时高管被更换的概率越低,且新高管继任后,会积极与员工建立联盟,相对于高管没有变更的企业,高管变更的企业当年职工工资有显著增长;相对于企业内部提拔的高管,外聘的高管会更大幅度地为职工提高工资。该结果意味着,高管和员工的利益联盟侵蚀了企业利益。

在资产定价方面,国内研究相对较少。叶康涛等人(2013)关注了我国上市公司员工薪酬与企业市场价值的关系。他们的研究表明,提高人均工资可以增加企业未来现金流、提升企业劳动效率,同时,提高人均工资可以减少员工离职率、减少业绩波动、降低企业资本成本。因此,人均工资越高的公司,其市场价值越高。孔东民等人(2017)以实际雇员人数(除以公司规模以标准化)变动率与预期雇员数(除以公司规模以标准化)变动率之差的绝对值构造劳动力投资效率指标,研究发现劳动力投资效率是影响股票收益率的显著因素,企业的劳动力投资效率越高,企业当期股票收益率越高,且这种关系在民营企业和劳动密集型企业中更为显著。

5.2 劳动保护对公司财务决策和资本市场的影响

劳动保护制度是学术界与社会共同关注的重要话题。我国对保护劳动者权益一向高度重视。为更好地保障员工权益,化解劳企矛盾,保证就业,促进经济发展,国家加强了对劳动保护的立法,出台了一系列重要的劳动保护政策。其中,《劳动合同法》《最低工资规定》和《社会保险法》的实施在学术界引起广泛关注。相关研究表明,我国劳动保护政策显著降低了企业劳动力调整的灵活性,提高了企业的经营成本,这与国外劳动保护对公司财务决策和资本市场影响的研究基本一致。为进一步了解我国劳动保护如何影响企业劳动力成本、改变公司决策和资本市场,我们从公司财务风险、公司投资决策、公司治理三个方面进行梳理。

在公司财务风险方面,相关研究发现我国劳动保护制度的实施,通过提高用工成本对企业经营、融资产生了不利影响。具体来说,劳动保护带来的用工调整成本升高，导致企业经营弹性下降，经营杠杆系数升高（廖冠民和陈燕，2014），进而挤出了企业财务杠杆（黄炳艺等人，2020），公司生存概率显著下降（Mayneris et al.，2018）。企业为降低陷入财务困境的可能，倾向于持有更多现金（Cui et al.，2018）。结合企业性质对《劳动合同法》实施后果进行分析，潘敏和袁歌骋（2019）还发现，劳动保护增强导致国有企业和非国有企业杠杆率变动出现分化，国有企业短期杠杆率上升，非国有企业短期杠杆率下降。作者解释，非国有企业杠杆率下降主要是因为经营杠杆升高对财务杠杆的挤出效应，而国有企业杠杆率上升则主要是因为地方政府干预使信贷向国有企业倾斜。也有部分学者研究发现，劳动保护增强可能导致企业杠杆率升高，比如，宫汝凯（2020）发现，最低工资每上升1单位标准差，企业杠杆率将平均提高1.77~2.11个百分点，这是因为当劳动力价格上升时，企业会理性地选择采用资本替代劳动，企业投资和融资规模扩大，因此企业负债融资增多。

劳动保护增强带来的劳动力成本升高也对企业利润造成了显著负面影响。为保证企业持续发展，企业被证实可能会减少人力资本投资，选择相对保守的财务政策，以降低企业风险承担能力（刘巍和何威风，2020）。魏天保和马磊（2019）关注了社保缴费负担的提高对企业市场退出风险率的影响，结果表明，市场退出风险率呈现先降低后升高的U形，这是由于劳动保护增强对企业劳动产出效率的促进效应和对劳动力投资规模的抑制效应共同作用的结果，拐点处的企业最优社保缴费率（以"社保缴费总额/工资总额"计）平均约为20.28%，以"社保缴费总额/利润总额"计，平均约为36.57%。

部分学者还发现，劳动保护增强可以通过增加劳动力调整成本，导致企业的债务违约风险升高（虞娅雅和廖冠民，2017；许红梅和李春涛，2020）。同时，为避免企业违约，银行倾向于提高与企业间的借贷契约标准，导致企业获得的借款规模和长期借款比例下降，借款成本和担保借款比例上升（陈德球等人，2014）。通过研究我国最低工资标准的上涨，陈晓辉等人（2021）还发现加强劳动保护增强了企业融资约束、促进了企业要素替代，从而加剧企业投融资期限错配，使企业出现更多短贷长投的现象，企业的偿债压力增加，流动性风险升高，债务违约风险随之增大。此外，江伟等人（2016）通过研究2004年我国《最低工资规定》的相关政策发现，劳动保护通过增加企业的劳动力调整成本降低了企业的成本黏性。这主要是因为，当业务量出现上升时，企业权衡了增加的单位雇员成本和不变的单位裁员成本后，会降低企业在业务量上升时的雇员增加幅度，从而弱化企业的成本黏性，由于企业向下调整承诺资源的成本高于向上调整承诺资源的成本，当企业的业务量出现下降时，管理者会通过保留多余的资源（例如冗员）来降低当前的裁员成本，以此减少未来业务量恢复时可能的增员成本，即企业在业务量下降时保留的多余资源也会导致成本黏性。

在公司投资决策方面，与第3节中展示的国际经验类似，我国学者也发现了劳动保护制度通过改变劳动力成本从而影响投资水平的相关证据。劳动保护使劳动力价格升高从而产生要素替代效应，促使企业加速生产方式转型、进行设备升级和技术创新，以节约企业成本（丁守海，2010）。同时，引进先进技术、设备可以有效提高企业劳动生产力，提升企业竞争力（林炜，2013）。相关实证研究发现，劳动保护增强后，企业投资水平明显升高（刘媛媛和刘斌，2014），创新投入显著增强（倪骁然和朱玉杰，2016），技术创新增加带来劳动生产率提高（王小霞等人，2018）。具体来说，针对固定资产投资，基于2019年中国企业社保缴费基数核定方案改革的背景，杜鹏程等人（2021）发现，社保缴费基数下限负担每降低10%，企业的资本投入将增加1.45%，同时产出水平将提高4.51%。唐珏和封进（2019）分析了社保缴费对企业资产劳动比的影响，他们指出，由于社保成本可以部分（完全）转移给员工，所以企业资产劳动比的变化存在多种情况，从大样本的实证结果看，社保征收会倒逼企业提高技术和机器要素投入，导致人均固定资产增加、劳动力雇佣减少，最终提高企业的生产效率。豪等人（Hau et al.，2020）基于我国制造业企业数据研究了最低工资变化如何影响企业劳动资本投入变动，他们发现，低工资企业在最低工资增长年份时的资本对劳动力的替代显著增加，就业增长减少，但企业全要素生产率有所提高。綦建红和付晶晶（2021）采用2000—2013年中国工业企业数据库和海关数据库的匹配数据，同样发现，最低工资政策通过用工成本上涨和政策遵从加强显著促进了工业机器人的应用。

针对无形资产投资，吕铁和王海成（2015）则关注劳动力市场管制对企业创新的影响[7]，基于世界银行2012年中国企业调查数据，利用"劳动力市

---

[7] 吕铁和王海成（2015）认为，劳动力市场管制通常包括保护劳动者利益、保障就业稳定性、协调劳资双方利益三个方面。具体而言，劳动力市场管制是通过法律形式对雇主的用工行为进行制约，主要包括企业雇佣管制和解雇管制。雇佣管制包括劳动合同制定、薪酬福利、员工培训等；解雇管制包括解雇人数、遣散费用、提前通知等。从两位作者的定义可以看出，劳动力市场管制实际上是对劳动力实施的保护行为。

场管制在多大程度影响了企业当前的运行？"这一问题的回答数据，衡量了劳动力市场管制力度。他们的研究表明，劳动力市场管制显著提高了企业的技术创新概率。在倪晓然和朱玉杰（2016）的研究基础上，李建强和赵西亮（2019）进一步考虑了2008年金融危机的影响，发现劳动保护提升创新数量和创新质量的结论仍然稳健，两位作者还证实，劳动保护通过调整企业要素结构提高了劳动密集型企业的创新效率。关于最低工资制度，一方面，李建强等人（2020）的研究表明，劳动保护通过改善企业物质资本（硬件）以及减少低技能员工、增加高技能员工，可以优化企业人力资本（软件），促进企业创新；另一方面，劳动保护可能抑制企业投资。相关研究表明，劳动保护带来的劳动力价格增加导致资本报酬递减，从而减少了资本积累的速度（蔡昉，2017）；劳动力成本上涨还使企业利润减少、现金流压力增加，从而造成企业投资减少（卢闯等人，2015）、创新水平下降（赵健宇和陆正飞，2018）。同时，劳动保护还通过限制用工灵活性，使企业经营弹性和外部融资能力弱化，导致企业无法参与周期长、风险高的创新项目，难以实现最优投资。林灵和曾海舰（2020）表明，企业社保成本和投资存在显著的负相关关系，企业社保支出比重增加1个单位的标准差，企业投资率约下降3.3%，该效应能够解释企业投资率变动的6.4%。赵瑞丽和何欢浪（2021）发现，最低标准上调显著抑制了企业研发投入和新产品产值的提高，他们还发现，最低工资上涨显著扩大了同一行业内企业之间在创新投入和创新产出的差距，使创新资源主要集中在大企业和生产率高的企业，加剧了行业内创新资源配置的不平等。此外，马双和甘犁（2013）发现，劳动保护引致的劳动力成本升高导致员工培训等非工资性福利减少，其中，最低工资每增加10%，企业提供在职培训的可能性显著下降0.86个百分点，企业计提的"职工教育经费"显著减少2.3%，而减少员工福利投资会减少员工对企业的黏性，弱化员工对企业的归属感。

结合企业特征，一些学者发现了新的研究证据。比如，金岳和郑文平（2019）验证了劳动保护与企业投资之间的非线性关系，两位作者利用我国制造业企业数据证实，最低工资标准与企业资本存量、资本-劳动比率均呈现倒U形关系，作用机制表明，制造业企业因生产效率、劳动密集度、所有制性质的不同表现出显著的结构性分化。按企业生产效率划分，表现为低效企业的抑制效应和高效企业的促进效应；按劳动密集度划分，表现为劳动密集型企业的倒U形关系和资本密集型企业的负相关关系；按照所有制特征，可划分为国有企业的正相关关系和非国有企业的倒 U 形关系。潘红波和陈世来（2017）指出，劳动保护增强可能通过影响企业用工的违法违规成本、用工灵活性、员工的工作效率[⑧]、使用性能更为先进的设备替代人工四个方面，改变企业投资水平，以《劳动合同法》的实施作为自然实验进行实证研究的结果显示，《劳动合同法》显著降低了民营企业的投资水平，进而拖累了区域经济增长。王珏和祝继高（2018）则发现，《劳动合同法》的实施弱化了高学历员工对企业创新产出的促进作用，主要体现为企业的非发明专利申请数和有效专利数下降，作者解释这是因为劳动保护加强了偷懒者效应，降低了高学历员工因为创新产出低而被解雇的风险，同时，对偷懒人员、低学历及低工资员工提供的劳动保护，还增加了高学历员工的不公平感，进而导致工作效率和创新产出的降低。

部分学者从企业微观视角关注了劳动保护如何影响外国直接投资（FDI），通过研究最低工资制度，他们发现，劳动保护增强将导致 FDI 减少。这是因为劳动保护提高了用工成本、压缩了企业利润，使企业在劳动密集型企业和低技能密集型产业上的比较优势减少，从而导致外资撤离（熊瑞祥等人，2021）。具体来说，基于中国工业企业数据和城市最低工资数据匹配得到的微观数据库，李磊等人（2019）发现，月最低工资每上升 1%，外资企业退出中国的概率将平均上升 0.0743%，且该现象主要出现在低生产率、低端制造以及加工贸易的外资企业。他们的解释是，低技能、低教育水平工人的工资低于最低工资标准的比重更高，因此受最低工资标准实施与调整的影响也更大。熊瑞祥等人（2021）利用我国制造业企业数据库研究发现，相比市场导向型外资企业，成本导向型外资企业更容易因为最低工资提高而退出市场。还有部分文献分析了劳动保护如何影响我国企业的出口和对外投资行为。比如，孙楚仁等人（2013）采用中国工业企业数据实证分析发现，最低工资还对企业的出口概率和出口额造成了显著的负向影响；加恩等人（Gan et al.，2016）发现，最低工

[⑧] 潘红波和陈世来（2017）认为《劳动合同法》对企业用工的违法违规成本、用工灵活性的负面影响，会降低项目的净现值、增长期权价值、转换期权价值和收缩期权价值，最终降低企业的投资水平；而员工工作效率对投资的影响取决于公司文化，如果公司拥有良好的企业文化基础，《劳动合同法》的实施将进一步改善企业文化，激励员工进行更多的企业专有化知识的投资，员工工作效率很有可能升高。否则，《劳动合同法》增加企业的解雇难度只会助长偷懒者效应（Lethargy Effect），最终导致员工的积极性和工作效率降低。机器设备对劳动力的替代作用也需要考虑《劳动合同法》对项目投资价值的影响和企业的自身财力。

资导致的劳动力成本升高、劳动力市场比较优势减少是造成企业出口行为减少的原因。樊海潮等人（Fan et al.，2018）和王欢欢等人（2019）发现劳动力成本升高促进了我国企业的对外直接投资。此外，刘贯春等人（2017）利用1998—2007年中国工业企业数据研究发现，最低工资标准提升倒逼保留在市场上的低效率企业主动提升生产率以应对劳动力成本的增加，使得企业生产率离散程度降低，从而有助于改善资源在企业间的配置状况；最低工资标准提高带来的劳动力成本上升也迫使低效率企业退出市场的概率增大，企业的进入和退出有助于形成良好的产业竞争，从而改善资源在企业间的错配。

在公司治理方面，我国学者发现了劳动保护通过增加劳动力成本影响公司治理水平的不同证据，部分研究与国际经验一致，认为劳动保护会恶化公司治理水平。具体来说，朱冰（2020）发现，劳动保护通过限制企业的裁员、职位调整行为，加重并购方的冗员负担，导致涉及劳动密集度较高的目标公司被并购的可能性及并购绩效显著降低。刘行和赵晓阳（2019）认为，企业会利用税收规避抵御劳动保护引致的经营风险，利用最低工资标准的实证分析显示，企业所在地区的月最低工资标准每上涨100元，企业通过避税带来的所得税现金流出会下降约2.52%。与国际经验中将员工与股东看作利益对立的双方、劳动保护势必导致股东权益受损的观点不一致，我国部分学者指出，劳动保护可以改善公司治理。蒋灵多和陆毅（2017）研究了最低工资制度，他们发现，劳动保护促使企业精简雇佣人员实现内部结构调整，通过提高企业生产率、利润率、降低企业负债率，显著抑制了新僵尸企业的形成。廖冠民和宋蕾蕾（2020）研究了《劳动合同法》的实施，他们发现，劳动保护增强通过缓解"套牢（hold up）问题"，激励员工进行专用性人力资本积累，同时，能够有效避免企业的专用性人力资本投资流入竞争对手企业，使企业的全要素生产率提升，股东回报显著提高。以2011年《社会保险法》的实施为准自然实验，许红梅和李春涛（2020）发现，社保费征管力度加强引致的企业信息不对称降低、避税成本增加，显著抑制了企业避税活动，其中，劳动密集型企业的避税程度显著降低约1.9%。

从上述梳理可以看出，基于《劳动合同法》《最低工资规定》和《社会保险法》等劳动保护政策，我国学者全面分析了劳动保护增强通过提高用工成本，影响公司财务风险、公司投资决策、公司治理的相关内容。其中，大部分研究利用中国数据发现了与其他国家一致的经验证据，包括劳动保护如何影响经营风险、风险承担能力、违约风险、贷款能力和贷款结构等公司财务风险因素，资产替代劳动力、技术创新等公司投资决策因素，以及如何影响企业并购等。也有学者结合我国的制度背景，发现了与国际经验不一致的结果，如劳动保护如何影响财务杠杆。此外，还有学者发现了新的研究证据，例如劳动保护政策如何造成企业投融资期限错配、如何改善公司治理等内容，这加深了对我国劳动保护制度实施与金融关系的理解和认识。

整体而言，目前我国在该领域的研究以评估劳动保护相关的政策效应为主，实证研究丰富翔实。

5.3 劳动技能对公司决策和资本市场的影响

除了数量和薪酬外，劳动技能对微观企业的影响也受到大量学者的关注。已有研究以我国在20世纪末进行的"大学扩招"为制度背景，对劳动技能如何影响公司决策和资本市场进行了分析。1999年教育部出台了《面向21世纪教育振兴行动计划》，拉开了大学扩招的序幕。大学扩招是适应经济发展、扩大内需、缓解就业压力的重要教育制度改革，随着招生规模扩大，高校录取人数一直保持高速增长，录取人数由1998年的108万人增加到2020年的967万人。按照4年制大学本科推算，扩招后录取的大学生从2003年开始大量涌向就业市场。显然，高校扩招改变了我国劳动力市场人力资本积累的现状，受过高等教育的劳动者数量增加显著提高了我国高素质、高技能人才的比重。基于此，部分学者开展了实证研究。

在公司财务方面，曹亚军和毛其淋（2019）的研究发现，因大学扩招引致的人力资本扩张显著提高了企业的成本加成率，经测算，人力资本扩张对企业成本加成率提升的贡献度为14.8%。作者解释这是因为大学扩招政策的实施提升了企业高技能劳动力要素的投入，有助于企业生产高质量的产品，进而制定相对较高的价格水平，同时，高素质劳动力还可以提高企业的生产效率，降低企业的边际生产成本，影响企业成本加成的定价能力。利用1998—2013年中国工业企业数据库，方森辉和毛其淋（2021）发现，大学扩招带来的人力资本扩张显著提升了企业产能利用率，拥有近6.1%的贡献度，作者解释，当企业雇佣到与其生产适应的高素质劳动力时，人力资本与物质资本联动配套可以提升设备使用率，进而提高企业产能利用率，作者指出，人力资本扩张还能通过促进出口扩张，赋予企业更高的市场扩张潜力并提高资本预期回报率，以推动研发创新、提高资源利用率以及促进人力资本效率溢出等方式提升企业产能利用率。车翼和张磊（Che and Zhang，2018）则发现，大学扩招通过提升高技能人才比例，促进了企业对新技术的采用，进而提高企业生产率。少部分文献基于员工受教育数据，基于劳动技能对企业绩效的影响展开分析。邓学芬（2012）利用60家上市高新技术企业的公开资料，以企业员工受高等教育的平均年限衡量人力资本存量，实证结果表明，高新技术企业人力资本与企业绩效正相关，且随着企业成长能力的提高，企业人力资本存量对企业绩效的影响减弱，而企业人力资本流动对企业绩效的影响增强。程虹等人（2016）同样证实，员工平均受教育年限与企业的绩效存在显著的正相关关系。

在公司投资决策方面，毛其淋（2019）以大学扩招政策的实施作为准自然实验，利用2000—2013年我国加工贸易企业数据研究发现，人力资本扩张在很大程度上缓解了加工贸易企业长期以来面临的技能劳动力供给不足的约束，大量高技能劳动力的供给为技术发展升级提供了动力。他们进一步的分析表明，人力资本扩张促使加工贸易企业不仅加大研发投入和在职培训的力度，而且使用更多种类和更高质量的中间投入品，同时还激励了加工贸易企业增加固定资产投资。基于1998—2007年中国工业企业数据，张明昂等人（2021）则发现，大学扩招促进了企业固定资产投资和资本品进口的增加，资本对劳动力的替代降低了技能溢价，而高技能劳动者供给增加显著降低了企业劳动收入份额。荣昭等人（Rong et al.，2020）利用城市层面教师数量密度衡量劳动力技能的配置变化，估计了1999年中国大学扩招对企业创新的影响，结果表明，中国大学扩招在短期内对企业创新和区域创新产生了负面影响，作者解释这是因为大学扩招后，受过高等教育的劳动力更倾向于留在大学工作，这使得工业企业科研人员的数量相对减少。但吴延兵和刘霞辉（2009）利用我国民营企业的调研数据，运用员工教育水平来衡量人力资本，研究了企业法人代表、企业总经理和企业员工三个层面的人力资本水平对企业研发行为的影响，他们发现，企业总经理和员工的人力资本水平越高，企业拥有独立研发机构的可能性越大，人力资本积累增加了企业创新活动。

从上述分析可以看出，利用大学扩招政策和员工受教育程度的数据，我国学者从学习经历的视角，集中对劳动技能与公司财务、公司投资的关系进行了研究，但相关证据还不够丰富，目前只揭示了劳动技能如何影响财务绩效、企业劳动生产率、企业固定资产支出以及企业创新等，未来可以从现金持有、债务融资等方面提供更多基于我国微观企业数据的实证证据。同时，关于劳动技能与公司治理、资本资产定价的关系尚存在研究空缺，与国际前沿存在一定差距。此外，该领域还缺乏从工作经历差异的视角进行研究的相关文献，比如员工级别、员工在企业和行业中的工作年限等如何影响公司决策和资本资产定价等话题也值得深入挖掘。

5.4 劳动力激励对公司财务决策和资本市场的影响

在计划经济时代，企业按照"大锅饭"式的平均主义进行分配，导致劳动者非常缺乏激励，进而导致生产效率低下等不良后果。随着以按劳分配为主体、多种分配方式并存的分配制度的确立，经济活力被大大激发，生产率飞速提升。这段特殊的历史背景使得我国社会各界对分配制度非常重视，我国劳动－金融领域中关于企业劳动力激励的研究也更为丰富。

与国外企业类似，目前我国对员工常用的激励方式也包括三种：一是制定与业绩挂钩的薪酬制度，让表现好的员工获得更多报酬；二是通过设定合理的薪酬差距，让员工为晋升而努力工作；三是让员工持有一定股份，这使得公司价值与员工收益直接挂钩，从而激励员工努力工作，增加公司价值。接下来，我们就从这三个方面总结劳动力激励对公司财务决策和资本市场的影响。

5.4.1 薪酬激励对公司财务决策和资本市场的影响

理论上，员工薪酬激励会对企业绩效产生正面影响，大量文献也给出实证证据支持了这一观点。陈冬华等人（2010）以556家国有非上市公司为研究对象，发现在工资具有弹性的企业样本中，工资增长和业绩增长存在显著的正相关关系，但员工薪酬的刚性特征可能产生负向激励作用。陈冬华等人（2015）的研究显示，员工薪酬激励对未来业绩增长具有积极作用。他们发现，普通员工对企业未来业绩的积极作用高于高管；高管与普通员工的薪酬变化同步性越强，对未来业绩的积极作用越明显。夏宁和董艳（2014）发现，员工薪酬激励能够提升公司成长性，但这一激励作用仅存在于国有中小上市公司中。

5.4.2 薪酬差距对公司财务决策和资本市场的影响

薪酬差距也是重要的激励手段。与国际经验类似，薪酬差距对公司决策和资本市场的影响可归结为锦标赛理论和社会比较理论两种相互竞争的观点。锦标赛理论指出，晋升是激励员工的重要手段，因此加大企业内部不同层级员工之间的薪酬差距，可以加大员工晋升的动力，起到激励员工的作用。与之相对，社会比较理论则认为员工的激励程度不仅与激励大小有关，还与激励是否公平有关，过大的薪酬差距会加大员工的不公平感，打击员工的工作积极性，产生负向激励效应。我国学者也关注了企业内部薪酬差距现象及高管-员工薪酬差距的经济后果。

支持锦标赛理论的学者普遍认为薪酬差距扩大可以激励员工，提高员工工作积极性，进而对企业产生正面影响。周权雄和朱卫平（2010）从政府干预和共同代理的角度对经典的锦标赛模型进行了细化和拓展，他们发现，我国地方国有上市公司内部薪酬差距越大，公司的财务绩效和市场绩效表现越好。刘春和孙亮（2010）的研究同样表明，我国国企高管与职工的薪酬差距释放了经营者积极性，显著提高了企业业绩。郭蕾等人（2019）研究了高管-员工薪酬差距对创新的影响，他们发现，内部薪酬差距变大时，升职加薪会激励员工努力工作，因此，薪酬差距能促进创新产出。

支持社会比较理论的学者普遍认为，内部薪酬差距会加大员工的不公平感、降低员工努力程度，从而对公司造成负面影响。张正堂（2008）指出，国有企业中"不患寡而患不均"的思想影响着企业的经营，因此高管-员工薪酬差距不宜过大。雷宇和郭剑花（2017）从内部薪酬分配的规则公平视角，研究了高管和员工的薪酬刚性差距，他们发现，员工薪酬与高管薪酬变化不同步会使员工产生不公平感，内部薪酬规则不公平导致员工消极怠工，加剧"搭便车"问题，使得企业全要素生产率下降。基于我国2002—2011年上市公司的数据，杨志强和王华（2014）通过研究发现，高管和员工薪酬绝对差距越大，公司盈余管理程度越高，两位作者解释这是因为管理层通过增加盈余管理实现了薪酬的"公平性"和"合理性"。缪毅和胡奕明（2016）以2003—2012年的A股上市公司为样本，同样发现企业内部薪酬差距过大会增加内部盈余管理。他们的解释是，当企业内部的收入差距相对过大时，高管人员需要为自身过高的薪酬寻找合理依据，例如提高薪酬业绩敏感度为自身薪酬的"结果正当性"做辩护，因此加剧操纵盈余、管理业绩的动机，管理层还通过设立薪酬委员会、建立完善的薪酬考核机制等，证明薪酬的"程序正当性"。

张蕊和管考磊（2016）通过研究发现，高管-员工薪酬差距越小，高管实施侵占型职务犯罪的可能性越大，这是因为较小的内部薪酬差距会使高管的财富处于较低水平，降低高管的薪酬满足感，不公平感使高管不惜以实施侵占型职务犯罪的方式来满足个人的欲望和满足感。

但也有部分学者的研究发现，薪酬差距的影响呈现非线性特征，这同时支持了锦标赛理论和社会比较理论。比如，利用中国制造业348家上市公司数据，高良谋和卢建词（2015）采用门槛面板模型的研究发现，内部薪酬差距和公司绩效存在倒U形关系。孔东民等人（2017）的研究发现，管理层与普通员工的薪酬差距水平较低时，扩大薪酬差距能提升企业创新，此时，锦标赛理论占主导；但当薪酬差距水平较高时，扩大薪酬差距对企业创新有负向作用，此时，社会比较理论占主导。他们发现，薪酬差距对创新的正向激励作用主要由管理层薪酬溢价驱动，员工薪酬溢价反而在一定程度上降低了创新产出，这表明过高的员工薪酬可能是一种资源浪费，从而挤占研发投入、影响创新。此外，利用2003—2010年我国制造业国有上市公司的数据，黎文靖和胡玉明（2012）在研究中发现，国企内部薪酬差距与企业绩效、日常经营业绩均呈正相关关系，但内部薪酬差距越大，企业投资越无效率，管理层权力与薪酬差距正相关。作者认为，这一结论表明内部薪酬差距可能并不激励高管，而是在一定程度上反映了管理层的权力，不能单纯用锦标赛理论或社会比较理论来解释。

高管的天价薪酬和普通员工的最低工资差距引起了社会热议。为维护社会公平，提高公司治理水平，我国有关部门分别出台了《关于进一步规范中央企业负责人薪酬管理的指导意见》（2009）与《中央管理企业负责人薪酬制度改革方案》（2014）等限薪政策，对国有企业高管的偏高或过高收入进行调整，解决管理者与员工薪酬差距过大问题。一些学者利用限薪令的实施设计了准自然实验，对限薪政策的经济后果进行了分析。沈艺峰和李培功（2010）检验了2009年政府限薪令的影响，结果表明，限薪令的颁布没能降低国有企业的高管薪酬，高管薪酬契约激励仍明显不足。张楠和卢洪友（2017）运用PSM-DID方法发现，虽然限薪令没有对国有企业高管、普通职工的货币薪酬产生实质影响，但有效减缓了高管货币薪酬的增长幅度。研究结果还发现，限薪令加剧了地方国有企业高管的在职消费和不当在职消费，通过减少管理层冒进的投资行为抑制了企业过度投资，通过缩小内部薪酬差距激励员工，提高了全要素生产率。基于2010—2016年国有上市公司数据，杨青等人（2018）发现，2014年限薪令显著降低了央企高管的货币薪酬与企业内部薪酬差距，进一步的事件研究法分析结果表明限薪令使竞争性央企出现显著负的市场反应，研究者解释这是因为限薪令的出台扭曲了原本有效的薪酬激励，加之政策执行成本，导致公司价值降低。利用排名前三的高管薪酬总额衡量薪酬管制程度，徐细雄和刘星（2013）还发现薪酬管制引起了更多的高管腐败。此外，薪酬差距引起的关注也能带来一定的积极治理效应，杨薇等人（2019）发现，薪酬差距通过提高分析师、媒体等金融中介对企业的关注度和监督程度，降低了管理层的盈余操纵动机，进而降低盈余管理水平。

5.4.3 员工持股计划对公司决策和资本市场的影响

随着我国资本市场的不断完善，员工持股计划这一激励手段被越来越多的企业采用。我国的员工持股计划最早可追溯到 20 世纪 80 年代，其发展历程大致能分为三个阶段。

（1）员工持股配合产权改革（1984—1998 年）

这一时期的员工持股被称为内部职工股，是伴随着股份制改革工作推进的一项政策，主要源于公司员工自公司成立之时就获得的股份，即定向募股、公司上市时其职工按新股发行价格认购的股份，也就是公司职工股。根据 1992 年《中国经济体制改革年鉴》的统计，截至 1991 年末，3 332 家股份制改造试点企业中有 86% 为内部职工持股试点企业，职工持股总金额达到 3 亿元（作为对照，当年 A 股累计发行额为 12.86 亿元），占总股本的近 20%。随着改革的逐步深入，内部职工持股管理不规范现象显现，超比例、超范围发行以及权力股和关系股等问题横生。针对这些乱象，《股份制企业试点办法》《股份有限公司规范意见》《定向募集股份有限公司内部职工持股管理规定》先后出台，但效果甚微。鉴于此，证监会于 1998 年底发布《关于停止发行公司职工股的通知》，要求股份有限公司公开发行股票，一律不再发行公司职工股。自此，随着存量内部职工股逐步被回购或者上市交易，内部职工股逐步退出历史舞台。

（2）股权激励计划的重启（1998—2012 年）

在这一阶段，员工持股计划是股权激励的方式之一，用于激励公司内部员工提高工作积极性。早在 1997 年，一些企业就开始尝试股票期权制度，但由于法律限制，并没有得到广泛推行。2005 年，证监会发布《上市公司股权激励管理办法（试行）》，首次从制度上承认了股权激励计划的合法性，放松了之前的政策限制，此后，实施员工持股计划的公司数量明显增多。根据同花顺的数据，2006—2012 年约有 450 家公司陆续公布股权激励方案。

虽然证监会对股权激励对象的界定中包含了"其他员工"，但在这一阶段,股权激励主要采用股票期权、限制性股票或者股票增值权等形式对董事、监事、高级管理和业务骨干等核心雇员进行激励,并非面向普通员工。相比之下,员工持股计划主要是股票的形式,更强调覆盖的广泛性,面向公司的普通职工,有时也包括CEO等管理人员。在性质特征上,二者也存在较大差异,例如员工持股计划在设立中强调利益共享和资源配置,遵循保护投资者的原则,而股权激励计划是从绩效考核角度出发,对被激励对象做出选择。

(3) 员工持股计划逐渐成熟（2012年至今）

2012年8月,证监会发布了《上市公司员工持股计划管理暂行办法（征求意见稿）》,首次对国内员工持股做出了制度上的肯定与规范,主要明确了以下几点:资金来源主要是工资、奖金;股票来源主要是二级市场购入;管理机构上,可委托给资产管理机构。遗憾的是,制度设计上的限制过多导致对上市公司的吸引力有限。在深化资本市场改革的大背景下,2014年6月,证监会制定并发布了《关于上市公司实施员工持股计划试点的指导意见》,确立了"依法合规""自愿参与"和"风险自担"三项原则,从多个角度较为详细地对员工持股做出政策认可与规范,这使得员工持股重新进入业界和学术界的视野。

利用中国微观企业数据,学者们集中分析了企业实施员工持股计划的一系列经济后果。具体来看,在公司财务风险方面,与国际经验一致,相关文献也普遍认为,企业实施员工持股计划可以显著提升企业财务绩效。通过研究638家发行内部职工股的上市公司,宁向东和高文瑾（2004）发现,有职工股的公司在财务业绩上显著优于没有职工股的公司,并且职工股的持股比例与公司财务业绩显著正相关,但在职工股上市流通之后,曾经发行过职工股的公司在财务业绩和市场业绩上均显著低于从未发行过职工股的公司,两位作者解释这是因为内部职工股上市流通后,职工可以利用上市交易套现获利,一旦职工股出售,职工关心公司业绩的程度将减弱,内部职工股对业绩的激励作用也会消失,甚至产生负面影响。以2000年上市企业（其中存在员工持股的企业为107家）为样本,张小宁（2002）发现实施员工持股计划的企业,其净资产收益率显著高于未实施企业,但人均持股数和人均持股比例与净资产收益率不显著相关。王晋斌（2005）指出,只有在员工持股计划中给予管理层足够的激励,让企业管理层和员工感受到这是一种长期的激励计划,使他们能够预期到个人财富要依靠未来企业现金流的增值,且这种增值又依赖于管理层和员工的专用性人力资本的努力程度，创造一种管理层和员工积极合作的公司文化，才能有效缓解委托代理问题，改善公司财务绩效。基于1 302家国有企业的数据，黄桂田和张悦（2009）的研究部分验证了上述观点，即员工持股计划中管理层的参与比例越高，企业财务绩效改善程度越大，但作者发现这一关系随着管理层参与比例的提高存在拐点。沈红波等人（2018）考察了不同性质的企业实施员工持股计划的差异，研究表明，相比民营企业，国有企业因受到员工范围和持股比例的双重约束，财务绩效的激励效果较弱，但股票来源为非公开发行的国有企业与民营企业在财务绩效方面的差距缩小，这是因为非公开发行预案以及募投项目状况需要经过双重审核，项目的收益率与投资前景可以得到保障。

在公司投资决策方面，相关研究文献普遍发现，我国员工持股计划对企业创新存在积极影响。周冬华等人（2019）发现，员工持股计划通过降低企业成本、提高企业风险承担能力，促进了企业创新。以2009—2015年实施的包括非高管员工股权激励的上市高科技企业为样本，郭蕾等人（2019）的研究同样表明，对非高管员工的股权激励可以提升企业的创新产出，且创新产出与激励比例显著正相关，范围较大的股票期权更能促进创新产出，范围较小的限制性股票更能促进创新产出。研究者还发现，业绩考核较为严格更能促进创新产出，但过于严格会抑制创新。以2011—2017年中国A股上市公司为样本，孟庆斌等人（2019）则发现，员工持股计划通过"利益绑定"功能，提升了员工在创新过程中的个人努力、团队协作和稳定性，从而提高了创新效率，但员工持股计划持股人数的扩大可能引发"搭便车"问题，不利于创新产出。

在公司治理方面，我国员工持股计划对公司治理水平的影响存在一定争议。张永冀等人（2019）发现，企业实施员工持股计划能在一定程度上提高员工的议价能力和员工的股东身份认同感，改变员工以往与高管进行薪酬等利益谈判的被动状态，有效缓解公司内部薪酬分配规则的不公平问题，从而改善公司治理水平。具体表现为，实施员工持股计划的上市公司，其员工薪酬-业绩敏感性与薪酬刚性显著增强，高管-员工薪酬刚性差距显著缩小。沈红波等人（2018）从企业性质的视角展开分析，发现实施员工持股计划在降低代理成本、提高投资效率和减少超额雇员等公司治理层面的改善效果仅存于民营企业中，国有企业并不显著，其经营绩效也弱于民营企业。沈昊和杨海英

（2019）则通过对招商局集团混合所有制改革的案例分析，发现员工持股对公司治理的改善效应有限，且员工持股比例偏低，又因其身份所限，无法干预公司的重大决策，这导致员工持股增加无法带来公司治理的改善。此外，宋常等人（2020）考察了员工持股对公司外部治理的影响，利用2014—2018年上市公司数据研究发现，实施员工持股计划的公司，其审计费用明显更高，作者们认为原因在于，为实现员工持股的激励效果，员工持股计划会向企业管理层施加业绩管理的压力，导致公司财务活动的透明度降低，公司财务信息质量降低，审计师对此持谨慎态度，倾向于提高审计收费。

在资产定价方面，相关研究关注了我国员工持股计划的公告效应，普遍发现投资者反应积极。方红艳等人（Fang et al., 2015）的研究发现，公司采用员工持股计划后，经营绩效显著提升，且公司股价对员工持股计划公告响应积极，但并不存在长期异常收益。王砾等人（2017）认为，投资者的积极反应表明员工持股计划对企业员工具有激励效应，作者们还发现，国有企业发布员工持股计划的公告效应更为显著，推行员工持股计划的企业员工受教育水平越高，市场反应也越显著。但沈红波等人（2018）却发现，国有企业的短期公告效应与民营企业无差异，长期公告效应却显著弱于民营企业。

根据文献梳理可以发现，我国员工持股的已有文献集中关注员工持股计划如何影响公司财务绩效、企业创新、公司治理水平以及员工持股的公告效应，研究证据较为丰富，且大部分研究结果表明，我国员工持股计划是有效、积极的，可以取得类似发达国家企业开展员工持股计划的效果，比如提升企业绩效、促进创新产出等，但是员工持股计划在改善公司治理方面存在一定局限性。其中，部分文献还结合我国国有企业的特殊股权性质进行了研究，这有助于进一步理解和分析我国员工持股计划在国有企业的实施效果，并从制度设计层面提供可靠的建议。

5.5 劳动力流动性对公司决策和资本市场的影响

随着我国市场化程度的不断加深，劳动者更换工作越发频繁，劳动力市场的流动性越来越高。目前国际学术界也非常关注劳动力流动性对微观企业的影响（Donangelo, 2014；Jeffers, 2019；Shen, 2021）。我国学者对劳动力流动性的研究主要聚焦在劳动力流动性与企业投资决策的关系上，他们发现劳动力流动性提高会增加企业投资，使用机器和创新以替代劳动力。比如，戴惠阳等人（2021）以户籍总迁移率衡量劳动力流动性，发现地区劳动力流动性越强可以通过提高劳动力成本、增加人才知识储备两方面促使企业进行更多创新；宁光杰和张雪凯（2021）则基于世界银行 2012 年中国企业调查数据，以临时工人数占总雇员人数的比例来识别企业的劳动力流转率[9]，研究结果表明，劳动力流转率升高会增加招聘次数和筛选成本，从而提高企业内部的劳动力成本，这将促使企业更多地使用机器替代劳动，推动资本深化，进而提升企业人均机器设备投资和人均研发投入；马鑫（2022）发现，公司所在城市的户籍限制明显抑制了企业创新。

总体来看，目前从微观企业视角研究我国劳动力流动性如何影响公司决策和资本市场的文献较少，仅有的研究也局限在投资方面，这可能是因为劳动力流动性概念在我国较为抽象、难以衡量。而国外用于衡量劳动力流动性的方法，包括通过各种职业在不同行业的分布来衡量员工跨行业流动的可能性（Donangelo, 2014），通过竞业禁止条款执行力度（Jeffers, 2019）、绿卡政策（Shen, 2021）等劳动力流动性政策进行衡量的方法，均不适用我国。

5.6 人力资本对公司决策与资本市场影响的研究评述

对比我国和国外的人力资本对公司决策与资本市场影响的研究可以发现，二者的研究思路、重点、结论既有相似之处，也有较大差异。

在劳动力成本方面，无论是国外还是我国学者的研究，其思路基本上都是从劳动力成本侵蚀利润、劳动力成本激励员工这正负两个方面进行分析，研究结论也在很大程度上是一致的。但是，我国的研究更加关注政府实现更大规模就业的特殊动机，这使得我国企业，特别是国有企业的雇佣行为会受到政府意志的影响，从而产生一些特殊的经济后果。

在劳动保护方面，由于我国和国外的制度差异较大，研究的重点和结论均有较大差异。我国学者的研究重点主要在于最低工资制度、《劳动合同法》《社会保险法》等，而国外学者更多关注工会、《不正当解雇法》（Wrongful Discharge Law）、失业保险金等制度。而且，即使研究同一类型的劳动保护制度，我国的结果和国外的结果也有很大区别，比如我国失业保险金提升会导致

---

[9] 宁光杰和张雪凯（2021）将劳动力流转率定义为企业一定时期内（如 1 年）员工变动数量（离职员工与新增员工数量之和）与平均员工数量之比，劳动力流转率高通常表现为员工变动率、离职率和临时工比例较高。

企业杠杆率下降，而国外研究则发现相反的结果。

在劳动力激励方面，国外学者的研究主要关注员工持股计划的作用，对薪酬激励、薪酬差距的研究相对较少。[⑩] 我国学者对劳动力激励的研究较为丰富，而且由于我国员工持股计划发展的历程较为曲折、成熟期较短，我国学者对员工持股计划的研究相对较少。此外，我国国有企业的劳动力激励问题也是学者关注的重点话题之一。

在劳动力流动性方面，国外学者目前非常关注劳动力流动性的影响，但我国的相关研究刚刚起步。由于各种政策法规是限制劳动力流动的主要障碍之一，因此国外研究与国内研究势必会有较大差异。目前我国劳动力市场流动性较差，劳动力配置效率不高，这不仅影响了企业获得人才的难易程度，也会导致人才难以发挥其最大价值。因此，以中国为背景进行劳动力流动性的研究是一个非常有价值的方向。

总结上述文献可以看出，在我国特殊的劳动力市场环境和制度背景下，人力资本对公司决策与资本市场的影响具有很强的中国特色。虽然基本的经济学理论和逻辑是一致的，但是我国劳动力市场与其他国家的区别也会导致不同的经济后果，这些经济后果加深了我们对人力资本如何影响公司决策与资本市场的理解，丰富了思考问题的视角。因此，在我国的劳动力市场背景下研究人力资本如何影响公司决策与资本市场不仅仅是对国际文献的一个重要补充，也具有很强的学术价值和现实意义。

6. 未来研究展望

劳动-金融研究在近十年来蓬勃发展，使我们对劳动力与公司金融、资本市场之间关系的认识不断加深。自2010年以来，科学技术、价值理念发生了颠覆性变化，社会经济环境发生了重大改变。在科学技术方面，以互联网、人工智能、区块链、云计算、大数据为代表的数字技术取得了重大进展，并迅速普及到各个行业，改变了传统的生产生活方式；在价值理念方面，ESG的投资理念不断深入，利润不再是投资者和公司唯一的目标和评价标准，这深刻影响了公司的经营决策和资本市场对企业价值的判断。那么，这些技术变革和价值理念

[⑩] 这里特指研究薪酬差距产生的激励对公司决策与资本市场影响的研究。国外学者也非常关注企业内部薪酬差距，但是在大多数研究中，薪酬差距往往被看作是公司治理的一个方面，过高的薪酬差距被看作是公司治理水平低下的一个表现。

的变化会如何影响未来的劳动力与企业及资本市场的关系呢？本节围绕数字经济和 ESG 这两个新背景，展望劳动 - 金融领域未来可能的研究方向。

6.1 数字经济背景下的劳动 - 金融研究

从经济的发展规律看，随着经济发展的形态变迁，生产要素的构成、地位也会发生重大转变。农业经济时期，劳动力和土地是最重要的生产要素，工业革命后，资本、管理、技术等生产要素替代了土地和劳动力，成为创造财富的主要来源。数字技术的迅速兴起和普及，则标志着数字经济时代的到来，数据成为新的生产要素。数字技术也对劳动力市场、资本市场产生了巨大影响。从劳动力市场角度看，数字技术会改变企业对劳动力数量、技能的需求，改变企业与员工的匹配方式、工作形式、合同关系，增加了员工与企业和社会的沟通渠道，从而影响公司决策和资本市场；从资本市场角度看，数字技术对资本市场的改变也会影响公司投融资决策、现金流情况等，进而影响公司内部的人事决策。接下来，我们从上述两方面探讨数字技术带来的变化。

6.1.1 数字经济背景下劳动力市场的改变及其影响

第一，人工智能等数字技术改变了公司对劳动力的需求。随着人工智能技术的崛起，大量常规工作能够被人工智能替代，这导致公司对常规的、低技能劳动力的需求大幅下降，而对非常规的高技能劳动力的需求增加。从公司角度看，运用人工智能替代常规的低技能劳动力可以提升其生产率、降低其劳动力成本，更多的高技能员工也可以增强公司的创新能力和核心竞争力。但是，当公司更加依赖非常规的高技能员工时，由于这类员工在市场上更少，员工辞职带来的负面影响会更大，这使得公司的人力资本风险增加，从而对公司的市场价值和融资能力产生一定的负面影响。那么，数字经济带来的劳动力数量、技能结构变化对公司的具体影响是什么？资本市场又应当如何帮助依赖非常规的高技能人才的公司进行融资？这是在数字经济背景下，劳动 - 金融领域需要进一步研究的问题。

第二，互联网技术改变了企业与员工的匹配方式。随着互联网的普及，线上招聘已经成为企业招聘员工的主要方式，员工也可以通过领英（LinkedIn）等面向职场的社交平台向企业展示自身，劳动力市场逐渐转移至线上，这大大缓解了劳动力市场上的信息不对称，减少了劳动力市场摩擦。对企业来说，通过互联网进行招聘能够大大增加员工人选、降低招聘成本、提升岗位与员工的适配度，起到积极效果。与此同时，线上劳动力市场的参与者不仅仅是企业和劳动者，其他利益相关方能够非常容易地知晓企业的招聘行为和录用情况。这在一定程度上能够增加外部投资者、媒体等相关人士对公司的了解，但也可能会给企业带来一定风险。比如，企业的招聘广告若涉嫌就业歧视等，就很容易被公众发现，导致公司形象受损。那么，互联网技术带来的线上劳动力市场如何改变公司决策和资本市场对公司价值的判断？这也是劳动－金融领域可以进一步探究的问题。

第三，以远程办公为代表的数字技术改变了员工的工作形式。互联网技术打破了固定工作场所的限制，特别是在新冠疫情的影响下，通过互联网实现远程办公已经是很多公司的选择。但是，目前关于远程办公对公司和个人的影响颇具争议。一部分学者认为远程办公能有效缓解员工的通勤压力，提高员工的工作效率，同时通过增加员工在作息方式、工作地点的自由度，提升员工的工作环境质量，更好地平衡工作与生活（Angelici and Profeta，2020），增强工作满意度和忠诚度（Kelliher and Anderson，2010），提升劳动力生产率（Boltz et al.，2020），降低员工离职率（Bloom et al.，2015）。但另一部分学者也提出了远程办公的负面效果：一是远程办公虽然增加了员工的自由度，但也减少了员工与员工之间、员工与领导之间的沟通互动频率，导致员工的归属感不足，努力程度下降；二是办公地理位置的不同还会减少领导对员工的认识程度，进而降低员工晋升的概率（Bloom et al.，2015），员工满意度下降，流失率增加；三是远程办公可能会产生工作溢出效应，导致员工工作和生活的边界被不断模糊（Kelly et al.，2011），工作时间变相延长（Goldin，2014），疲劳感增加，进而引起激励机制失效，员工愿意利用灵活性享受生活的可能性增加；四是远程办公存在监管难问题，员工效率难以保证，家庭琐事可能影响员工的正常工作，使其难以顺利完成工作任务，这无形中增加了员工的工作压力，导致家庭关系紧张，员工幸福感降低（Mas and Pallais，2020）。在现实中，一些知名公司，如IBM、特斯拉等，也在疫情缓和后取消了远程办公政策。那么，远程办公究竟如何影响公司的生产率和业绩呢？是否会进一步影响公司的投融资决策？资本市场对公司远程办公的工作方式如何反应呢？这不仅是数字经济背景下劳动－金融领域的重要研究问题，也是在疫情后，远程办公越来越成为主流的情况下，需要进行深入研究的问题。

第四，互联网平台企业的崛起也催生了零工经济，使原有的"企业－员工"雇佣合同制度逐渐向"平台－个人"的交易模式转变。在"平台－个人"的交易模式下，劳动者无须与平台签署雇佣合同，属于零工工人范畴（Abraham et al.，2017），这使得劳动力的就业形式更加灵活。目前，零工经济也被越来越多的平台和劳动者接受，灵活就业已经是重要的就业形式之一。零工经济这一新形式的出现也带来了很多值得探究的问题。从公司角度看，零工经济的兴起使得公司能够更加灵活地调整员工人数，劳动力调整成本更低，这会降低公司的经营杠杆和风险；从劳动者角度看，零工经济的兴起增加了其就业机会和自由度，这些效应使得零工经济给企业和劳动者带来积极影响。但另一方面，雇佣合同的缺失使得现行的劳动保护制度难以覆盖从事零工经济的劳动者，这使得劳动者的权利难以保障，也可能使公司与劳动者之间更容易产生纠纷，从而产生一定的负面效应。零工经济的兴起和灵活用工形式具体会给公司带来怎样的影响？这也是数字经济背景下劳动－金融研究可以更加深入探讨的问题。

第五，以社交网络、自媒体为代表的数字技术增加了员工个体的发声渠道。在传统媒体占据主导地位时，外界对公司信息的了解大多来自公司报告、分析师的公司研究报告、公司高管的讲话等，这些信息来源往往集中在公司内部的少数高层，如董事长、CEO、CFO等，而在公司中占据绝大多数的普通员工掌握的信息往往被忽视。在数字经济背景下，社交网络、自媒体的崛起使得每个人都能够在互联网上分享自己的见闻和知识，公司员工也是如此。目前，一些以职场为主题的社交网站，如Glassdoor等，都有供公司员工留言评价公司的功能，部分员工也会在公司内部论坛或其他平台上发表一些与公司相关的信息。目前，员工通过社交网络、自媒体爆料公司信息的案例层出不穷，如2021年2月中国人寿嫩江支公司员工通过自媒体举报公司造假事件[11]，社交网络的存在也使社会更多地关注和讨论这些信息，这一方面为投资者带来了更多的信息获取渠道，另一方面也给公司带来了更大的舆情压力。现有研究也发现员工在社交平台上的留言有很高的信息含量（Green et al.，2019；Huang et al.，2020；Sheng，2022），并且员工在社交网络上爆料企业负面信息能够起到显著约束规范公司管理者的作用（Dube and Zhu，2021）。相比公司的官方信息，员工提供的信息有两点特殊优势：一是时效性很高，普通员工处在公司一线，可以第一时间获得信息，且通过互联网发声速度很快，而通过正规渠道获

---

[11] 详见 https：//news. cctv. com/2021/02/24/ARTIxSYrjvVPIJij0upaw3za210224. shtml。

得的公告、报告等都需要较长的信息处理时间；二是更容易获得负面信息，由于负面信息会导致公司形象和公司价值受损，从而影响高管的薪酬和职业前景，因此高管有强烈的掩盖公司负面信息的动机，而普通员工没有强烈的掩盖负面信息的动机，且员工可能揭发高管的不良行为，故相比公司高管，从员工中获取信息更容易了解到负面信息。但是，员工通过互联网发布的信息也有两点劣势：一是信息真伪难辨，在互联网上发布信息无须严格的审核流程，发布主体的身份大多也无须进行证实，因此互联网上传播的公司信息为假消息的概率较大；二是信息较为片面，员工只能了解与其相关的信息，无法从公司整体角度全面了解信息，存在一定的片面性。那么，在这些优势和劣势同时存在的情况下，员工的社交网络、自媒体起到怎样的治理作用？这对公司决策和其资本市场表现有何影响？资本市场对员工爆料公司信息是如何反应的？公司应当如何应对员工通过互联网施加的舆论压力？这都是未来劳动－金融领域值得研究的问题。

6.1.2　数字经济背景下资本市场的改变及其影响

首先，数字技术改变了资本市场的信息披露形式。目前，公司通过网络与投资者进行交流已非常常见，在 IPO（首次公开募股）阶段，公司就可以通过线上路演的方式进行融资，在上市后公司可以通过网上集体接待日的形式开展业绩说明会，并可以通过上证 e 互动等官方网络平台回答投资者问题。这些新的信息披露形式大大加强了公司与投资者或者其他利益相关者的互动频率，能够帮助公司与投资者建立良好的关系。这一方面降低了资本市场的信息不对称程度，从而降低了公司的融资成本；另一方面也使得上市公司能够更好地从投资者处获取信息，可以改善公司决策。⑫ 这些积极影响都有助于公司治理的改善和公司价值的提升。从员工视角来看，更好的公司治理和更高的企业价值无疑也有助于员工获得更好的待遇和职业发展前景。因此，在理论上，数字技术带来的资本市场信息披露形式的改变也会影响劳动力。这些理论上的影响在现实中是否存在？具体有哪些表现？这也是目前数字经济背景下可以深入探讨的劳动－金融问题。

其次，数字技术拓宽了资本市场参与者的信息来源渠道、提升了信息处理效率。大数据技术的发展使得"另类数据"成为投资者、监管者等利益相关

---

⑫　现有理论指出公司也会从资本市场中获取信息来辅助其进行投资决策，从而提升公司的投资效率。

方的重要信息来源。不同于交易所披露、公司公告披露的传统数据，另类数据是由非传统信息组成的或者通过非传统方式获取的数据，包含上文提到的社交网络数据以及遥感卫星数据、电商数据等。这些数据有助于投资者、监管者等利益相关方对公司活动进行判断，如证监会在查办獐子岛案时借助了北斗卫星导航系统。[13] 因此，在大数据技术的加持下，投资者、监管者等公司外部利益相关方能够更好地监督公司、评估公司价值。除了另类数据带来的信息来源新渠道，人工智能、云计算等技术能够对大量信息进行快速处理和准确预测，这大大提升了市场参与者的信息处理效率。比如，对投资者来说，使用人工智能模型能够帮助其更好地判断公司价值、做出投资决策；对监管者来说，使用人工智能模型能够帮助其更加高效地监管上市公司。更多的信息来源和更高效的信息处理也都大大降低了资本市场的信息不对称程度，增加了公司的违规成本、改善了公司治理，也能够帮助资本市场更好地进行资源配置、提升资本市场效率。从员工视角来看，公司治理的改善也会影响员工的待遇和职业发展前景；从劳动力市场视角来看，资本配置效率的提升也势必带来劳动力资源的重新配置。因此，在数字经济背景下，信息来源的增加和信息处理效率的提升如何影响员工个体和劳动力市场，也是劳动-金融领域可以深入探讨的话题。

6.2　ESG理念下的劳动-金融研究

ESG是一种关注环境、社会、公司治理绩效的价值理念和投资策略。ESG理念起源于社会责任投资，最早期的社会责任投资是投资者表达社会价值导向的重要方式，比如机构投资者明确拒绝投资酒精、烟草、军火等相关项目，重点关注和投资劳工权益、环境保护企业等。

2004年，联合国首次提出ESG这一概念，由时任联合国秘书长安南发起并倡议，倡导将ESG理念融入资本市场分析决策过程。2006年，联合国成立负责任投资原则组织（Principles for Responsible Investment，简称PRI），旨在鼓励签署负责任投资原则的金融机构和企业将ESG纳入其投资决策过程。此后，ESG发展迅速，各国政府、金融机构、大型企业都纷纷接受ESG理念，ESG的信息披露制度也由可选项转变为强制性披露制度。近年来，受全球气候变化、环境恶化的影响，社会各界对ESG理念的重视程度达到空前的高度，

---

[13]　详见 https://www.sohu.com/a/404523172_100151842。

截至2021年，已有3 404家机构投资者签署了负责任投资原则[14]，ESG投资已经是资本市场中的重要参与者。对企业而言，践行ESG理念不再仅仅是企业社会责任的体现，也是获得资金支持、对冲风险、展现长期合作意向、减少公司负面事件影响的重要方式（McCarthy et al., 2017）。

对员工而言，ESG与员工自身利益紧密相关。一方面，员工相关因素是ESG中S（社会）的重要组成部分；另一方面，目前大量的案例显示，员工对公司的ESG表现也非常关心，甚至会通过抗议等方式主动推动公司提升ESG表现。接下来，我们从这两方面探讨ESG理念下劳动－金融领域的未来研究方向。

6.2.1 员工作为社会因素的重要组成部分

在以利润最大化为目标的传统投资理念下，劳动力只能通过影响劳动力成本、劳动生产率、信息不对称程度等方面间接影响公司股价和投资者决策。而ESG理念的目标是实现相关方利益最大化，员工又是公司最重要的利益相关者之一，是社会因素的重要组成部分，因此，ESG投资的兴起能够使劳动力与公司股价和投资者决策产生直接联系，从而对资本市场和公司劳动力政策产生影响。

ESG投资理念下劳动力如何影响投资者决策和资本市场存在一定的争议。一方面，由于员工是社会因素的重要组成部分，理论上ESG投资的兴起会导致投资者更多地投资于员工评价更好的公司。目前，所有ESG指标体系中都会包含员工评价因素。这些员工评价因素主要包括：工会建设情况、员工健康安全情况、员工薪酬、员工数量、员工关系、员工权利（员工持股和员工代表制度）、职业发展、工作场所、员工薪酬差距、员工举报保护、员工性别和种族多样性、灵活用工、罢工、员工流失率相关情况，解雇制度、公司利润分享制度、退休制度、劳动管理制度等方面。当公司给予员工更好的待遇、更舒适的工作环境、更平等的工作机会和薪酬制度、更大的话语权时，ESG指标中的社会得分会更高。而投资者会根据ESG指标来选择股票，社会得分更高自然也会吸引ESG投资机构的关注和投资。然而，另一方面，ESG投资并非不看重投资者利益，ESG中的公司治理就反映了该理念对投资者利益的重视，当公司给予员工过高的福利待遇时，投资者利益也会受损，公司治理得分更低，这可能使得投资者减少对员工福利待遇过高企业的投资。

---

[14] 数据来源：Principles for Responsible Investment Annual Report 2021，详见 https://dwtyz-x6up-klss.cloudfront.net/Uploads/s/u/b/pri_annualreport_2021_15698.pdf。

ESG投资对于资本市场的影响也会改变公司的劳动力政策。如果ESG理念下的投资者确实更倾向于投资员工评价更好的公司,那么,ESG投资也会倒逼公司提高员工待遇,注重员工权益。如果ESG理念下的投资者并没有更加倾向于投资员工评价更好的公司,而是更加倾向于保障投资者利益的公司,那么,ESG投资反而会倒逼公司降低员工待遇。

此外,不同的ESG评级机构对于员工评价因素和投资者保护相关因素的评分差异很大。伯格等人(Berg et al.,2022)研究了6个常用的ESG评级体系发现,社会得分的平均相关系数只有0.42,公司治理得分的平均相关系数只有0.30。不同ESG披露标准对员工评价因素和公司治理因素的披露要求也不一致,例如全球报告倡议组织(Global Reporting Initiative,简称GRI)的标准中考虑了育儿假这一因素,而可持续发展会计准则委员会(Sustainability Accounting Standards Board,简称SASB)的标准中没有考虑。这些差异可能会导致使用不同ESG评级体系、参考不同ESG披露标准的投资者对员工评价因素的看法有差异,导致投资者对员工评价因素的反映有差异。从公司角度来看,为了迎合ESG评级体系或ESG披露标准,公司可能会制定更加有利于该评级体系或者披露标准的劳动力政策。

总结来看,ESG投资者究竟如何看待公司的劳动力政策?公司如何在ESG理念的指导下制定劳动力政策和公司治理政策来平衡员工利益和投资者利益?ESG评级体系、ESG披露标准是否会影响投资者对公司劳动力政策的反应以及公司的劳动力政策?这都是在ESG理念下劳动-金融领域中非常值得探讨的问题。

6.2.2 员工作为推动公司ESG表现的重要动力

员工个人不仅仅是公司的一员,也是整个社会的一员。随着经济发展和社会进步,个人的社会意识大大增强,社交媒体等互联网新媒体也给予了普通员工更多表达自身想法和诉求的机会,这使得当公司利益侵犯到公众利益时,员工会更倾向于积极行动,捍卫社会利益。比如,2019年4月,亚马逊员工签署公开信要求公司针对气候变化采取措施[15];同年9月,沃尔玛员工联名请愿,呼吁公司停止出售枪械、停止支持美国全国步枪协会。[16] 近年来此类行为

---

[15] Karen Wiese. Employees Push Amazon to Do More on Climate. *The New York Times*,2019-4-11.
[16] 详见 https://www.change.org/p/doug-mcmillon-stop-the-sale-of-guns-at-walmart-stores。

越来越频发,一些学者注意到该现象,并称之为"员工积极主义"(Employee Activism)。迈尔斯等人(Miles et al.,2021)认为,员工积极主义是推进 ESG 发展的重要机制,员工积极主义迫使管理层做出回应,这会推动公司更多地关切社会、政治和环境问题,更加关注社会和公众的利益。因此,员工积极主义也会对公司的 ESG 实践产生积极影响。

员工积极主义行为也会影响资本市场。一方面,员工采取激进的方式来表达自身诉求的行为是公司内部员工与管理层产生重大冲突的体现,投资者可能将此视为一个负面信号,从而导致公司股价下跌;另一方面,员工积极主义也会暴露公司不道德甚至不合法的行为,这会大大降低公司声誉,导致投资者抛售股票、公司股价下跌。但是,如果公司管理者采取了恰当的措施来面对员工积极主义行为,提高公司的 ESG 表现,那么从长远来看,这可能对公司价值有积极影响。

目前,随着 ESG 理念的深入人心、员工话语权的上升,员工积极主义行为也在不断增加(Reitz and Higgins,2022)。然而,目前尚未有人深入研究员工积极主义如何影响公司政策和资本市场。员工积极主义是否能够干预公司决策,真正起到推动公司践行 ESG 理念的作用?投资者是否关注员工积极主义行为?它又如何影响公司的股票价格表现?这些问题也是在未来的劳动-金融研究中可以进一步探究的问题。

6.3 对未来研究展望的总结

劳动力与资本市场、公司金融的关系取决于技术以及投资理念。在传统的工业经济生产模式下,企业根据生产函数(技术)以利益最大化(投资理念)为目标,选择劳动力投入和资本投入,从而产生了劳动-金融问题。现阶段,数字技术带来了更加先进的技术,ESG 的提出带来了更加先进的投资理念。劳动力与资本市场、公司金融的关系也随着新技术和新理念的诞生发生了变化,产生了新的劳动-金融问题,即数字技术给员工、企业、生产关系、投资方式等带来的变革,ESG 投资理念对资本市场、投资者、员工、企业带来的变化,以及这些改变带来的经济后果。这些问题都是非常值得深入研究和探讨的。

在未来的研究中,结合数字技术和 ESG 投资理念进行劳动-金融研究是时代的必然要求,这能够帮助我们深入了解新时代下的劳动力与资本市场的关系,有助于制定更加符合时代发展的劳动力制度和政策,更好地完善资本市场,因此有重大的理论和实践意义。

推荐阅读

劳动-金融领域的一位重要先驱者是密歇根大学罗斯商学院金融系退休教授 E. Han Kim。Kim 教授 1975 年在纽约州立大学布法罗分校获得博士学位,先后在俄亥俄州立大学和密歇根大学任教,1982 年任密歇根大学金融学教授,直至 2023 年退休。Kim 教授 2009 年发表于《金融学期刊》的论文《劳工与公司治理：重组决策的国际证据》(Labor and Corporate Governance: International Evidence from Restructuring Decision)是该领域较早的论文。他和笔者以及其他合作者被《金融评论》(Review of Finance)接受的《外部融资、技术变革和员工》(External Financing, Technological Changes and Employees, 2023)则是在中国场景下对这一领域进行研究的一篇论文。笔者加入这篇论文的起因充满戏剧性,而出乎意料的是其发表过程历经艰辛。在李元博士十余年前还在清华经管做本科毕业设计的时候,他和本科论文指导教师陆瑶教授一起在数据中发现了一个有意思的现象,即当上市企业通过股票增发获得更多外部融资的时候,企业雇员数量反而减少,这一发现和以往金融学文献的发现都不一致。Kim 教授是陆瑶教授的博士论文指导教师,他们很自然地请教 Kim 教授,然而并没有得到完全满意的解释。笔者和陆瑶教授平日过从甚密,经常在一起谈论各自研究的进展。笔者从陆瑶那里听说这一发现时,认为从劳动经济学中常见的资本-技术关系的角度可以对这一发现进行解释。我们四位几经讨论,最终构建了一个模型,并且设计了实证分析的新路径。出乎意料的是,论文投稿和修改过程历经曲折,几度接近放弃,如果没有几位合作者的坚持,可能也不会有该论文的发表。让人不禁对经济金融领域冗长烦琐的审稿过程的有效性心生疑惑。论文的具体内容此处不再赘述,感兴趣的读者可以阅读原文。

笔者推荐的其他三篇论文包括：(1)《进入公开资本市场和就业增长》(Access to Public Capital Markets and Employment Growth, Borisov, Alexander, Andrew Ellul, and Merih Sevilir, *Journal of Financial Economics*, 2021 年第 141 期, 896-918 页); (2)《资本市场配置效率与劳动收入份额——来自股权分置改革的证据》(施新政、高文静、陆瑶、李蒙蒙,

《经济研究》，2019年第12期）；（3）《劳动力保护与盈余管理——基于最低工资政策变动的实证分析》（陆瑶、施新政、刘璐瑶，《管理世界》，2017年第3期）。读者如果想对这一领域有一个全景式的了解，可参见拙著《劳动力与资本市场：国际经验与中国逻辑》（施新政、彭章，清华大学出版社，2023）。

参考文献

[1] Abebe, G., Caria, A. S., & Ortiz-Ospina, E. (2021). The Selection of Talent: Experimental and Structural Evidence from Ethiopia [J]. American Economic Review, 111 (6): 1757 – 1806.

[2] Abraham, K. G., Taylor, S. K. (1996). Firms' Use of Outside Contractors: Theory and Evidence [J]. Journal of Labor Economics, 14 (3): 394 – 424.

[3] Abraham, K., Haltiwanger, J., Sandusky, K., et al. (2017). Measuring the Gig Economy: Current Knowledge and Open Issues [M] // Measuring and Accounting for Innovation in the 21st Century. Chicago: Chicago University Press.

[4] Adams, R. B., Ferreira, D. (2009). Women in the Boardroom and Their Impact on Governance and Performance [J]. Journal of Financial Economics, 94 (2): 291 – 309.

[5] Ai, W., Chen, Y., Mei, Q., et al. (2019). Putting Teams into the Gig Economy: A Field Experiment at a Ride-sharing Platform [J]. Management Science, 67 (9): 5336 – 5353.

[6] Albuquerque, R., Koskinen, Y., & Zhang, C. (2019). Corporate Social Responsibility and Firm Risk: Theory and Empirical Evidence [J]. Management Science, 65 (10): 4451 – 4469.

[7] Algan, Y., Benkler, Y., Fuster Morell, M., et al. (2013). Cooperation in a Peer Production Economy Experimental Evidence from Wikipedia [R]. Sciences Po, Working Paper.

[8] Almeida P, Kogut B. (1999). Localization of Knowledge and the Mobility of Engineers in Regional Networks [J]. Management Science, 45 (7): 905 – 917.

[9] Anderson, S. P., Goeree, J. K., & Holt, C. A. (1998). A Theoretical Analysis of Altruism and Decision Error in Public Goods Games [J]. Journal of Public Economics, 70 (2): 297 – 323.

[10] Andreoni, J., Bernheim, B. D. (2009). Social Image and the 50 – 50 Norm: A Theoretical and Experimental Analysis of Audience Effects [J]. Econometrica, 77 (5): 1607 – 1636.

[11] Angelici, M., Profeta, P. (2020). Smart-working: Work Flexibility without Constraints [R]. CESifo, Working Paper.

[12] Beck, T., Levine, R., & Loayza, N. (2000). Finance and the Sources of Growth [J]. Journal of Financial Economics, 58 (1 – 2): 261 – 300.

[13] Beckmann, M., Cornelissen, T., & Kräkel, M. (2017). Self-managed Working Time and Employee Effort: Theory and Evidence [J]. Journal of Economic Behavior & Organization, 133: 285 – 302.

[14] Belot, M., Kircher, P., & Muller, P. (2018). How Wage Announcements Affect Job Search-a Field Experiment [J]. American Economic Journal: Macroeconomics, American Economic Association, 14 (4), 1 – 67

[15] Benmelech, E., Bergman, N. K., & Enriquez, R. J. (2012). Negotiating with Labor under Fi-

nancial Distress [J]. The Review of Corporate Finance Studies, 1 (1): 28 - 67.

[16] Berg, F., Kölbel, J. F., & Rigobon, R. (2022). Aggregate Confusion: The Divergence of ESG Ratings [J]. Review of Finance, 26 (6): 1315 - 1344.

[17] Berk J. B., Stanton R., & Zechner J. (2010). Human Capital, Bankruptcy, and Capital Structure [J]. Journal of Finance, 65 (3): 891 - 926.

[18] Bertrand, M., Mullainathan, S. (2001). Are CEOs Rewarded for Luck? The Ones without Principals Are [J]. The Quarterly Journal of Economics, 116 (3): 901 - 932.

[19] Bick, A., Blandin, A., & Mertens, K. (2021). Work from Home before and after the Covid - 19 Outbreak [R]. CEPR, Discussion Papers.

[20] Blau, F. D., Currie, J. M., Croson, R. T., et al. (2010). Can Mentoring Help Female Assistant Professors? Interim Results from a Randomized Trial [J]. American Economic Review, 100 (2): 348 - 52.

[21] Bloom, N., Liang, J., Roberts, J., et al. (2015). Does Working from Home Work? Evidence from a Chinese Experiment [J]. The Quarterly Journal of Economics, 130 (1): 165 - 218.

[22] Boltz, M., Cockx, B., Diaz, A. M., et al. (2020). How Does Working-Time Flexibility Affect Workers' Productivity in a Routine Job? Evidence from a Field Experiment [R]. GSBE Research Memoranda.

[23] Bronars, S. G., Deere, D. R. (1991). The Threat of Unionization, the Use of Debt, and the Preservation of Shareholder Wealth [J]. The Quarterly Journal of Economics, 106 (1): 231 - 254.

[24] Bustelo, M., Diaz, A. M., Lafortune, J., et al. (2023). What is the Price of Freedom? Estimating Women's Willingness to Pay for Job Schedule Flexibility [J]. Economic Development and Cultural Change, 71 (4): 1179 - 1211

[25] Che, Y., Zhang, L. (2018). Human Capital, Technology Adoption and Firm Performance: Impacts of China's Higher Education Expansion in the Late 1990s [J]. The Economic Journal, 128 (614): 2282 - 2320.

[26] Chen, R., Chen, Y. (2011). The Potential of Social Identity for Equilibrium Selection [J]. American Economic Review, 101 (6): 2562 - 2589.

[27] Chen, Y., Farzan, R., Kraut, R., et al. (2019). Motivating Contributions to Public Information Goods: A personalized Field Experiment on Wikipedia [R]. Indiana University, Working Paper.

[28] Chen, Y., Harper, F. M., Konstan, J., et al. (2010). Social Comparisons and Contributions to Online Communities: A Field Experiment on Movielens [J]. American Economic Review, 100 (4): 1358 - 98.

[29] Cui, C., John, K., Pang, J., et al. (2018). Employment Protection and Corporate Cash Holdings: Evidence from China's Labor Contract Law [J]. Journal of Banking & Finance, 92: 182 - 194.

[30] Di Giuli, A., Kostovetsky, L. (2014). Are Red or Blue Companies More Likely to Go Green? Politics and Corporate Social Responsibility [J]. Journal of Financial Economics, 111 (1): 158 - 180.

[31] Dingel, J. I., Neiman, B. (2020). How Many Jobs Can Be Done at Home? [J]. Journal of Public Economics, 189: 104235.

[32] Donangelo, A. (2014). Labor Mobility: Implications for Asset Pricing [J]. The Journal of Finance, 69 (3): 1321 - 1346.

[33] Donangelo, A., Gourio, F., Kehrig, M., et al. (2019). The Cross - section of Labor Leverage and Equity Returns [J]. Journal of Financial Economics, 132 (2), 497 - 518.

[34] El Ghoul, S., Guedhami, O., Kwok, C. C., et al. (2011). Does Corporate Social Responsibility Affect the Cost of Capital? [J]. Journal of Banking & Finance, 35 (9): 2388 - 2406.

[35] Eriksson, T., Kristensen, N. (2014). Wages or Fringes? Some Evidence on Trade-offs and Sorting [J]. Journal of Labor Economics, 32 (4): 899 - 928.

[36] Fairlie R, .Robb A. (2008). Race, Families and Business Success: African-American, Asian-,

and White-owned Businesses [M]. Cambridge: MIT Press.

[37] Falk, A., Fischbacher, U. (2006). A Theory of Reciprocity [J]. Games and Economic Behavior, 54 (2): 293-315.

[38] Fan, H., Lin, F., & Tang, L. (2018). Minimum Wage and Outward FDI from China [J]. Journal of Development Economics, 135: 1-19.

[39] Fang, H., Nofsinger, J. R., & Quan, J. (2015). The Effects of Employee Stock Option Plans on Operating Performance in Chinese Firms [J]. Journal of Banking & Finance, 54: 141-159

[40] Fatemi, A., Fooladi, I., & Tehranian, H. (2015). Valuation Effects of Corporate Social Responsibility [J]. Journal of Banking & Finance, 59: 182-192.

[41] Flory, J. A., Leibbrandt, A., & List, J. A. (2015). Do Competitive Workplaces Deter Female Workers? A Large-scale Natural Field Experiment on Job Entry Decisions [J]. The Review of Economic Studies, 82 (1): 122-155.

[42] Flory, J. A., Leibbrandt, A., Rott, C., et al. (2021). Increasing Workplace Diversity Evidence from a Recruiting Experiment at a Fortune 500 Company [J]. Journal of Human Resources, 56 (1): 73-92.

[43] Frazis, H., Gittleman, M., & Joyce, M. (2000). Correlates of Training: An Analysis Using both Employer and Employee Characteristics [J]. ILR Review, 53 (3): 443-462.

[44] Gan, L., Hernandez, M. A., & Ma, S. (2016). The Higher Costs of Doing Business in China: Minimum Wages and Firms' Export Behavior [J]. Journal of International Economics, 100: 81-94.

[45] Gao, L., Zhang, J. H. (2015). Firms' Earnings Smoothing, Corporate Social Responsibility, and Valuation [J]. Journal of Corporate Finance, 32: 108-127.

[46] Gee, L. K. (2019). The More You Know: Information Effects on Job Application Rates in a Large Field Experiment [J]. Management Science, 65 (5): 2077-2094.

[47] Gibbons, R., Katz, L. F. (1991). Layoffs and Lemons [J]. Journal of labor Economics, 9 (4): 351-380.

[48] Golden, L. (2015). Irregular Work Scheduling and Its Consequences [R]. Economic Policy Institute, Briefing Paper.

[49] Goldin, C. (2014). A Grand Gender Convergence: Its Last Chapter [J]. American Economic Review, 104 (4): 1091-1119.

[50] Green, T. C., Huang, R., Wen, Q., et al. (2019). Crowdsourced Employer Reviews and Stock Returns [J]. Journal of Financial Economics, 134 (1): 236-251.

[51] Gruber, J. (1997). The Consumption Smoothing Benefits of Unemployment Insurance [J]. The American Economic Review, 87 (1): 192.

[52] Hales, J., Moon Jr, J. R., & Swenson, L. A. (2018). A New Era of Voluntary Disclosure? Empirical Evidence on How Employee Postings on Social Media Relate to Future Corporate Disclosures [J]. Accounting, Organizations and Society, 68: 88-108.

[53] Halonen-Akatwijuka, M., Hart, O. (2020). Continuing Contracts [J]. The Journal of Law, Economics, and Organization, 36 (2): 284-313.

[54] Hanka, G. (1998). Debt and the Terms of Employment [J]. Journal of Financial Economics, 48 (3): 245-282.

[55] Hart, O., Moore, J. (1994). A Theory of Debt Based on the Inalienability of Human Capital [J]. The Quarterly Journal of Economics, 109 (4): 841-879.

[56] Hau, H., Huang, Y., & Wang, G. (2020). Firm Response to Competitive Shocks: Evidence from China's Minimum Wage Policy [J]. The Review of Economic Studies, 87 (6): 2639-2671.

[57] Hoepner, A. G., Oikonomou, I., Sautner, Z., et al. (2018). ESG shareholder engagement and downside risk [C]. the AFA 2018 meeting the MFS conference at Stockholm School of Economics.

[58] Hong, H., Kostovetsky, L. (2012). Red and Blue Investing: Values and Finance [J]. Journal of Financial Economics, 103 (1): 1-19.

[59] Hsu, J. W., Matsa, D. A., & Melzer, B. T. (2018). Unemployment Insurance as a Housing Market Stabilizer [J]. American Economic Review, 108 (1): 49-81.

[60] Ilhan, E., Sautner, Z., & Vilkov, G. (2021). Carbon Tail Risk [J]. The Review of Financial Studies, 34 (3): 1540-1571.

[61] Jensen M. C. (1986). Agency Costs of the Free Cash Flow [J]. American Economic Review, 76 (2): 323-329.

[62] Jerbashian, V., Vilalta-Bufi, M. (2020). The Impact of ICT on Working from Home: Evidence from EU Countries [R]. University of Barcelona School of Economics, Working Paper.

[63] Jiraporn, P., Jiraporn, N., Boeprasert, A., et al. (2014). Does Corporate Social Responsibility (CSR) Improve Credit Ratings? Evidence from Geographic Identification [J]. Financial Management, 43 (3): 505-531.

[64] Katz, L. F., Krueger, A. B. (2019). The Rise and Nature of Alternative Work Arrangements in the United States, 1995-2015 [J]. ILR review, 72 (2): 382-416.

[65] Kelliher, C., Anderson, D. (2010). Doing More with Less? Flexible Working Practices and the Intensification of Work [J]. Human Relations, 63 (1): 83-106.

[66] Kelly, E. L., Moen, P., & Tranby, E. (2011). Changing Workplaces to Reduce Work-family Conflict: Schedule Control in a White-collar Organization [J]. American Sociological Review, 76 (2): 265-290.

[67] Kesavan, S., Staats, B. R., & Gilland, W. (2014). Volume Flexibility in Services: The Costs and Benefits of Flexible Labor Resources [J]. Management Science, 60 (8): 1884-1906.

[68] Kim, Y., Li, H., & Li, S. (2014). Corporate Social Responsibility and Stock Price Crash Risk [J]. Journal of Banking & Finance, 43: 1-13.

[69] Krüger, P. (2015). Corporate Goodness and Shareholder Wealth [J]. Journal of Financial Economics, 115 (2): 304-329.

[70] Mas, A., & Pallais, A. (2020). Alternative Work Arrangements [R]. NBER, Working Paper.

[71] Mayneris, F., Poncet, S., & Zhang, T. (2018). Improving or Disappearing: Firm-level Adjustments to Minimum Wages in China [J]. Journal of Development Economics, 135: 20-42.

[72] McCarthy, S., Oliver, B., & Song, S. (2017). Corporate Social Responsibility and CEO Confidence [J]. Journal of Banking & Finance, 75: 280-291.

[73] Midrigan, V., Xu, D. Y. (2014). Finance and Misallocation: Evidence from Plant-level Data [J]. American Economic Review, 104 (2): 422-58.

[74] Miles, S., Larcker, D. F., & Tayan, B. (2021). Protests from Within: Engaging with Employee Activists [R]. Rock Center for Corporate Governance at Stanford University, Working Paper.

[75] Myers, B. W., Saretto, A. (2016). Does Capital Structure Affect the Behavior of Nonfinancial Stakeholders? An Empirical Investigation into Leverage and Union Strikes [J]. Management Science, 62 (11): 3235-3253.

[76] Myers, S. C. (1977). Determinants of Corporate Borrowing [J]. Journal of Financial Economics, 5 (2): 147-175.

[77] Myers, S. C., Majluf, N. S. (1984). Corporate Financing and Investment Decisions When Firms Have Information That Investors Do Not Have [J]. Journal of Financial Economics, 13 (2): 187-221.

[78] Niederle, M., Segal, C., & Vesterlund, L. (2013). How Costly Is Diversity? Affirmative Action in Light of Gender Differences in Competitiveness [J]. Management Science, 59 (1): 1-16.

[79] Perotti, E. C., Spier, K. E. (1993). Capital Structure as a Bargaining Tool: The Role of Leverage in Contract Renegotiation [J]. American Economic Review, 83 (5): 1131-1141.

[80] Pöschl J, Foster N. (2016). Productivity Effects of Knowledge Transfers through Labour Mobility [J]. Journal of Productivity Analysis, 46: 169-184.

[81] Reitz, M., Higgins, J. (2022) Leading in an Age of Employee Activism [J]. MIT Sloan Management Review.

[82] Rong, Z., Wu, B. (2020). Scientific Personnel Reallocation and Firm Innovation: Evidence from China's College Expansion [J]. Journal of Comparative Economics, 48 (3): 709-728.

[83] Schultz T. W. (1961). Investment in Human Capital [J]. American Economic Review, 51 (1): 1-17.

[84] Shapiro, C., Stiglitz, J. E. (1984). Equilibrium Unemployment as a Worker Discipline Device [J]. American Economic Review, 74 (3): 433-444.

[85] Sheng, J. (2021). Asset Pricing in the Information Age: Employee Expectations and Stock Returns [DB/OL]. Available at SSRN 3321275.

[86] Simintzi, E., Vig, V., & Volpin, P. (2015). Labor Protection and Leverage [J]. The Review of Financial Studies, 28 (2): 561-591.

[87] Sullivan, D., Von Wachter, T. (2009). Job Displacement and Mortality: an Analysis Using Administrative Data [J]. The Quarterly Journal of Economics, 124 (3): 1265-1306.

[88] Symitsi, E., Stamolampros, P., & Daskalakis, G. (2018). Employees' Online Reviews and Equity Prices [J]. Economics Letters, 162: 53-55.

[89] Titman, S. (1984). The Effect of Capital Structure on a Firm's Liquidation Decision [J]. Journal of Financial Economics, 13 (1): 137-151.

[90] Topel, R. H. (1984). Equilibrium Earnings, Turnover, and Unemployment: New Evidence [J]. Journal of Labor Economics, 2 (4): 500-522.

[91] 蔡昉, 王美艳, 曲玥. 中国工业重新配置与劳动力流动趋势 [J]. 中国工业经济, 2009 (08): 5-16.

[92] 蔡昉. 中国经济改革效应分析——劳动力重新配置的视角 [J]. 经济研究, 2017, 52 (07): 4-17.

[93] 曹书军, 刘星, 傅蕴英. 劳动雇佣与公司税负: 就业鼓励抑或预算软约束 [J]. 中国工业经济, 2009 (05): 139-149.

[94] 曹亚军, 毛其淋. 人力资本如何影响了中国制造业企业成本加成率?——来自中国"大学扩招"的证据 [J]. 财经研究, 2019, 45 (12): 138-150.

[95] 陈大鹏, 施新政, 陆瑶, 等. 员工持股计划与财务信息质量 [J]. 南开管理评论, 2019, 22 (01): 166-180.

[96] 陈德球, 胡晴, 梁媛. 劳动保护、经营弹性与银行借款契约 [J]. 财经研究, 2014, 40 (09): 62-72.

[97] 陈冬华, 陈富生, 沈永建, 等. 高管继任、职工薪酬与隐性契约——基于中国上市公司的经验证据 [J]. 经济研究, 2011, 46 (S2): 100-111.

[98] 陈冬华, 范从来, 沈永建, 等. 职工激励、工资刚性与企业绩效——基于国有非上市公司的经验证据 [J]. 经济研究, 2010, 45 (07): 116-129.

[99] 陈冬华, 范从来, 沈永建. 高管与员工: 激励有效性之比较与互动 [J]. 管理世界, 2015,

(05): 160-171.

[100] 陈凌, 李宏彬, 熊艳艳, 等. 企业规模对职工工资的影响: 来自中国竞争性劳动力市场的证据 [J]. 金融研究, 2010, (02): 18-30.

[101] 陈晓辉, 刘志远, 隋敏, 等. 最低工资与企业投融资期限错配 [J]. 经济管理, 2021, 43 (06): 100-116.

[102] 陈运佳, 吕长江, 黄海杰, 等. 上市公司为什么选择员工持股计划?——基于市值管理的证据 [J]. 会计研究, 2020, (05): 91-103.

[103] 戴蕙阳, 施新政, 陆瑶. 劳动力流动与企业创新 [J]. 经济学报, 2021, 8 (01): 159-188.

[104] 戴璐, 林黛西. 员工持股计划中的高管认购行为、业绩操纵与审计监督 [J]. 审计研究, 2018, (06): 90-96.

[105] 戴园晨, 黎汉明. 工资侵蚀利润——中国经济体制改革中的潜在危险 [J]. 经济研究, 1988, (06): 3-11.

[106] 邓学芬, 黄功勋, 张学英, 等. 企业人力资本与企业绩效关系的实证研究——以高新技术企业为例 [J]. 宏观经济研究, 2012, (01): 73-79.

[107] 丁守海. 最低工资管制的就业效应分析——兼论《劳动合同法》的交互影响 [J]. 中国社会科学, 2010, (01): 85-102, 223.

[108] 杜鹏程, 徐舒, 张冰. 社会保险缴费基数改革的经济效应 [J]. 经济研究, 2021, 56 (06): 142-158.

[109] 方森辉, 毛其淋. 高校扩招、人力资本与企业出口质量 [J]. 中国工业经济, 2021, (11): 97-115.

[110] 高良谋, 卢建词. 内部薪酬差距的非对称激励效应研究——基于制造业企业数据的门限面板模型 [J]. 中国工业经济, 2015, (08): 114-129.

[111] 宫汝凯. 要素市场联动: 最低工资与企业杠杆率 [J]. 财经研究, 2020, 46 (12): 109-123.

[112] 郭蕾, 肖淑芳, 李雪婧, 等. 非高管员工股权激励与创新产出——基于中国上市高科技企业的经验证据 [J]. 会计研究, 2019, (07): 59-67.

[113] 韩晓梅, 龚启辉, 吴联生. 薪酬抵税与企业薪酬安排 [J]. 经济研究, 2016, 51 (10): 140-154.

[114] 何小钢, 梁权熙, 王善骝. 信息技术、劳动力结构与企业生产率——破解"信息技术生产率悖论"之谜 [J]. 管理世界, 2019, 35 (09): 65-80.

[115] 黄炳艺, 陈书璠, 蔡欣妮. 劳动保护制度与公司资本结构关系研究——基于中国资本市场的经验证据 [J]. 会计研究, 2020, (09): 71-84.

[116] 江伟, 姚文韬, 胡玉明. 《最低工资规定》的实施与企业成本粘性 [J]. 会计研究, 2016, (10): 56-62, 97.

[117] 蒋灵多, 陆毅. 最低工资标准能否抑制新僵尸企业的形成 [J]. 中国工业经济, 2017, (11): 118-136.

[118] 金岳, 郑文平. 最低工资提升了中国制造业企业资本存量吗?——基于非线性关系的检验 [J]. 统计研究, 2019, 36 (12): 68-80.

[119] 孔东民, 项君怡, 代昀昊. 劳动投资效率、企业性质与资产收益率 [J]. 金融研究, 2017, (03): 145-158.

[120] 孔东民, 徐茗丽, 孔高文. 企业内部薪酬差距与创新 [J]. 经济研究, 2017b, 52 (10): 144-157.

[121] 雷宇, 郭剑花. 规则公平与员工效率——基于高管和员工薪酬粘性差距的研究 [J]. 管理世界, 2017, (01): 99-111.

[122] 黎文靖, 胡玉明. 国企内部薪酬差距激励了谁？ [J]. 经济研究, 2012, 47 (12)：125－136.
[123] 李建强, 高翔, 赵西亮. 最低工资与企业创新 [J]. 金融研究, 2020, (12)：132－150.
[124] 李建强, 赵西亮. 劳动保护与企业创新——基于《劳动合同法》的实证研究 [J]. 经济学 (季刊), 2020, 19 (01)：121－142.
[125] 李磊, 王小霞, 蒋殿春, 等. 中国最低工资上升是否导致了外资撤离 [J]. 世界经济, 2019, 42 (08)：97－120.
[126] 李小瑛, 赵忠. 城镇劳动力市场雇佣关系的演化及影响因素 [J]. 经济研究, 2012, 47 (09)：85－98.
[127] 廖冠民, 陈燕. 劳动保护、劳动密集度与经营弹性：基于2008年《劳动合同法》的实证检验 [J]. 经济科学, 2014, (02)：91－103.
[128] 廖冠民, 宋蕾蕾. 劳动保护、人力资本密集度与全要素生产率 [J]. 经济管理, 2020, 42 (08)：17－33.
[129] 林灵, 曾海舰. 社会保险成本过高是否抑制企业投资？ [J]. 管理科学学报, 2020, 23 (07)：57－75.
[130] 林炜. 企业创新激励：来自中国劳动力成本上升的解释 [J]. 管理世界, 2013, (10)：95－105.
[131] 刘春, 孙亮. 薪酬差距与企业绩效：来自国企上市公司的经验证据 [J]. 南开管理评论, 2010, 13 (02)：30－39, 51.
[132] 刘冠生. 城市、城镇、农村、乡村概念的理解与使用问题 [J]. 山东理工大学学报 (社会科学版), 2005, (01)：54－57.
[133] 刘贯春, 陈登科, 丰超. 最低工资标准的资源错配效应及其作用机制分析 [J]. 中国工业经济, 2017, (07)：62－80.
[134] 刘海洋, 林令涛, 戴美虹. 国有企业增进还是拖累社会就业？ [J]. 南开经济研究, 2019, (02)：62－77.
[135] 刘磊, 刘益, 黄燕. 国有股比例、经营者选择及冗员间关系的经验证据与国有企业的治理失灵 [J]. 管理世界, 2004, (06)：97－105, 112.
[136] 刘巍, 何威风. 最低工资影响企业风险承担吗？ [J]. 管理评论, 2020, 32 (11)：196－207.
[137] 刘晓光, 刘嘉桐. 劳动力成本与中小企业融资约束 [J]. 金融研究, 2020, (09)：117－135.
[138] 刘行, 赵晓阳. 最低工资标准的上涨是否会加剧企业避税？ [J]. 经济研究, 2019, 54 (10)：121－135.
[139] 刘媛媛, 刘斌. 劳动保护、成本粘性与企业应对 [J]. 经济研究, 2014, 49 (05)：63－76.
[140] 卢闯, 唐斯圆, 廖冠民. 劳动保护、劳动密集度与企业投资效率 [J]. 会计研究, 2015, (06)：42－47, 96.
[141] 陆瑶, 施新政, 刘璐瑶. 劳动力保护与盈余管理——基于最低工资政策变动的实证分析 [J]. 管理世界, 2017, (03)：146－158.
[142] 吕铁, 王海成. 劳动力市场管制对企业技术创新的影响——基于世界银行中国企业调查数据的分析 [J]. 中国人口科学, 2015, (04)：32－46, 127.
[143] 马双, 甘犁. 最低工资对企业在职培训的影响分析 [J]. 经济学 (季刊), 2014, 13 (01)：1－26.
[144] 马新啸, 汤泰劼, 郑国坚. 国有企业混合所有制改革与人力资本结构调整——基于高层次人才配置的视角 [J]. 财贸经济, 2020, 41 (12)：101－116.
[145] 马鑫. 户籍限制与集团企业创新——基于人力资源配置的视角 [J]. 中国经济问题, 2022, (02)：71－87.

[146] 毛其淋. 人力资本推动中国加工贸易升级了吗？[J]. 经济研究, 2019, 54（01）：52-67.

[147] 孟庆斌, 李昕宇, 张鹏. 员工持股计划能够促进企业创新吗？——基于企业员工视角的经验证据[J]. 管理世界, 2019, 35（11）：209-228.

[148] 缪毅, 胡奕明. 内部收入差距、辩护动机与高管薪酬辩护[J]. 南开管理评论, 2016, 19（02）：32-41.

[149] 倪骁然, 朱玉杰. 劳动保护、劳动密集度与企业创新——来自2008年《劳动合同法》实施的证据[J]. 管理世界, 2016,（07）：154-167.

[150] 聂辉华, 方明月, 李涛. 增值税转型对企业行为和绩效的影响——以东北地区为例[J]. 管理世界, 2009,（05）：17-24, 35.

[151] 宁光杰, 张雪凯. 劳动力流转与资本深化——当前中国企业机器替代劳动的新解释[J]. 中国工业经济, 2021,（06）：42-60.

[152] 宁向东, 高文瑾. 内部职工持股：目的与结果[J]. 管理世界, 2004,（01）：130-136.

[153] 潘红波, 陈世来.《劳动合同法》、企业投资与经济增长[J]. 经济研究, 2017, 52（04）：92-105.

[154] 潘敏, 袁歌骋. 劳动保护与企业杠杆变动分化——基于《劳动合同法》实施的经验证据[J]. 经济理论与经济管理, 2019,（10）：71-84.

[155] 彭章, 施新政, 陆瑶, 等. 失业保险与公司财务杠杆[J]. 金融研究, 2021,（08）：152-171.

[156] 綦建红, 付晶晶. 最低工资政策与工业机器人应用——来自微观企业层面的证据[J]. 经济科学, 2021,（04）：99-114.

[157] 沈昊, 杨梅英. 国有企业混合所有制改革模式和公司治理——基于招商局集团的案例分析[J]. 管理世界, 2019, 35（04）：171-182.

[158] 沈红波, 华凌昊, 许基集. 国有企业实施员工持股计划的经营绩效：激励相容还是激励不足[J]. 管理世界, 2018, 34（11）：121-133.

[159] 沈艺峰, 李培功. 政府限薪令与国有企业高管薪酬、业绩和运气关系的研究[J]. 中国工业经济, 2010,（11）：130-139.

[160] 施新政, 高文静, 陆瑶, 等. 资本市场配置效率与劳动收入份额——来自股权分置改革的证据[J]. 经济研究, 2019, 54（12）：21-37.

[161] 施新政, 彭章. 劳动力与资本市场：国际经验与中国逻辑[M]. 北京：清华大学出版社, 2003.

[162] 宋常, 王丽娟, 王美琪. 员工持股计划与审计收费——基于我国A股上市公司的经验证据[J]. 审计研究, 2020,（01）：51-58, 67.

[163] 宋淑琴, 陈澈. 债务重组中债权人关注劳动力成本吗——基于破产的对比分析[J]. 会计研究, 2021,（03）：166-179.

[164] 孙楚仁, 田国强, 章韬. 最低工资标准与中国企业的出口行为[J]. 经济研究, 2013, 48（02）：42-54.

[165] 唐珏, 封进. 社会保险缴费对企业资本劳动比的影响——以21世纪初省级养老保险征收机构变更为例[J]. 经济研究, 2019, 54（11）：87-101.

[166] 唐跃军, 赵武阳. 二元劳工市场、解雇保护与劳动合同法[J]. 南开经济研究, 2009,（01）：122-132, 152.

[167] 王欢欢, 樊海潮, 唐立鑫. 最低工资、法律制度变化和企业对外直接投资[J]. 管理世界, 2019, 35（11）：38-51, 230-231.

[168] 王晋斌. 为什么中国上市公司的内部职工持股计划不成功[J]. 金融研究, 2005,（10）：97-109.

[169] 王珏, 祝继高. 劳动保护能促进企业高学历员工的创新吗?——基于 A 股上市公司的实证研究 [J]. 管理世界, 2018, 34 (03): 139-152, 166, 184.

[170] 王砾, 代昀昊, 孔东民. 激励相容: 上市公司员工持股计划的公告效应 [J]. 经济学动态, 2017 (02): 37-50.

[171] 王小鲁, 樊纲, 胡李鹏. 中国分省份市场化指数报告 (2018) [M]. 北京: 社会科学文献出版社, 2019.

[172] 王小霞, 蒋殿春, 李磊. 最低工资上升会倒逼制造业企业转型升级吗?——基于专利申请数据的经验分析 [J]. 财经研究, 2018, 44 (12): 126-137.

[173] 魏天保, 马磊. 社保缴费负担对我国企业生存风险的影响研究 [J]. 财经研究, 2019, 45 (08): 112-126.

[174] 吴延兵, 刘霞辉. 人力资本与研发行为——基于民营企业调研数据的分析 [J]. 经济学 (季刊), 2009, 8 (04): 1567-1590.

[175] 吴育辉, 张欢, 于小偶. 机会之地: 社会流动性与企业生产效率 [J]. 管理世界, 2021, 37 (12): 74-93.

[176] 夏宁, 董艳. 高管薪酬、员工薪酬与公司的成长性——基于中国中小上市公司的经验数据 [J]. 会计研究, 2014, (09): 89-95, 97.

[177] 肖文, 薛天航. 劳动力成本上升、融资约束与企业全要素生产率变动 [J]. 世界经济, 2019, 42 (01): 76-94.

[178] 熊瑞祥, 万倩, 梁文泉. 外资企业的退出市场行为——经济发展还是劳动力市场价格管制? [J]. 经济学 (季刊), 2021, 21 (04): 1391-1410.

[179] 徐细雄, 刘星. 放权改革、薪酬管制与企业高管腐败 [J]. 管理世界, 2013, (03): 119-132.

[180] 许和连, 王海成. 最低工资标准对企业出口产品质量的影响研究 [J]. 世界经济, 2016, 39 (07): 73-96.

[181] 许和连, 张彦哲, 王海成. 出口对企业遵守最低工资标准的影响研究 [J]. 世界经济, 2020, 43 (02): 99-121.

[182] 许红梅, 李春涛. 劳动保护、社保压力与企业违约风险——基于《社会保险法》实施的研究 [J]. 金融研究, 2020, (03): 115-133.

[183] 许红梅, 李春涛. 社保费征管与企业避税——来自《社会保险法》实施的准自然实验证据 [J]. 经济研究, 2020b, 55 (06): 122-137.

[184] 杨德明, 赵璨. 超额雇员、媒体曝光率与公司价值——基于《劳动合同法》视角的研究 [J]. 会计研究, 2016, (04): 49-54, 96.

[185] 杨青, 王亚男, 唐跃军. "限薪令" 的政策效果: 基于竞争与垄断性央企市场反应的评估 [J]. 金融研究, 2018, (01): 156-173.

[186] 杨瑞龙, 周业安, 张玉仁. 国有企业双层分配合约下的效率工资假说及其检验——对 "工资侵蚀利润" 命题的质疑 [J]. 管理世界, 1998, (01): 166-175.

[187] 杨薇, 徐茗丽, 孔东民. 企业内部薪酬差距与盈余管理 [J]. 中山大学学报 (社会科学版), 2019, 59 (01): 177-187.

[188] 杨志强, 王华. 公司内部薪酬差距、股权集中度与盈余管理行为——基于高管团队内和高管与员工之间薪酬的比较分析 [J]. 会计研究, 2014, (06): 57-65, 97.

[189] 叶康涛, 王春飞, 祝继高. 提高劳动者工资损害公司价值吗? [J]. 财经研究, 2013, 39 (06): 133-144.

[190] 叶林祥, T. H. Gindling, 李实, 熊亮. 中国企业对最低工资政策的遵守——基于中国六省市企业与员工匹配数据的经验研究 [J]. 经济研究, 2015, 50 (06): 19-32.

[191] 余明桂, 王空. 地方政府债务融资、挤出效应与企业劳动雇佣 [J]. 经济研究, 2022, 57 (02): 58-72.

[192] 余永跃. 中国劳动力资源配置的体制变迁: 历史回顾和文献评述 [J]. 中国人口科学, 2006, (06): 86-92, 96.

[193] 虞娅雅, 廖冠民. 劳动保护、行业下滑与企业贷款违约——基于2008《劳动合同法》的实证检验 [J]. 中央财经大学学报, 2017, (09): 43-52.

[194] 袁建国, 程晨, 后青松. 政府失业治理、劳动力成本与企业盈余管理 [J]. 管理科学, 2016, 29 (04): 2-16.

[195] 张会丽, 赵健宇, 陆正飞. 员工薪酬竞争力与上市公司员工持股 [J]. 金融研究, 2021, (01): 169-187.

[196] 张杰, 郑文平, 翟福昕. 融资约束影响企业资本劳动比吗？——中国的经验证据 [J]. 经济学（季刊）, 2016, 15 (03): 1029-1056.

[197] 张明昂, 施新政, 纪珽. 人力资本积累与劳动收入份额: 来自中国大学扩招的证据 [J]. 世界经济, 2021, 44 (02): 23-47.

[198] 张楠, 卢洪友. 薪酬管制会减少国有企业高管收入吗——来自政府"限薪令"的准自然实验 [J]. 经济学动态, 2017, (03): 24-39.

[199] 张庆昌, 李平. 生产率与创新工资门槛假说: 基于中国经验数据分析 [J]. 数量经济技术经济研究, 2011, 28 (11): 3-21.

[200] 张蕊, 管考磊. 高管薪酬差距会诱发侵占型职务犯罪吗？——来自中国上市公司的经验证据 [J]. 会计研究, 2016, (09): 47-54.

[201] 张小宁. 经营者报酬、员工持股与上市公司绩效分析 [J]. 世界经济, 2002, (10): 57-64.

[202] 张永冀, 吕彤彤, 苏治. 员工持股计划与薪酬粘性差距 [J]. 会计研究, 2019, (08): 55-63.

[203] 张昭, 马草原, 王爱萍. 资本市场开放对企业内部薪酬差距的影响——基于"沪港通"的准自然实验 [J]. 经济管理, 2020, 42 (06): 172-191.

[204] 张正堂. 企业内部薪酬差距对组织未来绩效影响的实证研究 [J]. 会计研究, 2008, (09): 81-87.

[205] 赵健宇, 陆正飞. 养老保险缴费比例会影响企业生产效率吗？ [J]. 经济研究, 2018, 53 (10): 97-112.

[206] 赵瑞丽, 何欢浪. 最低工资标准对企业创新行为的影响——兼论企业间创新资源的再配置 [J]. 南开经济研究, 2021 (01): 184-204.

[207] 赵勇, 白永秀. 知识溢出: 一个文献综述 [J]. 经济研究, 2009, (01): 144-156.

[208] 钟宁桦. 公司治理与员工福利: 来自中国非上市企业的证据 [J]. 经济研究, 2012, 47 (12): 137-151.

[209] 钟笑寒. 劳动力流动与工资差异 [J]. 中国社会科学, 2006, (01): 34-46.

[210] 周冬华, 黄佳, 赵玉洁. 员工持股计划与企业创新 [J]. 会计研究, 2019 (03): 63-70.

[211] 周权雄, 朱卫平. 国企锦标赛激励效应与制约因素研究 [J]. 经济学（季刊）, 2010, 9 (02): 571-596.

[212] 朱冰. 《劳动合同法》和公司并购绩效——基于双重差分模型的实证检验 [J]. 会计研究, 2020 (06): 108-133.

结构转型路径上的宏观稳定政策

罗文澜　姚雯

摘要：关于经济周期波动及相关宏观稳定政策的研究目前仍主要基于经济结构长期不变的假设。这一假设虽然适用于发达国家，但像中国这样的发展中国家经历着持续的结构转型，其经济短期波动特征和政策权衡取舍在经济结构转型的不同阶段有着显著不同。本文以中国为例，回顾总结经济体在长期结构转型路径上的短期经济波动特征及其相关理论机制，并介绍如何使用动态随机一般均衡模型的全局非线性解来分析结构转型对宏观稳定政策的传导机制和政策制定的影响。

关键词：经济周期波动；结构转型；宏观稳定政策

宏观稳定政策（货币政策、财政政策）对熨平经济波动有着重要作用，其传导机制和政策制定一直是学界和政府关心的问题。自20世纪70年代新古

---

* 罗文澜，清华大学经管学院经济系副教授、博士生导师，主要研究领域为宏观经济学、货币经济学、国际经济学，文章发表于 *American Economic Journal: Macroeconomics*、*The Economic Journal*、*Review of Economics and Statistics*、*Review of Economic Dynamics* 等期刊，主持包括国家自然科学基金的多个科研项目。姚雯，清华大学经管学院经济系长聘副教授、博士生导师、国家级青年人才称号获得者、中国金融四十人青年论坛青年学者，主要研究方向为宏观经济学，研究领域为经济周期、金融危机及经济增长与转型，相关成果发表于 *Journal of International Economics*、*Journal of Development Economics*、*International Economic Review*、*Review of Economic Dynamics* 等期刊，研究获 WILEY 高被引论文，主持国家自然科学基金青年项目、国家自然科学基金面上项目以及国家发展改革委项目等。

** 作者致谢点评人赵波的宝贵建议。文责自负。

典理性预期革命以来，动态随机一般均衡（Dynamic Stochastic General Equilibrium，简称 DSGE）模型逐渐成为研究经济波动和宏观稳定政策的主流框架。这一框架从居民、企业、金融机构等微观个体决策出发，构建能刻画经济长期增长和短期波动的一般均衡模型，通过引入政策关心的权衡取舍，该类模型可用于量化预测宏观政策效果并进行政策实验。目前关于发达国家经济波动和稳定政策的研究多基于该类模型，并且假设经济体的经济结构已经进入长期的稳定状态，即经济体围绕其恒定长期增长趋势进行周期性的短期波动，我们称之为经济体沿着平衡增长路径波动。

由于美国在过去几十年间的经济增长速度一直稳定地维持在2%左右，且经济内部结构稳定，因此传统的动态随机一般均衡模型可以较好地解释美国这样已达到平衡增长路径的发达经济体的产出、投资、就业、消费等宏观变量的经济周期波动特征（Cooley et al.，1995）。然而，如果从经济增长的角度看，经济体的内部结构往往在长期会发生变化，这一现象又称结构转型。由于组成经济体的各部门增长速度不尽相同，因此经济体的总增长速度会在长期发生变化，沿着非平衡增长路径增长。而这种经济体内部结构不断变化的特征在中国这样的发展中国家表现得尤为突出。改革开放40多年以来，我国的实际GDP增长超过40倍[①]，农业就业人口占比从70%下降到20%，非国有部门工业产值占比从22%上升到78%，城镇人口占比从18%上升到65%，GDP支出结构中投资占比先降后升，M2总量与GDP的比值从57%上升到220%。这些经济结构变化既来自结构转型等传统经济增长机制，也伴随政府主导的所有制改革、市场改革和金融发展。在结构转型的不同时期，经济中主要宏观变量的波动特征具有显著差别，因而宏观政策考虑以及适用工具也会截然不同。因此，考虑结构转型路径上随时间变化的经济波动特征，分析不同阶段政策的权衡取舍和传导机制，既是对现有经济周期理论的重要补充，也具有重大现实意义。

本文通过回顾文献，旨在回答以下三个问题：（1）中国的经济波动特征是否在结构转型的不同阶段有明显差异？（2）这些时变特征背后的理论机制是什么，如何在 DSGE 模型中刻画这些特征？（3）这些时变特征对宏观稳定性政策传导和最优政策设计有何影响？为此，本篇第1节将回顾结构转型路径上的典型事实和理论机制；第2节将回顾 DSGE 模型在宏观稳定政策中的应用，

---

① 所有指标为从1978年到2022年的变化，保留到百分位。

并讨论结构转型对政策传导、权衡取舍和政策工具选择的影响，同时将简要介绍 DSGE 模型全局非线性解的概念以及应用；第 3 节以一个农业－非农业两部门 DSGE 模型为例，介绍如何使用 DSGE 工具箱（Cao、Luo and Nie，2023）刻画模型的全局非线性解，求解经济的长期结构转型和时变经济波动特征及最优货币政策制定。本文关注结构转型路径上的时变经济波动特征，以及 DSGE 模型全局解在其上的应用，为避免重复，更一般性的背景介绍将引用其他综述。例如，关于中国 DSGE 模型的研究进展可参见李戎等人的研究（2022），关于 DSGE 模型全局非线性解的中文综述可参见聂光宇和赵云霄（2023）的研究。关于部门间结构转型在我国的研究进展可参见王弟海、李夏伟和龚六堂（2021）的研究。

1. 结构转型以及转型路径上的经济波动特征

本节带着以下两个问题回顾文献中关于结构转型的典型事实，包括长期结构变化和不同转型阶段经济短期波动特征的变化：（1）这些特征背后的理论机制是否有联系，特别是短期波动和长期结构变化能否用同一机制解释；（2）这些特征是普遍规律还是中国特有的现象。受篇幅所限，文章将重点回顾产业间结构转型的相关事实和机制，后文对宏观稳定政策的讨论也将基于该事实。

1.1 产业间结构转型与就业波动

经济活动从农业到工业，再到服务业的产业构成变化是增长过程中结构转型的最重要特征之一（Kuznets and Murphy，1966）。如图 1（a）所示，改革开放 40 多年以来，我国农业就业人数占比由超过 70% 下降到近 20%，而第二、第三产业就业人数占比相应增加。世界范围内，不管是跨国比较还是单个国家随时间的变化，农业就业人数占比均与经济发展水平负相关（Herrendorf et al.，2014）。相对较少为人所知的是，总就业人数波动随着经济发展阶段也有显著变化。图 1（b）展示了中国总就业人数波动与实际产出波动。[2] 我们发现，首先，我国总就业人数几乎不随实际产出的波动而波动，与发达国家普遍呈现的奥肯定律[3]并不一致；其次，我国的总就业人数波动幅度远远低于实

---

[2] 我们使用 Holdrick-Prescott 滤波将变量的长期增长趋势与短期波动分离。
[3] 奥肯定律（Okun's Law）是指经济增长率和失业率之间负相关的经验关系。

际产出波动幅度，与发达国家总就业具有较大波动幅度的特征存在显著区别。

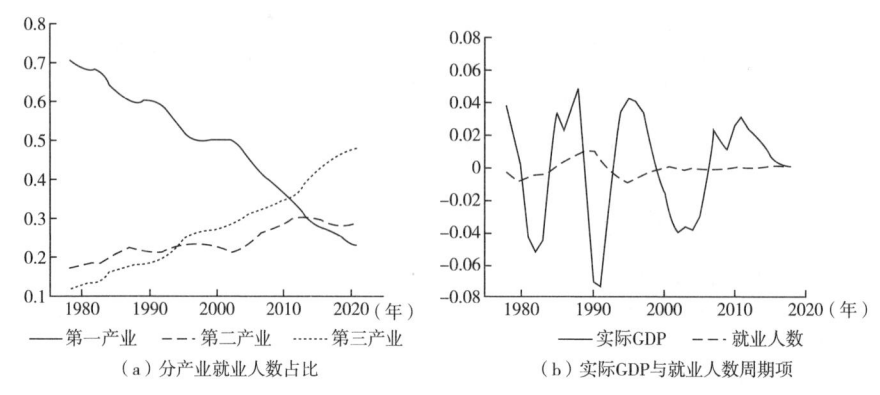

图1 结构转型与就业波动

（a）分产业就业人数占比

（b）实际GDP与就业人数周期项

注：右图为实际GDP与总就业人数取自然对数后，使用Hodrick-Prescott Filter（HP）过滤（平滑参数100）后的周期项。

数据来源：中国国家统计局。

斯多尔斯莱登、赵波和齐利博蒂（Storesletten、Zhao and Zilibotti，2019）以及姚雯和朱晓冬（Yao and Zhu，2021）将上述产业间的长期结构转型和短期就业波动建立了联系，给出了让人信服的理论机制。两篇文章的共同之处是都认为，一个较大的农业部门能够吸收来自非农业部门的就业波动。因此，在经济发展早期，农业部门较大，由生产率变化导致的经济波动难以反映在总体就业上；而随着结构转型，农业部门不断缩小，总就业相对总产出的波动幅度、总就业与总产出的相关性均会上升，生产率变化导致的经济周期波动在总就业上得以体现。

两篇文章的不同之处在于对导致生产要素在农业和非农业部门之间重新配置的机制持不同观点。斯多尔斯莱登等人（2019）强调产业间结构转型的主要驱动因素是资本深化。由于非农业部门资本相对密集，资本深化带来的资本价格降低使非农业产品相对于农业产品的价格下降，当最终产品组成中农业和非农业产品的替代弹性大于1时，在非农业产品上的花费相对于在农业产品上的花费将上升，非农业部门劳动要素的使用相对于农业部门也会增加，从而产生数据中观测到的长期结构转型。在他们的模型中，资本深化也是就业波动时变特征的来源。模型中的农业产品由两个子部门产品加总，传统农业部门仅使用劳动，而现代农业部门同时使用劳动和资本。在经济发展早期，资本稀缺因而资本价格较高时，传统农业占主导地位，农业部门整体的劳动需求弹性较高④，此时非农业部门产生的就业波动较容易被农业部门吸收。随着资本深化带来的资本价格下降，现代农业部门逐渐代替传统农业部门，农业部门整体的劳动需求弹性降低，因此农业部门作为就业波动缓冲器的效果下降。斯多尔斯莱登等人（2019）用资本深化这一机制来解释长期结构转型和经济波动的时变特征，模型关于部门间结构变化和农业部门内部结构变化的推论，也较好地反映了中国这段时间的结构转型特征。

与前者关注供给侧的视角不同，姚雯和朱晓冬（2021）提出替代效应和收入效应共同决定了劳动力短期和长期在不同部门之间如何配置，并强调了需求侧的收入效应对理解经济波动特征的重要性。现有结构转型文献已经广泛地验证了长期结构转型中存在的收入效应，即随着收入水平的提高，农业品消费需求占总消费需求的比例会下降。而姚雯和朱晓冬（2021）则首次使用跨国数据验证了收入效应在短期劳动力转移中所起的关键作用。他们构建了一个具有收入效应和替代效应的两部门模型，用以解释中国农业和非农业部门间的长期结构转型及短期经济波动特征。具体来说，姚雯和朱晓冬（2021）在模型中引入了非齐次偏好（Comin、Lashkari and Mestieri，2021）来刻画收入效应。在长期，收入伴随劳动生产率的提高而提高，家庭对非农业产品花费的比例上升，经济活动逐渐从农业转向非农业。在短期，负面生产力冲击导致收入的暂时减少，在收入效应的作用下，家庭会增加农业产品的相对消费，劳动力需求从非农业转向农业，农业部门成为总就业波动的缓冲器。该缓冲效应的总体效果在农业部门较大的发展中国家更为显著。而在发达国家，虽然这一缓冲机制仍然存在，但是因为农业部门相对较小，因此体现在总就业上的效果并不显著。该模型校准至中国的定量分析结果表明，劳动力在农业部门和非农业部门之间的再配置过程可以很好地解释中国总就业波动幅度较小及总就业非顺周期波动的特征。作者也将该模型校准至美国经济，模型可以较好地重现美国的总就业波动特征及部门间的就业波动特征，佐证了该模型的机制。

就业波动和与产出的正向协动随农业部门的减小而变强，这一事实是否中国特有？答案并非如此。上述两篇文章发现这一现象在不同国家的发展过程中都

---

④ 为方便理解这一结论，可考虑农业部门仅包含传统部门的特例。此时农业部门的劳动需求曲线为价格等于劳动边际产出的水平线，即农业部门的劳动需求弹性无穷大。

存在。

两篇文章提出的机制均能同时解释中国长期结构转型和就业波动的时变特征，那么两种观点哪个更符合实际？文献中关于结构转型的来源是供给"拉动"还是需求"推动"仍存争论。[5] 争论的关键在于农业部门和非农业部门产品间替代效应和收入效应的强弱关系。如果观测到非农业部门相对于农业部门生产力下降（或与之对应的，非农业部门产品价格相对于农业部门上升），且农业部门向非农业部门转型，则结构转型一定是收入效应强于替代效应的结果。事实上，大部分发达国家二战后的转型均伴随着非农业部门产品价格相对农业部门的上升，因此需求推动在这段时间起到了主导作用（Alvarez-Cuadrado and Poschke，2011）。1983—2006 年中国的非农业部门相对于农业部门的劳动生产率呈上升趋势，因此若用于识别参数的数据主要集中在这段时间，两种效应的强弱则较难判断（换句话说，较强的替代效应或较强的收入效应都可以使非农业产品上的花费相比农业产品上的花费有更快增长）。这些事实加深了学者对中国结构转型机制的争论。

具体来讲，斯多尔斯莱登等人（2019）使用了 1985—2012 年的数据估计出较高的替代弹性（替代弹性大于 1）和较弱的收入效应，其识别来源在于数据中农业部门一直处于资本深化阶段。若收入效应占主导，在早期资本价格较高、传统劳动密集型农业部门较大的阶段，收入效应会使得资本从农业向非农业部门转出，从而使得农业部门的资本深化程度降低，与数据不符。与此同时，由于文章使用的样本区间内大部分时间（1985—2006 年）非农业部门相对于农业部门的劳动生产率上升，因此两部门替代弹性必须大于 1 才能产生农业部门向非农业部门转移的趋势。姚雯和朱晓冬（2021）则使用了 1978—2017 年的数据，估算得到较低的替代弹性（替代弹性小于 1）和较强的收入效应。相较于斯多尔斯莱登等人（2019），姚雯和朱晓冬（2021）使用的数据包含了 1978—1985 年以及 2012 年以后的时间区间，这两个时间段农业部门的劳动生产率相对于非农业部门上升（如 20 世纪 70 年代末家庭联产承包责任制的实施使得农业部门的劳动生产率增长得更快），因此需要赋予模型替代弹性小于 1 才能拟合 1978—1985 年的农业部门下降的趋势。除此之外，1978—2017 年农业部门相对于非农业部门的劳动生产率变化并非单调，仅用替代效

---

[5] 关于"拉动"和"推动"，我们沿用 Alvarez-Cuadrado and Poschke（2011）的定义。

应无法解释整个时段上农业向非农业结构转型的趋势。因此，姚雯和朱晓冬（2021）的模型识别出较强的收入效应。总而言之，要解决争端，识别两者效应的强弱，还需要使用家庭层面的微观消费数据和更准确的价格数据。

关于产业间结构转型的典型事实可追溯至库兹涅茨和墨菲的经典文章（库兹涅茨事实，Kuznets and Murphy，1966），关于理论和更新事实的文献也非常丰富（参见 Herrendorf et al.，2014；关于中国结构转型的更新事实参见 Chen et al.，2023），但在产业间结构转型路径上讨论经济波动的文献很少。达·洛查和雷斯图恰（Da Rocha and Restuccia，2006）首次提出农业部门规模较大的国家的总就业和产出之间的相关性较低，并且使用两部门的经济周期模型来分析劳动力分配量在解释总就业周期性波动方面的作用。为了重点考察经济体的短期经济波动，他们假设每个国家都在稳态附近波动，且农业就业份额不变。莫罗（Moro，2012，2015）使用了与达·洛查和雷斯图恰（2006）类似的方法来分析从制造业到服务业的劳动力再配置过程对美国产出波动的影响。以上研究均未考虑转型路径上的经济波动变化。为了研究在转型路径上的经济波动变化，姚雯和朱晓冬（2021）建立了一个围绕长期结构转型短期波动的两部门 DSGE 模型，该模型中的生产要素不仅在长期内从农业转向非农业，短期内也会在农业和非农业部门之间重新配置。替代效应和收入效应共同决定了生产要素在长期和短期如何在部门间配置。斯多尔斯莱登等人（2019）则建立了一个两部门 DSGE 模型，从替代效应和资本深化的角度解释中国经济在转型路径上的经济波动变化，模型引入了资本积累并使用了全局投影解刻画转移路径上的经济波动特征。鲁比尼和莫罗（Rubini and Moro，2021）建立了具有资本积累的 DSGE 模型研究在商品和服务两部门间结构转型中的经济周期波动特征。文章系统地比较了结构转型文献通常使用的三类效用函数在解释经济周期波动特征中的区别。

作为我国增长路径上的重要特征，结构转型也一直是国内学者的研究重点。这些研究从结构转型成因（潘珊、龚六堂和李尚骜，2017；郭凯明、杭静和颜色，2017；徐朝阳和张斌，2020；徐朝阳和王韡，2021），以及结构转型对生产率（颜色、郭凯明和杭静，2018）、收入分配（郭凯明，2019；郭凯明、杭静和颜色，2020；林淑君、郭凯明和龚六堂，2022；卢国军、崔小勇和王弟海，2023）的影响做出了重要探索。

1.2 经济增长与国际资本流动

全球范围来看，资本并未从发达国家流向资本稀缺、资本回报较高的发展中国家，这是在国际宏观领域得到广泛检验的"卢卡斯之谜"（Lucas，1990）。在我国，这一现象体现在改革开放前30年的经济增长伴随的资本对外流出，反应在外汇储备规模占产出比例的逐年增加，以及国内储蓄相比国内投资的更快增长。如图2（a）所示，20世纪90年代初期至2010年之前，我国存款增速一直高于贷款增速，使得存款与贷款存量差值占GDP的比值呈增加态势。对此现象的解释包括早期国家政策强制储蓄、工业偏向政策的惯性，以及彼时西方学术界广为接受的汇率操纵叙事：我国政府通过外汇管制强制储蓄来压低汇率，以促进出口。

宋铮、斯多尔斯莱登和齐利博蒂（Song、Storesletten and Zilibotti，2011）认为上述理论均不能解释改革开放前30年我国的发展经历。前者并未解释为何储蓄不流向国内投资，而对于后者，外汇操纵只能由于名义黏性作用于短期，无法在长期改变贸易条件和国际收支。他们提出的中国增长模型有力地解释了我国的资本流动之谜，并准确反映了同一时间段我国经济的其他重要特征，成为理解改革开放前30年我国经济增长原理的基准模型之一。具体来讲，解释卢卡斯之谜的必要要素是资本流动中的摩擦。在我国，这一摩擦体现在民营企业面临严重的融资约束（体现在资本市场的欠发达与银行的国企偏好），这使得国内储蓄无法流向它们。这些融资约束使得民营企业需要依赖自身储蓄作为抵押资产进行融资和生产，民营企业家面临比其他部门更高的自身储蓄回报，因此其储蓄率高于其他部门。随着民营企业家自身财富的积累和生产的扩大，生产效率较低的国有企业逐渐被挤出，因此，经济的整体储蓄上升，多余储蓄通过外汇储备流向海外。这一过程中伴随着非国有企业部门扩大、要素配置效率的提高以及全要素生产率的上升，这和我国结构转型过程中的诸多现实与叙事相符。

改革后的经济增长伴随资本流出，这一现象是否中国特有？答案并非如此。布埃拉及其合作者（Buera and Shin，2017）发现，在20世纪80年代后进行经济改革（包括对外开放和国内信贷控制放松）实现持续增长的22个经济体，平均来看均呈现了全要素生产率的提高，以及国内储蓄相对于国内投资的增长。他们在一个包含面临融资约束的异质性企业家模型中对这一现象进行了解释，模型的关键机制与宋铮等人（Song et al.，2011）描述的机制类似：由于企业家面临融资约束，依赖自身储蓄进行生产，改革带来的收入增加会更多地转换为储蓄，而融资约束限制了这段时期的投资量；全要素生产率的持续上升是高生产力企业家通过自身财富积累，能够使用更多生产要素的结果。

在周期频率上，发展中国家经济增长与资本账户盈余（盈余为正代表资本净流入）通常呈现负相关关系，如图 2（b）基于中国数据的计算。使用跨国数据，阿吉亚尔和戈皮纳特（Aguiar and Gopinath，2007）发现，新兴国家产出增长与贸易盈余在周期频率上呈现正相关关系。[6] 这与标准的开放经济周期模型的预测不符：标准模型中短暂生产力冲击带来的产出增加，会伴随资本外流（贸易赤字），因为家庭消费平滑的动机会使他们在收入短暂提高时增加储蓄。阿吉亚尔和戈皮纳特（2007）用新兴国家的生产力冲击更持久解释了这一现象。他们通过在小型开放经济中引入生产力趋势冲击来构建持久的生产力冲击。当正向的生产力趋势冲击到来时，家庭消费平滑储蓄动机较弱（因为其预期未来收入也将增长），而投资需求会上升，整体导致资本净流入。上述相关性意味着新兴国家衰退时通常伴随着资本外流，这也被称为资本流入的骤然停止，其成因和预防是国际宏观领域的一个重要问题。加西亚 - 希科、潘克拉齐和乌里韦（Garcia-Cicco、Pancrazi and Uribe，2010）提出了关于骤然停止的另一种解释，这一解释强调新兴国家面临的借贷成本溢价冲击，以及国家层面对外借贷的金融摩擦。相比生产力冲击，由借贷成本冲击带来的骤然停止，对文献中观测到的新兴国家贸易盈余持续性和消费波动有更强的解释力；使用时序数据对模型进行结构估计，加西亚 - 希科等人（2010）发现在引入借贷成本冲击后，生产力趋势冲击对骤然停止的贡献将不再显著。由此，金融摩擦与借贷成本溢价变化成为文献中关于骤然停止现象的主要解释，一支文献给出了借贷约束和借贷成本溢价变化的内生机制，并在此基础上讨论最优跨境资本管理政策 [参见 Korinek and Mendoza（2014）、Bianchi and Mendoza（2020）的综述]。

1.3 投资带动的增长与有偏信贷扩张

张春等人（Chang et al.，2016）详细描述了 2000 年左右中国独特的经济

---

[6] 贸易盈余作为经常账户盈余的主要组成部分，而经常账户盈余与资本账户盈余互为相反数。

周期现象。这些现象包括：(1) 投资和消费之间的负相关，(2) 投资和劳动收入之间的弱相关，(3) 长期贷款和短期贷款之间的负相关。这些经济周期现象伴随着经济在同一时期经历的一系列长期结构性变化，包括：(1) 产出中消费份额的长期下降，(2) 劳动收入份额的下降，(3) 长期贷款与短期贷款比率的增加，(4) 重工业资本与轻工业资本比率的增加，(5) 重工业总收入相对于轻工业的增加。

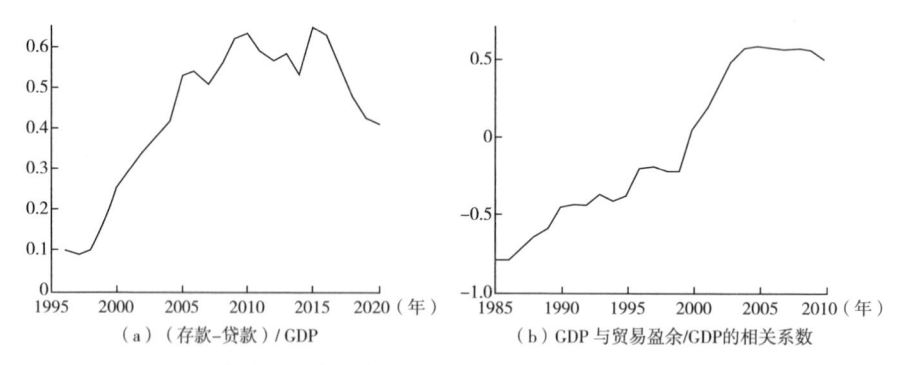

图2 长期净储蓄趋势和短期贸易盈余与GDP的相关系数

注：数据为年度。(a) 图中存款和贷款为金融机构各项存款和贷款（存量）。(b) 图中实际GDP和贸易盈余占GDP的比例均经Hodrick-Prescott Filter（HP）过滤后获得周期项，再计算滚动窗口内的相关系数；横轴为滚动窗口中心年份，例如2000代表变量在1993—2007年的相关系数。

数据来源：Chang et al. (2016)。

张春等人（2016）提供了一个统一的理论和概念框架来解释这些事实。其关键机制是自20世纪90年代初以来，最初规模较小的重工业在一系列政府促进重工业发展计划的推动下，逐渐摆脱其融资约束并成长。在这一过程中，由于其自有资金规模的扩大，重工业企业能够在抵押约束下获得更多银行贷款，并扩大了生产。由于这些企业需要更多的长期贷款并且比轻工业具有更高的资本密集度，这种转型带来了更高的投资率、较低的劳动收入份额，并产生了其他上述长期结构变化事实和短期周期动态。

尽管张春等人（2016）关注了一个特定时期内中国经济的特征，他们描述的部分事实在2005年之后已经有所变化，但他们提供了一个重要的观点：政府政策在经济长期结构变化和短期波动特征上起到了重要的作用。同一时期的其他学者也都贡献了该主题下的研究。白重恩等人（Bai、Liu and Yao，2020）关注了2010年前后，"四万亿"财政刺激计划对基建行业的信贷支持，导致了投资率上升和劳动技能溢价的下降。丛林等人（Cong et al., 2019）发现了同一时期的信贷支持主要去往国有企业，降低了资本配置效率。陈卓等人（Chen、He and Liu, 2020）发现"四万亿"财政刺激计划导致的地方融资平台贷款续期需求，催生了城投债以及此后十年债券市场的发展。而同时期对银行信贷的限制政策以及地方融资平台的信贷需求，导致了影子银行的产生，影响了货币政策的有效性（Chen、Ren and Zha, 2018）。

这些由政策带来的非政策初衷的经济结构变化，使得后续的调控政策制定变得更加复杂。

2. 随机动态一般均衡模型与宏观稳定政策的制定

2.1 理性预期革命、新凯恩斯框架与以其为基础的政策制定

20 世纪六七十年代，美国经济面临滞胀和货币政策失效的挑战，促使宏观经济学家重新考虑占据战后主导地位的凯恩斯学派的框架，推动新的研究范式发展。这一范式由米尔顿·弗里德曼（Milton Friedman）、约翰·穆斯（John Muth）、尼尔·华莱士（Neil Wallace）、罗伯特·卢卡斯（Robert Lucas）、托马斯·萨金特（Thomas Sargent）和爱德华·普雷斯科特（Edward Prescott）等经济学家引领。他们的工作在卢卡斯（1976）、基德兰德和普雷斯科特（1982）的"理性预期"革命中达到高潮，后者提出的基于新古典增长模型的真实经济周期模型（Real Business Cycle Model）成为现代宏观经济分析的通用语言和基础框架。这一框架从微观个体决策出发，建立一般均衡模型，并强调政策制定必须以个体最优和理性预期为约束。

尽管凯恩斯学派不同意新古典学派关于生产力波动是经济周期来源的观点，但在建模和政策分析层面认同理性预期和市场出清的必要性。凯恩斯的思想通过以下三个方面的发展被纳入新古典框架：（1）泰勒（Taylor, 1980）、卡尔沃（Calvo, 1983）、罗坦伯格（Rotemberg, 1982）引入了基于市场出清均衡的名义黏性，（2）阿克洛夫和耶伦（Akerlof and Yellen, 1985）、曼昆（Mankiw, 1985）引入了企业垄断等真实黏性作为名义黏性影响均衡产出的必要机制，（3）利珀（Leeper, 1991）和泰勒（1993）讨论了保证模型均衡存在唯一的政策反应规则。最后，受伯南克、格特勒和吉尔克里斯特（Bernanke、Gertler and Gilchrist, 1999），克拉里达、加利和格特勒（Clarida、Gali and Gertler, 1999)、斯梅茨和武泰（Smets and Wouters, 2007）等重要文章，以及伍德福德（Woodford, 2003）和加利（Gali, 2008）两本教科书的影响，基于新古典框架并引入凯恩斯思想的新凯恩斯模型逐渐成为分析经济周期、财政和货币政策的基准框架。

新凯恩斯框架包含了凯恩斯关于经济周期来源的重要思想：由于市场存在名义黏性（商品价格黏性、工资刚性），总需求会在短期决定总产出。具体来看，模型中存在短期向上倾斜的产出供给-物价菲利普斯曲线。与最初凯恩斯基于非自愿失业，依赖劳动力市场不出清的叙事不同，新凯恩斯框架下产出供给和物价在短期的正相关关系来自具有垄断力量的企业对产出供给数量和价格的最优选择。当名义黏性存在时，企业无法在生产成本变化时调整产出价格到最合宜的水平，因此只能通过调整产出数量来实现利润最大化，从而使得企业的垄断加价随均衡生产成本的变化而变化。⑦ 由于存在向上倾斜的短期供给曲线，需求侧的外生冲击（消费者信心变化、货币政策和财政政策调整）会移动需求曲线从而影响均衡产出和物价。

新凯恩斯框架为货币政策、财政政策等宏观稳定政策的存在提供了动机：由于企业和工人面临的名义黏性，经济在短期内可能处于非有效利用资源的状态。具体来看，当经济受到外部冲击时，由于名义黏性的存在，具有垄断力量的企业或工会的垄断加价，会与最有效率的加价幅度背离。其背后的市场失灵根源是个体消费者和企业未能内化自身需求对均衡加价水平的影响，即总需求的外部性（Aggregate Demand Externality）。这使得政策制定者可以通过调整货币政策和财政政策来改变需求，进而影响短期产出，实现经济稳定，提高社会福利。⑧

由于上述机制的存在，宏观稳定政策需要在产出和通胀波动之间权衡取舍。一方面，政策制定者可以通过调整政策来影响短期产出，从而实现产出的稳定；另一方面，政策制定者需要考虑通胀波动对社会福利的影响：由于名义

---

⑦ 模型也可通过包含具有垄断定价力量并面临名义黏性的企业或工人（工会）来产生相似的机制。

⑧ 在这类模型中，宏观稳定政策的存在甚至是必须的。Sargent and Wallace（1975）以及 Leeper（1991）的研究表明，模型中理性预期均衡的唯一决定性（Determinancy），需要依赖于反应足够强的逆周期货币政策或财政政策。

黏性的存在，通胀波动也会导致资源配置的扭曲，从而降低社会福利。[9] 这一政策权衡在需求冲击作为主要经济波动来源的环境下尚不尖锐，因为此时需求冲击对产出和通胀的影响同向，货币政策和财政政策总是可以实行逆周期的需求调节，实现"一石二鸟"的效果。然而，当经济波动的来源是供给冲击时，政策制定者需要权衡产出和通胀的波动，因为此时供给冲击对产出和通胀的影响方向相反。[10] 在讨论最优政策制定时，一个方便的政策目标是最小化通胀及通胀与产出缺口的加权和，其权重反映了政策制定者对产出和通胀稳定的偏好。这一简约式目标函数被广泛使用（例如 Clarida、Gali and Gertler, 1999），在特定模型环境下，也可以由模型中的代表性消费者效用函数的二阶近似得出（Rotemberg and Woodford, 1998；Woodford, 2003），但正如下文论证的，这样的近似在非稳态环境中将不再适用。

对最优政策的搜寻可以基于承诺的拉姆齐政策，或者是基于简单反应规则的政策。前者是一种理想化的政策制定方式，政策制定者可以承诺并选择整个政策路径，考虑不同冲击实现路径下的最优计划。而后者限于参数化的政策规则，仅允许政策随经济中可以观测到的部分变量（例如通胀、产出与它们的滞后值）调整。理论上，前者对于政策制定的约束更少，定能实现更优的社会福利，但实际政策制定者往往无法设计和承诺复杂的政策路径，因此后者更加符合实际政策制定的需求。事实上，在标准模型下，基于简单规则的政策制定往往能实现接近最优的社会福利水平（Schmitt-Grohé and Uribe, 2007）。伍德福德（2010）、泰勒和威廉姆斯（Taylor and Williams, 2010）分别就两种政策设计问题进行了综述。上述两种政策设计问题均假设政策制定者能够遵循事先承诺，自理性预期革命以来，货币政策的时间不一致性及其解决方案也一直是文献关注的焦点（Calvo, 1978；Lucas Jr and Stokey, 1983；Barro and Gordon, 1983；以及由此发展的文献）。

---

[9] 具体来讲，通胀可以直接导致价格调整的"菜单成本"（若名义黏性采用 Rotemberg 形式建模），也可来自企业定价不同导致的资源错配（若名义黏性采用 Calvo 的滞后调价设定）。

[10] 在 2008 年金融危机后的最优货币政策讨论中，学界逐渐开始关注是否需要将金融稳定纳入最优货币政策目标（Stein, 2012；Svensson, 2017；Hansen, 2018；Chen and Phelan, 2023；Dong、Miao and Wang, 2020；董丰、周基航和贾彦东, 2023）。随着含有异质性主体宏观模型的发展，学界开始关注是否需要再分配动机纳入最优货币政策目标（McKay and Reis, 2021；Bilbiie and Ragot, 2021；Acharya、Challe and Dogra, 2023）。

2.2 DSGE 模型与最优政策求解

这些政策的理论逻辑和权衡虽然朴素而直观,但长期以来,学者对最优政策的定量刻画受限于 DSGE 模型均衡和政策优化问题的数值求解方法。具体来看,离散时间下的 DSGE 模型通常可由一个随机差分方程(组)表示[11][12]:

$$F(s_t, x_t, z_t, \{s_{t+1}(z'), x_{t+1}(z')\}_{z' \in Z}; \phi) = 0 \tag{1}$$

$s.t.\ s_0, z_0$ 给定;满足优化问题的截断条件(若有)

其中,z_t 是外生状态变量,s_t 是内生状态变量,x_t 是内生策略变量。z_t 是一组马尔可夫过程,Z 是 z_t 所在的空间。F 是将这些变量映射到均衡条件残差的函数,均衡条件包括用一阶条件表示的个体最优决策、市场出清条件以及承诺的政策规则。ϕ 是政策规则中的参数。例如,对于一个包含资本积累的新凯恩斯模型,z_t 包括生产力、政府支出、货币政策冲击等外生变量,s_t 包括资本存量、企业上期定价分布、消费者习惯等状态变量,而 x_t 包括产出、通胀、名义利率、消费等内生变量。F 对应消费者和企业的最优决策、市场出清条件以及承诺的宏观稳定政策路径或反应函数(例如,满足泰勒规则的名义利率过程)。而对于最简单的新凯恩斯模型,F 包含三个方程:由消费者跨期优化形成的 IS 曲线,由企业最优定价形成的新凯恩斯-菲利普斯曲线,以及货币政策反应函数。

假定政策制定者可以遵循事先承诺,在最优政策制定的过程中,方程(1)表示的均衡条件应作为政策制定者的约束条件,这是理性预期的核心要求,即政策的改变会影响个体的最优决策,从而影响市场均衡的决定。在这一约束下,政策制定者通过选取政策工具(如利率、财政支出的随机路径,或者反应规则中的参数)来最大化社会福利。[13]

给定承诺的政策,方程(1)的解可以用一组 (s, z) 所在空间上的策略函数和状态转移函数 P 和 T 表示,其中 P 将当期的状态变量 (s_t, z_t) 映射到

---

[11] 此处,我们仅考虑不包含异质性主体的宏观模型,因此该随机差分方程定义在实数空间上。
[12] 相比传统带预期差分方程的标准模型(如 Blanchard and Kahn, 1980;Sims, 2002),下述标准模型考虑了包含非线性算符的更一般情形,例如在资产价格影响借贷约束的设定中,通常是未来资产价值的最小值而非期望值影响借贷约束。
[13] 若政策制定还面临时间不一致问题,即公众不相信政策制定者能遵守承诺,政策制定则是求解一个更加复杂的政策制定者和公众间的博弈问题。

当期的内生均衡变量 x_t,而 T 将当期的状态变量 (s_t, z_t) 映射到下一期的状态变量 s_{t+1}。[14] 由于随机差分方程（1）为非线性，数值求解并不容易，研究者通常采用在方程（1）的非随机稳态处，进行局部的低阶近似，将系统简化为线性差分方程或低阶代数方程，而对应的策略函数和状态转移函数也为 (s, z) 的低阶多项式函数。

求解最优政策的方法与之类似。此时，可以通过拉格朗日乘子法，将在方程（1）下的政策最优化问题，转换为其对偶问题的一阶条件（KKT 条件）。例如，若假设政策制定者的目标函数为代表性消费者的福利，则其对偶问题可写成：

$$\max_{\{s_{t+1}, x_t, \lambda_t\}_{t \geq 0}, \phi} \mathbb{E}_0 \sum_{t=0}^{\infty} \beta^t [U(s_t, x_t, z_t) + \lambda_{t-1} \cdot F(s_{t-1}, x_{t-1}, \{s_t(z'), x_t(z')\}_{z' \in Z}; \phi)],$$
$$s.t. \quad s_0, z_0 \text{ 给定}; \lambda_{-1} \text{ 给定}$$

其中，β 是折现因子，U 是即期效用函数，ϕ 是政策反应函数的参数（若政策制定限制为参数化的反应函数）。λ_t 是 t 时期约束条件对应的拉格朗日乘子向量。注意到目标函数中包含了 -1 期的约束条件，用以表示潜在的时间不一致问题（见下文），当 $\lambda_{-1} = 0$ 时，对应的是不受承诺约束时的最优政策问题（在 $t=0$ 期选择重新制定政策）。对 s_{t+1}, x_t, λ_t 取一阶条件，并与方程（1）中的原始均衡条件联立，我们可以得到一个关于 $\{s_{t+1}, x_t, \lambda_t, \phi\}$ 的非线性随机差分方程（组）：

$$G(s_t, x_t, z_t, \lambda_{t-1}, \lambda_t, \{s_{t+1}(z'), x_{t+1}(z'), \lambda_{t+1}(z')\}_{z' \in Z}, \phi) = 0 \quad (2)$$
$$s.t. \quad s_0, z_0 \text{ 给定}; \lambda_{-1} \text{ 给定}; 满足优化问题的截断条件（若有）$$

如伍德福德（2003）指出，该问题的时间不一致性在于，政策制定者若能在 t 时期重新制定政策，则上一期的拉格朗日乘子 λ_{t-1} 可设为 0，这与政策制定者在第 0 期选择的政策路径并不一致。因此，伍德福德（2003）提出在使用马尔可夫解来表示政策制定者的时间一致政策时，可将上一期的拉格朗日乘子作为递归解的状态变量，用以刻画政策制定者往期承诺对当期政策制定的约束。文献中将这一处理方法得到的最优政策称为无时间依赖（Timeless Perspective）

---

[14] 此处，我们关心模型的马尔可夫解，即策略函数和状态转移函数可以写成当前内生和外生状态变量的函数。

的拉姆齐政策。⑮

在该方法下，差分方程（2）的解同样可由一组策略函数 $P^P(s, z, \lambda_{-1})$ 和状态转移函数 $T^P(s, z, \lambda_{-1})$ 来表示，其中上标 P 表示该解为政策制定者的最优政策。请注意，状态变量包括了均衡条件约束对应的拉格朗日乘子的滞后项 λ_{-1}，与之对应的是，策略函数 P^P 扩展为包括当期的拉格朗日乘子值。同样，可以通过在非随机稳态处进行局部的低阶近似，将系统简化为线性差分方程或低阶代数方程，而对应的策略函数和状态转移函数也为 (s, z) 的低阶多项式函数。

2.3 DSGE 模型和最优政策的全局非线性解

如前文所述，DSGE 模型均衡和最优政策的求解，最后转变为一组求解随机差分方程马尔可夫（递归）解的问题。受限于数值方法，绝大部分文献都采用了局部扰动解，使用低阶近似来求解这一随机差分方程。这一近似方法对于随机波动离稳态不远的模型表现良好，但对于不满足该性质的模型并不适用。后者覆盖了宏观、国际宏观和宏观金融领域一系列重要的研究议题，包括：（1）封闭或开放经济下的金融危机；（2）偶发巨灾（如新冠疫情）的影响；（3）含有投资组合选择的问题；（4）包含其他偶然激活约束的问题，例如借贷约束、货币政策零利率下限等。（关于非线性全局解应用的综述参见 Bianchi and Mendoza，2020；Cao、Luo and Nie，2023；Dou et al.，2023；等等。）

然而，上述研究考虑的仍限于一个稳定的模型结构，即描述均衡条件的方程（1）不随时间发生变化，模型均衡与稳态背离的来源仅由于较大的外生冲击（如偶发巨灾）或动态系统本身的非线性（如偶然激活的约束）。但如第 1 节介绍的，发展中国家的宏观稳定政策面临的是一个随时间变化的模型结构，即方程（1）中的均衡条件 F_t 还需包含一个时间索引，与此对应，作为解的策略函数和状态转移函数 P_t、T_t 也应包含一个时间索引。均衡系统随时间发生的变化本身使得所有基于局部扰动的求解方法失效，在最优政策制定问题上，也使得使用二阶近似来近似政策制定者的目标函数不再适用（Woodford，2010）。

---

⑮ 关于更一般的使用递归解来表示满足时间一致条件的动态合约方法，参见 Marcet and Marimon（2019）。

曹丹、罗文澜、聂光宇（Cao、Luo and Nie，2023）提出了一个高效的基于迭代的 DSGE 模型全局解求解算法，该算法既可求解稳定模型结构下的随机稳态，也可求解非稳定模型的随机转移路径，这为刻画发展中国家时变经济环境下的稳定性政策提供了可能性。与传统的策略函数迭代法（Coleman，1990；Judd，1992；Maliar and Maliar，2014）不同，我们的算法基于同时求解策略函数和状态转移函数[16]，从而可以通过单次迭代，直接求得非线性差分方程的全局解。对于收敛于某个随机稳态的非稳定模型结构，我们的算法可以先求解模型在无穷期极限下的随机问题，然后使用后向迭代求解收敛路径上随时间变化的策略函数和状态转移函数。

由于模型均衡和最优政策均可由随机差分方程表示，因此我们的算法既可应用于求解模型均衡，实现模型的估计和校准，也可用于对估计好的模型求解最优的宏观稳定政策。其区别仅在于最优政策问题需要包含滞后期的拉格朗日乘子作为额外状态变量。这一算法提供的稀疏格点插值等工具可使其算法应用于状态空间维度较高的问题，因此使得最优政策问题的求解成为可能。

曹丹、罗文澜、聂光宇基于上述算法开发了一个开源的工具箱 GDSGE。[17]该工具箱允许用户通过直观的模型描述脚本文件（类似于 Dynare 工具）来高效生成模型的全局解。工具箱还提供了自动微分、稀疏格点插值、并行计算等功能，使得用户能够在可行的时间内求解高维度的非线性随机差分方程组。工具箱的使用手册和示例模型可在工具箱主页上找到。以下，我们将以中国结构转型中的货币政策制定为示例，介绍如何使用 GDSGE 工具箱来求解均衡和最优政策。

3. 中国结构转型中的货币政策制定

本节将使用 GDSGE 工具箱，求解一个包含新凯恩斯特征的中国结构转型模型，来刻画中国经济结构转型时期的货币政策制定问题。尽管模型设定和参数选择偏实用主义，但这是首次在非平稳结构转型环境下，分析最优货币政策的研究，我们希望这一研究展示的方法和初步结果仍有借鉴意义。

我们的模型包含了非农业和农业两个部门，以及家庭非齐次的偏好函数

---

[16] 对于内生状态转移较为简单的模型（如资本积累），这一方法与传统策略函数迭代法并无区别，但在内生状态变量依赖于下一期的决策和冲击实现，需要由一系列隐函数决定时，则显著简化了问题。

[17] 工具箱主页：www.gdsge.com。

（Comin et al., 2021；Yao and Zhu, 2021）。由于内生资本积累和外生部门生产力的提高，模型会产生内生的从非农业部门到农业部门的结构转型。注意与姚雯和朱晓冬（2021）的累期静态模型不同，我们在模型中引入了资本积累；但出于简化考虑，我们未考虑斯多尔斯莱登、赵波和齐利博蒂（2019）在研究中引入的农业部门从传统农业到现代农业的转型。因此最后模型中的结构转型来源于资本积累更多地惠及了资本密集度较高的非农业部门、较强的收入效应以及两部门较低的替代弹性（即模型中的结构转型来自需求推动，参见第1节的讨论）。模型中的宏观冲击为两个部门的生产力波动和消费者的需求冲击（对折现因子的冲击）。

模型包含了一系列可能影响宏观稳定政策设计的中国特征。（1）两个部门劳动工资上存在随时间变化的楔子，用以刻画这段时间城乡人口流动限制的变化（如户籍改革）；劳动力成本楔子的变化是中国转型时期两个部门相对生产力变化的一个重要来源（Gait et al., 2023）。（2）引入外生的投资效率冲击，用以捕捉20世纪八九十年代初所有制改革导致的投资品价格的大幅变化。（3）允许农业部门与非农业部门有不同的价格黏性，以刻画双轨制时期不同部门价格在不同时期受到管制的特征。

我们强调模型中最优货币政策的几个新特征。（1）转型路径上的拉姆齐货币政策会将通胀设定为高于稳态通胀水平，这是由于中国在转型时期存在的劳动力流动限制，劳动力成本在非农业部门和农业部门之间存在正的楔子，因此，适度的通胀将有利于要素的重新配置。[18]（2）由于同样的原因，对于非农业部门的生产力冲击和需求冲击，拉姆齐货币政策的反应并不对称：受到负面冲击时，货币政策将更加积极地降低利率和制造通胀。这是由于非齐次偏好的存在，生产力冲击和需求冲击总是伴随着收入效应，而正面的收入效应会带来农业部门向非农业部门的要素再配置。在劳动力成本楔子存在时，这种再配置能够提高要素使用效率。因此，当导致当期消费增加的正面冲击产生时，最优政策将做出较弱的反应。这为文献中发现的中国货币政策偏向增长（Chen et al.,

---

[18] 该结果回应了Guerrieri et al.（2021）的发现。他们考察了部门间受到不平衡生产力冲击时的最优货币政策，发现当部门间的要素流动不完美而工资存在下调黏性时，适度的通胀有利于部门间的资源再配置，从而提高社会福利。尽管他们的分析是在一个平稳的模型环境中，且名义黏性的来源与我们的模型不同，但其通胀偏向的最优政策机制与我们在本文中的发现一致。

2016）的反应提供了一个解释。（3）对于基于规则的货币政策，由于收入效应导致的奥肯定律失效（Yao and Zhu，2021），基于就业缺口的反应函数相比基于产出缺口的反应函数能实现更高的福利。（4）由于非农业部门的价格黏性要高于农业部门，基于非农业部门通胀率的反应函数相比基于居民消费价格指数（CPI）的反应函数能实现更高的福利。这与部门价格黏性的异质性影响最优货币政策目标选取的文献的发现是一致的（如 Aoki，2001）。

以下，我们依次介绍模型的设定、参数、政策制定问题和数值模拟结果。

3.1 模型设定

考虑一个离散时间，农业－非农业两个部门的非平稳 DSGE 模型。模型中的决策个体是家庭、两个部门的中间品生产企业、最终品生产企业、资本品生产企业，以及政府。模型中的波动来源为两个部门的生产力冲击和家庭的需求（折现因子）冲击。市场是完备的。

家庭

最大化以下的终身效用：

$$\max_{C_t, c_{at}, c_{nat}, B_{t+1}, k_{t+1}, L_t} \mathbb{E}_0 \sum_{t=0}^{\infty} \prod_{\tau=0}^{t} [exp(\varepsilon_\tau^\beta)\beta] \left(log(C_t) - B_t \frac{L_t^{1+\sigma}}{1+\sigma} \right)$$

$$s.t. \quad P_{at} c_{at} + P_{nat} c_{nat} + \frac{B_{t+1}}{1+i_t} + Q_t^{Inv} k_{t+1}$$

$$= P_{nat} B_t + W_t L_t + (Q_t^K + R_t) k_t - Tax_t + Profit_t$$

$$\varphi_a^{\frac{1}{\varepsilon}} C_t^{\frac{(1-\varepsilon)\mu_a}{\varepsilon}} c_{at}^{\frac{\varepsilon-1}{\varepsilon}} + \varphi_{na}^{\frac{1}{\varepsilon}} C_t^{\frac{(1-\varepsilon)\mu_{na}}{\varepsilon}} c_{nat}^{\frac{\varepsilon-1}{\varepsilon}} = 1,$$

和自然借贷约束，

其中，C_t 是消费篮子，c_{at}、c_{nat} 分别是农业和非农业部门消费。P_{at}、P_{nat} 分别是农业和非农业最终产品价格。B_{t+1} 是以非农业品计价的名义政府债券，i_t 是名义利率。k_{t+1} 是资本存量，L_t 是劳动力供应。W_t 是名义工资。Q_t^{Inv} 是以非农业品计价的投资品价格。Q_t^K 是以非农业品计价的资本存量的价格。R_t 是以非农业品计价的资本租金。Tax_t 是税收。$Profit_t$ 是企业利润。

效用函数中 $exp(\varepsilon_\tau^\beta)$ 为需求冲击。β 为折现因子。效用函数的选取上，由于新凯恩斯框架需要内生劳动力供给，我们选择了能够保证劳动力供给在平衡增长路径上恒定的效用函数，此时要求 C_t 以其对数值的形式进入效用函数（Boppart and Krusell，2020）。

第一个约束是名义预算约束。等式右边各项依次是名义债券的回报、工资、资本存量带来的资产价值和租金收入,再减去税收,加上企业利润分红。等式左边各项依次是两个部门的消费、购买名义债券的花费和购买资本的花费。

第二个约束是两部门消费的加总过程。我们采用了科曼、拉什卡里和梅斯捷里(Comin、Lashkari and Mestieri,2021)的非齐次加总。在这一形式下,ε 是两部门最终品进入最终消费的替代弹性,φ_a 和 φ_{na} 决定了两部门占消费篮子的权重,而 μ_a 和 μ_{na} 分别决定了两个部门收入效应的大小。请注意,若 $\mu_a = \mu_{na} = 1$,则该加总过程退化为常替代弹性(CES)函数。

部门中间品与最终品生产企业

每个部门都有总数量为一进行垄断竞争的中间品生产企业,其产品由各部门最终品生产企业按照 CES 函数加总:

$$Y_{st} = \left(\int_0^1 y_{st}(i)^{\frac{\eta-1}{\eta}} di\right)^{\frac{\eta}{\eta-1}}$$

其中 $s = a, na$ 标记农业部门和非农业部门,$i \in [0,1]$ 为部门中的第 i 个中间品生产企业,$y_{st}(i)$ 为该企业产出,Y_{st} 为 s 部门最终品产出,η 为中间品之间的替代弹性。

中间品生产企业的生产函数为:

$$y_{st}(i) = k_{st}(i)^{\alpha_s}(A_{st} l_{st}(i))^{1-\alpha_s}$$

其中 $k_{st}(i)$ 和 $l_{st}(i)$ 分别为 s 部门 i 企业的资本和劳动使用量,α_s 为 s 部门生产中使用的资本份额。A_{st} 为 s 部门的劳动生产力。

我们假设对于 $s = a$ 或 na,A_{st} 均由两部分构成:

$$A_{st} = \bar{A}_{st} \cdot exp(z_{st})$$

其中 $\bar{A}_{st}$ 为一个确定性的生产力增长路径,其增长率趋于一个恒定值:

$$\lim_{t \to \infty} A_{st+1}/A_{st} = 1 + g$$

而 z_{st} 为其随机部分,各自服从一个均值为 0 的马尔可夫过程。

中间品生产企业面临凸的调价成本(Rotemberg,1982),其调整成本为:

$$\frac{\theta_s}{2}\left(\frac{p_{st}(i)}{p_{st-1}(i)} - (1+\bar{\pi})\right)^2 Y_{st}$$

其中 $\frac{p_{st}(i)}{p_{st-1}(i)}$ 为企业 i 的价格变化,$\bar{\pi}$ 为自然通胀率。调价的边际成本随着企业定价离自然通胀率的差别而增长,而 θ_s 是决定成本增长速度的参数。

我们假设中间品生产企业面临一个恒定的收入边际补贴 sub，用于去掉稳态时的垄断扭曲。因此，中间部门企业的优化问题为：

$$\max_{\{y_{st}(i),p_{st}(i)\}_{t=0}^{\infty}} \mathbb{E}_0 \sum_{t=0}^{\infty} M_{st} \left\{ (1+sub)\frac{p_{st}(i)}{P_{st}} y_{st}(i) - \frac{MC_{st}}{P_{st}} y_{st}(i) - \frac{\theta_s}{2}\left(\frac{p_{st}(i)}{p_{st-1}(i)} - (1+\overline{\pi})\right)^2 \right\}$$

$$s.t. \quad y_{st}(i) = \left(\frac{p_{st}(i)}{P_{st}}\right)^{-\eta} Y_{st}$$

即选择最优的价格和产出路径，遵从最终品企业的需求函数，以最大化实际利润。其中 M_{st} 为消费者关于 s 部门消费的边际效用，满足：

$$\frac{M_{st+1}}{M_{st}} = exp(\varepsilon_t^{\beta})\beta \frac{u'(C_{t+1})\frac{\partial C_{t+1}}{\partial c_{s,t+1}}}{u'(C_t)\frac{\partial C_t}{\partial c_{s,t}}}$$

MC_{st} 为最优资本和劳动组合时的边际生产成本：

$$MC_{st} \equiv \frac{\alpha_s^{-\alpha_s}(1-\alpha_s)^{-(1-\alpha_s)} R_t^{\alpha_s} [\omega_{st} W_t]^{1-\alpha_s}}{A_{st}^{1-\alpha_s}}$$

其中 R_t 为租金，W_t 为工资。请注意，我们引入了部门间劳动力成本的楔子 ω_{st}，用以刻画这段时间城乡劳动力限制导致的劳动要素非有效配置。P_{st} 为部门最终品的价格，满足：

$$P_{st} = \left(\int_0^1 p_{st}(i)^{1-\eta}\right)^{\frac{1}{1-\eta}}$$

结合中间品企业的最优定价、生产决策和对称均衡的假设，我们可以得到标准的部门新凯恩斯菲利普斯曲线：

$$(\pi_{st} - \overline{\pi})(1+\pi_{st}) = \frac{\eta}{\theta}\left(\frac{MC_{st}}{P_{st}} - (1+sub)\frac{\eta-1}{\eta}\right) +$$
$$\mathbb{E}_t\left((\pi_{st+1} - \overline{\pi})(1+\pi_{st+1})\frac{M_{st+1}}{Y_{st}}\frac{Y_{st+1}}{M_{st}}\right)$$

部门的要素需求和利润也可相应表示。

资本生产企业

为了刻画数据中时变的投资品价格，我们假设资本生产企业面临资本调整成本，并引入时变的投资效率。代表性资本生产企业可以利用以下技术结合期初资本和投资来生产新的资本：

$$K_{t+1} = (1-\delta)K_t + \psi_t \cdot i_t$$

其中，ψ_t 是时变的投资效率，i_t 为以非农业部门最终品作为投入的投资数量。

资本生产面临以下的以非农业部门最终品作为投入的调整成本：

$$\Psi_t = \frac{\chi}{2}\left(\frac{K_{t+1}-K_t}{K_t}\right)^2 K_t = \frac{\chi}{2}\left(\psi_t \frac{i_t}{K_t}-\delta\right)^2 K_t$$

即当投资与刚好覆盖资本折旧水平（δK_t）的投资差别越大时，其调整的边际成本越高。

因此，给定价格，资本生产企业面临以下利润最大化问题：

$$\max_{K_t,i_t} Q_t^{inv}((1-\delta)K_t + \psi_t \cdot i_t) - Q_t^K \cdot K_t - P_{na,t} i_t - P_{na,t}\frac{\chi}{2}\left(\psi_t \frac{i_t}{K_t}-\delta\right)^2 K_t$$

其中目标函数的各项分别表示出售新资本的销售收入、购买当期资本的花费、购买投资需要的非农业产品的花费，以及调整成本。注意该问题为一阶齐次问题，因此资本生产企业的均衡利润为0。其优化的一阶条件给出了投资品和当前资本价格需要满足的均衡条件：

$$Q_t^{inv} = P_{na,t}\left[\frac{1}{\psi_t} + \chi\left(\psi_t \frac{i_t}{K_t}-\delta\right)\right]$$

$$Q_t^K = Q_t^{inv}(1-\delta) + P_{na,t}\frac{\chi}{2}\left[\psi_t^2\left(\frac{i_t}{K_t}\right)^2 - \delta^2\right]$$

政府

政府征收定额税，用以满足支付给部门中间品生产企业的补贴，以及政府债券利息。政府采取被动的财政政策，其平衡预算约束为：

$$\frac{B_{t+1}}{1+i_t} + Tax_t = B_t + sub \cdot P_{at} Y_{at} + sub \cdot P_{nat} Y_{nat}$$

政府采取主动的货币政策，设定债券的名义利率 i_t，货币政策或者由拉姆齐政策制定者承诺的最优政策路径给出，或者基于给定的反应规则。⑲ 当政策由反应规则给出时，我们假设泰勒规则为：

$$i_t = r_t^* + \bar{\pi} + \phi_Y \ln(Y_t/Y_t^*) + \phi_L \ln(L_t/L_t^*) + \sum_s \phi_{\pi,s} \pi_{st} + \phi_\pi \pi_t \quad (3)$$

其中，$Y_t = \frac{P_{at} Y_{at} + P_{nat} Y_{nat}}{P_{nat}}$ 为以非农业品计价的真实产出。$\pi_t = \frac{\pi_{at} P_{at} C_{at} + \pi_{nat} P_{nat} C_{nat}}{P_{at} C_{at} + P_{nat} C_{nat}}$ 为以消费额加权的平均通胀。带上标 * 的变量为随机

---

⑲ 尽管中国货币政策很长一段时间以调整货币供应量为主要中介目标，但数量型和利率型政策谁占主导在文献中仍存在争议（如 Li and Liu, 2017）。为不引入货币持有量作为额外的状态变量，此处我们假设以名义利率为中介目标的反应规则。

冲击不存在时的非随机转移路径的变量值。ϕ_Y、ϕ_L、$\phi_{\pi,s}$、ϕ_π 分别为对产出缺口、就业缺口、部门通胀和平均通胀（CPI 增长）的反应系数，在讨论最优政策时，我们将就系数值的不同组合进行搜索，探索最优的货币政策目标选择。

市场出清

两个部门的最终产品市场出清为：

$$Y_{at} = c_{at} + \Theta_{at}$$

$$Y_{nat} = c_{nat} + i_{nat} + \Psi_t + \Theta_{nat}$$

其中 Θ_{st} 为部门 s 的价格调整成本加总，Ψ_t 为资本调整成本。请注意，投资和资本调整成本均以非农业部门最终品为投入。

劳动力市场出清：

$$L_{at} + L_{nat} = L_t$$

资本市场出清：

$$K_{at} + K_{nat} = K_t$$

序列竞争均衡

一个序列竞争均衡是包含数量和价格的随机序列，使得给定价格序列，家庭、部门中间品、最终品和资本生产企业的决策问题均有解，且市场出清条件得到满足。均衡可由关于内生变量的一组随机差分方程表示，完整均衡的定义参见附录部分。我们可以求解一个策略函数序列来表示马尔可夫均衡，此时内生状态变量为 K_t，外生状态变量为 z_{st}、ε_t^β。请注意，此马尔可夫均衡刻画了转型路径上的随机波动，因为策略函数本身是随时间变化的。

3.2 最优政策问题

该模型下的拉姆齐政策需要求解最优名义利率 i_t 的随机路径，使得家庭在期初的折现期望效用最大化。我们同时也考虑基于简单规则的政策制定，对反应函数中系数值的不同组合进行搜索，讨论最优的政策目标，并比较最优简单规则是否可以实现拉姆齐政策下的福利。

参照第 2 节的综述，对于拉姆齐问题，我们将附录 1 中的均衡条件，去除其中的货币政策规则方程，视为政策制定者的约束条件，使用拉格朗日乘子法，将原均衡条件转换为一组关于均衡变量和拉格朗日乘子的差分方程。为使用递归解来刻画一致性政策，我们需要将含有跨期条件的拉格朗日乘子的滞后值作为额外的状态变量。在本模型中，我们需要引入四个滞后拉格朗日乘子，对应家庭的欧拉方程、投资品生产商的欧拉方程、两个部门的菲利普斯曲线。因此，递归表达的最优政策问题的解包含 8 个连续状态变量，我们用 GDSGE 工具箱提供的稀疏格点插值方法，使得问题仍能求解。

3.3 使用 GDSGE 工具箱求解竞争均衡和最优政策问题

GDSGE 工具箱使用策略函数迭代的方法求解以上定义的马尔可夫均衡的全局投影解。策略函数通过在状态空间上的稀疏格点插值来表示。在 t 时期的迭代中，$t+1$ 时期的策略函数视作已知，当期的函数通过求解状态变量格点上的均衡系统或最优政策条件对应的方程组来得到（关于函数近似、方程求解算法和策略函数迭代的细节参见 Cao、Luo and Nie，2023）。

在此，我们重点阐述如何通过 GDSGE 工具箱求解非平稳的均衡或最优政策问题。首先，我们需要求解模型收敛于的渐进随机稳态。可以证明，当参数 $\mu_a < \mu_{na}$ 时（即非农业部门收入效应强于农业部门），该模型存在一个唯一的渐进平衡增长路径，且在该路径上农业部门的消费份额和要素使用份额均为 0。在模型中，我们通过设定一个较大的 $\bar{A}_{nat}$，使用该参数下的均衡来近似代替模型的渐进随机稳态。

从该随机稳态出发，我们使用策略函数迭代，倒推出之前的每一期策略函数。在求解每一期问题时，我们需要使用该期对应的非随机的时变参数值。模型中的时变参数值包括劳动供给的负效用参数 B_t，两个部门的生产力趋势 $\bar{A}_{at}$、$\bar{A}_{nat}$，投资效率 ψ_t，以及部门间的劳动力成本楔子 ω_{nat}/ω_{at}。

为使模型符合转移路径上的长期趋势，我们需要校准上述非随机时变参数的时间序列。对于恰好识别（即参数数量与待拟合统计特征数量一样）的情形，我们可以通过在均衡条件上添加"校准方程"，构建新的差分方程组来实现。具体来讲，在本模型中，我们需要拟合的特征为劳动参与率、两个部门的实际产出的增长率、投资品价格和两个部门的相对劳动生产力的时间序列，因此，我们将 B_t、$\bar{A}_{at}$、$\bar{A}_{nat}$、ψ_t、ω_{nat}/ω_{at} 添加为待求解的序列，校准方程设定为模型中的这些特征与数据中的对应特征量相等。[20] 注意我们在校准时，关闭了随机冲击 $(z_{st}, \varepsilon_t^\beta)$，以拟合长期特征。在得到时变参数的值以后，我们再将它

---

[20] 对于 2017 年以后样本外的数据，我们假定产出增长率线性收敛于平衡增长路径上的增长率，而其他特征在 2017 年的值保持恒定。

们放入包含随机冲击的均衡条件中，求解出对应于随机转移路径的策略函数。

3.4 模型参数估计

模型参数校准和估计

模型中的时期为1年。模型中包含了较多的参数，对于标准的参数，我们采用其文献值，这些参数如表1中的第一部分所示，包含了折现因子的非随机部分、渐进平衡增长路径上的增长率、生产函数、资本折旧率，以及新凯恩斯菲利普斯曲线中的参数（中间品替代弹性和价格调整成本）。值得说明的是，我们在选用部门生产中的资本份额时，假设了农业和非农业部门较为显著的资本密集度差异：农业部门的资本份额设为0。这一假设体现了改革开放初期农业部门资本密集度的特征，但未体现增长过程中传统农业向现代农业转型的过程（Storesletten、Zhao and Zilibotti，2019）。由于数据中观测到的农业产品价格的波动率比非农产品更大，因此，我们将农业部门的调价成本参数设定为一个更小的值。此外，我们未估计折现因子冲击过程，而是直接假设其为一个持续性较低的一阶自回归（AR（1））过程，使得这段时间的经济波动主要由生产力波动导致。最后，为评估模型在经济周期上的表现，我们需要设定一个具体的货币政策反应法则，此处我们假定名义利率仅对平均通胀做出反应，且反应系数为1.5，而对其他均衡变量的反应为0。在最优政策制定时，我们将搜索其他反应系数的最优组合。

对于决定模型机制的关键参数，我们将其拟合至数据。这些参数如表1中的第二部分所示，包括劳动供给弹性、农业和非农消费在总消费中的份额、农业消费收入效应强度[21]、决定资本调整成本幅度的参数、农业和非农业部门的生产力冲击的持续性和标准差，以及劳动供给负效用参数、部门生产力趋势、投资效率、劳动力成本楔子这5个时间序列。我们使用了1978—2017年的时序观测，数据来自国家统计局以及姚雯和朱晓冬（Yao and Zhu，2021）。除部门生产力冲击可以独立估计以外，其他参数均为联合估计，用来拟合表1中最后一列呈现的数据特征。

---

[21] 注意从数据中只能识别出两者的相对大小，我们需要将非农业部门的收入效应强度参数标准化为1，使得模型存在渐进平衡增长路径（Comin et al.，2021）。

表1 校准参数值

参数符号	说明	参数值	来源/目标
外部确定的参数			
β	折现因子	$(1+0.03)/1.05$	平衡增长路径5%利率
g	生产力渐进增长率	0.03	平衡增长路径3%增长率
α_a	农业部门生产资本份额	0	
α_{na}	非农业部门生产资本份额	0.5	
δ	资本折旧率	0.07	
ϵ	部门间产品替代弹性	0.197	姚雯和朱晓冬（2021）
μ_{na}	非农消费收入效应强度	1	标准化
ρ_β	折现因子冲击持续性	0.2	
σ_β	折现因子冲击标准差	0.01	
η	中间品间替代弹性	21	
θ_a	农业价格调整成本参数	50	
θ_{na}	非农价格调整成本参数	100	
ϕ_π	货币政策通胀反应系数	1.5	
$\bar{\pi}$	自然通胀率	2%	
基于均衡特征校准的参数			
σ	劳动供给弹性的倒数	2.7	就业波动大小
ϕ_a	农业产品在消费中份额	0.349	农业就业人数占比
ϕ_{na}	非农产品在消费中份额	$1-0.349$	同上
μ_a	农业消费收入效应强度	0.193	农业就业占比下降幅度
χ	资本调整成本幅度	0.5	投资波动大小
ρ_a	农业生产力冲击持续性	0.719	农业部门索洛残差估计
σ_a	农业生产力冲击标准差	0.027	同上
ρ_{na}	非农业生产力冲击持续性	0.666	非农业部门索洛残差估计
σ_{na}	非农业生产力冲击标准差	0.043	同上
$\{B_t\}$	劳动供给负效用	–	劳动参与率序列
$\{\bar{A}_{at},\bar{A}_{nat}\}$	部门生产力趋势	–	部门实际产出增长率
$\{\psi_t\}$	投资效率	–	投资品价格
$\{\omega_{nat}/\omega_{at}\}$	劳动力成本楔子	–	部门间相对劳动生产力

模型中的长期转型和短期波动特征

在将模型应用于政策实验之前,我们先对模型产生的长期转型和短期波动特征与数据进行对比。请注意,在模型的估计过程中,我们拟合了部门间相对生产力的变化($\{\bar{A}_{at}, \bar{A}_{nat}, \omega_{nat}/\omega_{at}\}$),也用决定收入效应强度的参数拟合了从农业部门向非农业部门的转型(农业就业人数占比为拟合的目标),但除了就业和投资的波动率,并未拟合其他的短期波动特征。因此,短期波动特征与数据中的对比可作为对模型表现的一个验证。

图3(a)展示了模型中农业就业人数占总就业人数比例在长期转型中的变化。作为拟合的目标,农业就业从改革开放初期的75%下降到2017年的30%左右,请注意,模型仅用μ_a这个参数来拟合结构转型过程中农业就业人数占比的下降幅度。由于其他长期时序数据均有同样数量的参数与其拟合,这些参数恰好被这些特征识别,因此,我们不再展示这些拟合结果。在图3(b)中,我们展示了模型揭示的非农业部门相对于农业部门的劳动力成本楔子。由于这段时期非农业部门的劳动生产力高于农业部门,且两者的差距无法完全由资本的增长来解释,所以我们推断出楔子随时间而下降,但在整个时期内保持着一个较高的水平。这一楔子的存在,使得即使没有名义黏性,竞争均衡也是

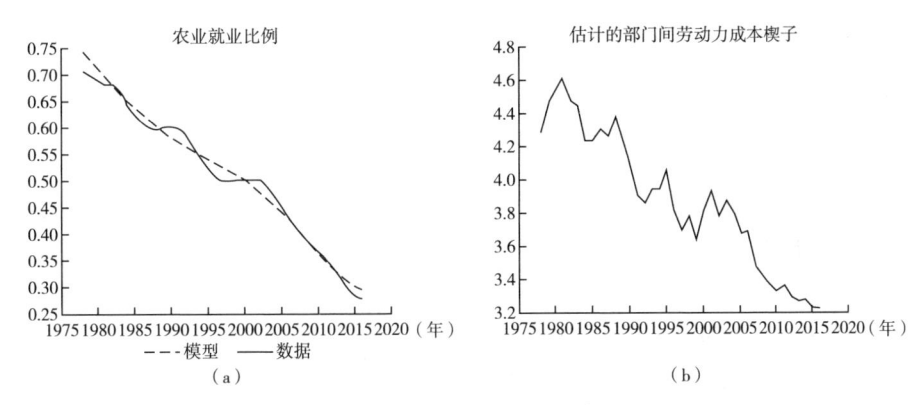

图3 模型中的长期结构转型

注:图(a)为农业就业人数占总就业人数的比例(拟合目标值),(b)图为估计出的非农业部门相对于农业部门的劳动力成本楔子。

非效率的,政策制定者有动机通过调整政策来提高部门间的资源配置效率。

表2展示了模型中的经济周期特征,并将其与实际数据中的特征对比。如表2所示,模型的结构虽然简单,但在产出波动率,消费、投资和就业与产出

的相对波动率,以及与产出的相关系数,均与数据拟合良好。值得强调的是,模型生成了这段时期较低的就业波动率和较低的就业与产出相关系数,其机制与姚雯和朱晓冬(2021)中的模型相似:负向的生产力或需求冲击产生的收入效应将使劳动力从非农业部门向农业部门回流,一个较大的农业部门成了就业波动的缓冲。该机制也体现在表2中的最后一行,部门间的相对就业人数与产出的相关系数为负,与数据中的负相关系数相符。

表2 经济周期特征、模型与实际数据对比

	模型	实际数据
std (Y)	3.20%	4.49%
std (C) /std (Y)	0.52	0.86
std (I) /std (Y)	1.96	2.09
std (L) /std (Y)	0.15	0.11
corr (C, Y)	0.64	0.58
corr (I, Y)	0.96	0.87
corr (L, Y)	0.05	0.11
corr (c_{na}, c_a)	0.87	0.05
corr (L_a/L_{na}, Y)	-0.82	-0.82

注:观测值为年度。所有变量均先取对数后,使用 *Hodrick - Prescott* 滤波(平滑参数100)。表中列示的是基于滤波周期项计算的标准差或相关系数。模型生成和实际数据采用同样的处理方式。实际数据来自国家统计局,时间段为1978—2017年。模型中的数据为使用部门生产力的实际索洛残差并在一个随机需求冲击实现下的模拟结果。

由于模型中的就业与产出的相关系数较低,货币政策规则需要在稳产出或稳就业上做出选择。成熟经济体中的就业与产出的相关关系很高[参见 Kydland and Prescott(1990)中基于战后美国数据的计算],并不存在这样的权衡取舍。

时变的经济波动特征

如第1节所述,转型经济体与成熟经济体的一个重要区别在于,前者的经济波动特征在时间上是变化的,这为宏观稳定政策的稳健性提出了挑战,此节我们讨论模型中的这一特征。

如图4(a)所示,随着结构转型过程中农业部门的缩小,模型中的就业波动率随时间上升,与产出的相关性也上升,这与第1节图1中的实际数据特征相符。图4(b)展示了每一个时期部门生产力冲击 Z_{at}、Z_{nat} 的波动对总产出方差的贡献。注意到对于此处非平稳模型的非线性解,方差分解无法通过有

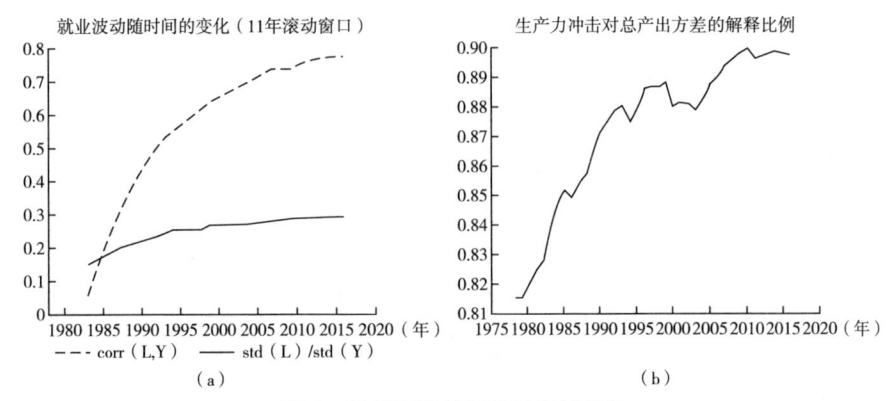

图4 模型周期特征随时间的变化

注：所有变量均经过先取对数值，再使用 Hodrick – Prescott Filter 得到周期项的处理。图（a）为11期滚动窗口计算的就业波动率与就业、产出的相关系数。模型中的数据为使用部门生产力的实际索洛残差，并在一个随机需求冲击实现下的模拟结果。图（b）为每一期部门生产力冲击对总产出方差的贡献，计算方法为比较含有生产力冲击和关闭生产力冲击（将冲击值恒定为均值）的模型在每个时期不同随机路径样本间的方差，随机路径样本的数量为10 000。

解析表达的线性分解得到，我们通过生成包含生产力冲击和关闭生产力冲击的随机转移路径样本，并比较各时期样本之间的产出方差来得到这一统计值。如图4所示，由于模型中的需求冲击设定得较小，各个时期的产出方差的主要来源均为生产力冲击。尽管外生冲击的大小不随时间变化，但生产力冲击对产出方差的贡献仍随时间上升，这是因为生产力的变化带来了部门间的替代效应，两个部门能互相作为对方的缓冲器。该缓冲效应在两个部门规模相当时较为明显，而当农业部门占比下降时变弱。

与之对应的是，模型中的产出和就业对不同冲击的反应在不同转型阶段也有着显著不同，为节约篇幅，该部分分析参见附录1。

由于就业与产出的相关关系随时间而变化，不同时期产出波动来源也不一致，因此基于规则的政策制定者对政策目标的选择与稳定模型结构下的选择会有差别。

3.5 最优货币政策

最优拉姆齐政策

我们首先介绍拉姆齐最优政策路径和该路径下的均衡特征，然后比较基于政策规则的次优货币政策，考察它能在多大程度上实现拉姆齐政策下的福利。

我们首先考察拉姆齐政策下的长期名义利率政策路径。如果模型的非随机稳态是有效率的，拉姆齐政策总是会在长期瞄准自然通胀目标，因此平均名义利率总是等于自然实际利率加上通胀率（Woodford，2010），但在我们考虑的转型路径上并非如此。如图 5（a）所示，转型过程中资本回报经过了先上升再下降的趋势（如实线所示），而虚线画出了最优名义利率与自然实际利率加上通胀率的差别，这一差别始终为负，在初期较大，之后变小，即货币政策平均来讲是偏向积极的。与之对应，图 5（b）画出了最优政策下的通胀路径，与校准均衡（即名义利率由校准的泰勒规则决定的均衡）相比，最优政策下的通胀始终较高。为何最优货币政策是偏向积极的？这是因为这段时期，非农业部门相对农业部门存在正的劳动力成本楔子，而正向的需求冲击由于收入效应会导致劳动力从农业部门向非农业部门流动，这一流动在边际上能提高要素配置效率。换言之，在经济中存在既定扭曲时，偏积极的货币政策虽然会带来通胀和部门内部垄断加价的扭曲，但是可作为修复既定扭曲的次优政策。该发现为这段时期利率比资本回报更低提供了一个新的解释。[22]

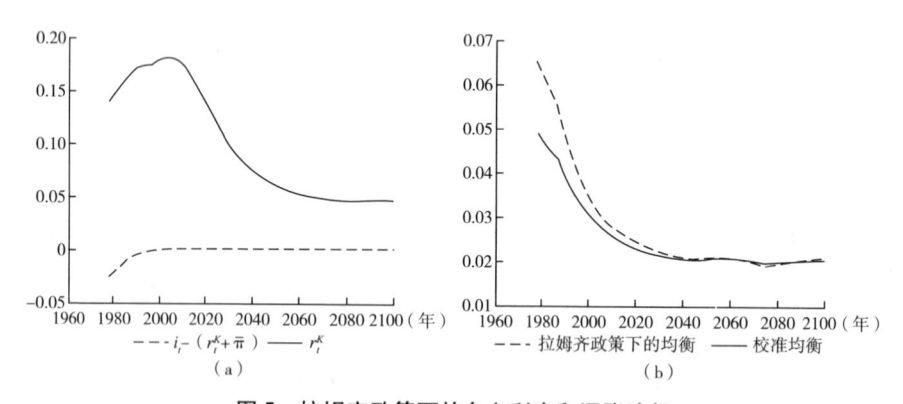

图 5　拉姆齐政策下的名义利率和通胀路径

注：所有变量均为 10 000 条随机路径上的平均值。图（a）中的资本回报 r_t^K 为非农业部门资本边际产出减去折旧值。图（b）的校准均衡为实行经校准的泰勒规则下的通胀路径。

最优拉姆齐政策允许其对随机冲击的实现做出反应。在此，我们强调最优名义利率对冲击的反应，对于冲击方向以及在不同时期会呈现显著差异。图 6 从左到右，依次展示了拉姆齐政策下名义利率对模型中的需求冲击、非农业和

---

[22] 已有的解释多关注金融抑制通过降低利率，对面临融资约束的非农业部门的修正性补贴作用（如 Wang et al.，2019）。

农业部门生产力冲击的反应。冲击大小设定为1%。比较图6（a）和（b）中的实线和虚线，可见在最优政策下，名义利率将对负向的需求冲击和非农业部门生产力冲击做出比正向冲击更强的反应。这是因为正向的需求和非农业部门生产力冲击通过收入效应，将使劳动力从农业部门向非农业部门流动，由于两个部门之间存在劳动力成本楔子，该流动将在边际上提升配置效率，因此，货币政策将对正向的冲击更为宽松，此处的理论机制与上述长期偏好积极货币政策的机制类似。由于上述不同时期产出波动来源的变化，在拉姆齐政策下，名义利率对生产力冲击的反应也随时间变化。比较图6（a）和（b）中的实线和虚线，可见在转型初期，名义利率对需求冲击的反应更为强烈，而在转型后期，农业部门缩小，生产力波动成为主要的波动来源以后，名义利率对生产力冲击的反应更为强烈。这些分析表明，最优政策随着时间和冲击方向的变化会显著不同，这使得基于简单规则的政策难以复制最优政策的效果。

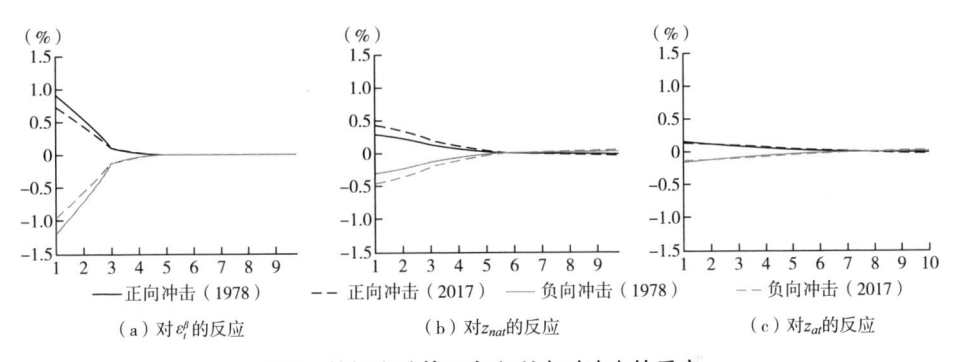

图6 拉姆齐政策下名义利率对冲击的反应

注：脉冲反应的创建方式为对比 t 时期冲击为1%和未受到冲击（冲击恒定为0）的两组随机样本在冲击后路径上变量均值的差别。每组样本为10 000条路径。对于需求冲击，我们取 ε_t^β 的相反数为冲击方向，即正向冲击对应 $\varepsilon_t^\beta = -1\%$。

基于规则的最优政策

依照施米特－格罗赫和乌里贝（Schmitt-Grohé and Uribe，2007）的研究，我们对政策规则（3）中的反应系数进行组合，并在每种组合下计算最优的反应系数值，将得到的家庭福利与拉姆齐政策下的福利进行对比。请注意，由于拉姆齐政策最优化了期初的家庭福利，因此，对于基于规则的政策，我们也评估其期初福利相比拉姆齐政策的损失。

表3展示了最优政策结果。其中（1）为拉姆齐政策，（2）为校准均衡。

比较二者可以看到，校准均衡下的福利损失为 0.78%，但各变量的波动率与拉姆齐政策下的值相差不大。这一定程度上说明了拉姆齐政策的福利提升不仅在于平稳经济波动，而且可以通过改变劳动力在部门间的配置提高产出和消费水平。如行（3）所示，当政策仅对通胀做出反应时，其最优政策反应系数为 5.1，此时相比校准均衡福利提升了 0.1%，但距离拉姆齐政策仍有 0.68% 的损失。比较行（3）和行（4）可以看出，增加对产出缺口的政策反应对福利的改善效果很小。但通过行（5）可以看出，若政策反应基于就业缺口，则福利相对于仅针对通胀的政策反应有 0.12% 的进一步提升。由于转型过程中产出和就业的弱相关性，产出波动并不体现冲击的全部影响，因此，基于就业缺口的政策反应可以更好地平稳冲击带来的波动。㉓ 最后，比较行（3）和行（6）可以看出，若政策能同时对农业和非农业部门通胀做出反应，则福利将有进一步提升，此时，政府对非农业部门的通胀将有更高的反应系数，这是因为非农消费在转型过程中的份额越来越重，且非农业部门有更高的调价成本。

表3　基于规则的最优政策

	政策组合	ϕ_Y	ϕ_L	ϕ_π	$\phi_{\pi,a}$, $\phi_{\pi,na}$	福利损失	$std(Y)$	$std(C)$	$std(L)$
(1)	拉姆齐	—	—	—	—	0	3.15%	1.55%	0.35%
(2)	校准均衡	—	—	1.5	—	−0.78%	3.20%	1.67%	0.49%
(3)	ϕ_π	—	—	5.1	—	−0.68%	3.17%	1.52%	0.45%
(4)	ϕ_Y, ϕ_π	0.2	—	6.1	—	−0.67%	3.16%	1.52%	0.44%
(5)	ϕ_L, ϕ_π	—	1.1	4.2	—	−0.55%	3.18%	1.48%	0.36%
(6)	ϕ_{π_s}	—	—	—	1.0, 7.2	−0.63%	3.16%	1.51%	0.43%

注：表中列示了拉姆齐政策、校准均衡与基于规则的最优政策的模型表现与福利损失（相对于拉姆齐）。其中，对于每种政策组合，其最优组合值通过 $\varphi_\pi \in [1, 10]$、$\phi_L \in [0, 10]$、$\phi_Y \in [0, 10]$ 区间内 0.1 宽度的网格搜索得到。变量的标准差基于变量时间序列滤波后在 1978—2017 年的标准差计算。福利损失为政策组合下的期初家庭福利相对于拉姆齐政策的损失。

值得注意的是，不管是哪种反应系数的组合，它们实现的福利水平与最优

㉓ 文章的点评人指出，由于中国的官方就业人员数和失业率统计均针对城镇就业，而城镇就业情况与非农业部门产出挂钩，因此，以城镇就业为目标相比以总就业为目标的货币政策是否能实现更高的福利水平，尚需进一步探索。

福利（拉姆齐政策下的福利）均有显著差距。如前文所述，这一差距的根源在于最优政策下，不管是平均利率水平还是利率对冲击的反应，均随时间和冲击方向的改变而变化，而基于规则的政策反应系数是固定的。这一结果与文献中关于发达国家货币政策制定的结论不同，在不存在结构转型、模型结构稳定的环境下，基于简单规则的政策通常可以接近实现最优政策的福利水平（Huang and Liu, 2005; Schmitt-Grohé and Uribe, 2007）。这进一步体现了发展中国家稳健货币政策制定面临的挑战。

4. 总结

本文对我国结构转型的长期趋势和时变经济周期特征进行了综述，并指出研究发展中国家宏观稳定政策的制定需要放松已有文献对DSGE模型所做的经济结构不随时间变化的假设。受限于数值求解方法，目前对随机转移路径上的宏观稳定政策的研究尚处空白，而曹丹、罗文澜、聂光宇（Cao、Luo and Nie, 2023）开发的数值算法和GDSGE工具箱为这样的研究提供了可能。

本篇以我国从农业部门向非农业部门结构转型过程中的货币政策制定问题为例，介绍了对于随机转移路径均衡求解、校准和求解最优政策的方法，并探讨了最优货币政策在转型经济体与成熟经济体间的显著差别。这些差别包括政策是否应考虑既有扭曲、政策反应在冲击方向和时期上的非对称性，以及当经济周期特征存在差异时的政策目标选取。我国在建设中国式现代化的新征程上，势必继续面临复杂多变的转型挑战，考虑转型过程中的宏观稳定政策的制定，这既是新的理论探索，也具有重要的现实意义。

推荐阅读

宋铮、斯多尔斯莱登和齐利博蒂（2011）在一个包含国有、民营企业两部门，民营企业面临融资约束的开放经济模型中，刻画了中国 2010 年之前民营企业部门发展壮大的过程。该模型同时精准刻画了这段时间中国经济高速增长、资本对外流出、要素配置效率增加等关键特征，是描述中国这段时期发展特征的经典模型。

赫伦多夫、罗杰森和瓦伦蒂尼（Herrendorf、Rogerson and Valentinyi, 2014）的《经济增长手册》章节中包含了结构转型的诸多事实和经典理论。陈希路等人（Chen et al., 2023）的文章包含了关于中国结构转型（特别是向第三产业转型）的最新事实。

斯多尔斯莱登、赵波和齐利博蒂（2019）用资本深化，以及农业、非农业产品间大于 1 的替代弹性解释中国改革开放以来的长期结构转型和时变波动特征（参见第 1 节综述）。他们的文章求解了融合结构转型和经济波动的动态一般均衡模型，刻画了发展中国家增长即波动的重要特征，并对中国这段时期的结构转型进行了定量分析。

姚雯和朱晓冬（2021）用农业、非农业部门不同的收入效应解释中国改革开放以来的长期结构转型和时变波动特征（参见第 1 节综述）。他们的文章使用宏观和微观数据验证了收入效应在短期与长期同时存在，并使用一个简练的模型拟合了这段时期中国部门间就业、产出波动的众多特征，是研究中国结构转型的经典文章。

曹丹、罗文澜、聂光宇（2023）构建了一个能够求解结构转型过程中的随机增长路径，以及在该路径上进行最优政策分析的 DSGE 模型全局解工具箱。文章也包含工具箱的诸多应用以及 DSGE 模型全局解适用范围的讨论。

附录 1 完整均衡定义

给定 $K_0, B_0 = 0$，非随机生产力趋势 $\overline{A}_{st}$，一个序列竞争均衡是下列随机序列 $\{C_t, c_{at}, c_{nat}, Y_{at}, Y_{nat}, K_{t+1}, K_{at}, K_{nat}, i_t, L_t, L_{at}, L_{nat}, \pi_{at}, \pi_{nat}, p_{at}, r_t, q_t^K, q_t^{inv},$

$w_t\}_{t=0}^{\infty}$，其中小写变量 $x_t \equiv X_t/P_{nat}$ 对于 $X_t \in \{P_{at}, R_t, Q_t^K, Q_t^{inv}, W_t\}$。这些随机序列满足下列均衡条件。

$$\varphi_a^{\frac{1}{\varepsilon}} C_t^{\frac{(1-\varepsilon)\mu_a}{\varepsilon}} c_{at}^{\frac{\varepsilon-1}{\varepsilon}} + \varphi_{na}^{\frac{1}{\varepsilon}} C_q^{\frac{(1-\varepsilon)\mu_{na}}{\varepsilon}} c_{nat}^{\frac{\varepsilon-1}{\varepsilon}} = 1$$

$$p_{at} = \frac{MU_{at}}{MU_{nat}}$$

$$MU_{na,t} w_t = v'(L_t)$$

$$(\pi_{st} - \overline{\pi}_s)(1 + \pi_{st}) = \frac{\eta}{\theta}\left(\frac{MC_{st}}{P_{st}} - 1\right) + \mathbb{E}_t\left((\pi_{st+1} - \overline{\pi})(1 + \pi_{st+1})\frac{M_{st+1}}{M_{st}}\frac{Y_{st+1}}{Y_{st}}\right),$$
对于 $s \in \{a, na\}$

$$Y_{st} = K_{st}^{\alpha_s}(\overline{A}_{st} exp(z_{st}) L_{st})^{\alpha_s}, 对于 s \in \{a, na\}$$

$$\frac{w_{st} w_t L_{st}}{r_t K_{st}} = \frac{1 - \alpha_s}{\alpha_s}$$

$$Y_{at} = c_{at} + \Theta_{at}$$

$$Y_{nat} = c_{nat} + i_{nat} + \Psi_t + \Theta_{nat}$$

$$L_{at} + L_{nat} = L_t$$

$$K_{at} + K_{nat} = K_t$$

$$K_{t+1} = (1 - \delta) K_t + \psi_t \cdot i_t$$

$$q_t^{inv} = \frac{1}{\psi_t} + \chi\left(\psi_t \frac{i_t}{K_t} - \delta\right)$$

$$q_t^K = q_t^{inv}(1 - \delta) + \frac{\chi}{2}\left[\psi_t^2\left(\frac{i_t}{K_t}\right)^2 - \delta^2\right]$$

$$MU_{na,t} = \beta exp(\varepsilon_t^\beta) \mathbb{E}_t \frac{1 + i_t}{1 + \pi_{na,t+1}} MU_{na,t+1}$$

$$q_t^{inv} \cdot MU_{na,t} = \beta \mathbb{E}_t[(q_{t+1}^K + r_{t+1}) MU_{na,t+1}]$$

$$i_t = R_t^* + \phi_Y[\ln(Y_t/Y_t^*) - 1] + \phi_L[\ln(L_t/L_t^*) - 1] + \sum_s \phi_{\pi,s} \pi_{st} + \phi_\pi \pi_t$$

其中 $MU_{st} = u'(C_t)\frac{\partial C_t}{\partial c_{s,t}}$，而 $\frac{M_{st+1}}{M_{st}} = \beta \frac{MU_{s,t+1}}{MU_{s,t}}$。这是一个包含19个序列变量和19个序列均衡条件的随机差分方程组。方程组可以进一步化简，并经过去趋势处理后，求解以 K_t、z_{st}、ε_t^β 为状态变量的马尔可夫均衡。

附录2 转型路径上的时变脉冲响应

如图7所示,当正向需求冲击或部门生产力冲击发生时,模型中的总产出和总就业均有正向反应。生产力冲击同时还带来了部门间的替代效应,即非农业部门的生产力正向冲击会导致农业部门的就业下降。同时,图7(a)中显示,正向需求冲击产生的收入效应还会带来部门间劳动力的转移,此时,农业部门劳动力会流向非农业部门(注意到其相对生产力并未直接发生改变),对于理解为何最优货币政策在长期以及在应对冲击反应时是偏积极的,这一机制非常重要。

对比图7上方和下方的三幅图(上方为冲击发生在 $t=1$ 时的脉冲反应,而下方为冲击发生在 $t=30$ 时的脉冲反应),可以看出不同时期需求冲击和生产力冲击的影响幅度是不一样的。当农业部门较大时,需求冲击的影响相对更大,而生产力冲击对整体就业和产出的影响被农业部门作为缓冲器减缓;当农业部门缩小时,生产力冲击的影响逐渐变大。

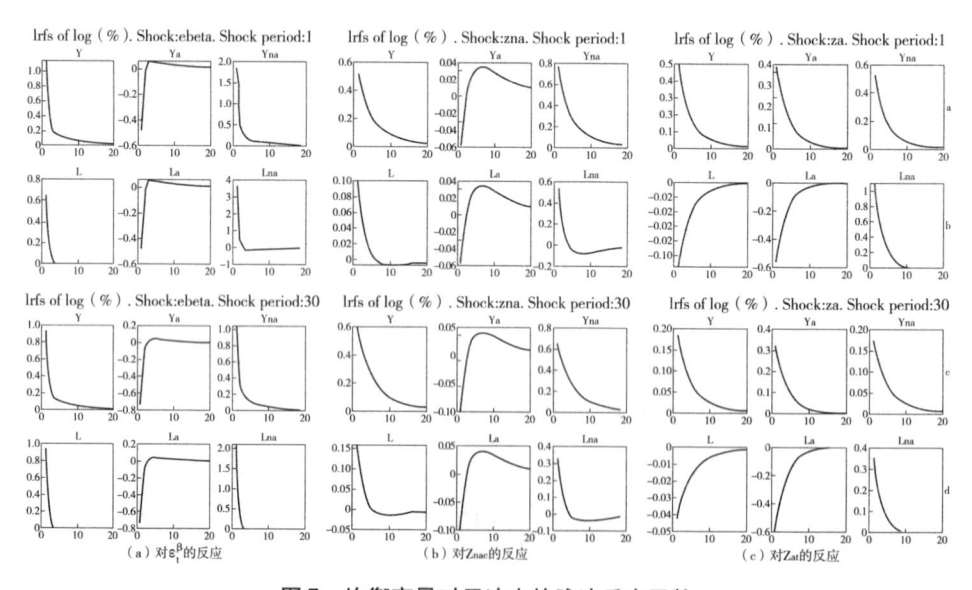

图7 均衡变量对于冲击的脉冲反应函数

注:脉冲反应的创建方式为对比 t 时期冲击为1%和未受到冲击(冲击恒定为0)的两组随机样本,在冲击后路径上变量均值的差别。每组样本为10 000条路径。对于需求冲击,我们取 ε_t^β 的相反数为冲击方向,即正向冲击对应 $\varepsilon_t^\beta = -1\%$ 。上方三幅图对应的是模型 $t=1$ (1978年)时的脉冲反应;下方三幅图对应的是 $t=30$ (2008年)时的脉冲反应。

参考文献

[1] Acharya, S., Challe, E. & Dogra, K. (2023). Optimal Monetary Policy According to HANK [J]. American Economic Review, 113 (7): 1741-1782.

[2] Aguiar, M., Gopinath, G. (2007). Emerging Market Business Cycles: The Cycle Is the Trend [J]. Journal of Political Economy, 115 (1): 69-102.

[3] Alvarez-Cuadrado, F., Poschke, M. (2011). Structural Change out of Agriculture: Labor Push Versus Labor Pull [J]. American Economic Journal: Macroeconomics, 3 (3): 127-158.

[4] Aoki, K. (2001). Optimal Monetary Policy Responses to Relative-Price Changes [J]. Journal of Monetary Economics, 48 (1): 55-80.

[5] Bai, C.-E., Liu, Q., & Yao, W. (2020). Earnings Inequality and China's Preferential Lending Policy [J]. Journal of Development Economics, 145: 102477.

[6] Barro, R. J., Gordon, D. B. (1983). Rules, Discretion and Reputation in a Model of Monetary Policy [J]. Journal of Monetary Economics, 12 (1): 101-121.

[7] Bianchi, J., Mendoza, E. G. (2020). A FisherianApproach to Financial Crises: Lessons from the Sudden Stops Literature [J]. Review of Economic Dynamics, 37: 254-283.

[8] Bilbiie, F. O., Ragot, X. (2021). Optimal Monetary Policy and Liquidity with Heterogeneous Households [J]. Review of Economic Dynamics, 41: 71-95.

[9] Blanchard, O. J., Kahn, C. M. (1980). The Solution of Linear Difference Models under Rational Expectations [J]. Econometrica: Journal of the Econometric Society, 48 (5): 1305-1311.

[10] Boppart, T., Krusell, P. (2020). Labor Supply in the Past, Present, and Future: A Balanced-Growth Perspective [J]. Journal of Political Economy, 128 (1): 118-157.

[11] Buera, F. J., Shin, Y. (2017). Productivity Growth and Capital Flows: The Dynamics of Reforms [J]. American Economic Journal: Macroeconomics, 9 (3): 147-185.

[12] Calvo, G. A. (1978). On the Time Consistency of Optimal Policy in a Monetary Economy [J]. Econometrica: Journal of the Econometric Society, 46 (4): 1411-1428.

[13] Cao, D., Luo, W., & Nie, G. (2023). Global DSGE Models [J]. Review of Economic Dynamics, 51: 199-225.

[14] Chang, C., Chen, K., et al. (2016). Trends and Cycles in China's Macroeconomy [J]. NBER Macroeconomics Annual, 30 (1): 1-84.

[15] Chen, K., Higgins, P., et al. (2016). China Pro-Growth Monetary Policy and Its Asymmetric Transmission [R]. Federal Reserve Bank of Atlanta, Working Paper.

[16] Chen, K., Ren, J., & Zha, T. (2018). The Nexus of Monetary Policy and Shadow Banking in China [J]. American Economic Review, 108 (12): 3891-3936.

[17] Chen, W., Phelan, G. (2023). Should Monetary Policy Target Financial Stability? [J]. Review of Economic Dynamics, 49, 181-200.

[18] Chen, X., Pei, G., et al. (2023). Tertiarization Like China [J]. Annual Review of Economics, 15 (1): 485-512.

[19] Chen, Z., He, Z., & Liu, C. (2020). The Financing of Local Government in China: Stimulus Loan Wanes and Shadow Banking Waxes [J]. Journal of Financial Economics, 137 (1): 42-71.

[20] Clarida, R., Gali, J., & Gertler, M. (1999). The Science of Monetary Policy: A New Keynesian Perspective [J]. Journal of Economic Literature, 37 (4): 1661-1707.

[21] Comin, D., Lashkari, D., & Mestieri, M. (2021). Structural Change with Long-Run Income and Price Effects [J]. Econometrica, 89 (1): 311 – 374.

[22] Cong, L. W., Gao, H., et al. (2019). Credit Allocation under Economic Stimulus: Evidence from China [J]. The Review of Financial Studies, 32 (9): 3412 – 3460.

[23] Cooley, T. F., Prescott, E. C., et al. (1995). Economic Growth and Business Cycles [M] // Frontiers of Business Cycle Research. Princeton: Princeton University Press.

[24] Da-Rocha, J. M., Restuccia, D. (2006). The Role of Agriculture in Aggregate Business Cycles [J]. Review of Economic Dynamics, 9 (3): 455 – 482.

[25] Dong, F., Miao, J., & Wang, P. (2020). Asset Bubbles and Monetary Policy [J]. Review of Economic Dynamics, 37, 68 – 98.

[26] Dou, W. W., Fang, X., et al. (2023). Macro-Finance Models with Nonlinear Dynamics [J]. Annual Review of Financial Economics, 15 (1): 407 – 432.

[27] Garcia-Cicco, J., Pancrazi, R., & Uribe, M. (2010). Real Business Cycles in Emerging Countries? [J]. American Economic Review, 100 (5): 2510 – 2531.

[28] Guerrieri, V., Lorenzoni, G., et al. (2021). Monetary Policy in Times of Structural Reallocation [J]. SSRN Electronic Journal.

[29] Hansen, J. (2018). Optimal Monetary Policy with Capital and a Financial Accelerator [J]. Journal of Economic Dynamics and Control, 92, 84 – 102.

[30] Herrendorf, B., Rogerson, R., & Valentinyi, A. (2014). Growth and Structural Transformation [M] // Handbook of Economic Growth, Volume 2. Amsterdam: Elsevier.

[31] Huang, K. X. D., Liu, Z. (2005). Inflation Targeting: What Inflation Rate to Target? [J]. Journal of Monetary Economics, 52 (8): 1435 – 1462.

[32] Korinek, A., Mendoza, E. G. (2014). From Sudden Stops to Fisherian Deflation: Quantitative Theory and Policy [J]. Annual Review of Economics, 6 (1): 299 – 332.

[33] Kuznets, S., Murphy, J. T. (1966). Modern Economic Growth: Rate, Structure, and Spread [M]. London: Yale University Press.

[34] Kydland, F. E., Prescott, E. C. (1990). Business Cycles: Real Facts and a Monetary Myth [J]. Federal Reserve Bank of Minneapolis Quarterly Review, 14 (2): 3 – 18.

[35] Leeper, E. (1991). Equilibria Under 'Active' and 'Passive' Monetary Policies [J]. Journal of Monetary Economics, 27, 129 – 147.

[36] Li, B., Liu, Q. (2017). On the Choice of Monetary Policy Rules for China: A Bayesian DSGE Approach [J]. China Economic Review, 44, 166 – 185.

[37] Lucas Jr, R. E., Stokey, N. L. (1983). Optimal Fiscal and Monetary Policy in an Economy without Capital [J]. Journal of monetary Economics, 12 (1): 55 – 93.

[38] Lucas, R. E. (1990). Why Doesn't Capital Flow from Rich to Poor Countries? [J]. American Economic Review, 80 (2): 92 – 96.

[39] Marcet, A., Marimon, R. (2019). Recursive Contracts [J]. Econometrica, 87 (5), 1589 – 1631.

[40] McKay, A., Reis, R. (2021). Optimal Automatic Stabilizers [J]. The Review of Economic Studies, 88 (5): 2375 – 2406.

[41] Moro, A. (2012). The Structural Transformation between Manufacturing and Services and the Decline in the US GDP Volatility [J]. Review of Economic Dynamics, 15 (3): 402 – 415.

[42] Moro, A. (2015). Structural Change, Growth, and Volatility [J]. American Economic Journal: Macroeconomics, 7 (3): 259 – 294.

[43] Rotemberg, J. J. (1982). Sticky Prices in the United States [J]. The Journal of Political Economy, 60, 1187 – 1211.

[44] Rotemberg, J. J., Woodford, M. (1998). An Optimization-Based Econometric Framework for the Evaluation of Monetary Policy: Expanded Version [R]. NBER Working Paper.

[45] Rubini, L., Moro, A. (2021). Can Modern Theories of Structural Change Fit Business Cycles Data? [R]. CEPR Discussion Papers.

[46] Sargent, T. J., Wallace, N. (1975). "Rational" Expectations, the Optimal Monetary Instrument, and the Optimal Money Supply Rule [J]. Journal of Political Economy, 83 (2): 241 – 254.

[47] Schmitt-Grohé, S., Uribe, M. (2007). Optimal Simple and Implementable Monetary and Fiscal Rules [J]. Journal of Monetary Economics, 54 (6): 1702 – 1725.

[48] Sims, C. A. (2002). Solving Linear Rational Expectations Models [J]. Computational Economics, 20 (1 – 2): 1.

[49] Song, Z., Storesletten, K., & Zilibotti, F. (2011). Growing Like China [J]. American Economic Review, 101 (1): 196 – 233.

[50] Stein, J. C. (2012). Monetary Policy as Financial Stability Regulation [J]. The Quarterly Journal of Economics, 127 (1): 57 – 95.

[51] Storesletten, K., Zhao, B., & Zilibotti, F. (2019). Business Cycle during Structural Change: Arthur Lewis' Theory from a Neoclassical Perspective [R]. NBER Working Paper.

[52] Svensson, L. E. O. (2017) Cost-Benefit Analysis of Leaning against the Wind [J]. Journal of Monetary Economics, 90, 193 – 213.

[53] Taylor, J. B., Williams, J. C. (2010). Simple and Robust Rules for Monetary Policy [M] // Handbook of Monetary Economics, Volume 3. San Diego: Elsevier.

[54] Wang, H., Wang, H., et al. (2019). Shadow Banking: China's Dual-Track Interest Rate Liberalization [J]. SSRN Electronic Journal.

[55] Woodford, M. (2003). Optimal Interest-Rate Smoothing [J]. The Review of Economic Studies, 70 (4): 861 – 886.

[56] Woodford, M. (2010). Optimal Monetary Stabilization Policy [M] // Handbook of Monetary Economics, Volume 3. San Diego: Elsevier.

[57] Yao, W., Zhu, X. (2021). Structural Change and Aggregate Employment Fluctuations in China [J]. International Economic Review, 62 (1): 65 – 100.

[58] 卢国军, 崔小勇, 王弟海. 自动化技术、结构转型与中国收入分配格局的演化 [J]. 金融研究, 2023, (04): 19 – 35.

[59] 徐朝阳, 张斌. 经济结构转型期的内需扩展: 基于服务业供给抑制的视角 [J]. 中国社会科学, 2020, (01): 64 – 83, 205.

[60] 徐朝阳, 王鞾. 部门异质性替代弹性与产业结构变迁 [J]. 经济研究, 2021, 56 (04): 77 – 92.

[61] 李戎, 刘岩, 彭俞超, 等. 动态随机一般均衡模型在中国的研究进展与展望 [J]. 经济学 (季刊): 2022, 22 (06): 1829 – 1846.

[62] 林淑君, 郭凯明, 龚六堂. 产业结构调整、要素收入分配与共同富裕 [J]. 经济研究, 2022, 57 (07): 84 – 100.

[63] 潘珊, 龚六堂, 李尚骜. 中国经济的"双重"结构转型与非平衡增长 [J]. 经济学 (季刊): 2017, 16 (01): 97 – 120.

[64] 王弟海, 李夏伟, 龚六堂. 经济增长与结构变迁研究进展 [J]. 经济学动态, 2021, (01):

125-142.

［65］聂光宇,赵云霄.动态随机一般均衡模型全局非线性分析方法研究进展［J］.经济学（季刊）：2024,24（04）：1031-1047.

［66］董丰,周基航,贾彦东.资产泡沫与最优货币政策［J］.金融研究,2023,（06）：1-19.

［67］郭凯明.人工智能发展、产业结构转型升级与劳动收入份额变动［J］.管理世界,2019,35（07）：60-77,202-203.

［68］郭凯明,杭静,颜色.中国改革开放以来产业结构转型的影响因素［J］.经济研究,2017,52（03）：32-46.

［69］郭凯明,杭静,颜色.资本深化、结构转型与技能溢价［J］.经济研究,2020,55（09）：90-105.

［70］颜色,郭凯明,杭静.需求结构变迁、产业结构转型和生产率提高［J］.经济研究,2018,53（12）：83-96.